"十三五"国家重点出版物出版规划项目

机器人学基础

樊泽明　吴娟　任静　余孝军　袁学兵　编著

机械工业出版社

本书介绍机器人学的相关内容，将串联机器人技术、并联机器人技术和移动机器人技术有机集成，是一部系统和全面反映机器人技术的教材。本书共分11章，内容涉及机器人概况、机器人数学基础、机器人运动学分析、机器人速度及静力学分析、机器人动力学分析、机器人传感器及计算机视觉算法、机器人物体识别、机器人定位及地图构建、机器人路径规划与避障、机器人控制，以及机器人的驱动执行系统与编程等。

本书特别适合作为高年级本科生和研究生的机器人学学习教材，也适合从事机器人研究、开发和应用的科技人员学习参考。

本书配有电子课件，欢迎选用本书作为教材的老师登录 www.cmpedu.com 注册下载，或发邮件至 jinacmp@163.com 索取。

机器人平台介绍　　　　机器人平台学习网址

图书在版编目（CIP）数据

机器人学基础/樊泽明等编著. —北京：机械工业出版社，2021.9（2025.12 重印）
"十三五"国家重点出版物出版规划项目
ISBN 978-7-111-68840-2

Ⅰ.①机… Ⅱ.①樊… Ⅲ.①机器人学 Ⅳ.①TP24

中国版本图书馆 CIP 数据核字（2021）第 155151 号

机械工业出版社（北京市百万庄大街 22 号　邮政编码 100037）
策划编辑：吉　玲　责任编辑：吉　玲　章承林
责任校对：潘　蕊　责任印制：张　博
北京机工印刷厂有限公司印刷
2025 年 12 月第 1 版第 6 次印刷
184mm×260mm · 17.5 印张 · 438 千字
标准书号：ISBN 978-7-111-68840-2
定价：55.00 元

电话服务　　　　　　　　　网络服务

客服电话：010-88361066　　机　工　官　网：www.cmpbook.com
　　　　　010-88379833　　机　工　官　博：weibo.com/cmp1952
　　　　　010-68326294　　金　书　网：www.golden-book.com
封底无防伪标均为盗版　机工教育服务网：www.cmpedu.com

前　言

自世界上第一台工业机器人诞生至今已有 60 多年了，作为一门高度交叉的前沿学科，机器人技术引起了人们越来越多的关注和深入研究。目前，机器人技术发展迅速，已取得令人瞩目的成就。进入 21 世纪以来，机器人产业发展速度明显加快，年增长率达到 30% 左右。其中，亚洲机器人增长速度尤为突出，高达 43%，机器人市场的前景被广泛看好，而我国则有望成为世界最大的机器人市场。近年来，世界主要机器人大国正争先恐后地发展智能机器人技术，这必将促进国际上机器人的研究与应用，推动机器人技术的进一步发展。

本书第 1 章简述机器人学的起源与发展，讨论机器人的分类，介绍机器人的建模与控制。第 2 章讨论机器人数学基础，包括空间点的位置和姿态变换、坐标变换、齐次坐标变换、物体的变换和逆变换，以及通用旋转变换等。第 3 章首先对机器人的位姿进行分析，然后通过举例来说明机器人的正向运动学及逆向运动学的求解方法，最后分析了小车和并联机器人腰部动平台在关节空间和驱动器空间之间的转换等。第 4 章介绍与机器人速度和静力学有关的雅可比矩阵，并在此基础上进行机器人的静力学分析等。第 5 章着重分析机械手动力学方程的拉格朗日功能平衡法求解算法，然后总结出建立拉格朗日方程的步骤，最后探讨机器人的动态特性和静态特性。第 6 章对机器人的传感器和计算机视觉算法进行介绍，首先介绍传感器的基本特性和几种重要的机器人传感器，然后讲解计算机视觉算法的相关知识，并详细介绍几种常见的计算机视觉算法。第 7 章介绍机器人的各种工程应用的物体识别算法。第 8 章对机器人的定位及地图构建进行介绍，并围绕定位和地图构建这两个主题进行展开。第 9 章讨论机器人路径规划与避障，通过机器人传感器、机器人地图构建技术、定位技术，论述机器人的认知。第 10 章分析机器人的控制特点和控制技术，讨论机器人关节空间控制、工作空间控制和力控制。第 11 章介绍机器人的驱动执行系统与编程。

本书特别适合作为本科生高年级和研究生教材。本书作为本科生低年级教材时，可以跳过一些内容偏难的章节；作为研究生教材时，教师可补充一些反映最新研究进展的学术论文和专题研究资料。本书也适合从事机器人学研究、机器人开发和应用的科技人员学习参考。

本书由西北工业大学樊泽明、吴娟、余孝军、袁学兵和西安财经大学任静编著，具体分工为：樊泽明编写第 1 章和第 6 章，吴娟编写第 2、4、5 章，樊泽明和吴娟共同编写第 3 章，任静编写第 7、8 章，余孝军编写第 9、11 章，袁学兵编写第 10 章。本书由樊泽明全面负责整理和统稿。西北工业大学研究生万昊、康美琳、陈洋、杨佳伟、王兴铎、徐栋、

IV

张傲、王鹏博、卢蓓蓓、余霖靓等完成了大量的资料收集、整理、编写、算法实现、校正等工作。

本书在编写和出版过程中,得到众多领导、专家、教授、朋友和学生的热情鼓励与帮助。本书参考了许多机器人专著、教材及网络资源材料,在此对参考的专著、教材及网络资源作者致以衷心的感谢。

编　者

目　录

第❶章

绪　　论

进入 21 世纪以来，人类除了致力于自身的发展外，还需要关注机器人的情况。当今，人们对"机器人"这个名称并不陌生。从古代的神话传说到现代的科学幻想小说、戏剧、电影和电视，都有许多关于机器人的精彩描绘。尽管机器人学和机器人技术已取得许多重要成果，但现实世界中的绝大多数机器人，既不像神话和文艺作品所描述的那样智勇双全，也没有如某些企业家所宣传的那样多才多艺。当前，机器人的本领还比较有限，不过其迅速发展也开始对整个工业生产、太空探索、海洋探索及人类生活等各方面产生了越来越大的影响。

1.1　机器人学的起源与发展

1.1.1　机器人学的起源

机器人的概念在人类的想象中已存在 3000 多年了。早在我国西周时期（公元前 1046—前 771 年），就流传着巧将偃师献给周穆王一个艺伎（歌舞机器人）的故事。能够飞翔的木鸟，作为第一批自动化动物之一，是在公元前 400—前 350 年间制成的；公元前 3 世纪古希腊发明家代达罗斯，用青铜为克里特岛国王米诺斯塑造了一个守卫宝岛的青铜卫士塔罗斯；而在公元前 2 世纪出现的书籍中，描写过一个具有类似机器人角色的机械化剧院，这些角色能够在宫廷仪式上进行舞蹈和乐队表演。我国东汉时期（公元 25—220 年），张恒发明的指南车是世界上最早的机器人雏形。

进入近代之后，人类关于发明各种机械工具和动力机器协助甚至代替人们从事各种体力劳动的梦想更加强烈。在 18 世纪发明的蒸汽机开辟了利用机器动力代替人类劳动的新纪元。随着动力机器的发明，人类社会出现了第一次工业和科学革命，各种自动机器动力机和动力系统的问世，使机器人开始由幻想时期转入自动机械时期，许多机械式控制机器人（如精巧的机器玩具和工艺品等）也应运而生。

1920 年捷克剧作家卡雷尔·凯佩克（Karal Capak）在他的科幻情节剧《罗萨姆的万能机器人》中，第一次提出了"机器人"这个名词，这也被当成了机器人一词的起源。在该剧中凯佩克把斯洛伐克语"Robota"理解为奴隶或劳役的意思。该剧忧心忡忡地预告了机器人的发展对人类社会产生的悲剧性影响，引起了人们的广泛关注。在该剧中，罗萨姆公司设计制造的机器人，按照其主人的命令默默地、没有感觉和感情地、以呆板的方式从事繁重的劳动。后来，该公司研究的机器人技术取得了突破性进展，使机器人具有了智能和感情，导致机器人的广泛应用,机器人成为人类在工厂和家务劳动中必不可少的成员。

凯佩克也提出了机器人的安全、智能和自繁殖问题。机器人技术的进步很可能引发人类不希望出现的问题和结果。虽然科幻世界只是一种想象,但人类担心社会将可能出现这种现实。针对人类社会对于即将问世的机器人感到的不安,美国著名科学幻想小说家阿西莫夫,于1950年在他的小说《我是机器人》中提出了有名的"机器人三守则":

1)机器人必须不危害人类,也不允许它眼看人类受害而袖手旁观。

2)机器人必须绝对服从于人类,除非这种服从有害于人类。

3)机器人必须保护自身不受伤害,除非为了保护人类或者是人类命令它做出牺牲。

这三条守则,给机器人社会赋予了新的伦理性,并使机器人概念通俗化,从而使其更易于为人类社会所接受。至今,他仍为机器人研究人员、设计制造厂家和用户,提供了十分有意义的指导方针。

1.1.2 机器人学的发展

从20世纪60年代初期到70年代初期,在工业机器人问世后的前10年里,机器人技术的发展较为缓慢,许多研究单位和公司所做的努力均未获得成功。这一阶段的主要成果包括,由美国斯坦福国际研究所于1968年研制的移动式智能机器人夏凯,和辛辛那提·米拉克龙公司于1973年制成的第一台适于投放市场的机器人T3等。

20世纪70年代,人工智能学界开始对机器人产生浓厚的兴趣。人们发现,机器人的出现与发展为人工智能的发展带来了新的生机,也提供了一个很好的实验平台和应用场所,是人工智能可能取得重大进展的潜在领域。这一认识,很快为许多国家的科技界、产业界和政府有关部门所认同。随着自动控制理论、电子计算机和航天技术的迅速发展,机器人技术于20世纪70年代中期进入了一个新的发展阶段。进入20世纪80年代后,机器人生产继续保持70年代后期的发展势头。到20世纪80年代中期,机器人制造业已成为发展最快和最好的领域之一。

到20世纪80年代后期,由于传统机器人用户应用工业机器人已趋饱和,工业机器人产品产生积压,不少机器人厂家倒闭或被兼并,使国际机器人学研究和机器人产业开始不再景气。到20世纪90年代初,机器人产业开始出现复苏和继续发展的迹象。但是,好景不长,在1993—1994年又跌入低谷。总体而言,全世界工业机器人的数目每年在递增,而市场则呈波浪式向前发展,1980年至20世纪末,出现过三次马鞍形曲线。1995年后,世界机器人数量逐年增加,增长率也较高,机器人学以较好的发展势头进入21世纪。

进入21世纪后,工业机器人产业发展速度加快,年增长率达到30%左右。其中,欧洲机器人研究进入快车道;而亚洲工业机器人增长速度高达43%,最为突出。

2014年,欧盟委员会和欧洲机器人协会启动了一个称为"SPARC"的机器人研发计划,其中包含了欧洲最大的机器人研发项目,2014—2020年总共接收了欧盟大约7亿欧元的资金用于进行研发工作。除此之外,来自行业、企业的私营部门也给予了20亿欧元的资金支持,从而促进了欧洲机器人学研究的巨大进展。

我国从2012年开始已经连续四年成为全球最大的工业机器人需求市场;在2016年,我国人工智能产业规模突破了100亿元,以43.3%的增长率达到了100.60亿元;2017年增长率提高至51.2%,产业规模达到152.10亿元;预计到2022年,我国机器人产业将发展成为上万亿元产值的产业集群。这样庞大的产业规模,将激励我国机器人学快速发展。

最近十年,随着机器人学的深入研究及机器人数量的快速增长和工业生产的发展,人类对机器人的工作能力也提出了更高的要求，要求这些机器人不仅要懂得运用各种反馈传感器，而且还要学会运用人工智能中各种学习、推理和抉择技术。智能机器人还应用了许多最新的智能技术，如临场感技术、虚拟现实技术、多真体技术、人工神经网络技术、遗传算法和遗传编程技术、仿生技术、多传感器集成和融合技术，以及纳米技术等。

智能机动机器人是一类能够通过传感器感知环境和自身状态，实现在有障碍物的环境中面向目标的自主运动，从而完成一定作业功能的机器人系统。而移动机器人是一类具有较高智能的机器人，也是智能机器人研究的一类前沿和重点领域。移动机器人与其他机器人的不同之处就在于其"移动"特性。移动机器人不仅能够在生产、生活中起到越来越大的作用，而且还是研究复杂智能行为的产生、探索人类思维模式的有效工具与实验平台。21世纪机器人的智能水平，将会提高到令人惊叹的更高水平。

1.2 机器人的分类

机器人的分类方法很多。本书将按机器人的连接方式、机器人的移动性、机器人的控制方式、机器人的几何结构、机器人的智能程度、机器人的用途等进行分类。

1.2.1 按机器人的连接方式分类

1. 串联机器人

串联机器人是较早应用于工业领域的机器人。如图1-1所示，串联机器人是一个开放的运动链，主要以开环机构为机器人机构原型。由于其开环的串联机构形式，该机构末端执行器可以在大范围内运动，因此具有较大的工作空间，并且操作灵活，控制系统和结构设计较简单；同时由于其研究相对成熟，已成功应用于很多领域，如各种机床、装配车间等。然而，由于串联机器人链接的连续性，当串联机构的末端执行器受力时，各关节间不仅不分担负载，还要承受叠加的重量，每个关节都要承受此关节到末端关节所受负载的力之和。因此，串联机器人负载能力和位置精度与多轴机械比较起来很低；同时，由于各关节电动机安装在关节部位，在运动时会产生较大的转动惯量，从而降低其动力学性能；此外，串联关节处累积的误差也比较大，严重影响其工作精度。

图1-1 串联机器人

2. 并联机器人

并联机器人是一个封闭的运动链。如图1-2所示，并联机器人一般由上、下平台，以及两条或两条以上的运动支链构成。与串联机器人相比，由于并联机器人是由一个或几个闭环组成的关节点坐标相互关联，因此具有运动惯性小、热变形较小、不易产生动态误差和累积误差的特点；此外，还具有精度较高、机器刚性好、结构紧凑稳定、承载能力强且反解容易等优点。基于这些特点，并联机器人在过去的近三十年里一直是机器人研究领域的热点。尽管其与串联机器人相比起步较晚，并且还有很多理论问题没有解决，但关于并联多运动臂的结构设计、动力与控制策略，以及主轴电动机的工作空间和工位奇异性研究已趋于成熟，且已经在需要高刚度、高精度、大载荷、精简工作空间的领域内得到了广泛应用。运动模拟器、Delta 机器人等都是并联机器人的成功案例。

图 1-2　并联机器人

3. 混联机器人

混联机器人是在工业实际应用中，针对机器人操作空间和操作灵活度的具体要求而提出的一种新型机器人结构。混联机器人是以并联机构为基础，在并联机构中嵌入具有多个自由度的串联机构，从而构成的一个复杂的混联系统，其结构设计复杂，属于对并联机构的补偿和优化。混联机器人在继承了并联机器人刚度大、承载能力强、速度高、精度高等特点的同时，其末端执行器也拥有了串联机器人运动空间大、控制简单、操作灵活等特性，多用于高运动精度场合。

然而，由于并联机构的存在，在对混联机器人进行结构设计时对运动解耦性的考虑是不可避免的。因此，如何合理设置并联机构是混联机器人的一个重要研究方向。此外，混联机器人往往随着并联机构的加入而具备了微动而高精度的运动特点，其在高精度要求的机械加工领域具有很好的应用前景。在应用工艺上除常用于食品、医药、3C、日化、物流等行业中的理料、分拣、转运外，也凭借多角度拾取的优势扩大了应用范围。

混联机器人的出现为工业机器人应用拓宽了场景，能更加有效地结合市场需求，满足客户个性化定制需要，建立行之有效的自动化解决方案，帮助我国制造业提升企业的核心竞争力和盈利能力，加快企业转型升级。将串联机器人和并联机器人有机集成，构成的混联机器人既具有串联机器人的优点，又具有并联机器人的优点，是一种综合性机器人。例如，图 1-3 所示为西北工业大学自动化学院樊泽明教授研究的串联、并联、小车有机集成的多功能多用途智能机器人，也是本书的实验与创新实践平台。

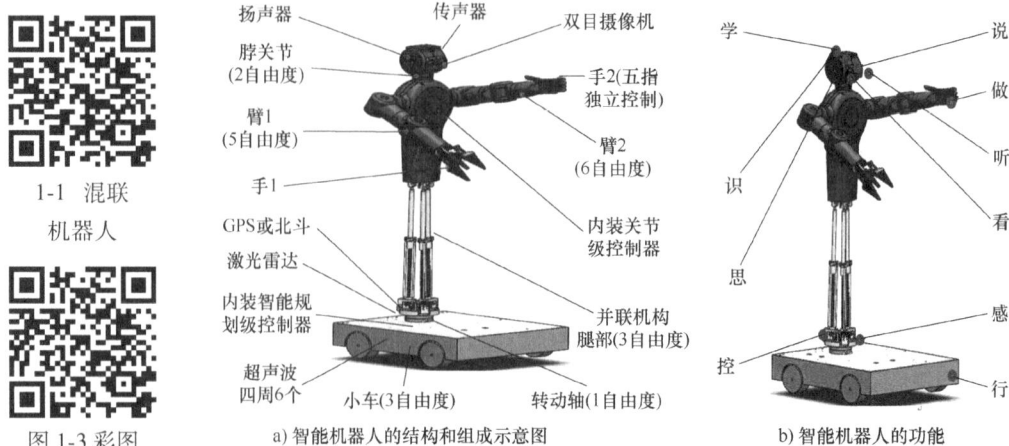

1-1 混联
机器人

图 1-3 彩图

a) 智能机器人的结构和组成示意图　　b) 智能机器人的功能

图 1-3　西北工业大学自动化学院研究的智能机器人（扫码见彩图）

1.2.2 按机器人的移动性分类

1. 固定式机器人

固定式机器人固定在某个底座上,整台机器人或机械手不能移动,只能移动各个关节,如图1-4所示。

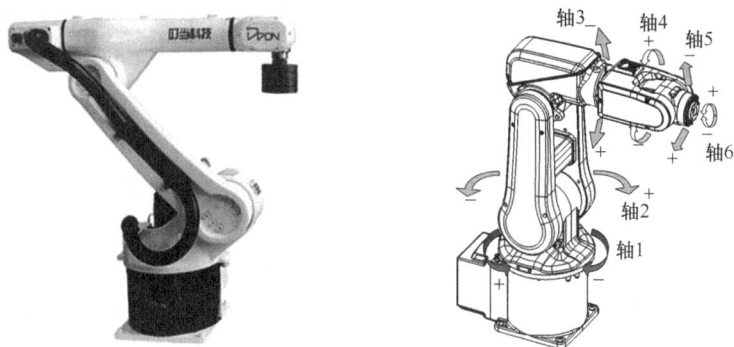

图1-4 固定式机器人

2. 自动导向车辆(AGV)

AGV设计主要用于工厂、仓库和运输区域的室内和室外移动材料(一种称为材料处理的生产流程)。如图1-5所示,它们可能在制造场所运送汽车零件、在出版公司运送新闻纸或在核电厂运送废料。

图1-5 自动导向车辆

现代交通系统通常使用无线通信将所有车辆连接到一个负责控制交通流量的中央计算机。车辆进一步分类的依据是:它们是拉动装满材料的拖车(拖曳式AGV),还是用叉来装卸(叉开式AGV),还是在车顶的平台上运输(单位装载式AGV)。AGV可能是移动机器人应用最发达的市场。此外,移动材料,以及货车、火车、轮船和飞机的装卸也是未来几代交通工具的潜在应用对象。

3. 服务机器人

服务机器人执行的任务如果由人类来执行,就会被认为是服务行业的工作。如图1-6所示,部分服务任务,如邮件、食品和药物的递送,被认为是"轻"材料处理,与AGV的工作类似。然而,许多服务任务的特点是与人的亲密程度更高,例如从应对人群到回答问题。

医疗服务机器人可以用来给病人送食物、水、药品、阅读材料等。它们还可以从一个地方到另一个地方的医院移动生物样本和废物、医疗记录和行政报告。

监视机器人就像自动化的保安。在某些情况下,能够胜任在一个区域内移动并简单地

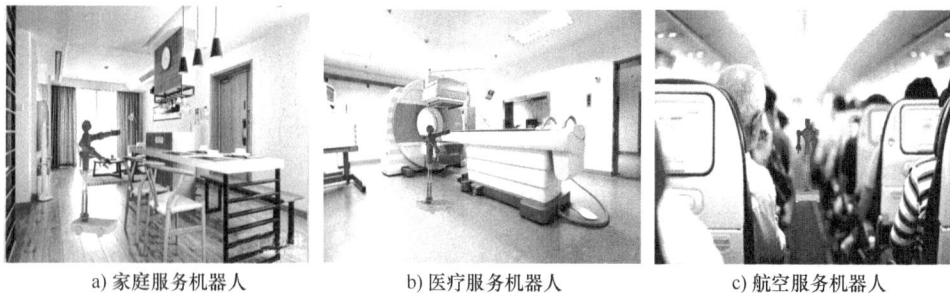

a) 家庭服务机器人　　　　b) 医疗服务机器人　　　　c) 航空服务机器人

图 1-6　西北工业大学自动化学院研究的用于服务领域的智能机器人

探测入侵者的自动化能力是很有价值的。这个应用场景是移动机器人制造商的早期兴趣之一。

其他服务机器人包括用于机构和家庭地板清洁和草坪护理的机器人。清洁机器人应用于机场、超市、购物中心、工厂等。它们的工作包括清洗、清扫、吸尘、洗地毯和收垃圾。这些设备与到达某个地方或携带任何东西无关，而是与至少一次到达任何地方有关。

4. 社交机器人

社交机器人是专门用来与人类互动的机器人，它们的主要目的通常是传递信息或娱乐。虽然只是固定地传递信息，但社交机器人由于这样或那样的原因也需要移动。

一些潜在的应用包括回答零售商店(杂货店、硬件)中的产品位置问题，在餐厅里给孩子送汉堡，帮助体弱者看东西(机器人导盲犬)，帮助老年人移动或记住他们的药物(机器人助手)等。

近年来，索尼公司生产和销售了一些令人印象深刻的娱乐机器人，最早的这类设备则被包装成"宠物"。博物馆和博览会的自动导游可以指导顾客参观特定的展品。

5. 场地机器人

野战机器人在极具挑战性的户外自然地形"野战"条件下执行任务。几乎任何类型的车辆，必须在户外环境中的移动和工作，都有可能实现自动化。大多数事情在户外都比较难做，在恶劣的天气很难看到也很难决定如何穿过复杂的自然地形，也很容易陷入困境。野战机器人通常是安装在移动基座上的武器和(或)工具，它们不仅会去某个地方，而且还会以某种方式与环境进行物理交互。

在农业方面，机器人的潜在应用包括种植、除草、化学(除草剂、杀虫剂、肥料)应用、修剪、收获，以及采摘水果和蔬菜。与家庭除草不同，大规模的除草在公园、高尔夫球场和公路中间地带是必要的。专门用于割草的人力驱动车辆是自动化的良好候选。在林业方面，照料苗圃和收获成年树木是潜在的应用。例如，图 1-7 所示为西北工业大学自动化学院樊泽明教授研究的采摘机器人。

场地机器人在采矿和挖掘中有多种应用。在地面上，挖掘机、装载机和岩石货车已经在露天矿山实现了自动化。井下的钻机、锚杆机、连续式采煤机和自卸车也都实现了自动化。

6. 检查、侦察、监视和探测机器人

检查、侦察、监视和探测机器人是现场机器人，它们在移动平台上部署仪器，以检查一个区域，或发现或探测某个区域内的某些东西。通常，选择机器人的最佳理由是：环境太危险，不能冒险让人类来做这项工作。例如，图 1-8 所示为西北工业大学自动化学院樊泽明教

a) 水果采摘示意图　　　　　　　　b) 水果采摘过程

图 1-7　西北工业大学自动化学院研究的用于蔬果采摘领域的智能机器人(扫码见彩图)　　图 1-7 彩图

授正在研究的智能人形机器人。这种环境的明显例子包括受高辐射水平影响的地区(核电站深处)、某些军事场景(侦察、拆弹)和空间探测等。

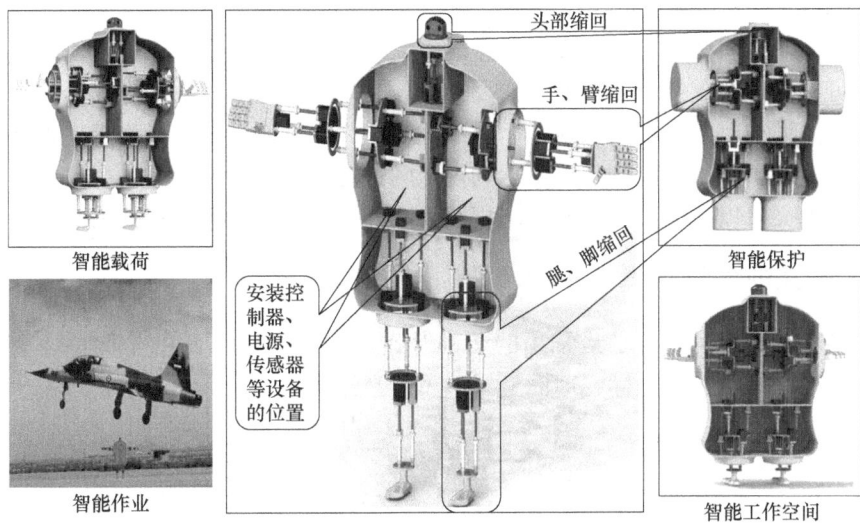

图 1-8　智能人形机器人的结构示意图(扫码见彩图)　　　　　　　　图 1-8 彩图

　　在能源领域，机器人已应用于检查核反应堆部件，包括蒸汽发生器、加热管和废物储存罐。用于检查高压电力线、天然气和石油管道的机器人也已经原型化或装备完毕。远程驾驶的水下交通工具也变得越来越大，用于检查石油钻井平台、海底通信电缆，甚至帮助寻找沉船等。

　　近年来，机器人士兵的研究开发尤为紧张。如图 1-9 所示，智能机器人应用于战争领域，如用于侦察和监视、部队补给、雷区测绘和清除，以及救护车服务等任务。而军用车辆制造商已经在努力将各种各样的机器人技术应用于他们的产品中。机器人拆弹已经是一个成熟的市场。

　　在太空中，一些机器人飞行器已经在火星表面自动行驶了数公里，而在推进器的动力下绕空间站飞行的飞行器的概念已被提上日程一段时间了。

| 战场侦察 | 战场监视 | 战场指挥 | 战场投放 | 参与战斗 | 飞行器操作与维修 | 国防后勤保障 |

图 1-9　智能机器人应用于战争领域(扫码见彩图)

1.2.3　按机器人的控制方式分类

按控制方式可把机器人分为非伺服机器人和伺服控制机器人两种。

1. 非伺服机器人

非伺服机器人工作能力比较有限,它们往往涉及那些称为"终点""抓放"或"开关"式机器人的一类机器人,尤其是"有限顺序"机器人。这种机器人按照预先编好的程序依顺序工作,使用终端限位开关、制动器、插销板和定序器来控制机器人的机械手的运动。

图 1-9 彩图

2. 伺服控制机器人

伺服控制机器人比非伺服机器人有更强的工作能力,因而价格较贵,但在某种情况下却不如简单的机器人可靠。通过反馈传感器取得的反馈信号与来自给定装置的综合信号,经比较器加以比较,得到的误差信号经过放大后,用于激发机器人的驱动装置,进而带动末端执行器装置以一定规律运动,到达规定的位置或达到规定的速度等。显然这就是一个反馈控制系统。伺服控制机器人又可以分为点位伺服控制机器人和连续路径伺服控制机器人两种。

1.2.4　按机器人的几何结构分类

机器人的几何结构形式多种多样。最常用的结构形式是用图 1-10 所示的坐标特性来描述,如笛卡儿坐标、柱面坐标、极坐标、球面坐标和关节坐标等。

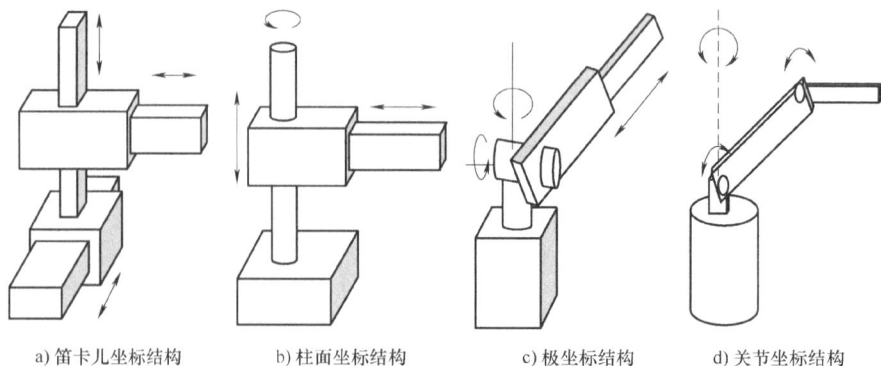

a) 笛卡儿坐标结构　　b) 柱面坐标结构　　c) 极坐标结构　　d) 关节坐标结构

图 1-10　机器人的几何结构

1.2.5　按机器人的智能程度分类

1. 一般机器人

一般机器人不具有智能,只是具有一般编程能力和操作功能,如图 1-1 所示。

2. 智能机器人

智能机器人具有不同程度的智能，又可分为传感型机器人、交互型机器人、自立型机器人，如图1-3和图1-8所示。

1.2.6 按机器人的用途分类

1. 工业机器人或产业机器人

工业机器人或产业机器人主要应用于工农业生产，或是制造业的焊接、喷涂、装配、搬运等作业，如图1-7所示。

1-2 按机器人的用途分类

2. 探索机器人

探索机器人用于进行太空或海洋探索，也可用于地面和地下的探险与探索，如图1-11所示。

3. 服务机器人

如图1-6所示，服务机器人是一种半自主或全自主工作的机器人，其所从事的服务工作可使人类生存得更好，使制造业以外的设备工作得更好。

4. 军事机器人

如图1-9所示，军事机器人是用于军事目的，或具有进攻性的、或具有防务性的机器人。它又可分为空中军用机器人、海洋军用机器人和地面军用机器人，或简称为空军机器人、海军机器人和陆军机器人。

图1-11 探索机器人

1.3 机器人学综述

虽然机器人有广阔的应用范围和市场，但真正成功的机器人都有着一个千真万确的事实：它的设计是许多不同知识体系的集成，这也使得机器人学成为一个交叉学科领域。为解决运动问题，机器人专家必须了解机械结构、运动学、动力学和控制理论；为建立具有鲁棒性的感知系统，机器人专家必须贯通信号分析领域和专门的知识体系，如计算机视觉等，以便适当地使用众多的传感器技术；定位、导航和目标识别则需要计算机算法、信息论、人工智能、概率论等方面的知识。

图1-12所示为本书各章节关系拓扑结构图，该图确认了与机器人相关的许多知识主题。作为学习机器人学的本科生、研究生及热衷于该领域的科研工作者，熟悉矩阵代数、微积分、概率论和计算机编程，对于学习本书非常有利。同时，如图1-3所示，由西北工业大学樊泽明教授研发的智能机器人，是为本书学习研发的实验与创新实践教学平台，可完成本书大部分内容的实验与创新实践训练。基于该平台进行学习，将会起到事半功倍的效果。

1.3.1 机器人运动学技术

机器人机械结构的运动学分析，是描述机器人相对一个固定参考笛卡儿坐标系的运动，并不考虑导致结构运动的力和力矩。在此，也很有必要对运动学和微分运动学加以区分：对于一个机器人的机械手，运动学描述的是关节的位置与末端执行器的位置和方向之间的解析

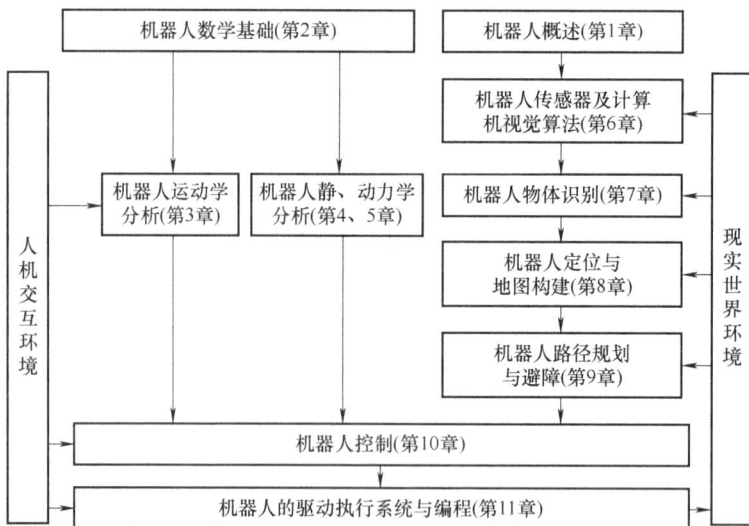

图 1-12　本书各章节关系拓扑结构图

关系,而微分运动学则是通过雅可比矩阵描述关节运动与末端执行器运动在速度方面的解析关系。

运动学关系的公式化表示,使得对机器人学两个关键问题——正运动学问题和逆运动学问题的研究成为可能。正运动学利用线性代数工具,确定了一个系统性和一般性方法,将末端执行器的运动描述为关节运动的函数;逆运动学考虑前一问题的逆问题,其解的本质作用是将在工作空间中自然地制定给末端执行器的期望运动,转换为相应关节的运动。

建立一个机器人的运动学模型,对确定处于静态平衡位姿时作用到关节上的力和力矩,与作用到末端执行器上的力和力矩之间的关系也是很有用的。

1. 位姿描述

在机器人研究中,人们通常在三维空间中研究物体的位置。这里所说的物体既包括操作臂的杆件、零部件和抓持工具,也包括操作臂工作空间内的其他物体。通常这些物体可用两个非常重要的特性来描述:位置和姿态。自然人们会首先研究如何用数学方法表示和计算这些参量。

为了描述空间物体的位姿,一般先将物体固置于一个空间坐标系,即参考坐标系中,然后在这个参考坐标系中研究空间物体的位置和姿态。任一坐标系都能用作描述物体位姿的参考坐标系,人们经常在不同的参考坐标系中变换表示物体空间位姿的形式。在第 2 章中,将研究同一物体在不同坐标系中空间位置和姿态的描述方法,以及数学计算方法。

2. 操作臂正运动学

运动学研究物体的运动,而不考虑引起这种运动的力。在运动学中,研究位置、速度、加速度和位置变量对于时间或者其他变量的高阶微分。这样,操作臂运动学的研究对象就是运动的全部几何和时间特性。

几乎所有的操作臂都是由刚性连杆组成的,相邻连杆间由可做相对运动的关节连接。这些关节通常装有位置传感器,用于测量相邻杆件的相对位置。如果是转动关节,这个位移称为关节角。一些操作臂含有滑动(或移动)关节,那么两个相邻连杆的位移是直线运动,有时将这个位移称为关节偏距。

1-3　机器人
正运动学

操作臂自由度的数目是操作臂中具有独立位置变量的数目，这些位置变量确定了机构中所有部件的位置。末端执行器安装在操作臂的自由端。根据机器人的不同应用场合，末端执行器可以是一个夹具、一个焊枪、一个电磁铁或其他装置。通常用附着于末端执行器上的工具坐标系描述操作臂的位置，与工具坐标系相对应的是与操作臂固定底座相连接的基坐标系。

在操作臂运动学研究中，一个典型的问题是操作臂正运动学。计算操作臂末端执行器的位置和姿态是一个静态的几何问题。具体来讲，给定一组关节角的值，正运动学问题是计算工具坐标系相对于基坐标系的位置和姿态。一般情况下，将这个过程称为从关节空间描述到笛卡儿空间描述的操作臂位姿表示。这个问题将在第3章的3.1~3.3节中详细论述。

3. 操作臂逆运动学

在第3章的3.4节中，将讨论操作臂逆运动学，即给定操作臂末端执行器的位置和姿态，计算所有可达到该给定位置和姿态的关节角。这是操作臂实际应用中的一个基本问题。

1-4 机器人
逆运动学

操作臂逆运动学是一个相当复杂的几何问题，然而人类或其他生物系统每天都要进行数千次这样的求解。对于机器人这样一个人工智能系统，需要在控制计算机中设计一种算法来实现这种逆向计算。从某种程度上讲，逆运动学问题的求解是操作臂系统最重要的部分。

人们认为这是个"定位"映射问题，是将机器人位姿从三维笛卡儿空间向内部关节空间的映射。当机器人目标位姿用外部三维空间坐标表示时，则需要进行这种映射。某些早期的机器人没有这种算法，它们只能简单地被移动（有时要由人工示教）到期望位置，同时记录一系列关节变量（例如各关节空间的位置和姿态），以实现再现运动。显然，如果机器人只是单纯地记录和再现机器人的关节位置和姿态，那么就不需要任何从关节空间到笛卡儿空间的变换算法。然而，现在已经很难找到一台没有这种逆运动学算法的工业机器人。

逆运动学不像正运动学那样简单。因为运动学方程是非线性的，因此很难得到封闭解，有时甚至无解，故同时提出了解的存在性和多解问题。

上述问题的研究给人脑和神经系统在无意识的情况下引导手臂和手移动，以及操作物体的现象做出了一种恰当的解释。运动学方程解的存在与否限定了操作臂的工作空间，无解表示目标点在工作空间之外，而操作臂无法达到该期望位姿。

1.3.2 机器人静力学与动力学技术

1. 机器人静力学分析

除了分析静态定位问题之外，人们还希望分析运动中的机器人。雅可比矩阵定义了从关节空间速度向笛卡儿空间速度的映射。这种映射关系随着操作臂位姿的变化而变化。为机器人定义雅可比矩阵可以比较方便地进行机构的速度分析。在奇异点雅可比矩阵是不可逆的。对这种现象的正确理解对于操作臂的设计者和用户是十分重要的。这一部分将在第4章中论述。

操作臂并不总是在工作空间内自由运动，有时也接触工件或工作面，并施加一个静力。在这种情况下的问题是一组什么样的关节力和力矩能够产生要求的接触力和力矩？为了解决这个问题，自然又要利用操作臂的雅可比矩阵。

2. 机器人动力学分析

动力学是一个广泛的研究领域，主要研究产生运动所需要的力。为了使操作臂从静止开始加速，使末端执行器以恒定的速度做直线运动，最后减速停止，必须通过关节驱动器产生

一组复杂的力矩函数来实现。关节驱动器产生的力矩函数形式取决于末端执行器路径的空间形式和瞬时特性、连杆和负载的质量特性,以及关节摩擦等因素。控制操作臂沿期望路径运动的一种方法,是通过操作臂动力学方程求解出这些关节力矩函数。

许多人都有拿起比预想轻得多的物体的经历(例如,从冰箱中取出一瓶牛奶,我们以为是满的,但实际上却几乎是空的),这种对负载的错判可能引起异常的抓举动作。这种经验表明,人体控制系统比纯粹的运动规划更复杂。操作臂控制系统就是利用了质量及其他动力学知识。同样,人们构造机器人操作臂运动控制的算法也应当把动力学考虑进去。

动力学方程的另一个用途是用于仿真。通过重构动力学方程以便以驱动力矩函数的形式来计算加速度,这样就可以在一组驱动力矩作用下对操作臂的运动进行仿真。随着计算能力的提高和计算成本的下降,仿真在许多领域得到了广泛应用并且显得越来越重要。

在第 5 章中推导了动力学方程,这些方程可用于对机器人运动的控制和仿真。

1.3.3 机器人感知与物体识别技术

在机器人的各种工程应用中,都需要识别物体。例如,在机器人加工中,需要识别零件图样;在机器人装配过程中,需要识别工件形状;在机器人搬运中,需要识别被搬运物体;在机器人水果采摘中,需要识别水果的形状、颜色、树枝、树干等;在机器人活动环境中,需要识别障碍物形状及环境。因此,物体识别在机器人领域无处不在。

1-5 机器人定位
与地图构建

1.3.4 机器人定位与地图构建

机器人要在未知环境下完成给定任务,定位和地图构建发挥着重要的作用。在机器人学中,定位和地图构建通常相互依赖。对地图构建来说,只有知道机器人所处位置,才能准确描述出周围环境的地图信息;而对定位而言,只有通过地图构建描绘出环境中的特征,才能根据这些信息进行更为准确的定位。

1-6 机器人路径
规划及避障

1.3.5 机器人的路径规划与避障技术

该技术通过机器人传感器、机器人地图构建技术、定位技术,论述机器人的认知。一般来说,认知表示系统利用有目的的决策和执行,来实现最高级别的目标。

1-7 机器人控制

1.3.6 机器人控制技术

机器人控制技术分析机器人的控制特点和控制技术,讨论机器人关节空间控制、工作空间控制和力控制。严格来讲,线性控制技术仅适用于能够用线性微分方程进行数学建模的系统。对于操作臂的控制,这种线性方法实质上是一种近似方法,因为根据第 5 章内容可知,操作臂的动力学方程一般都是由非线性微分方程来描述的。然而,通常这种近似是可行的,而且这些线性方法是当前工程实际中最常用的方法。工作空间控制讨论了直接控制方法、解耦控制方法及自适应控制方法。当机器人在空间中跟踪轨迹运动时,可采用位置控制,但当末端执行器与工作环境发生碰撞(如磨削机器人)时,不仅要考虑位置控制,而且要考虑力控制。

1.3.7 机器人驱动与编程技术

这里所说的机器人驱动是机电液一体化系统中的执行装置。执行装置就是按照电信号的指令，将来自电、液压和气压等各种能源的能量转换成旋转运动、直线运动等方式的机械能的装置。按利用的能源来分类，主要可分为电动执行装置、液压执行装置、气动执行装置和新型执行装置。其中，新型执行装置又分为压电执行装置、形状记忆合金执行装置。压电执行装置利用了在压电陶瓷等材料上施加电压而产生变形的压电效应；形状记忆合金执行装置则利用了镍钛合金等材料具有的形状随温度变化，温度恢复时形状也恢复的形状记忆性质。

习 题

1.1 国内外机器人技术的发展有何特点？

1.2 制作一个年表，记录在过去40年里工业机器人发展的主要事件。

1.3 简述机器人的正运动学。

1.4 简述机器人的逆运动学。

1.5 简述机器人的速度和静力学。

1.6 简述机器人的动力学。

1.7 简述机器人的控制类型。

第 2 章

机器人数学基础

随着机器人的发展，越来越多种类的机器人呈现在人们面前，但最具代表性的仍然是关节机器人。关节机器人的结构是由一个个关节连接起来的空间连杆开式链机构，连接相邻连杆的每个关节都有其伺服驱动单元，各关节的运动在各自关节坐标系里度量，每个关节的运动最终决定了机器人末端执行器的位置和姿态。因此必须掌握机器人的运动学和动力学规律以获得各关节运动对机器人位姿的影响。本章将介绍机器人基础数学知识，通过引入齐次坐标对机器人的位置和姿态进行数学描述，引入齐次变换为后续章节的机器人运动学、动力学分析奠定理论基础。

2.1 齐次坐标及位姿矩阵

2.1.1 齐次坐标

齐次坐标是用 $n+1$ 维坐标来描述 n 维空间中点的位置或刚体位姿的表达方法。

引入齐次坐标的意义在于：利用齐次坐标描述机器人的位置和姿态使后续机器人位姿矩阵表达及位姿矩阵运算更加直观及便捷。

1. 点的齐次坐标

对于空间任一点，其在直角坐标系中的位置可以用 3×1 位置列矢量来表示。如图 2-1 所示，在坐标系 {A} 中，任一点 P 的位置可用列矢量 $^A\boldsymbol{P}$ 表示

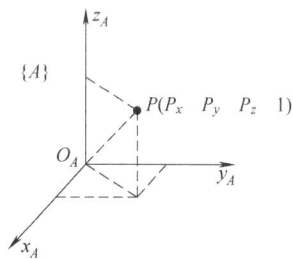

图 2-1　点的齐次坐标

$$^A\boldsymbol{P}=(P_x \quad P_y \quad P_z)^{\mathrm{T}} \tag{2-1}$$

式中，$^A\boldsymbol{P}$ 为位置矢量，左上角标表示参考坐标系 {A}；P_x、P_y、P_z 是点 P 在坐标系 {A} 中的三个位置坐标分量；右上角标 T 表示转置。该点的齐次坐标表示为

$$^A\boldsymbol{P}=(P_x \quad P_y \quad P_z \quad 1)^{\mathrm{T}} \tag{2-2}$$

也可表示为

$$^A\boldsymbol{P}=(wP_x \ wP_y \ wP_z \ w)^{\mathrm{T}} \tag{2-3}$$

式中，w 称为该点齐次坐标的比例因子，当 $w=1$ 时，为点 P 的齐次坐标的一般表达形式，即式(2-2)；当 $w \neq 1$ 时，则相当于将一般表达式中各元素同时乘以一个非零的比例因子 w，但仍表示同一点 P。

2. 刚体的齐次坐标

在研究机器人运动时，空间某个刚体的位置和姿态可由固连于此的刚体的坐标系的位置和姿态来描述。如图 2-2 所示，设一直角坐标系 $\{B\}$ 与刚体固连，原点 O_B 设在刚体的点 P 处（通常是刚体的特征点，例如刚体的质心或端点等），则刚体的位置可由坐标系 $\{B\}$ 的原点位置（即点 P 位置）来描述，那么，刚体相对于自身坐标系 $\{B\}$，其位置齐次坐标表示为

$$^B\boldsymbol{P} = (0 \quad 0 \quad 0 \quad 1)^T \qquad (2\text{-}4)$$

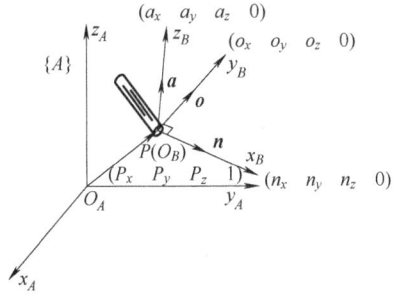

图 2-2　刚体的齐次坐标

而相对于参考坐标系 $\{A\}$，其位置齐次坐标则为

$$^A\boldsymbol{P} = (P_x \quad P_y \quad P_z \quad 1)^T \qquad (2\text{-}5)$$

对于刚体的姿态，通常用坐标系三个坐标轴的方位来描述，其坐标轴方位的齐次坐标的前三项用坐标轴单位矢量的方向余弦表示，第四项取零。即

$$\boldsymbol{n} = (n_x \quad n_y \quad n_z \quad 0)^T = (\cos\alpha_{nx} \quad \cos\beta_{ny} \quad \cos\gamma_{nz} \quad 0)^T$$

$$\boldsymbol{o} = (o_x \quad o_y \quad o_z \quad 0)^T = (\cos\alpha_{ox} \quad \cos\beta_{oy} \quad \cos\gamma_{oz} \quad 0)^T$$

$$\boldsymbol{a} = (a_x \quad a_y \quad a_z \quad 0)^T = (\cos\alpha_{ax} \quad \cos\beta_{ay} \quad \cos\gamma_{az} \quad 0)^T \qquad (2\text{-}6)$$

式中，$\boldsymbol{n}$、$\boldsymbol{o}$、$\boldsymbol{a}$ 为坐标系各坐标轴的单位矢量；$(n_x\,n_y\,n_z)^T$、$(o_x\,o_y\,o_z)^T$、$(a_x\,a_y\,a_z)^T$ 分别表示各坐标轴单位矢量沿参考坐标系各坐标轴的分量；$\cos\alpha_{ij}$、$\cos\beta_{ij}$、$\cos\gamma_{ij}$ 则表示各坐标轴单位矢量相对于参考坐标系坐标轴的方向余弦，i 取 n、o、a，j 取 x、y、z。

那么，对于图 2-2 所示的刚体坐标系 $\{B\}$，其各坐标轴相对于自身坐标系的方位齐次坐标为

$$^B\boldsymbol{n} = (1 \quad 0 \quad 0 \quad 0)^T$$

$$^B\boldsymbol{o} = (0 \quad 1 \quad 0 \quad 0)^T$$

$$^B\boldsymbol{a} = (0 \quad 0 \quad 1 \quad 0)^T \qquad (2\text{-}7)$$

而相对于参考坐标系 $\{A\}$ 的方位齐次坐标则为

$$^A\boldsymbol{n} = (n_x \quad n_y \quad n_z \quad 0)^T = (\cos\alpha_{nx} \quad \cos\beta_{ny} \quad \cos\gamma_{nz} \quad 0)^T$$

$$^A\boldsymbol{o} = (o_x \quad o_y \quad o_z \quad 0)^T = (\cos\alpha_{ox} \quad \cos\beta_{oy} \quad \cos\gamma_{oz} \quad 0)^T$$

$$^A\boldsymbol{a} = (a_x \quad a_y \quad a_z \quad 0)^T = (\cos\alpha_{ax} \quad \cos\beta_{ay} \quad \cos\gamma_{az} \quad 0)^T \qquad (2\text{-}8)$$

式中，$^A\boldsymbol{n}$、$^A\boldsymbol{o}$、$^A\boldsymbol{a}$ 为坐标系 $\{B\}$ 坐标轴单位矢量 $\boldsymbol{n}$、$\boldsymbol{o}$、$\boldsymbol{a}$ 在坐标系 $\{A\}$ 中的方位表示。

例 2-1　用齐次坐标表示图 2-3 中所示矢量 $\boldsymbol{u}$、$\boldsymbol{v}$、$\boldsymbol{w}$ 的方位。

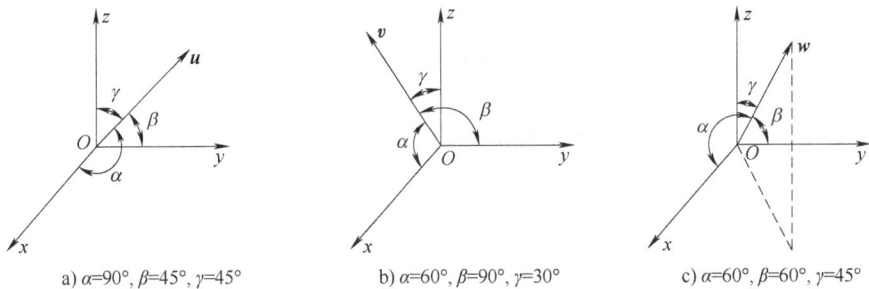

a) $\alpha=90°$, $\beta=45°$, $\gamma=45°$　　b) $\alpha=60°$, $\beta=90°$, $\gamma=30°$　　c) $\alpha=60°$, $\beta=60°$, $\gamma=45°$

图 2-3　矢量 $\boldsymbol{u}$、$\boldsymbol{v}$、$\boldsymbol{w}$ 的方位表示

解：1）对于矢量 $\boldsymbol{u}$：$\cos\alpha = 0$，$\cos\beta = 0.707$，$\cos\gamma = 0.707$，$\boldsymbol{u} = (0 \quad 0.707 \quad 0.707 \quad 0)^{\mathrm{T}}$。

2）对于矢量 $\boldsymbol{v}$：$\cos\alpha = 0.5$，$\cos\beta = 0$，$\cos\gamma = 0.866$，$\boldsymbol{v} = (0.5 \quad 0 \quad 0.866 \quad 0)^{\mathrm{T}}$。

3）对于矢量 $\boldsymbol{w}$：$\cos\alpha = 0.5$，$\cos\beta = 0.5$，$\cos\gamma = 0.707$，$\boldsymbol{w} = (0.5 \quad 0.5 \quad 0.707 \quad 0)^{\mathrm{T}}$。

2.1.2 位姿矩阵

将前述刚体的位置和姿态的具体表达式式（2-5）和式（2-8）合并，可得到刚体的齐次坐标位姿矩阵，用 $\boldsymbol{T}$ 表示，有

$$\boldsymbol{T} = (\boldsymbol{n} \quad \boldsymbol{o} \quad \boldsymbol{a} \quad \boldsymbol{P}) = \begin{pmatrix} n_x & o_x & a_x & P_x \\ n_y & o_y & a_y & P_y \\ n_z & o_z & a_z & P_z \\ 0 & 0 & 0 & 1 \end{pmatrix} = \begin{pmatrix} \cos\alpha_{nx} & \cos\alpha_{ox} & \cos\alpha_{ax} & P_x \\ \cos\beta_{ny} & \cos\beta_{oy} & \cos\beta_{ay} & P_y \\ \cos\gamma_{nz} & \cos\gamma_{oz} & \cos\gamma_{az} & P_z \\ 0 & 0 & 0 & 1 \end{pmatrix} \quad (2-9)$$

式中，由坐标轴 x_B、y_B、z_B 的单位矢量 $\boldsymbol{n}$、$\boldsymbol{o}$、$\boldsymbol{a}$ 在参考坐标系 $\{A\}$ 中的方向余弦值组成的 3×3 矩阵称为坐标系 $\{B\}$ 相对于坐标系 $\{A\}$ 的旋转矩阵，即

$$^A\boldsymbol{R}_B = \begin{pmatrix} n_x & o_x & a_x \\ n_y & o_y & a_y \\ n_z & o_z & a_z \end{pmatrix} = \begin{pmatrix} \cos\alpha_{nx} & \cos\alpha_{ox} & \cos\alpha_{ax} \\ \cos\beta_{ny} & \cos\beta_{oy} & \cos\beta_{ay} \\ \cos\gamma_{nz} & \cos\gamma_{oz} & \cos\gamma_{az} \end{pmatrix} \quad (2-10)$$

式中，$^A\boldsymbol{R}_B$ 称为旋转矩阵；上角标 A 及下角标 B 分别代表参考坐标系 $\{A\}$ 及刚体坐标系 $\{B\}$。

因为 $\boldsymbol{n}$、$\boldsymbol{o}$、$\boldsymbol{a}$ 都是单位矢量，且两两互相垂直，故

$$\begin{cases} ^A\boldsymbol{n} \cdot {}^A\boldsymbol{n} = {}^A\boldsymbol{o} \cdot {}^A\boldsymbol{o} = {}^A\boldsymbol{a} \cdot {}^A\boldsymbol{a} = 1 \\ ^A\boldsymbol{n} \cdot {}^A\boldsymbol{o} = {}^A\boldsymbol{o} \cdot {}^A\boldsymbol{a} = {}^A\boldsymbol{a} \cdot {}^A\boldsymbol{n} = 0 \end{cases} \quad (2-11)$$

这表明旋转矩阵 $^A\boldsymbol{R}_B$ 是正交矩阵，因此满足条件

$$\begin{cases} ^A\boldsymbol{R}_B^{-1} = {}^A\boldsymbol{R}_B^{\mathrm{T}} \\ |{}^A\boldsymbol{R}_B| = 1 \end{cases} \quad (2-12)$$

式中，上角标 T 表示转置；$|\cdot|$ 表示行列式。

综上所述，刚体的位姿矩阵由固连其上的坐标系 $\{B\}$ 的位姿矩阵来表达，即分别由坐标系 $\{B\}$ 的原点位置矢量 $^A\boldsymbol{P}$ 和坐标轴的方位旋转矩阵 $^A\boldsymbol{R}_B$ 来描述。

1. 连杆的位姿

在机器人坐标系中，静止不动的坐标系称为静系，跟随连杆运动的坐标系称为动系。因此，与机器人底座固连的参考坐标系为静系，而各连杆及手部的坐标系均为动系。动系位置和姿态的描述是对动系原点位置及各坐标轴方向的描述，若给定了连杆某点的位置和该连杆在空间的姿态，则该连杆在空间的状态是完全确定的。

如图 2-4 所示，在静坐标系 $Oxyz$ 中，机器人连杆 L 为刚体，与其固连的动坐标系 $O_1x_1y_1z_1$ 建立在连杆的端点 P（P_x，P_y，P_z）处，依据上文内容，可以写出连杆动系的位姿矩阵为

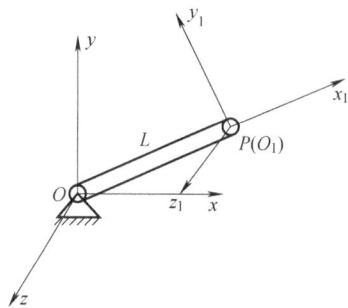

图 2-4　连杆的位姿

$$T = (n \quad o \quad a \quad P) = \begin{pmatrix} n_x & o_x & a_x & P_x \\ n_y & o_y & a_y & P_y \\ n_z & o_z & a_z & P_z \\ 0 & 0 & 0 & 1 \end{pmatrix} \tag{2-13}$$

该矩阵的前三列表达了连杆的姿态，第四列表达了连杆的位置。可以看出，动系的位姿即连杆 L 的位姿。

例 2-2 如图 2-5 所示，连杆坐标系 $\{B\}$ 固连在端点 P 处，在 $x_A O_A y_A$ 平面内，坐标系 $\{B\}$ 相对于固定坐标系 $\{A\}$ 偏转了 $-30°$，原点 O_B 的位置齐次坐标为 $P = (\sqrt{3} \ -1 \ 0 \ 1)^T$，试写出连杆坐标系 $\{B\}$ 的 4×4 位姿矩阵表达式。

解：连杆坐标系 $\{B\}$ 的位姿矩阵表达式为

$$T = (n \quad o \quad a \quad P) = \begin{pmatrix} n_x & o_x & a_x & P_x \\ n_y & o_y & a_y & P_y \\ n_z & o_z & a_z & P_z \\ 0 & 0 & 0 & 1 \end{pmatrix} = \begin{pmatrix} \cos30° & \cos60° & \cos90° & \sqrt{3} \\ \cos120° & \cos30° & \cos90° & -1 \\ \cos90° & \cos90° & \cos0° & 0 \\ 0 & 0 & 0 & 1 \end{pmatrix}$$

$$= \begin{pmatrix} 0.866 & 0.5 & 0 & \sqrt{3} \\ -0.5 & 0.866 & 0 & -1 \\ 0 & 0 & 1 & 0 \\ 0 & 0 & 0 & 1 \end{pmatrix} \tag{2-14}$$

2. 手部的位姿

与连杆类似，机器人手部的位置和姿态也可用固连在手部的坐标系 $\{B\}$ 的位姿来表示，通常，坐标系 $\{B\}$ 的原点位置及三个坐标轴方向这样来选取：

如图 2-6 所示，原点 O_B 取在手部的中心点；定义关节轴线为 z_B 轴，指向朝外，其单位矢量 a 称为接近矢量；将两手指的连线设为 y_B 轴，指向可在两个方向任选，其单位矢量 o 称为姿态矢量；x_B 轴与 y_B 轴、z_B 轴相垂直，指向符合右手法则，即 $n = o \times a$，其单位矢量 n 称为法向矢量。

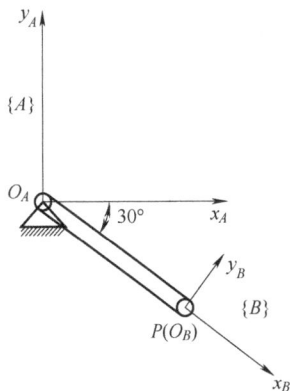

图 2-5 连杆坐标系的位姿

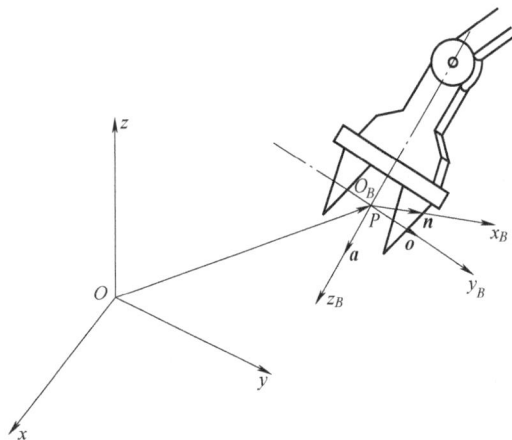

图 2-6 手部的位姿

机器人手部的位置矢量为 $P=(P_x \quad P_y \quad P_z \quad 1)^T$，手部三个坐标轴的单位矢量为 $n=(n_x \quad n_y \quad n_z \quad 0)^T$、$o=(o_x \quad o_y \quad o_z \quad 0)^T$、$a=(a_x \quad a_y \quad a_z \quad 0)^T$，与式(2-13)类同，手部的位姿矩阵表达式为

$$T=(n \quad o \quad a \quad P)=\begin{pmatrix} n_x & o_x & a_x & P_x \\ n_y & o_y & a_y & P_y \\ n_z & o_z & a_z & P_z \\ 0 & 0 & 0 & 1 \end{pmatrix} \qquad (2\text{-}15)$$

例 2-3 图 2-7 所示为手部抓握物体 W，手部坐标系 $O_B x_B y_B z_B$ 的坐标原点 O_B 位于物体 W 的形心，形心位置矢量为 $O_B=(2 \quad 2 \quad 2 \quad 1)^T$，试写出该手部的位姿矩阵。

解： 由题可知，手部坐标系原点位于 W 的形心，形心位置矢量为 $O_B=(2 \quad 2 \quad 2 \quad 1)^T$，因此手部的位置矢量为

$$O_B=(2 \quad 2 \quad 2 \quad 1)^T \qquad (2\text{-}16)$$

手部三个坐标轴的单位矢量 n、o、a 相对于固定坐标系 $Oxyz$ 各轴的夹角为

$$n: \alpha_{nx}=180°, \ \beta_{ny}=90°, \ \gamma_{nz}=90°$$
$$o: \alpha_{ox}=90°, \ \beta_{oy}=90°, \ \gamma_{oz}=180°$$
$$a: \alpha_{ax}=90°, \ \beta_{ay}=180°, \ \gamma_{az}=90° \qquad (2\text{-}17)$$

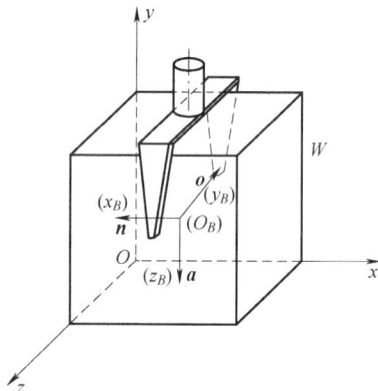

图 2-7 手部抓握物体 W

依照式(2-15)可得手部位姿矩阵为

$$T=(n \quad o \quad a \quad P)=\begin{pmatrix} n_x & o_x & a_x & P_x \\ n_y & o_y & a_y & P_y \\ n_z & o_z & a_z & P_z \\ 0 & 0 & 0 & 1 \end{pmatrix}=\begin{pmatrix} \cos180° & \cos90° & \cos90° & 2 \\ \cos90° & \cos90° & \cos180° & 2 \\ \cos90° & \cos180° & \cos90° & 2 \\ 0 & 0 & 0 & 1 \end{pmatrix}$$

$$=\begin{pmatrix} -1 & 0 & 0 & 2 \\ 0 & 0 & -1 & 2 \\ 0 & -1 & 0 & 2 \\ 0 & 0 & 0 & 1 \end{pmatrix} \qquad (2\text{-}18)$$

3. 目标物的位姿

如图 2-8a 所示，目标物楔块 W 的位置和姿态可用 6 个点描述，则位姿矩阵 W 的表达式为

$$W=\begin{pmatrix} 3 & 0 & 0 & 3 & 3 & 0 \\ 0 & 0 & 5 & 5 & 0 & 0 \\ 0 & 0 & 0 & 0 & 3 & 3 \\ 1 & 1 & 1 & 1 & 1 & 1 \end{pmatrix} \qquad (2\text{-}19)$$

若楔块沿 x、y 轴方向分别平移 -3、3，至图 2-8b 所示位置，则楔块的 6 个描述点位置发生改变，此时楔块新的位姿矩阵 W' 的表达式为

$$W' = \begin{pmatrix} 0 & -3 & -3 & 0 & 0 & -3 \\ 3 & 3 & 8 & 8 & 3 & 3 \\ 0 & 0 & 0 & 0 & 3 & 3 \\ 1 & 1 & 1 & 1 & 1 & 1 \end{pmatrix} \tag{2-20}$$

若楔块在图 2-8a 所示位置绕 z 轴方向旋转 $-90°$，至图 2-8c 所示位置，此时楔块的新位姿矩阵 W'' 的表达式则为

$$W'' = \begin{pmatrix} 0 & 0 & 5 & 5 & 0 & 0 \\ -3 & 0 & 0 & -3 & -3 & 0 \\ 0 & 0 & 0 & 0 & 3 & 3 \\ 1 & 1 & 1 & 1 & 1 & 1 \end{pmatrix} \tag{2-21}$$

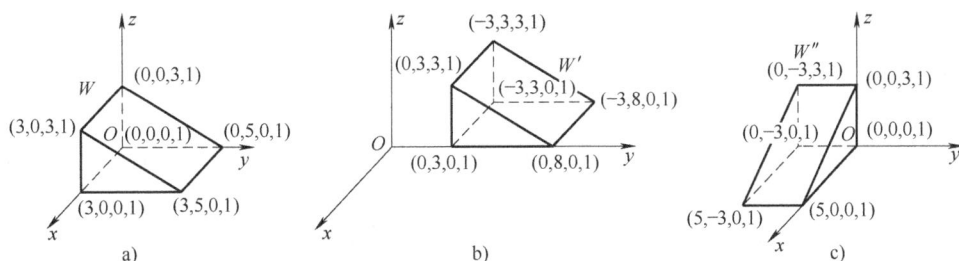

图 2-8　楔块的位姿变换

2.2　齐次变换

随着机器人连杆的运动，各连杆坐标系的位置和姿态会产生变化，而空间任意一点、任一矢量在不同坐标系中的描述是不同的，因此需要讨论各坐标系之间的数学变换问题。由于机器人的运动包含转动和平移，因此引入齐次坐标变换矩阵，就能够方便地在同一矩阵中将转动和平移表示出来。

2.2.1　平移齐次变换

如图 2-9 所示，直角坐标系 $\{A\}$ 与 $\{A'\}$ 初始时重合，点 P 坐标为 (P_x, P_y, P_z)，且点 P 与坐标系 $\{A'\}$ 固连。当点 P 连同坐标系 $\{A'\}$ 沿 x、y、z 轴分别平移 Δx、Δy、Δz 后，点 P 移至点 P'，点 P' 在 $\{A\}$ 中的坐标为 (P'_x, P'_y, P'_z)，则点 P' 与点 P 间的坐标关系为

$$\begin{cases} P'_x = P_x + \Delta x \\ P'_y = P_y + \Delta y \\ P'_z = P_z + \Delta z \end{cases} \tag{2-22}$$

将式（2-22）写成齐次矩阵方程

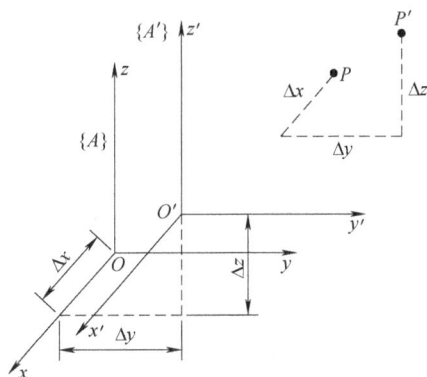

图 2-9　点的平移变换

$$\begin{pmatrix} P'_x \\ P'_y \\ P'_z \\ 1 \end{pmatrix} = \begin{pmatrix} 1 & 0 & 0 & \Delta x \\ 0 & 1 & 0 & \Delta y \\ 0 & 0 & 1 & \Delta z \\ 0 & 0 & 0 & 1 \end{pmatrix} \begin{pmatrix} P_x \\ P_y \\ P_z \\ 1 \end{pmatrix} \tag{2-23}$$

简写为

$$\boldsymbol{P'} = \text{Trans}(\Delta x,\ \Delta y,\ \Delta z)\boldsymbol{P} \tag{2-24}$$

式(2-24)称为点的平移齐次坐标变换公式。式中，$\text{Trans}(\Delta x,\ \Delta y,\ \Delta z)$ 称为齐次坐标变换矩阵，也称平移算子，其表达式为

$$\text{Trans}(\Delta x,\ \Delta y,\ \Delta z) = \begin{pmatrix} 1 & 0 & 0 & \Delta x \\ 0 & 1 & 0 & \Delta y \\ 0 & 0 & 1 & \Delta z \\ 0 & 0 & 0 & 1 \end{pmatrix} \tag{2-25}$$

式(2-25)中第四列元素 Δx、Δy、Δz 分别表示沿坐标轴 x、y、z 的平移量。

应注意，点 P 相对于原坐标系 $\{A\}$，坐标已变为 $P'(P'_x,\ P'_y,\ P'_z)$，但其在坐标系 $\{A'\}$ 中的坐标仍为 $(P_x,\ P_y,\ P_z)$。

需强调，点的平移齐次坐标变换公式式(2-24)及平移算子式(2-25)同样适用于坐标系及物体的平移变换计算。

例如，图2-9中平移后，坐标系 $\{A'\}$ 相对于 $\{A\}$ 的位姿矩阵可依据式(2-24)计算得

$$\boldsymbol{A'} = \text{Trans}(\Delta x,\ \Delta y,\ \Delta z)\boldsymbol{A}_0 = \begin{pmatrix} 1 & 0 & 0 & \Delta x \\ 0 & 1 & 0 & \Delta y \\ 0 & 0 & 1 & \Delta z \\ 0 & 0 & 0 & 1 \end{pmatrix} \begin{pmatrix} 1 & 0 & 0 & 0 \\ 0 & 1 & 0 & 0 \\ 0 & 0 & 1 & 0 \\ 0 & 0 & 0 & 1 \end{pmatrix}$$

$$= \begin{pmatrix} 1 & 0 & 0 & \Delta x \\ 0 & 1 & 0 & \Delta y \\ 0 & 0 & 1 & \Delta z \\ 0 & 0 & 0 & 1 \end{pmatrix} \tag{2-26}$$

式中，$\boldsymbol{A}_0$ 为平移前坐标系 $\{A'\}$ 相对于坐标系 $\{A\}$ 的位姿矩阵，因平移前坐标系 $\{A'\}$ 与 $\{A\}$ 重合，故其为单位阵，此为特殊状况。对于一般状况，$\boldsymbol{A}_0$ 不是单位阵，平移后的位姿矩阵同样可依照式(2-24)进行计算。$\text{Trans}(\Delta x,\ \Delta y,\ \Delta z)$ 是坐标系 $\{A'\}$ 的平移算子，表达式同式(2-25)。

再如，图2-8a、b中平移前，楔块的位姿矩阵为

$$\boldsymbol{W} = \begin{pmatrix} 3 & 0 & 0 & 3 & 3 & 0 \\ 0 & 0 & 5 & 5 & 0 & 0 \\ 0 & 0 & 0 & 0 & 3 & 3 \\ 1 & 1 & 1 & 1 & 1 & 1 \end{pmatrix} \tag{2-27}$$

沿 x、y 轴方向分别平移 -3、3，即 $\Delta x = -3$，$\Delta y = 3$，$\Delta z = 0$，则楔块的平移算子为

$$\text{Trans}(\Delta x,\ \Delta y,\ \Delta z) = \begin{pmatrix} 1 & 0 & 0 & \Delta x \\ 0 & 1 & 0 & \Delta y \\ 0 & 0 & 1 & \Delta z \\ 0 & 0 & 0 & 1 \end{pmatrix} = \begin{pmatrix} 1 & 0 & 0 & -3 \\ 0 & 1 & 0 & 3 \\ 0 & 0 & 1 & 0 \\ 0 & 0 & 0 & 1 \end{pmatrix} \tag{2-28}$$

利用式(2-24)，楔块的位姿矩阵可计算为

$$W' = \mathrm{Trans}(\Delta x,\ \Delta y,\ \Delta z)W = \begin{pmatrix} 1 & 0 & 0 & -3 \\ 0 & 1 & 0 & 3 \\ 0 & 0 & 1 & 0 \\ 0 & 0 & 0 & 1 \end{pmatrix}\begin{pmatrix} 3 & 0 & 0 & 3 & 3 & 0 \\ 0 & 0 & 5 & 5 & 0 & 0 \\ 0 & 0 & 0 & 0 & 3 & 3 \\ 1 & 1 & 1 & 1 & 1 & 1 \end{pmatrix}$$

$$= \begin{pmatrix} 0 & -3 & -3 & 0 & 0 & -3 \\ 3 & 3 & 8 & 8 & 3 & 3 \\ 0 & 0 & 0 & 0 & 3 & 3 \\ 1 & 1 & 1 & 1 & 1 & 1 \end{pmatrix} \tag{2-29}$$

可看出，式(2-29)的计算结果与式(2-20)相同。

2.2.2　旋转齐次变换

点绕不同轴转动，其齐次坐标变换矩阵的表达式不同，下面分别进行讨论。

1. 绕坐标轴的旋转变换

如图 2-10 所示，直角坐标系 $\{A\}$ 与坐标系 $\{A'\}$ 初始时重合，点 P 坐标为 $(P_x,\ P_y,\ P_z)$，且点 P 与坐标系 $\{A'\}$ 固连。当点 P 连同坐标系 $\{A'\}$ 绕 z 轴旋转 θ 角后，点 P 移至点 P'，点 P' 在 $\{A\}$ 中的坐标为 $(P'_x,\ P'_y,\ P'_z)$，则点 P' 与点 P 间的坐标关系为

$$\begin{cases} P'_x = P_x\cos\theta - P_y\sin\theta \\ P'_y = P_x\sin\theta + P_y\cos\theta \\ P'_z = P_z \end{cases} \tag{2-30}$$

图 2-10　点绕 z 轴的旋转变换

将式(2-30)写成齐次矩阵方程，有

$$\begin{pmatrix} P'_x \\ P'_y \\ P'_z \\ 1 \end{pmatrix} = \begin{pmatrix} \cos\theta & -\sin\theta & 0 & 0 \\ \sin\theta & \cos\theta & 0 & 0 \\ 0 & 0 & 1 & 0 \\ 0 & 0 & 0 & 1 \end{pmatrix}\begin{pmatrix} P_x \\ P_y \\ P_z \\ 1 \end{pmatrix} \tag{2-31}$$

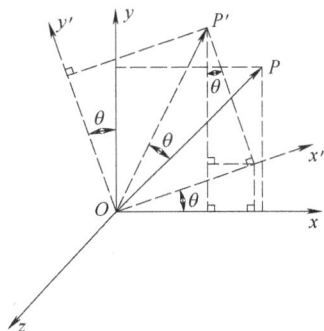

简写为

$$P' = \mathrm{Rot}(z,\ \theta)P \tag{2-32}$$

式(2-32)称为点绕 z 轴转动的齐次坐标变换公式。式中，$\mathrm{Rot}(z,\ \theta)$ 称为点绕 z 轴的齐次坐标变换矩阵，也称绕 z 轴的旋转算子，有

$$\mathrm{Rot}(z,\ \theta) = \begin{pmatrix} c\theta & -s\theta & 0 & 0 \\ s\theta & c\theta & 0 & 0 \\ 0 & 0 & 1 & 0 \\ 0 & 0 & 0 & 1 \end{pmatrix} \tag{2-33}$$

式中，$c\theta = \cos\theta$；$s\theta = \sin\theta$，以下类同。

应注意，点 P 相对于原坐标系 $\{A\}$，坐标已变为 $P'(P'_x,\ P'_y,\ P'_z)$，但其在坐标系 $\{A'\}$ 中的坐标仍为 $(P_x,\ P_y,\ P_z)$。

同理，可写出点绕 x 轴转动和点绕 y 轴转动的旋转算子，分别为

$$\text{Rot}(x,\ \theta) = \begin{pmatrix} 1 & 0 & 0 & 0 \\ 0 & c\theta & -s\theta & 0 \\ 0 & s\theta & c\theta & 0 \\ 0 & 0 & 0 & 1 \end{pmatrix} \tag{2-34}$$

$$\text{Rot}(y,\ \theta) = \begin{pmatrix} c\theta & 0 & s\theta & 0 \\ 0 & 1 & 0 & 0 \\ -s\theta & 0 & c\theta & 0 \\ 0 & 0 & 0 & 1 \end{pmatrix} \tag{2-35}$$

需强调，点绕坐标轴旋转的齐次坐标变换公式式(2-32)及式(2-33)、式(2-34)、式(2-35)三个旋转算子表达式同样适用于坐标系及物体的旋转变换计算。

例如，图 2-10 中，绕 z 轴转动后，坐标系 $\{A'\}$ 相对于 $\{A\}$ 的位姿矩阵可依据式(2-32)计算得

$$A' = \text{Rot}(z,\ \theta)A_0 = \begin{pmatrix} c\theta & -s\theta & 0 & 0 \\ s\theta & c\theta & 0 & 0 \\ 0 & 0 & 1 & 0 \\ 0 & 0 & 0 & 1 \end{pmatrix}\begin{pmatrix} 1 & 0 & 0 & 0 \\ 0 & 1 & 0 & 0 \\ 0 & 0 & 1 & 0 \\ 0 & 0 & 0 & 1 \end{pmatrix} = \begin{pmatrix} c\theta & -s\theta & 0 & 0 \\ s\theta & c\theta & 0 & 0 \\ 0 & 0 & 1 & 0 \\ 0 & 0 & 0 & 1 \end{pmatrix} \tag{2-36}$$

式中，A_0 为旋转前坐标系 $\{A'\}$ 相对于坐标系 $\{A\}$ 的位姿矩阵，因旋转前坐标系 $\{A'\}$ 与坐标系 $\{A\}$ 重合，故其为单位阵，此为特殊状况。对于一般状况，A_0 不是单位阵，旋转后的位姿矩阵同样可依照式(2-32)进行计算。$\text{Rot}(z,\ \theta)$ 是坐标系 $\{A'\}$ 绕 z 轴的旋转算子，表达式同式(2-33)。

再如，图 2-8a、c 中，楔块转动前的位姿矩阵为

$$W = \begin{pmatrix} 3 & 0 & 0 & 3 & 3 & 0 \\ 0 & 0 & 5 & 5 & 0 & 0 \\ 0 & 0 & 0 & 0 & 3 & 3 \\ 1 & 1 & 1 & 1 & 1 & 1 \end{pmatrix} \tag{2-37}$$

绕 z 轴转动 $-90°$，即 $\theta = -90°$，则楔块的旋转算子为

$$\text{Rot}(z,\ \theta) = \begin{pmatrix} c\theta & -s\theta & 0 & 0 \\ s\theta & c\theta & 0 & 0 \\ 0 & 0 & 1 & 0 \\ 0 & 0 & 0 & 1 \end{pmatrix} = \begin{pmatrix} 0 & 1 & 0 & 0 \\ -1 & 0 & 0 & 0 \\ 0 & 0 & 1 & 0 \\ 0 & 0 & 0 & 1 \end{pmatrix} \tag{2-38}$$

此时，楔块的位姿矩阵可计算为

$$W'' = \text{Rot}(z,\ \theta)W = \begin{pmatrix} 0 & 1 & 0 & 0 \\ -1 & 0 & 0 & 0 \\ 0 & 0 & 1 & 0 \\ 0 & 0 & 0 & 1 \end{pmatrix}\begin{pmatrix} 3 & 0 & 0 & 3 & 3 & 0 \\ 0 & 0 & 5 & 5 & 0 & 0 \\ 0 & 0 & 0 & 0 & 3 & 3 \\ 1 & 1 & 1 & 1 & 1 & 1 \end{pmatrix} = \begin{pmatrix} 0 & 0 & 5 & 5 & 0 & 0 \\ -3 & 0 & 0 & -3 & -3 & 0 \\ 0 & 0 & 0 & 0 & 3 & 3 \\ 1 & 1 & 1 & 1 & 1 & 1 \end{pmatrix}$$
$$\tag{2-39}$$

可看出，式(2-39)的计算结果与式(2-21)相同。

2. 绕任意轴的旋转变换

上文讨论了点绕坐标轴转动的旋转变换矩阵，现在来分析点绕任一矢量轴 f 转动 θ 角时的旋转变换矩阵。

首先来分析点绕通过原点的任一矢量轴 f 转动 θ 角时的旋转矩阵。如图 2-11 所示，在直角坐标系 $\{A\}$ 中，点 P 的位置矢量为 $^{A}\boldsymbol{P}=(P_x \quad P_y \quad P_z \quad 1)^{\mathrm{T}}$，$f$ 为一过原点矢量，点 P 绕 f 旋转 θ 角后至点 P'，位置矢量变为 $^{A}\boldsymbol{P}'=(P'_x \quad P'_y \quad P'_z \quad 1)^{\mathrm{T}}$。

现选矢量 f 的方向为坐标系 $\{C\}$ 的 z_C 轴，$\{C\}$ 的原点与 $\{A\}$ 的原点重合，则 $\{C\}$ 在坐标系 $\{A\}$ 中的位姿矩阵为

$$^{A}\boldsymbol{T}_C = \begin{pmatrix} n_x & o_x & a_x & 0 \\ n_y & o_y & a_y & 0 \\ n_z & o_z & a_z & 0 \\ 0 & 0 & 0 & 1 \end{pmatrix} \tag{2-40}$$

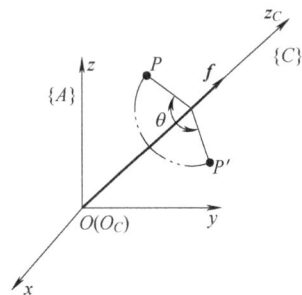

图 2-11　点绕过原点矢量轴 f 转动 θ 角

设 f 为 z_C 轴上的单位矢量，则

$$f = a_x \boldsymbol{i} + a_y \boldsymbol{j} + a_z \boldsymbol{k} \tag{2-41}$$

故而绕矢量 f 旋转等价于绕坐标系 $\{C\}$ 的 z_C 轴旋转，即有

$$\mathrm{Rot}(\boldsymbol{f},\ \theta) = \mathrm{Rot}(z_C,\ \theta) \tag{2-42}$$

则在坐标系 $\{A\}$ 中，点 P' 与点 P 之间的位置关系为

$$^{A}\boldsymbol{P}' = \mathrm{Rot}(f,\ \theta)\cdot{}^{A}\boldsymbol{P} = \mathrm{Rot}(z_C,\ \theta)\cdot{}^{A}\boldsymbol{P} \tag{2-43}$$

设点 P 在坐标系 $\{C\}$ 中的位置为 $^{C}\boldsymbol{P}=(P_{Cx} \quad P_{Cy} \quad P_{Cz} \quad 1)^{\mathrm{T}}$，点 P 绕矢量 f 旋转 θ 角后至点 P'，点 P' 在坐标系 $\{C\}$ 中的位置为 $^{C}\boldsymbol{P}'=(P'_{Cx} \quad P'_{Cy} \quad P'_{Cz} \quad 1)^{\mathrm{T}}$，则可得

$$\begin{cases} ^{A}\boldsymbol{P} = {}^{A}\boldsymbol{T}_C\cdot{}^{C}\boldsymbol{P} \\ ^{C}\boldsymbol{P}' = \mathrm{Rot}(z,\ \theta)\cdot{}^{C}\boldsymbol{P} \\ ^{A}\boldsymbol{P}' = {}^{A}\boldsymbol{T}_C\cdot{}^{C}\boldsymbol{P}' \end{cases} \tag{2-44}$$

式中，算子 $\mathrm{Rot}(z,\ \theta)$ 的表示同式(2-33)。注意算子 $\mathrm{Rot}(z,\ \theta)$ 与式(2-42)中算子 $\mathrm{Rot}(z_C,\ \theta)$ 的区别。由式(2-44)可推得

$$^{A}\boldsymbol{P}' = {}^{A}\boldsymbol{T}_C\cdot\mathrm{Rot}(z,\ \theta)\cdot{}^{A}\boldsymbol{T}_C^{-1}\cdot{}^{A}\boldsymbol{P} \tag{2-45}$$

由式(2-43)及式(2-44)可得

$$\mathrm{Rot}(\boldsymbol{f},\ \theta) = \mathrm{Rot}(z_C,\ \theta) = {}^{A}\boldsymbol{T}_C\cdot\mathrm{Rot}(z,\ \theta)\cdot{}^{A}\boldsymbol{T}_C^{-1} \tag{2-46}$$

式(2-46)即为点绕过原点矢量轴 f 旋转 θ 角时的旋转变换阵。由于 f 为坐标系 $\{C\}$ 中 z_C 轴上的单位矢量，即 $f=a$，另令 $\mathrm{vers}\theta=1-\mathrm{c}\theta$，在对式(2-46)进行展开后，可推(过程略)得

$$\mathrm{Rot}(\boldsymbol{f},\ \theta) = \begin{pmatrix} f_x f_x \mathrm{vers}\theta+\mathrm{c}\theta & f_y f_x \mathrm{vers}\theta-f_z \mathrm{s}\theta & f_z f_x \mathrm{vers}\theta+f_y \mathrm{s}\theta & 0 \\ f_x f_y \mathrm{vers}\theta+f_z \mathrm{s}\theta & f_y f_y \mathrm{vers}\theta+\mathrm{c}\theta & f_z f_y \mathrm{vers}\theta-f_x \mathrm{s}\theta & 0 \\ f_x f_z \mathrm{vers}\theta-f_y \mathrm{s}\theta & f_y f_z \mathrm{vers}\theta+f_x \mathrm{s}\theta & f_z f_z \mathrm{vers}\theta+\mathrm{c}\theta & 0 \\ 0 & 0 & 0 & 1 \end{pmatrix} \tag{2-47}$$

式(2-47)称为通用旋转齐次变换公式，简称为通用旋转算子。

需说明几点：

1）式(2-47)囊括了绕 x 轴、y 轴和 z 轴进行旋转的基本旋转变换。即：

取 $f_x=1$，$f_y=0$ 和 $f_z=0$ 时，由式(2-47)可得到 $\mathrm{Rot}(x,\ \theta)$，同式(2-34)。

取 $f_y=1$，$f_x=0$ 和 $f_z=0$ 时，由式(2-47)可得到 $\mathrm{Rot}(y,\ \theta)$，同式(2-35)。

取 $f_z=1$，$f_x=0$ 和 $f_y=0$ 时，由式(2-47)可得到 $\mathrm{Rot}(z,\ \theta)$，同式(2-33)。

2）对于绕不通过原点的矢量进行旋转的情况，可做如下说明：

如图 2-12 所示，在坐标系 $\{A\}$ 中，矢量 $\boldsymbol{f}$ 不过原点 O_A，点 P 的位置矢量为 ${}^A\boldsymbol{P}=(\begin{array}{cccc} P_x & P_y & P_z & 1\end{array})^{\mathrm{T}}$，当点 P 绕 $\boldsymbol{f}$ 旋转 θ 角后至点 P'，位置矢量变为 ${}^A\boldsymbol{P}'=(\begin{array}{cccc} P'_x & P'_y & P'_z & 1\end{array})^{\mathrm{T}}$。则

$$ {}^A\boldsymbol{P}' = \mathrm{Rot}(\boldsymbol{f},\ \theta)\cdot{}^A\boldsymbol{P} \tag{2-48} $$

式中，$\mathrm{Rot}(\boldsymbol{f},\ \theta)$ 是在坐标系 $\{A\}$ 中点 P 旋转至点 P' 的旋转变换矩阵。

在矢量 $\boldsymbol{f}$ 上任取一点 $O_B(O_{Bx},\ O_{By},\ O_{Bz})$，过 O_B 点建立一新坐标系 $\{B\}$，其坐标轴与坐标系 $\{A\}$ 的各轴对应平行且同向，则坐标系 $\{B\}$ 在坐标系 $\{A\}$ 中的位姿矩阵为

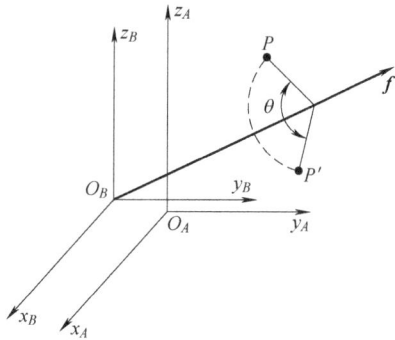

图 2-12 点绕不过原点矢量 $\boldsymbol{f}$ 转动 θ 角

$$ {}^A\boldsymbol{T}_B = \begin{pmatrix} 1 & 0 & 0 & O_{Bx} \\ 0 & 1 & 0 & O_{By} \\ 0 & 0 & 1 & O_{Bz} \\ 0 & 0 & 0 & 1 \end{pmatrix} \tag{2-49} $$

可以推导（过程略）出

$$ \mathrm{Rot}(\boldsymbol{f},\ \theta) = {}^A\boldsymbol{T}_B \cdot \mathrm{Rot}(\boldsymbol{f},\ \theta) \cdot {}^A\boldsymbol{T}_B^{-1} \tag{2-50} $$

式中，$\mathrm{Rot}(\boldsymbol{f},\ \theta)$ 的计算采用式（2-47）。式（2-50）即是绕不通过原点矢量进行旋转的旋转变换阵的计算公式。进一步可推得

$$ \mathrm{Rot}(\boldsymbol{f},\ \theta) = \mathrm{Trans}(\Delta x,\ \Delta y,\ \Delta z)\mathrm{Rot}(\boldsymbol{f},\ \theta) \tag{2-51} $$

式中，$\mathrm{Rot}(\boldsymbol{f},\ \theta)$ 的计算仍采用式（2-47）；$\mathrm{Trans}(\Delta x,\ \Delta y,\ \Delta z)$ 为一个平移算子。

式（2-51）表明：绕任一矢量轴转动的旋转变换矩阵等价于绕与该矢量轴平行且同向的过原点矢量进行转动的旋转变换矩阵再左乘一个平移算子。

若将式（2-47）简单表达为

$$ \mathrm{Rot}(\boldsymbol{f},\ \theta) = \begin{pmatrix} f_{11} & f_{12} & f_{13} & 0 \\ f_{21} & f_{22} & f_{23} & 0 \\ f_{31} & f_{32} & f_{33} & 0 \\ 0 & 0 & 0 & 1 \end{pmatrix} \tag{2-52} $$

则 $\mathrm{Trans}(\Delta x,\ \Delta y,\ \Delta z)$ 中的 Δx、Δy、Δz 的计算式（推导过程略）为

$$ \begin{cases} \Delta x = (1-f_{11})O_{Bx} - f_{12}O_{By} - f_{13}O_{Bz} \\ \Delta y = -f_{21}O_{Bx} + (1-f_{22})O_{By} - f_{23}O_{Bz} \\ \Delta z = -f_{31}O_{Bx} - f_{32}O_{By} + (1-f_{33})O_{Bz} \end{cases} \tag{2-53} $$

需注意，虽然式（2-53）中 Δx、Δy、Δz 的计算与矢量轴 $\boldsymbol{f}$ 上点 O_B 的坐标有关，但与 $\boldsymbol{f}$ 上所选的具体点无关。换句话说，将 $\boldsymbol{f}$ 上任意一点的坐标代入式（2-53）中，其计算结果均相同。

3）式（2-47）及式（2-51）不仅适用于点的旋转变换，而且也同样适用于矢量、坐标系、物体等的旋转变换计算，在此不再赘述。

3. 转角与转轴的计算

上述分析了已知旋转角度 θ 及转轴矢量 $\boldsymbol{f}$，求解旋转变换矩阵；现反之，给出任一旋转

变换矩阵(仅以绕过原点矢量轴旋转为例),来求解旋转角度 θ 及所绕的转轴矢量 f。

已知点绕过原点矢量 f 的旋转变换矩阵为

$$R = \begin{pmatrix} n_x & o_x & a_x & 0 \\ n_y & o_y & a_y & 0 \\ n_z & o_z & a_z & 0 \\ 0 & 0 & 0 & 1 \end{pmatrix} \tag{2-54}$$

对照式(2-47)及式(2-54),可推(过程略)得旋转角度 θ 的计算式,即

$$\tan\theta = \pm \frac{\sqrt{(o_z - a_y)^2 + (a_x - n_z)^2 + (n_y - o_x)^2}}{n_x + o_y + a_z - 1} \tag{2-55}$$

以及矢量 f 各分量的计算式,即

$$\begin{cases} f_x = (o_z - a_y)/(2s\theta) \\ f_y = (a_x - n_z)/(2s\theta) \\ f_z = (n_y - o_x)/(2s\theta) \end{cases} \tag{2-56}$$

由式(2-55)及式(2-56)即可求得旋转角度 θ 及所绕的转轴矢量 f。

2.2.3 复合变换及左、右乘规则

1. 复合变换

平移变换和旋转变换可以组合在一个齐次变换中,称为复合变换。即

$$R = \begin{pmatrix} n_x & o_x & a_x & \Delta x \\ n_y & o_y & a_y & \Delta y \\ n_z & o_z & a_z & \Delta z \\ 0 & 0 & 0 & 1 \end{pmatrix} \tag{2-57}$$

需注意以下两点:

1) 式(2-57)表达了两个含义:①先绕坐标轴旋转某一角度后,再平移(Δx,Δy,Δz)的变换过程;②先平移(Δx,Δy,Δz)后,再绕平移后的自身坐标系旋转某一角度的变换过程。这两种变换均称为复合变换,其平移算子及旋转算子可以组合在同一个矩阵中。

2) 而先平移(Δx,Δy,Δz)后,再绕原坐标系旋转某一角度的变换过程不属于复合变换,属于二次变换,其平移算子及旋转算子不能组合在同一个矩阵中,这一点应引起注意。

2. 左、右乘规则

在求解动坐标系相对于固定坐标系的新位姿矩阵时,若动坐标系相对固定坐标系进行位置变换,则用算子左乘动坐标系的原有位姿矩阵;若动坐标系相对自身坐标系进行位置变换,则用算子右乘动坐标系的原有位姿矩阵。

需强调一点,算子左、右乘规则仅适用于坐标系的变换。对于点、矢量及物体的变换,左乘规则适用,右乘规则不适用。

例2-4 图2-13所示为单臂操作手,其手腕也具有1个自由度。已知手部起始位姿矩阵为

$$G_1 = \begin{pmatrix} 1 & 0 & 0 & 6 \\ 0 & -1 & 0 & 0 \\ 0 & 0 & -1 & 3 \\ 0 & 0 & 0 & 1 \end{pmatrix} \tag{2-58}$$

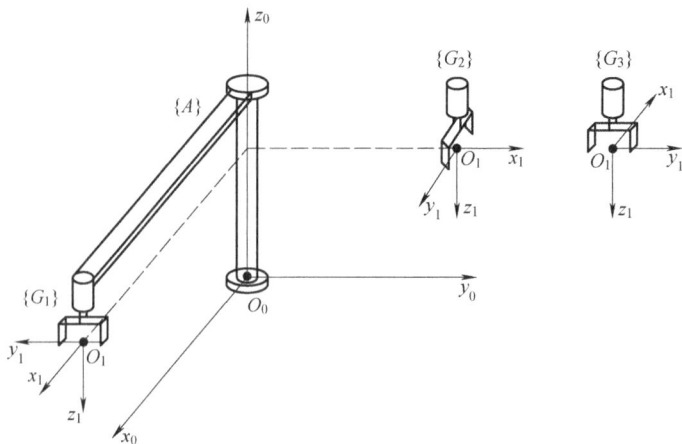

图 2-13 手腕与手臂的转动

手部不动，仅手臂绕 z_0 轴旋转 $+90°$，使手部位置到达 G_2；在 G_2 位置，手臂不动，仅手部绕手腕 z_1 轴旋转 $+270°$，则手部变为 G_3。试写出手部坐标系 $\{G_2\}$ 及 $\{G_3\}$ 的位姿矩阵表达式。

解： 手臂绕 z_0 轴转动是相对固定坐标系做旋转变换，则算子左乘，故而

$$\boldsymbol{G}_2 = \mathrm{Rot}(z_0,\ 90°)\boldsymbol{G}_1 = \begin{pmatrix} 0 & -1 & 0 & 0 \\ 1 & 0 & 0 & 0 \\ 0 & 0 & 1 & 0 \\ 0 & 0 & 0 & 1 \end{pmatrix} \begin{pmatrix} 1 & 0 & 0 & 6 \\ 0 & -1 & 0 & 0 \\ 0 & 0 & -1 & 3 \\ 0 & 0 & 0 & 1 \end{pmatrix} = \begin{pmatrix} 0 & 1 & 0 & 0 \\ 1 & 0 & 0 & 6 \\ 0 & 0 & -1 & 3 \\ 0 & 0 & 0 & 1 \end{pmatrix} \quad (2\text{-}59)$$

手部在 G_2 位置绕手腕轴 z_1 旋转是相对自身坐标系做旋转变换，故算子右乘，则

$$\boldsymbol{G}_3 = \boldsymbol{G}_2 \mathrm{Rot}(z_1,\ 270°) = \begin{pmatrix} 0 & 1 & 0 & 0 \\ 1 & 0 & 0 & 6 \\ 0 & 0 & -1 & 3 \\ 0 & 0 & 0 & 1 \end{pmatrix} \begin{pmatrix} 0 & 1 & 0 & 0 \\ -1 & 0 & 0 & 0 \\ 0 & 0 & 1 & 0 \\ 0 & 0 & 0 & 1 \end{pmatrix} = \begin{pmatrix} -1 & 0 & 0 & 0 \\ 0 & 1 & 0 & 6 \\ 0 & 0 & -1 & 3 \\ 0 & 0 & 0 & 1 \end{pmatrix} \quad (2\text{-}60)$$

应注意，所求得的位姿矩阵 $\boldsymbol{G}_2$ 及 $\boldsymbol{G}_3$ 均为相对于固定坐标系 $O_0 x_0 y_0 z_0$ 的位姿矩阵。

习　　题

2.1　点矢量 $\boldsymbol{v}$ 为 $(1.00\ \ 2.00\ \ -1.00\ \ 1)^{\mathrm{T}}$，相对参考系做如下齐次坐标变换

$$\boldsymbol{A} = \begin{pmatrix} 0.866 & -0.500 & 0.000 & 3 \\ 0.500 & 0.866 & 0.000 & -2 \\ 0.000 & 0.000 & 1.000 & 5 \\ 0 & 0 & 0 & 1 \end{pmatrix}$$

写出变换后点矢量 $\boldsymbol{v}$ 的表达式，并说明该变换的性质，写出旋转算子及平移算子。

2.2　有一旋转变换，先绕固定坐标系 x 轴转 $45°$，再绕其 z 轴转 $90°$，最后绕其 y 轴转 $60°$，试求该齐次坐标变换矩阵。

2.3　坐标系 $\{B\}$ 起初与固定坐标系 $\{A\}$ 相重合，现坐标系 $\{B\}$ 先绕 x_B 旋转 $45°$，再绕旋转后的动坐标系的 y_B 轴旋转 $60°$，试写出坐标系 $\{B\}$ 相对于坐标系 $\{A\}$ 的最终矩阵表达式。

2.4　坐标系 $\{B\}$ 连续相对固定坐标系 $\{A\}$ 做以下变换：

1）绕 x_A 轴旋转 90°。

2）绕 y_A 轴转 -90°。

3）移动 $(1\quad 3\quad 5)^{\mathrm{T}}$。

试写出齐次变换矩阵 $\boldsymbol{H}$。

2.5　坐标系 $\{B\}$ 连续相对自身运动坐标系做以下变换

1）移动 $(1\quad 3\quad 5)^{\mathrm{T}}$。

2）绕 x_B 轴转 90°。

3）绕 y_B 轴旋转 -90°。

试写出齐次变换矩阵 $\boldsymbol{H}$。

2.6　图 2-14a 所示的两个楔形物体，试用两个变换序列分别表示两个楔形物体的变换过程，使最后的状态如图 2-14b 所示。

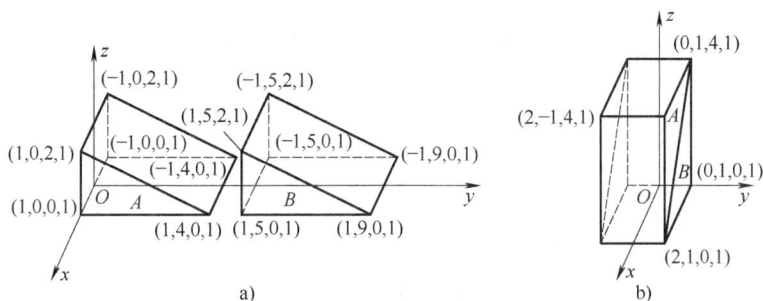

图 2-14　题 2.6 图

第 3 章

机器人运动学分析

机器人运动学研究机器人各运动部件的运动规律，涉及两方面内容：一是机器人的正运动学(正解问题)；二是机器人的逆运动学(逆解问题)。

机器人正运动学：给定机器人各关节变量值(角位移或线位移)，通过建立坐标系，计算杆件间的坐标变换矩阵，最终计算出机器人手部的位置和姿态。

机器人逆运动学：已知机器人手部的位置和姿态，通过杆件间的坐标变换矩阵，反向计算与该位姿对应的各关节变量值。

机器人求正解问题相对简单，解是唯一的；求逆解问题相对复杂，具有多解性。

本章阐述了机器人各连杆坐标系的建立方法，探讨了机器人位姿矩阵的求解过程，介绍了驱动空间、关节空间和笛卡儿空间，而后通过举例说明了机器人正运动学及逆运动学的求解方法。

3.1 机器人坐标系的建立

对机器人进行运动学分析需要建立其坐标系。对于机器人坐标系的建立，可以采用一般建立方法，不做特殊规定，只是这样各连杆坐标系之间的位姿关系也没有规律可循，使得杆件之间的坐标变换矩阵变得复杂，整个机器人的位姿矩阵计算也变得烦琐。

Denavit 和 Hartenberg 于 1956 年提出了 D-H 方法。D-H 方法严格规定了每个坐标系的坐标轴，相对简化了各连杆坐标系之间的位姿关系，进而使得杆件间的坐标变换矩阵变得简单，简化了机器人的分析和计算。D-H 方法分为 Standard-DH 坐标系建立方法及后面演化的 Modified-DH 坐标系建立方法两种，下面分别进行阐述。

3.1.1 Standard-DH 坐标系

1. Standard-DH 坐标系的序号分配

机器人各连杆通过关节连接在一起，关节有移动副与转动副之分。Standard-DH 坐标系序号按照从机座到末端执行器的顺序依次分配，各连杆、关节及坐标系编号如图 3-1 所示。

连杆编号：机座为连杆 0，依此后推，相应为连杆 1，2，…，直到连杆 n。

关节编号：机座与连杆 1 之间为关节 1，依此后推，相应为关节 2，3，…，直到关节 n。

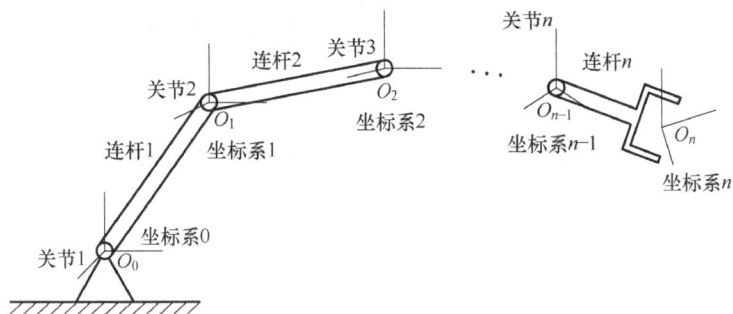

图 3-1 Standard-DH 坐标系的分配

坐标系编号：连杆 i 的坐标系与连杆 i 一同随关节 i 运动，将连杆 i 的坐标系建立在其末端关节 $i+1$ 上。也即连杆 0 的坐标系（基础坐标系）建立在关节 1 上，连杆 1 的坐标系建立在关节 2 上，依此类推，末端连杆 n 的坐标系建立在手部。

对于转动关节，各连杆坐标系的 z 轴方向与关节轴线重合；对于移动关节，z 轴方向沿该关节的移动方向。

2. Standard-DH 坐标系的建立

（1）Standard-DH 转动关节坐标系 对于转动关节，其 Standard-DH 坐标系如图 3-2 所示，说明如下：

1）连杆 i 的坐标系建立在关节 $i+1$ 上，其 z_i 轴位于关节 $i+1$ 的轴线上，z_i 轴的指向自行规定。

2）连杆 i 坐标系的 x_i 轴位于连杆 i 两端关节轴线的公垂线上，方向指向连杆 $i+1$，如果关节 i 和 $i+1$ 的轴线相交，则规定 x_i 轴过两轴线交点并垂直于两轴线所在的平面，指向自行规定。

3）连杆 i 坐标系的原点为 x_i 轴与 z_i 轴的交点，y_i 轴由 x_i 轴和 z_i 轴按照右手规则确定。

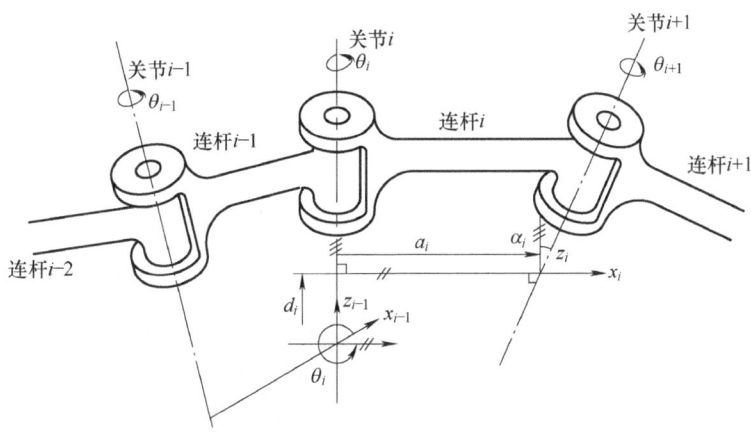

图 3-2 转动关节的 Standard-DH 坐标系

转动关节的 Standard-DH 坐标系可用 4 个参数来描述，如图 3-2 所示，具体含义见表 3-1。

表 3-1　连杆 i 坐标系 Standard-DH 参数的含义（关节 i 为转动关节）

特征	描述相邻两连杆关系的参数		描述连杆的参数	
参数	两连杆夹角 θ_i	两连杆距离 d_i	连杆长度 a_i	连杆扭角 α_i
定义	垂直于关节 i 轴线（z_{i-1} 轴）的平面内，两公垂线之间的夹角（即绕 z_{i-1} 轴从 x_{i-1} 轴旋转到 x_i 轴的角度）	沿关节 i 轴线（z_{i-1} 轴）上两公垂线之间的距离（即沿 z_{i-1} 轴从 x_{i-1} 轴移动到 x_i 轴的位移）	连杆 i 两端关节轴线的公垂线长度（即沿 x_i 轴从 z_{i-1} 轴移动到 z_i 轴的位移）	与 x_i 轴垂直的平面内两关节轴线的夹角（即绕 x_i 轴从 z_{i-1} 轴旋转到 z_i 轴的角度）
特性	关节变量	常量	常量	常量

注：1. 由于 z_i 轴指向的两种可选性，以及在两关节轴相交的情况下（这时 $a_i = 0$），x_i 轴指向也存在的两种可选性，使得 Standard-DH 坐标系的建立并不唯一。

　　2. 若连杆 i 两端关节轴线平行，因其平行轴线的公垂线存在有多值，故仅利用公垂线无法确定连杆 i 坐标系的原点，还需考虑 d_{i+1} 值才能确定原点位置，通常选取该原点使之满足 $d_{i+1} = 0$。

（2）Standard-DH 移动关节坐标系　对于移动关节 i，其 Standard-DH 坐标系的建立方法与 Standard-DH 转动关节坐标系的建立方法类同，只是连杆 $i-1$ 坐标系的 z_{i-1} 轴变为位于关节 i 的移动方向上。另外还需注意，两连杆夹角 θ_i 变为常量，而两连杆距离 d_i 成为变量。但为了简化，以减少连杆参数，通常采用改变 z_{i-1} 轴位置的方法来建立连杆 $i-1$ 的坐标系。如图 3-3 所示，关节 i 是棱柱联轴器（移动关节），建立连杆 $i-1$ 及连杆 i 坐标系的具体方法如下：

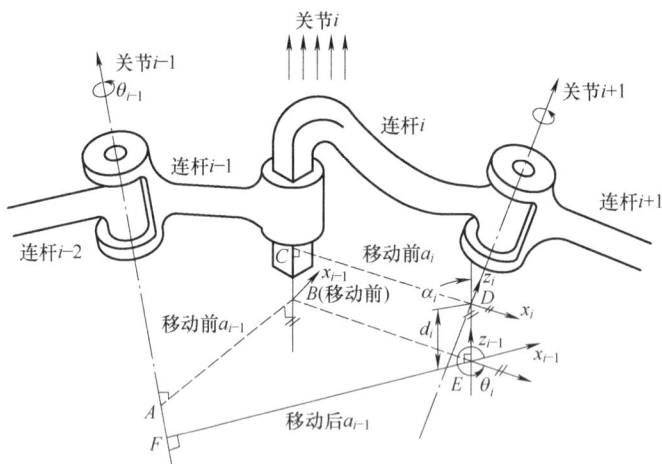

图 3-3　移动关节的 Standard-DH 坐标系

1）连杆 $i-1$ 坐标系的建立。①连杆 $i-1$ 坐标系的 z_{i-1} 轴位置不要求与联轴器 i 的位置相重合，但其方向与联轴器 i 的移动方向应相一致，取 z_{i-1} 轴位置通过点 D，直线 CD 为联轴器 i 的移动方向与关节 $i+1$ 轴线的公垂线；②图中，直线 AB 和 CD 为两条公垂线，过点 B 作 $BE /\!/ CD$ 交 z_{i-1} 轴于点 E，取点 E 作为连杆 $i-1$ 坐标系的原点；③连杆 $i-1$ 坐标系的 x_{i-1} 轴位于关节 $i-1$ 轴线与 z_{i-1} 轴线的公垂线 FE 上，方向指向下一个连杆，y_i 轴由 x_i 轴和 z_i 轴按照右手规则确定。

2）连杆 i 坐标系的建立。①连杆 i 坐标系的 z_i 轴在关节 $i+1$ 的轴线上，原点位于点 D；②连杆 i 坐标系的 x_i 轴位于公垂线 CD 上，方向指向连杆 $i+1$，当联轴器关节 i 的移动方向和关节 $i+1$ 的轴线相交时，则 x_i 轴过两线交点并垂直于两线所在的平面，指向自行规定；③连

杆 i 坐标系的 y_i 轴由 x_i 轴和 z_i 轴按照右手规则确定。

至此，连杆 $i-1$ 及连杆 i 的坐标系已确立。

与图 3-2 相比较可以看出，此坐标系建立方法是将连杆 $i-1$ 坐标系的 z_{i-1} 轴从关节 i 上平移到图 3-3 所示过点 D。移动前，连杆 $i-1$ 坐标系的原点在点 B，其杆长度为 $a_{i-1}=\overline{AB}$，连杆 i 的杆长度为 $a_i=\overline{CD}=\overline{BE}$；移动后，连杆 $i-1$ 坐标系的原点在点 E，其杆长度变为 $a_{i-1}=\overline{FE}$，而连杆 i 的杆长度变为 $a_i=0$。可见，移动后连杆 i 的参数得到了简化。

图 3-3 所示的 Standard-DH 移动关节坐标系同样可用 4 个参数来描述，其含义与 Standard-DH 转动关节坐标系类同，但参数的特性产生了变化，具体见表 3-2。

表 3-2　连杆 i 坐标系 Standard-DH 参数的含义（关节 i 为移动关节）

特征	描述相邻两连杆关系的参数		描述连杆的参数	
参数	两连杆夹角 θ_i	两连杆距离 d_i	连杆长度 a_i	连杆扭角 α_i
定义	绕 z_{i-1} 轴从 x_{i-1} 轴旋转到 x_i 轴的角度	沿 z_{i-1} 轴从 x_{i-1} 轴移动到 x_i 轴的位移	z_{i-1} 与 z_i 轴公垂线的距离	绕 x_i 轴从 z_{i-1} 轴旋转到 z_i 轴的角度
特性	常量	关节变量	等于零	常量

从表 3-2 中可以看出，对于移动关节 i，连杆 i 的坐标系参数特性有如下变化：

1）两连杆距离 d_i 成为联轴器（关节）变量，当 $d_i=0$ 时，定义联轴器关节位置为零位，此时公垂线 CD 处于直线 BE 所在位置，连杆 i 的坐标系与连杆 $i-1$ 的坐标系原点重合。

2）两连杆的夹角 θ_i 变为常量。

3）按照图 3-3 所示移动 z_{i-1} 轴的坐标系建立方法，连杆 i 的长度 $a_i=0$。

3.1.2　Modified-DH 坐标系

1. Modified-DH 坐标系的序号分配

Standard-DH 方法是在关节 $i+1$ 上固连连杆 i 的坐标系，即坐标系建在连杆 i 的末端，而 Modified-DH 方法是在关节 i 上固连连杆 i 的坐标系，即坐标系建在连杆 i 的始端。因此，依照从机座到末端执行器的顺序，Modified-DH 方法与 Standard-DH 方法相同的是各连杆、各关节编号不变，不同的是各坐标系编号发生了变化。如图 3-4 所示，连杆 i 的坐标系与连杆 i 一同随关节 i 运动，将连杆 i 的坐标系建立在其始端关节 i 上。这样连杆 0 的坐标系（基础坐标系）及连杆 1 的坐标系建立在关节 1 上，连杆 2 的坐标系建立关节 2 上，依此类推，末端连杆 n 的坐标系建立在关节 n 上。同样，对于转动关节，各连杆坐标系的 z 轴方向与关节轴线重合；对于移动关节，z 轴方向沿该关节的移动方向。

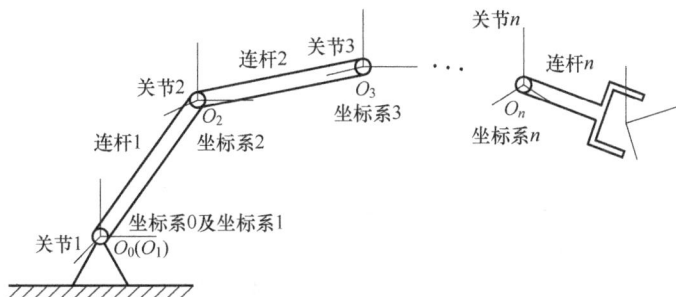

图 3-4　Modified-DH 坐标系的分配

2. Modified-DH 坐标系的建立

（1）Modified-DH 转动关节坐标系　　Modified-DH 转动关节坐标系如图 3-5 所示，说明如下：

1）连杆 i 的坐标系建立在关节 i 上，其 z_i 轴位于关节 i 的轴线上，z_i 轴的指向自行规定。

2）连杆 i 的坐标系的 x_i 轴位于连杆 i 两端关节轴线的公垂线上，方向指向连杆 $i+1$；如果关节 i 和 $i+1$ 的轴线相交，则规定 x_i 轴垂直于关节 i 和 $i+1$ 两轴线所在的平面，指向自行规定。

3）连杆 i 的坐标系的原点为 x_i 轴与 z_i 轴的交点，y_i 轴由 x_i 轴和 z_i 轴按照右手规则确定。

4）连杆坐标系{0}和{1}均建立在关节 1 上，但坐标系{0}是固定坐标系（基础坐标系），坐标系{1}是动坐标系，规定当动坐标系{1}的关节变量为 0 时，坐标系{0}和{1}原点及方位完全重合。

5）连杆 n 的坐标系{n}建立在关节 n 的轴线上，原点在关节轴线上的具体位置及 x_n 轴的方向可以任意选取，选取时尽量使杆件参数为零，例如，可选取坐标系{n}的原点位置使得 $d_n = 0$。

6）机器人手部处于坐标系{n}中，其手部中心位置处于并非坐标系{n}原点的某个位置。

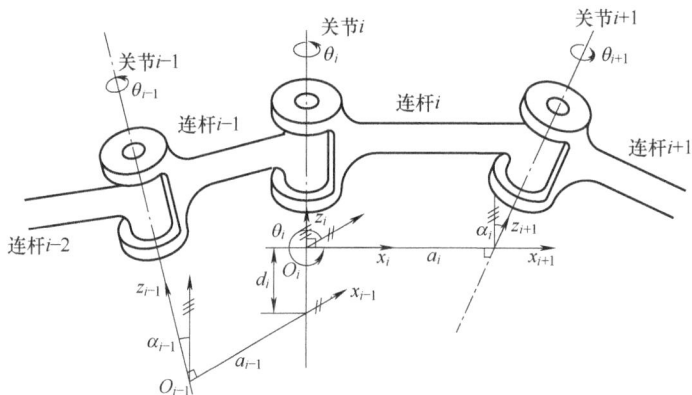

图 3-5　转动关节的 Modified-DH 坐标系

转动关节的 Modified-DH 坐标系也用 4 个参数来描述，如图 3-5 所示，具体含义见表 3-3。

表 3-3　连杆 i 坐标系 Modified-DH 参数的含义（关节 i 为转动关节）

特征	描述相邻两连杆关系的参数		描述连杆的参数	
参数	两连杆夹角 θ_i	两连杆距离 d_i	连杆长度 a_i	连杆扭角 α_i
定义	垂直于关节 i 轴线（z_i 轴）的平面内，两公垂线之间的夹角（即绕 z_i 轴从 x_{i-1} 轴旋转到 x_i 轴的角度）	沿关节 i 轴线（z_i 轴）上两公垂线之间的距离（即沿 z_i 轴从 x_{i-1} 轴移动到 x_i 轴的位移）	连杆 i 两端关节轴线的公垂线长度（即沿 x_i 轴从 z_i 轴移动到 z_{i+1} 轴的位移）	与 x_i 轴垂直的平面内两关节轴线 z_i 与 z_{i+1} 的夹角（即绕 x_i 轴从 z_i 轴旋转到 z_{i+1} 轴的角度）
特性	关节变量	常量	常量	常量

注：1. 由于 z_i 轴指向存在两种可选性，以及在两关节轴相交的情况下（这时 $a_i = 0$），x_i 轴指向也存在两种可选性，这使得 Modified-DH 坐标系的建立并不唯一。

　　2. 若连杆 i 两端关节轴线平行，因其平行轴线的公垂线存在多值，故仅利用公垂线无法确定连杆 i 的坐标系的原点，通常选取该原点使之满足 $d_i = 0$。

（2）Modified-DH 移动关节坐标系　Modified-DH 移动关节坐标系的建立与 Modified-DH 转动关节坐标系的建立方法类同，另外，移动关节坐标系的选取位置也可以像图 3-3 所示一样进行移动变换，在此不再赘述。

3.2　相邻两连杆坐标系的位姿关系

3.2.1　相邻两连杆坐标系的位姿表示

机器人连杆 i 的坐标系相对于连杆 $i-1$ 的坐标系的位姿矩阵即为连杆 i 的坐标系相对于连杆 $i-1$ 的坐标系的齐次坐标变换矩阵，用 $\boldsymbol{A}_i^{i-1}$ 表示。对于 n 个关节的机器人，相邻两连杆坐标系的位姿关系依次表示为

$$\boldsymbol{A}_n^{n-1}, \cdots, \boldsymbol{A}_i^{i-1}, \cdots, \boldsymbol{A}_1^0 \quad (i=1, 2, \cdots, n)$$

通常省略上角标，表示成 $\boldsymbol{A}_i$，即

$$\boldsymbol{A}_n, \cdots, \boldsymbol{A}_i, \cdots, \boldsymbol{A}_1 \quad (i=1, 2, \cdots, n)$$

另外，也常把 $\boldsymbol{A}_i^{i-1}(\boldsymbol{A}_i)$ 表示为 $^{i-1}\boldsymbol{A}$。

3.2.2　相邻两连杆坐标系的位姿确定

1. Standard-DH 坐标系位姿矩阵

如图 3-2 及图 3-3 所示，全部连杆按照 Standard-DH 坐标系建立方法确定后，按照下列步骤建立相邻两连杆 $i-1$ 与 i 的坐标系之间的变换关系：

1）绕 z_{i-1} 轴旋转 θ_i 角，使 x_{i-1} 轴与 x_i 轴同向（即两轴平行且同向）。

2）沿 z_{i-1} 轴平移一距离 d_i，使 x_{i-1} 轴与 x_i 轴共线且同向。

3）沿此刻的 x_{i-1} 轴（或者 x_i 轴线）平移一距离 a_i，使连杆 $i-1$ 的坐标系原点与连杆 i 的坐标系原点重合，x_{i-1} 轴与 x_i 轴重合，z_{i-1} 轴与 z_i 轴共面。

4）绕此刻的 x_{i-1} 轴（或者 x_i 轴）旋转 α_i 角，使 z_{i-1} 轴与 z_i 轴重合。

经过上述变换，连杆 $i-1$ 的坐标系与连杆 i 的坐标系重合。那么依据上述变换步骤，采用右乘规则，可推得在 Standard-DH 坐标系下，连杆 i 的坐标系相对于连杆 $i-1$ 的坐标系的坐标变换矩阵 $\boldsymbol{A}_i$（也即连杆 i 的坐标系相对于连杆 $i-1$ 的坐标系的位姿矩阵），即

$$\boldsymbol{A}_i = \mathrm{Rot}(z_{i-1}, \theta_i)\mathrm{Trans}(0, 0, d_i)\mathrm{Trans}(a_i, 0, 0)\mathrm{Rot}(x_i, \alpha_i)$$

$$= \begin{pmatrix} \mathrm{c}\theta_i & -\mathrm{s}\theta_i & 0 & 0 \\ \mathrm{s}\theta_i & \mathrm{c}\theta_i & 0 & 0 \\ 0 & 0 & 1 & 0 \\ 0 & 0 & 0 & 1 \end{pmatrix}\begin{pmatrix} 1 & 0 & 0 & 0 \\ 0 & 1 & 0 & 0 \\ 0 & 0 & 1 & d_i \\ 0 & 0 & 0 & 1 \end{pmatrix}\begin{pmatrix} 1 & 0 & 0 & a_i \\ 0 & 1 & 0 & 0 \\ 0 & 0 & 1 & 0 \\ 0 & 0 & 0 & 1 \end{pmatrix}\begin{pmatrix} 1 & 0 & 0 & 0 \\ 0 & \mathrm{c}\alpha_i & -\mathrm{s}\alpha_i & 0 \\ 0 & \mathrm{s}\alpha_i & \mathrm{c}\alpha_i & 0 \\ 0 & 0 & 0 & 1 \end{pmatrix}$$

$$= \begin{pmatrix} \mathrm{c}\theta_i & -\mathrm{s}\theta_i\mathrm{c}\alpha_i & \mathrm{s}\theta_i\mathrm{s}\alpha_i & a_i\mathrm{c}\theta_i \\ \mathrm{s}\theta_i & \mathrm{c}\theta_i\mathrm{c}\alpha_i & -\mathrm{c}\theta_i\mathrm{s}\alpha_i & a_i\mathrm{s}\theta_i \\ 0 & \mathrm{s}\alpha_i & \mathrm{c}\alpha_i & d_i \\ 0 & 0 & 0 & 1 \end{pmatrix} \tag{3-1}$$

使用式（3-1）时应注意以下几点：

1）当关节 i 为转动关节时，式（3-1）中 θ_i 为关节变量，α_i、d_i、a_i 为常量。

2）当关节 i 为移动关节时，式(3-1)中 d_i 为关节变量，α_i、θ_i、a_i 为常量。

3）对于移动关节 i，如果采用图3-3所示的方法建立坐标系，则令杆长 $a_i = 0$，因此式(3-1)坐标变换矩阵 $\boldsymbol{A}_i$ 变为

$$\boldsymbol{A}_i = \mathrm{Rot}(z_{i-1},\ \theta_i)\,\mathrm{Trans}(0,\ 0,\ d_i)\,\mathrm{Trans}(a_i,\ 0,\ 0)\,\mathrm{Rot}(x_i,\ \alpha_i) = \begin{pmatrix} \mathrm{c}\theta_i & -\mathrm{s}\theta_i\mathrm{c}\alpha_i & \mathrm{s}\theta_i\mathrm{s}\alpha_i & 0 \\ \mathrm{s}\theta_i & \mathrm{c}\theta_i\mathrm{c}\alpha_i & -\mathrm{c}\theta_i\mathrm{s}\alpha_i & 0 \\ 0 & \mathrm{s}\alpha_i & \mathrm{c}\alpha_i & d_i \\ 0 & 0 & 0 & 1 \end{pmatrix}$$

$$(3\text{-}2)$$

2. Modified-DH 坐标系位姿矩阵

如图3-5所示，全部连杆按照 Modified-DH 坐标系的建立方法确定后，按照下列步骤建立相邻两连杆 $i-1$ 与 i 的坐标系之间的变换关系：

1）绕 x_{i-1} 轴旋转 α_{i-1} 角，使 z_{i-1} 轴与 z_i 轴同向（即两轴平行且同向）。

2）沿 x_{i-1} 轴平移一距离 a_{i-1}，使 z_{i-1} 轴与 z_i 轴共线且同向。

3）沿此刻的 z_{i-1} 轴（或者 z_i 轴线）平移一距离 d_i，使连杆 $i-1$ 的坐标系原点与连杆 i 的坐标系原点重合，z_{i-1} 轴与 z_i 轴重合，x_{i-1} 轴与 x_i 轴共面。

4）绕此刻的 z_{i-1} 轴（或者 z_i 轴）旋转 θ_i 角，使 x_{i-1} 轴与 x_i 轴重合。

经过上述变换，连杆 $i-1$ 的坐标系与连杆 i 的坐标系重合。根据上述变换步骤，采用右乘规则，可推得在 Modified-DH 坐标系下，连杆 i 的坐标系相对于连杆 $i-1$ 的坐标系的坐标变换矩阵 $\boldsymbol{A}_i$（也即连杆 i 的坐标系相对于连杆 $i-1$ 的坐标系的位姿矩阵），即

$$\boldsymbol{A}_i = \mathrm{Rot}(x_{i-1},\ \alpha_{i-1})\,\mathrm{Trans}(a_{i-1},\ 0,\ 0)\,\mathrm{Trans}(0,\ 0,\ d_i)\,\mathrm{Rot}(z_i,\ \theta_i)$$

$$= \begin{pmatrix} 1 & 0 & 0 & 0 \\ 0 & \mathrm{c}\alpha_{i-1} & -\mathrm{s}\alpha_{i-1} & 0 \\ 0 & \mathrm{s}\alpha_{i-1} & \mathrm{c}\alpha_{i-1} & 0 \\ 0 & 0 & 0 & 1 \end{pmatrix} \begin{pmatrix} 1 & 0 & 0 & a_{i-1} \\ 0 & 1 & 0 & 0 \\ 0 & 0 & 1 & 0 \\ 0 & 0 & 0 & 1 \end{pmatrix} \begin{pmatrix} 1 & 0 & 0 & 0 \\ 0 & 1 & 0 & 0 \\ 0 & 0 & 1 & d_i \\ 0 & 0 & 0 & 1 \end{pmatrix} \begin{pmatrix} \mathrm{c}\theta_i & -\mathrm{s}\theta_i & 0 & 0 \\ \mathrm{s}\theta_i & \mathrm{c}\theta_i & 0 & 0 \\ 0 & 0 & 1 & 0 \\ 0 & 0 & 0 & 1 \end{pmatrix}$$

$$= \begin{pmatrix} \mathrm{c}\theta_i & -\mathrm{s}\theta_i & 0 & a_{i-1} \\ \mathrm{s}\theta_i\mathrm{c}\alpha_{i-1} & \mathrm{c}\theta_i\mathrm{c}\alpha_{i-1} & -\mathrm{s}\alpha_{i-1} & -d_i\mathrm{s}\alpha_{i-1} \\ \mathrm{s}\theta_i\mathrm{s}\alpha_{i-1} & \mathrm{c}\theta_i\mathrm{s}\alpha_{i-1} & \mathrm{c}\alpha_{i-1} & d_i\mathrm{c}\alpha_{i-1} \\ 0 & 0 & 0 & 1 \end{pmatrix}$$

$$(3\text{-}3)$$

使用式(3-3)时应注意以下几点：

1）式(3-3)位姿矩阵中，既有连杆 $i-1$ 的参数 α_{i-1}、a_{i-1}，也有连杆 i 的参数 θ_i、d_i。

2）当关节 i 为转动关节时，式(3-3)中 θ_i 为关节变量，α_{i-1}、d_i、a_{i-1} 为常量。

3）当关节 i 为移动关节时，式(3-3)中 d_i 为关节变量，α_{i-1}、θ_i、a_{i-1} 为常量。

3.3 机器人正运动学

3.3.1 机器人运动方程

3.2 节中给出了后一连杆的坐标系相对于前一连杆的坐标系的位姿矩阵 $\boldsymbol{A}_i$，那么从末端连杆的坐标系 n 依次前推，可以得到坐标系 n 相对于坐标系 $n-1$ 的

3-1 正运动学分析

位姿矩阵 A_n，……，连杆 2 的坐标系相对于连杆 1 的坐标系的位姿矩阵 A_2，以及连杆 1 的坐标系相对于机身固定坐标系 0 的位姿矩阵 A_1。假设末端连杆的坐标系 n 中有一点 P，其在坐标系 n 中的位置为 $^nP=(P_x \quad P_y \quad P_z \quad 1)$，那么其在基础坐标系中的位置 ^0P 则可以使用左乘规则求得，即

$$^0P=A_1A_2A_3\cdots A_{n-1}A_n \cdot {}^nP$$

因此，末端连杆的坐标系 n 相对于基础坐标系的位姿矩阵即为

$$^0_nT=A_1A_2A_3\cdots A_{n-1}A_n=\begin{pmatrix} n_x & o_x & a_x & p_x \\ n_y & o_y & a_y & p_y \\ n_z & o_z & a_z & p_z \\ 0 & 0 & 0 & 1 \end{pmatrix} \tag{3-4}$$

式(3-4)即为机器人运动方程。式中，^0_nT 也常表示为 T^0_n 及 ^0T_n。

进一步推知，机器人末端连杆的坐标系 n 相对于连杆 $i-1$ 的坐标系的位姿矩阵即为

$$^{i-1}_nT=A_iA_{i+1}\cdots A_n \tag{3-5}$$

对于一个六连杆机器人，其末端执行器相对于机身坐标系的位姿矩阵则可表示为

$$^0_6T=A_1A_2\cdots A_6 \tag{3-6}$$

式中，^0_6T 常简写成 T_6。若已知机器人参数及各关节变量值(角位移或线位移)，则可利用式(3-6)计算出机器人末端执行器(手部)的位置和姿态，此即为机器人的正运动学，也即机器人正解问题。

3.3.2 斯坦福机器人运动方程

下面利用 Standard-DH 方法来建立斯坦福(Stanford)机器人的运动学方程。

例 3-1 图 3-6 所示为斯坦福机器人的结构示意图，求相邻连杆的齐次坐标变换矩阵 $A_i(i=1，2，3，4，5，6)$ 及机器人的运动学方程 T_6。

解：(1) Standard-DH 坐标系的建立

依 Standard-DH 方法建立各连杆的坐标系，如图 3-6 所示。图中 z_0 轴取关节 1 轴线方向，z_i 轴取关节 $i+1$ 轴线方向或关节移动方向(关节 3)，所有 x_i 轴与机座坐标系 x_0 轴平行，y_i 轴按右手法则确定。

(2) 各连杆 Standard-DH 参数的确定

表 3-4 给出了各连杆的 Standard-DH 参数和关节变量。

图 3-6 斯坦福机器人结构示意图

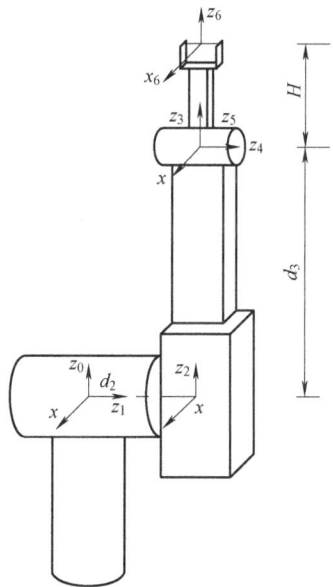

表 3-4 斯坦福机器人的 Standard-DH 参数和关节变量

连杆	变量	α	a	d	$\cos\alpha$	$\sin\alpha$
1	θ_1	-90°	0	0	0	-1
2	θ_2	90°	0	d_2	0	1
3	$\theta_3=0°$	0°	0	d_3(变量)	1	0
4	θ_4	-90°	0	0	0	-1
5	θ_5	90°	0	0	0	1
6	θ_6	0°	0	H	1	0

（3）求相邻两连杆之间的位姿矩阵 $\boldsymbol{A}_i$

根据表 3-4 中的 Standard-DH 参数可求得相邻两杆之间的位姿矩阵 $\boldsymbol{A}_i$，即

$$\boldsymbol{A}_1 = \mathrm{Rot}(z_0, \theta_1)\mathrm{Rot}(x_1, \alpha_1)$$

$$= \begin{pmatrix} c\theta_1 & -s\theta_1 & 0 & 0 \\ s\theta_1 & c\theta_1 & 0 & 0 \\ 0 & 0 & 1 & 0 \\ 0 & 0 & 0 & 1 \end{pmatrix}\begin{pmatrix} 1 & 0 & 0 & 0 \\ 0 & c\alpha_1 & -s\alpha_1 & 0 \\ 0 & s\alpha_1 & c\alpha_1 & 0 \\ 0 & 0 & 0 & 1 \end{pmatrix} = \begin{pmatrix} c\theta_1 & 0 & -s\theta_1 & 0 \\ s\theta_1 & 0 & c\theta_1 & 0 \\ 0 & -1 & 0 & 0 \\ 0 & 0 & 0 & 1 \end{pmatrix} \tag{3-7}$$

$$\boldsymbol{A}_2 = \mathrm{Rot}(z_1, \theta_2)\mathrm{Trans}(0, 0, d_2)\mathrm{Rot}(x_2, \alpha_2)$$

$$= \begin{pmatrix} c\theta_2 & -s\theta_2 & 0 & 0 \\ s\theta_2 & c\theta_2 & 0 & 0 \\ 0 & 0 & 1 & 0 \\ 0 & 0 & 0 & 1 \end{pmatrix}\begin{pmatrix} 1 & 0 & 0 & 0 \\ 0 & 1 & 0 & 0 \\ 0 & 0 & 1 & d_2 \\ 0 & 0 & 0 & 1 \end{pmatrix}\begin{pmatrix} 1 & 0 & 0 & 0 \\ 0 & 0 & -1 & 0 \\ 0 & 1 & 0 & 0 \\ 0 & 0 & 0 & 1 \end{pmatrix}$$

$$= \begin{pmatrix} c\theta_2 & 0 & s\theta_2 & 0 \\ s\theta_2 & 0 & -c\theta_2 & 0 \\ 0 & 1 & 0 & d_2 \\ 0 & 0 & 0 & 1 \end{pmatrix} \tag{3-8}$$

$$\boldsymbol{A}_3 = \mathrm{Trans}(0, 0, d_3) = \begin{pmatrix} 1 & 0 & 0 & 0 \\ 0 & 1 & 0 & 0 \\ 0 & 0 & 1 & d_3 \\ 0 & 0 & 0 & 1 \end{pmatrix} \tag{3-9}$$

$$\boldsymbol{A}_4 = \mathrm{Rot}(z_3, \theta_4)\mathrm{Rot}(x_4, \alpha_4) = \begin{pmatrix} c\theta_4 & 0 & -s\theta_4 & 0 \\ s\theta_4 & 0 & c\theta_4 & 0 \\ 0 & -1 & 0 & 0 \\ 0 & 0 & 0 & 1 \end{pmatrix} \tag{3-10}$$

$$\boldsymbol{A}_5 = \mathrm{Rot}(z_4, \theta_5)\mathrm{Rot}(x_5, \alpha_5) = \begin{pmatrix} c\theta_5 & 0 & s\theta_5 & 0 \\ s\theta_5 & 0 & -c\theta_5 & 0 \\ 0 & 1 & 0 & 0 \\ 0 & 0 & 0 & 1 \end{pmatrix} \tag{3-11}$$

$$\boldsymbol{A}_6 = \mathrm{Rot}(z_5, \theta_6)\mathrm{Trans}(0, 0, H) = \begin{pmatrix} c\theta_6 & -s\theta_6 & 0 & 0 \\ s\theta_6 & c\theta_6 & 0 & 0 \\ 0 & 0 & 1 & H \\ 0 & 0 & 0 & 1 \end{pmatrix} \tag{3-12}$$

（4）求机器人的运动方程

依据相邻两连杆之间的位姿矩阵 $\boldsymbol{A}_i(i=1, 2, 3, 4, 5, 6)$，及式(3-4)可得出手端坐标系相对于基础坐标系的位姿矩阵 ${}_6^0\boldsymbol{T}$，即斯坦福机器人的运动学方程为

$$_6^0\boldsymbol{T} = \boldsymbol{A}_1\boldsymbol{A}_2\boldsymbol{A}_3\boldsymbol{A}_4\boldsymbol{A}_5\boldsymbol{A}_6 = \begin{pmatrix} n_x & o_x & a_x & p_x \\ n_y & o_y & a_y & p_y \\ n_z & o_z & a_z & p_z \\ 0 & 0 & 0 & 1 \end{pmatrix} \tag{3-13}$$

式中

$$\begin{cases} n_x = c_1 [c_2 (c_4c_5c_6 - s_4s_6) - s_2s_5c_6] - s_1 (s_4c_5c_6 + c_4s_6) \\ n_y = s_1 [c_2 (c_4c_5c_6 - s_4s_6) - s_2s_5c_6] + c_1 (s_4c_5c_6 + c_4s_6) \\ n_z = -s_2 (c_4c_5c_6 - s_4s_6) - c_2s_5c_6 \\ o_x = c_1 [-c_2 (c_4c_5s_6 + s_4c_6) + s_2s_5s_6] - s_1 (-s_4c_5s_6 + c_4c_6) \\ o_y = s_1 [-c_2 (c_4c_5s_6 + s_4c_6) + s_2s_5s_6] + c_1 (-s_4c_5s_6 + c_4c_6) \\ o_z = s_2 (c_4c_5s_6 + s_4c_6) + c_2s_5s_6 \\ a_x = c_1 (c_2c_4s_5 + s_2c_5) - s_1s_4s_5 \\ a_y = s_1 (c_2c_4s_5 + s_2c_5) + c_1s_4s_5 \\ a_z = -s_2c_4s_5 + c_2c_5 \\ p_x = c_1 (Hc_2c_4s_5 + Hs_2c_5 + s_2d_3) - s_1 (Hs_4s_5 + d_2) \\ p_y = s_1 (Hc_2c_4s_5 + Hs_2c_5 + s_2d_3) + c_1 (Hs_4s_5 + d_2) \\ p_z = -(Hs_2c_4s_5 - Hc_2c_5 - c_2d_3) \end{cases}$$

在以上各表达式中，$s_i = \sin\theta_i$，$c_i = \cos\theta_i (i = 1,2,3,4,5,6)$，以下同。

$${}_6^5T = A_6 = \begin{pmatrix} c_6 & -s_6 & 0 & 0 \\ s_6 & c_6 & 0 & 0 \\ 0 & 0 & 1 & H \\ 0 & 0 & 0 & 1 \end{pmatrix} \tag{3-14}$$

$${}_6^4T = A_5A_6 = \begin{pmatrix} c_5c_6 & -c_5c_6 & s_5 & Hs_5 \\ s_5c_6 & -s_5s_6 & -c_5 & -Hc_5 \\ s_6 & c_6 & 0 & 0 \\ 0 & 0 & 0 & 1 \end{pmatrix} \tag{3-15}$$

$${}_6^3T = A_4A_5A_6 = \begin{pmatrix} c_4c_5c_6 - s_4s_6 & -c_4c_5s_6 - s_4c_6 & c_4s_5 & Hc_4s_5 \\ s_4c_5c_6 + c_4s_6 & -s_4c_5s_6 + c_4c_6 & s_4s_5 & Hs_4s_5 \\ -s_5c_6 & s_5s_6 & c_5 & IIc_5 \\ 0 & 0 & 0 & 1 \end{pmatrix} \tag{3-16}$$

$${}_6^2T = A_3A_4A_5A_6 = \begin{pmatrix} c_4c_5c_6 - s_4s_6 & -c_4c_5s_6 - s_4c_6 & c_4s_5 & Hc_4s_5 \\ s_4c_5c_6 + c_4s_6 & -s_4c_5s_6 + c_4c_6 & s_4s_5 & Hs_4s_5 \\ -s_5c_6 & s_5s_6 & c_5 & Hc_5 + d_3 \\ 0 & 0 & 0 & 1 \end{pmatrix} \tag{3-17}$$

$${}_6^1T = A_2A_3A_4A_5A_6$$
$$= \begin{pmatrix} c_2 (c_4c_5c_6 - s_4s_6) - s_2s_5s_6 & -c_2 (c_4c_5c_6 + s_4c_6) + s_2s_5s_6 & c_2c_4s_5 + s_2c_5 & c_2 (Hc_4s_5) + s_2 (Hc_5 + d_3) \\ s_2 (c_4c_5c_6 - s_4s_6) + c_2s_5c_6 & -s_2 (c_4c_5c_6 + s_4c_6) - c_2s_5s_6 & s_2c_4s_5 - c_2c_5 & s_2 (Hc_4s_5) - c_2 (Hc_5 + d_3) \\ s_4c_5c_6 + c_4s_6 & -s_4c_5c_6 + c_4c_6 & s_4s_5 & Hs_4s_5 + d_2 \\ 0 & 0 & 0 & 1 \end{pmatrix} \tag{3-18}$$

3.4　机器人逆运动学

3.3 节举例阐述了机器人的正运动学，即机器人正解问题；本节

探讨机器人的逆运动学，也即机器人逆解问题。

对于具有 n 个自由度的操作臂，式(3-4)所示的运动学方程可表示为

$$\begin{pmatrix} n_x & o_x & a_x & p_x \\ n_y & o_y & a_y & p_y \\ n_z & o_z & a_z & p_z \\ 0 & 0 & 0 & 1 \end{pmatrix} = \boldsymbol{A}_1 \boldsymbol{A}_2 \boldsymbol{A}_3 \cdots \boldsymbol{A}_{n-1} A_n \tag{3-19}$$

式(3-19)左边表示末端操作臂相对于基础坐标系的位姿。给定末端操作臂的位姿来计算相应关节变量的过程称为机器人的逆运动学，其逆运算称为求运动学逆解。

3.4.1 机器人逆运动学的解

1. 多解性

机器人运动学逆解具有多解性，如图 3-7 所示，对于给定的手部位置和姿态，机器人关节角变量值存在两组解，这两种关节角组合方式均可使其手部实现目标位姿。

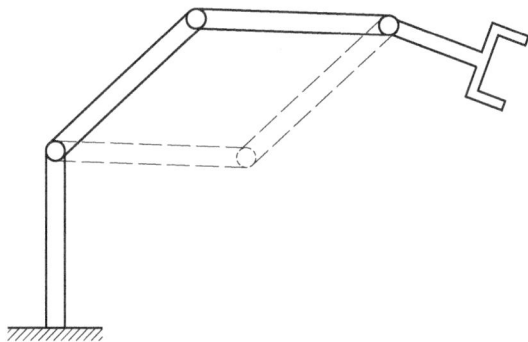

图 3-7　机器人运动学逆解的多解性

（1）机器人运动学逆解产生多解的原因

1）在解反三角函数方程时产生的机器人结构上无法实现的多余解。

2）机器人结构上存在关节角的多种组合方式（即存在多解）来实现目标位姿。

虽然机器人逆解往往产生多解，但通常只有一组解最优，为此必须做出判断，以选择合适的解。

（2）剔除多余解的一般方法

1）根据一些参数要求，如杆长不为负，剔除在反三角函数求解过程中的关节角多余解。

2）根据关节的运动空间，如关节旋转角度限制，剔除物理上无法实现的关节角多余解。

3）选择一个关节运动过程中距离最近、最易实现的解。

4）剔除受障碍物限制的关节角多余解。

5）逐级剔除多余解。

2. 可解性

机器人的可解性是指能否求得机器人运动学逆解的解析式。

单一串联链中共有 6 个自由度（或小于 6 个自由度）的关节机器人系统是可解的，通常为数值解。要使机器人有解析解，设计时就要使机器人的结构尽量简单，尽量满足有若干个相交的关节轴或有许多 α_i 等于 0°或±90°的特殊条件。

对于逆运动学的求解，虽然使式(3-19)两边对应元素相等，可得到 12 个方程，但由于方程表达式的复杂性，12 个方程联立求解的解析解往往很难求出，因此一般不采用联立方程求解的方法。

逆运动学的求解通常用一系列变换矩阵的逆 A_i^{-1} 左乘式(3-19)的两边，然后找出右端为常数或简单表达式的元素，并令这些元素与左端对应元素相等，这样就可以得出一个可以求解的三角函数方程，进而求得对应的关节变量。依此类推，最终求出所有关节变量值。

3.4.2　斯坦福机器人逆运动学求解

例 3-2　已知例 3-1 中斯坦福机器人末端执行器的位姿，求对应的各关节角变量值。

解：已知例 3-1 中斯坦福机器人末端执行器的位姿矩阵为

$$T_6 = \begin{pmatrix} n_x & o_x & a_x & p_x \\ n_y & o_y & a_y & p_y \\ n_z & o_z & a_z & p_z \\ 0 & 0 & 0 & 1 \end{pmatrix} \tag{3-20}$$

由机器人运动学方程知

$$T_6 = A_1 A_2 \cdots A_6 \tag{3-21}$$

(1) 求 θ_1　将式(3-21)两端左乘 A_1^{-1}，即

$$A_1^{-1} T_6 = A_2 A_3 A_4 A_5 A_6 = {}_6^1 T \tag{3-22}$$

式(3-22)左端矩阵表达式为

$$A_1^{-1} T_6 = \begin{pmatrix} c_1 & s_1 & 0 & 0 \\ 0 & 0 & -1 & 0 \\ -s_1 & c_1 & 0 & 0 \\ 0 & 0 & 0 & 1 \end{pmatrix} \begin{pmatrix} n_x & o_x & a_x & p_x \\ n_y & o_y & a_y & p_y \\ n_z & o_z & a_z & p_z \\ 0 & 0 & 0 & 1 \end{pmatrix} = \begin{pmatrix} f_{11}(n) & f_{11}(o) & f_{11}(a) & f_{11}(p) \\ f_{12}(n) & f_{12}(o) & f_{12}(a) & f_{12}(p) \\ f_{13}(n) & f_{13}(o) & f_{13}(a) & f_{13}(p) \\ 0 & 0 & 0 & 1 \end{pmatrix} \tag{3-23}$$

式中，f_{ij} 为缩写，具体为

$$\begin{cases} f_{11}(i) = c_1 i_x + s_1 i_y \\ f_{12}(i) = -i_z \\ f_{13}(i) = -s_1 i_x + c_1 i_y \end{cases} \quad (i \text{ 取 } n, o, a, p) \tag{3-24}$$

由例 3-1 可知，式(3-22)右端矩阵表达式为

$$T_6^1 = A_2 A_3 A_4 A_5 A_6$$

$$= \begin{pmatrix} c_2(c_4 c_5 c_6 - s_4 s_6) - s_2 s_5 s_6 & -c_2(c_4 c_5 s_6 + s_4 c_6) + s_2 s_5 s_6 & c_2 c_4 c_5 + s_2 c_5 & c_2 H c_4 s_5 + s_2(Hc_5 + d_3) \\ s_2(c_4 c_5 c_6 - s_4 s_6) + s_2 s_5 c_6 & -s_2(c_4 c_5 s_6 + s_4 c_6) - c_2 s_5 s_6 & s_2 c_4 s_5 - c_2 c_5 & s_2 H c_4 s_5 - c_2(Hc_5 + d_3) \\ s_4 c_5 c_6 + c_4 s_6 & -s_4 c_5 s_6 + c_4 c_6 & s_4 s_5 & Hs_4 s_5 + d_2 \\ 0 & 0 & 0 & 1 \end{pmatrix} \tag{3-25}$$

令式(3-23)及式(3-25)中第 3 行第 3 列及第 3 行第 4 列的对应元素相等，可得

$$\begin{cases} f_{13}(a) = -s_1 a_x + c_1 a_y = s_4 s_5 \\ f_{13}(p) = -s_1 p_x + c_1 p_y = Hs_4 s_5 + d_2 \end{cases} \quad (d_2 \text{ 为已知常量}) \tag{3-26}$$

由式(3-26)推得

$$f_{13}(p) - Hf_{13}(a) = d_2 \tag{3-27}$$

即

$$-s_1 p_x + c_1 p_y - H(-s_1 a_x + c_1 a_y) = d_2$$

整理可得

$$-s_1(p_x - Ha_x) + c_1(p_y - Ha_y) = d_2$$

采用下列三角代换

$$\begin{cases} p_x - Ha_x = \rho\cos\varphi \\ p_y - Ha_y = \rho\sin\varphi \end{cases} \tag{3-28}$$

式中，$\rho = \sqrt{(p_x - Ha_x)^2 + (p_y - Ha_y)^2}$；$\varphi = \arctan\dfrac{p_y - Ha_y}{p_x - Ha_x}$。

三角代换后，解得

$$\begin{cases} \sin(\varphi - \theta_1) = \dfrac{d_2}{\rho} \\ \cos(\varphi - \theta_1) = \pm\sqrt{1 - \left(\dfrac{d_2}{\rho}\right)^2} \end{cases} \tag{3-29}$$

式中，$0 < \dfrac{d_2}{\rho} \leqslant 1$，则 $0 < \varphi - \theta_1 < \pi$。

由式（3-29）可推得

$$\tan(\varphi - \theta_1) = \frac{d_2/\rho}{\pm\sqrt{1 - \left(\dfrac{d_2}{\rho}\right)^2}} = \frac{d_2}{\pm\sqrt{(p_x - Ha_x)^2 + (p_y - Ha_y)^2 - d_2^2}} \tag{3-30}$$

因此可求出

$$\begin{aligned} \theta_1 &= \varphi - \arctan\frac{d_2}{\pm\sqrt{(p_x - Ha_x)^2 + (p_y - Ha_y)^2 - d_2^2}} \\ &= \arctan\frac{p_y - Ha_y}{p_x - Ha_x} \mp \arctan\frac{d_2}{\sqrt{(p_x - Ha_x)^2 + (p_y - Ha_y)^2 - d_2^2}} \end{aligned} \tag{3-31}$$

式中，正、负号代表了 θ_1 的两个可能解。

（2）求 θ_2　将式（3-22）两边左乘 A_2^{-1} 得

$$A_2^{-1} A_1^{-1} T_6 = A_3 A_4 A_5 A_6 = T_6^2 \tag{3-32}$$

式（3-32）左端矩阵表达式为

$$\begin{aligned} A_2^{-1} A_1^{-1} T_6 &= \begin{pmatrix} c_2 & s_2 & 0 & 0 \\ 0 & 0 & 1 & -d_2 \\ s_2 & -c_2 & 0 & 0 \\ 0 & 0 & 0 & 1 \end{pmatrix} \begin{pmatrix} c_1 & s_1 & 0 & 0 \\ 0 & 0 & -1 & 0 \\ -s_1 & c_1 & 0 & 0 \\ 0 & 0 & 0 & 1 \end{pmatrix} \begin{pmatrix} n_x & o_x & a_x & p_x \\ n_y & o_y & a_y & p_y \\ n_z & o_z & a_z & p_z \\ 0 & 0 & 0 & 1 \end{pmatrix} \\ &= \begin{pmatrix} c_1 c_2 & s_1 c_2 & -s_2 & 0 \\ -s_1 & c_1 & 0 & -d_2 \\ c_1 s_2 & s_1 s_2 & c_2 & 0 \\ 0 & 0 & 0 & 1 \end{pmatrix} \begin{pmatrix} n_x & o_x & a_x & p_x \\ n_y & o_y & a_y & p_y \\ n_z & o_z & a_z & p_z \\ 0 & 0 & 0 & 1 \end{pmatrix} = \begin{pmatrix} f_{21}(n) & f_{21}(o) & f_{21}(a) & f_{21}(p) \\ f_{22}(n) & f_{22}(o) & f_{22}(a) & f_{22}(p) \\ f_{23}(n) & f_{23}(o) & f_{23}(a) & f_{23}(p) \\ 0 & 0 & 0 & 1 \end{pmatrix} \end{aligned}$$

$$\tag{3-33}$$

式中，f_{ij} 为缩写，具体为

$$
\begin{cases}
f_{21}(i) = c_2(c_1 i_x + s_1 i_y) - s_2 i_z \\
f_{22}(i) = -s_1 i_x + c_1 i_y \qquad (i\ \text{取}\ n,\ o,\ a) \\
f_{23}(i) = s_2(c_1 i_x + s_1 i_y) + c_2 i_z
\end{cases}
\tag{3-34}
$$

而

$$
\begin{cases}
f_{21}(p) = c_2(c_1 p_x + s_1 p_y) - s_2 p_z \\
f_{22}(p) = -s_1 p_x + c_1 p_y - d_2 \\
f_{23}(p) = s_2(c_1 p_x + s_1 p_y) + c_2 p_z
\end{cases}
\tag{3-35}
$$

式(3-32)右端矩阵表达式为

$$
\boldsymbol{T}_6^2 =
\begin{pmatrix}
c_4 c_5 c_6 - s_4 s_6 & -c_4 c_5 s_6 - s_4 c_6 & c_4 s_5 & H c_4 s_5 \\
s_4 c_5 c_6 + c_4 s_6 & -s_4 c_5 s_6 + c_4 c_6 & s_4 s_5 & H s_4 s_5 \\
-s_5 c_6 & s_5 s_6 & c_5 & H c_5 + d_3 \\
0 & 0 & 0 & 1
\end{pmatrix}
\tag{3-36}
$$

对照式(3-32)的左右两端表达式，即式(3-33)和式(3-36)，可得出

$$
\frac{f_{21}(p)}{f_{21}(a)} = \frac{H c_4 s_5}{c_4 s_5} = H \quad (H\ \text{为已知常量})
\tag{3-37}
$$

再由式(3-34)、式(3-35)，式(3-37)变为

$$
\frac{c_2(c_1 p_x + s_1 p_y) - s_2 p_z}{c_2(c_1 a_x + s_1 a_y) - s_2 a_z} = H
\tag{3-38}
$$

则推得

$$
\tan\theta_2 = \frac{\sin\theta_2}{\cos\theta_2} = \frac{c_1 p_x + s_1 p_y - H c_1 a_x - H s_1 a_y}{p_z - H a_z}
\tag{3-39}
$$

可求得

$$
\theta_2 = \arctan\frac{c_1(p_x - H a_x) + s_1(p_y - H a_y)}{p_z - H a_z}
\tag{3-40}
$$

因为 θ_1 对应两个解，所以 θ_2 也对应两个解。

（3）求 d_3　由式(3-33)、式(3-36)的第 3 行第 3 列及第 3 行第 4 列对应元素相等，得

$$
\begin{cases}
f_{23}(a) = s_2(c_1 a_x + s_1 a_y) + c_2 a_z = c_5 \\
f_{23}(p) = s_2(c_1 p_x + s_1 p_y) + c_2 p_z = H c_5 + d_3
\end{cases}
\tag{3-41}
$$

由式(3-41)得到

$$
f_{23}(p) - H f_{23}(a) = d_3
\tag{3-42}
$$

解得

$$
d_3 = s_2\left[c_1(p_x - H a_x) + s_1(p_y - H a_y)\right] + c_2(p_z - H a_z)
\tag{3-43}
$$

要求 $d_3 > 0$，这样有可能会限制 θ_1、θ_2 的取值。

（4）求 θ_4　由式(3-33)、式(3-36)的第 2 行第 4 列及第 1 行第 4 列对应元素相等，可得

$$
\frac{f_{22}(p)}{f_{21}(p)} = \frac{H s_4 s_5}{H c_4 s_5} = \tan\theta_4
\tag{3-44}
$$

再依式(3-35)，式(3-44)变为

$$\tan\theta_4 = \frac{-s_1 p_x + c_1 p_y - d_2}{c_2(c_1 p_x + s_1 p_y) - s_2 p_z} \tag{3-45}$$

因此可求得

$$\theta_4 = \arctan\frac{-s_1 p_x + c_1 p_y - d_2}{c_2(c_1 p_x + s_1 p_y) - s_2 p_z} \tag{3-46}$$

或者由式(3-33)、式(3-36)的第2行第3列及第1行第3列对应元素相等，可得

$$\frac{f_{22}(a)}{f_{21}(a)} = \tan\theta_4 \tag{3-47}$$

解得

$$\theta_4 = \arctan\frac{-s_1 a_x + c_1 a_y}{c_2(c_1 a_x + s_1 a_y) - s_2 a_z} \tag{3-48}$$

虽然式(3-46)与式(3-48)的表达式不同，但可以推得两者是等同的。

(5) 求 θ_5 由式(3-33)、式(3-36)的第2行第3列及第3行第3列对应元素相等，可得

$$\frac{f_{22}(a)}{f_{23}(a)} = s_4 \tan\theta_5 \tag{3-49}$$

即得

$$\tan\theta_5 = \frac{-s_1 a_x + c_1 a_y}{s_4[s_2(c_1 a_x + s_1 a_y) + c_2 a_z]} \tag{3-50}$$

可求得

$$\theta_5 = \arctan\frac{-s_1 a_x + c_1 a_y}{s_4[s_2(c_1 a_x + s_1 a_y) + c_2 a_z]} \tag{3-51}$$

或者由式(3-33)、式(3-36)的第1行第3列及第3行第3列对应元素相等，可得

$$\frac{f_{21}(a)}{f_{23}(a)} = c_4 \tan\theta_5 \tag{3-52}$$

即得

$$\tan\theta_5 = \frac{c_2(c_1 a_x + s_1 a_y) - s_2 a_z}{c_4[s_2(c_1 a_x + s_1 a_y) + c_2 a_z]} \tag{3-53}$$

可求得

$$\theta_5 = \arctan\frac{c_2(c_1 a_x + s_1 a_y) - s_2 a_z}{c_4[s_2(c_1 a_x + s_1 a_y) + c_2 a_z]} \tag{3-54}$$

同样可推得式(3-51)与式(3-54)是等同的。

(6) 求 θ_6 由式(3-33)、式(3-36)的第3行第2列及第3行第1列对应元素相等，可得

$$-\frac{f_{23}(o)}{f_{23}(n)} = -\frac{s_5 s_6}{-s_5 c_6} = \tan\theta_6 \tag{3-55}$$

即得

$$\tan\theta_6 = -\frac{s_2(c_1 o_x + s_1 o_y) + c_2 o_z}{s_2(c_1 n_x + s_1 n_y) + c_2 n_z} \tag{3-56}$$

可求得

$$\theta_6 = \arctan\left[-\frac{s_2(c_1 o_x + s_1 o_y) + c_2 o_z}{s_2(c_1 n_x + s_1 n_y) + c_2 n_z}\right] \tag{3-57}$$

至此求得了所有关节变量值。

3.4.3 机器人的逆运动学编程

对于求解机器人的逆运动学问题,通常不直接采用正运动学方程来解决,这是由于计算正运动学方程的逆或将值代入正运动学方程,并用高斯消去这样的方法来求解关节变量时,将会使计算机花费大量的时间。

事实上,求解机器人逆解通常采用的方法是:设计者先计算逆解,推导得出 n 个关节值的计算方程,计算机利用这些方程进行编程运算,来驱动关节使机器人到达期望的位置。

为使机器人按预定的轨迹运动,在 1s 内必须多次反复计算关节变量。如图 3-8 所示,要求机器人在 A、B 两点间做直线运动。为确保机器人实现该直线运动,须把 AB 路径分成若干小段,使机器人依次按照分好的小段路径进行运动。因此,对于每一小段路径都必须计算新的运动学逆解。通常每秒要对位置反复计算 50~200 次,也就是说,如果计算逆解耗时超过 20ms,则机器人将丢失精度或不能按照指定的路径运动。换句话说,计算新解的时间越短,机器人的运动就越精确。故而必须尽量减少不必要的计算,以使计算机控制器能做更多的逆解运算,因此,设计者须事先计算逆解推导出关节角计算方程,而计算机只需直接利用这些方程去计算终解即可。

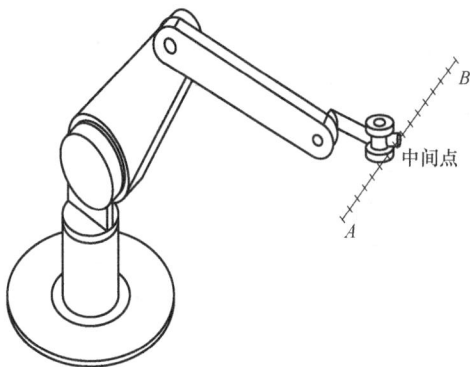

图 3-8 分段路径运动

例如,对于 3.3.2 节所讨论的斯坦福机器人,已知期望的位姿矩阵为

$$\boldsymbol{T}_6 = \begin{pmatrix} n_x & o_x & a_x & p_x \\ n_y & o_y & a_y & p_y \\ n_z & o_z & a_z & p_z \\ 0 & 0 & 0 & 1 \end{pmatrix}$$

为了计算未知角度,控制器需要用到的逆解计算方程为

$$
\begin{cases}
\theta_1 = \arctan\dfrac{p_y - Ha_y}{p_x - Ha_x} \mp \arctan\dfrac{d_2}{\sqrt{(p_x - Ha_x)^2 + (p_y - Ha_y)^2 - d_2^2}} \\[3mm]
\theta_2 = \arctan\dfrac{c_1(p_x - Ha_x) + s_1(p_y - Ha_y)}{p_z - Ha_z} \\[3mm]
d_3 = s_2[c_1(p_x - Ha_x) + s_1(p_y - Ha_y)] + c_2(p_z - Ha_z) \\[3mm]
\theta_4 = \arctan\dfrac{-s_1 p_x + c_1 p_y - d_2}{c_2(c_1 p_x + s_1 p_y) - s_2 p_z} \ \text{或}\ \theta_4 = \arctan\dfrac{-s_1 a_x + c_1 a_y}{c_2(c_1 a_x + s_1 a_y) - s_2 a_z} \\[3mm]
\theta_5 = \arctan\dfrac{-s_1 a_x + c_1 a_y}{s_4[s_2(c_1 a_x + s_1 a_y) + c_2 a_z]} \ \text{或}\ \theta_5 = \arctan\dfrac{c_2(c_1 a_x + s_1 a_y) - s_2 a_z}{c_4[s_2(c_1 a_x + s_1 a_y) + c_2 a_z]} \\[3mm]
\theta_6 = \arctan\left[-\dfrac{s_2(c_1 o_x + s_1 o_y) + c_2 o_z}{s_2(c_1 n_x + s_1 n_y) + c_2 n_z}\right]
\end{cases}
\tag{3-58}
$$

虽然上述这些计算也并不简单，但由于所有的运算都是简单的算术运算和三角运算，因此用这些方程来计算角度要比对矩阵求逆或使用高斯消去法计算快得多。

3.4.4 机器人的退化

当机器人失去 1 个或更多自由度而不能按照期望的状态运动时，称机器人发生了退化。

两种状况下机器人会发生退化：一种情况是机器人关节达到其物理极限而无法完成某方向运动；另一种情况是两个相似关节 z 轴共线而导致机器人无法控制运动。详述如下：

1) 机器人关节达到其物理极限，即机器人臂全部伸展开或全部折回时，其手部处于机器人工作空间的边界上或边界附近，此时机器人不能沿其他方向运动，仅能沿着与臂垂直的方向运动，产生了自由度的退化。此刻也称机器人处于边界奇异形位。

2) 若两个相似关节的 z 轴变为共线时，机器人可能会在其工作空间内部变为退化状态。此时无论这两个关节哪一个运动，机器人的手部都将产生同样的运动。图 3-9 所示为一个处于垂直状态的机器人，此时关节 1 和关节 6 轴共线，此刻无论这两个关节哪一个转动，机器人手部都做同样的转动，机器人失去 1 个自由度，处于退化状态。这种状况下，指令控制器需采取紧急处理，否则机器人将停止运动。此刻也称机器人处于内部奇异形位。

无论哪种退化状况，机器人可用的自由度总数都少于关节数，使得机器人方程无解。

3.4.5 D-H 表示法的基本问题

虽然 D-H 表示法是机器人运动学建模及分析的标准方法，但其存在技术缺陷。这是因为相邻杆件坐标系的位姿变换均是

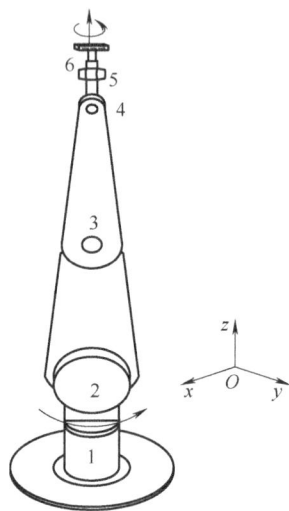

图 3-9 垂直状态机器人

关于 x 和 z 轴的变换，例如绕 z_{i-1} 旋转 θ_i，或沿 x_i 移动 a_i，没有关于 y 轴的运动变换。这就导致实际应用中 D-H 方法可能不适用。例如本应平行的两个关节轴若安装时产生偏差，造成两轴存在小的夹角，那么在其他杆件参数不变的情况下，就可能需要有沿 y 轴的运动变换才能得到相邻杆件坐标系的精确位姿关系，此种状况下 D-H 方法是不适用的。这种加工、安装误差在所有机器人制造过程中都会存在，该误差很难用 D-H 法建模来消除，很多研究者试图通过改进 D-H 表示法来解决这个问题。

3.5 驱动器空间、关节空间和笛卡儿空间

对于一个具有 n 个自由度的操作臂来说，它的所有连杆位置可由一组 n 个关节变量加以确定。这样的一组变量常被称为 $n×1$ 的关节矢量。所有的关节矢量组成的空间称为关节空间。至此，人们关心的是如何将已知的关节空间描述转化为笛卡儿空间的描述。当位置是在空间相互正交的轴上测量，且姿态是按照第 2 章中的任何一种规定测量时，称这个空间为笛卡儿空间，有时也称为任务空间和操作空间。

到目前为止，人们一直假设每个运动关节都是由某种驱动器驱动的。然而，对于许多工

业机器人并非如此。例如，麦克纳姆轮小车是用多个驱动器以差动的方式驱动一个关节，并联机构作为机器人的关节模块是直线驱动器通过连杆机构来驱动旋转和移动关节的，还有很多像这样的驱动方式，在这些情况下，就需要考虑驱动器位置。由于测量机器人运动关节位置的传感器常常安装在驱动器上，因此进行某些计算时必须把关节矢量表示成一组驱动器函数，即驱动器矢量。

如图 3-10 所示，一个机器人的位姿描述有三种表示方法：驱动器空间描述、关节空间描述和笛卡儿空间描述。对于大多数机器人而言，其结构普遍是串联关节，关节运动直接由驱动器驱动，所以在下文建立的机器人运动学正、逆方程，是关节空间和笛卡儿空间的相互转化。但是对于驱动器位置和关节位置不重合的模块，必须进行驱动器空间和关节空间的相互转化才可以建立完整的运动学方程。在 3.5.1 节中，将以西北工业大学智能移动采摘机器人为对象来求解相关问题。

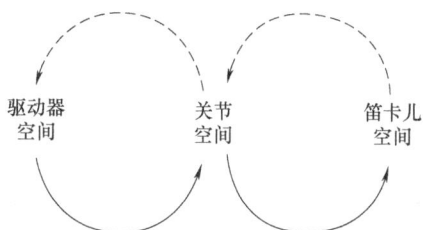

图 3-10 不同空间之间的映射

在西北工业大学智能移动采摘机器人模型的建立中，小车和并联机构都是通过电动机驱动的，而在计算中只是将其等效为移动关节和转动关节。其中，麦克纳姆轮（Mecanum Wheel）的驱动器是以差动的方式来驱动的，而并联机构是电动机驱动三根连杆使动平台移动和转动的。在这种情况下，就需要考虑将其转换到驱动器空间。

例如，图 3-11a 所示为西北工业大学自主设计的采摘机器人，它采用了常见的金属舵机，内置了闭环控制，精度高。机器人自身结合机械设计、3D 打印、电力设计等专业知识，是一套低成本、高性能的仿人形机器人。机器人手臂尺寸长度完全按照正常人的比例设计，右手臂有 5 个自由度，左手臂有 11 个自由度，左臂末端的 5 个手指，每个手指头采用线牵引，由舵机进行控制，可像人体一样灵活地进行物体抓取。右手臂经过改造，末端为机械爪，以便采摘水果，如图 3-11b 所示。在头部安置了双目摄像机，目的是识别水果并进行定位。将机器人整体安装在麦克纳姆轮小车上，代替机器人双腿行走，以便更精确地抓取到目标——苹果。图 3-12 所示为机器人硬件组成结构图。

a)　　　　　　　　　　b)

图 3-11 采摘机器人（扫码见彩图）

3-3 采摘机器人平台

图 3-11 彩图

双目系统

头部抬、低 —— 头部系统
—— 头部摇摆
肩部前后移动
肩部侧抬
大臂
肘部 —— 左臂系统
右臂系统
小臂
手爪
—— 并联机构

脚部旋转
移动平台

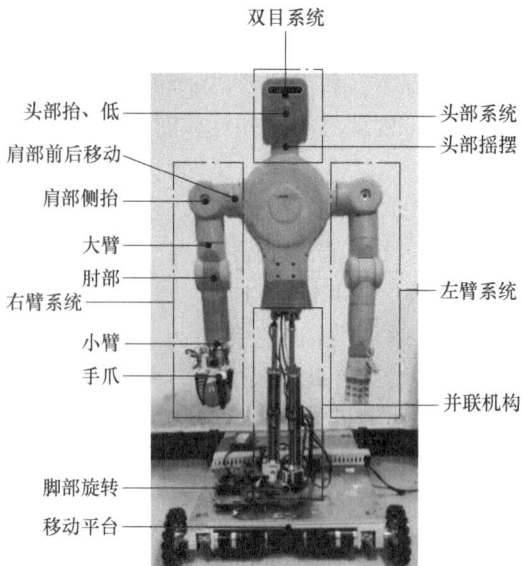

图 3-12 彩图   图 3-12   机器人硬件组成结构图（扫码见彩图）

3.5.1 智能移动小车关节空间与驱动器空间之间的转换

1. 智能移动小车介绍

轮式移动机器人主要分为两轮差速模型和全向模型两种。相对于两轮差速移动机器人，全向移动机器人运动控制更方便，横向误差调整更迅速。移动机器人使用全向轮作为驱动轮，可以在不改变姿态的前提下，实现各个方向的运动。相对于传统的轮式运动机构，横向移动带来了更小的工作空间需求和更方便的横向调整方式。

全向轮作为机器人直接接触地面的部分，关乎整个机器人的运动精度、灵活性及可靠性。麦克纳姆轮（Mecanum Wheel）是瑞典 Mecanum AB 公司的工程师 Bengt Ilon 在 1973 年设计的，是最常用也最典型的一种全向轮，现在使用的麦克纳姆轮都是在其基础上进行改进后的产品。如图 3-13 所示，麦克纳姆轮的中间是支承机构，外圈均匀分布一圈与麦克纳姆轮轴线呈 45°夹角均匀分布、可以被动运动的小辊子，小辊子外部轮廓拟合成一个圆周，并与地面相接触。在非主动运动方向上，小辊子可以绕自身的轴线自由转动，实现机器人的全向移动。被动小辊子的自由转动为单个麦克纳姆轮提供相互独立的 3 个自由度。基于麦克纳姆轮的全向移动机器人通常由 4 个分左右旋的麦克纳姆轮组成，这种全向移动机器人运动灵活，同时运动控制也较为方便简单，易于实现。在拥挤和狭窄的工作环境下，使用麦克纳姆轮的全向移动机器人可以灵活运动。麦克纳姆轮是目前应用于全向移动机器人最广泛、最成熟的全向轮。相较于其他类型的全向轮，它主要有以下特点：①负载能力好；②运动控制简单，控制系统易于实现；③轮组机构设计简单，轮组有一定宽度，运动时较为平稳。

图 3-13   麦克纳姆轮

驱动单元为整个机器人平台的工作提供动力。驱动单元主要包括电动机、编码器、驱动器等。麦克纳姆轮的外圆并不是一个完整的圆形轮廓，在工作过程中，会有周期性的振动，而减振悬挂单元的设计目的就是减少麦克纳姆轮在运行工作中的固有振动。一般来说，一台智能移动机器人需要的硬件系统除了以上两个单元和整体车架外，还需要有底层控制器、上位器、激光雷达、超声波传感器、动力单元驱动器等部分，因此在设计整个机器人平台时，需要统筹考虑。考虑到机器人后期的拆装和维护，在设计时需要进行模块化设计。智能移动小车硬件系统主要分为驱动单元、减振悬挂单元、车架整体结构等机械部分和底层控制等部分。为了后期拆装和维护方便，对驱动单元进行了模块化设计。由于电动机和减速器等选择的型号都是直插式，因此设计了直插式的组装方式，驱动单元的设计如图 3-14 所示。在图 3-14 所示的设计中，驱动单元通过固定座固定在减振单元上，对整个机器人平台进行减振。

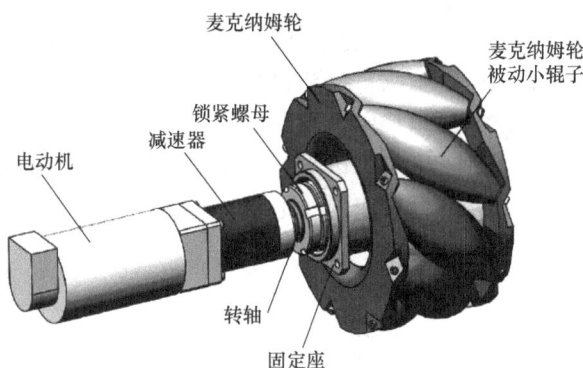

图 3-14　驱动单元的设计

对于单个麦克纳姆轮，轮毂由电动机驱动，辊子在滚动摩擦力作用下被动旋转。辊子绕车轮轴线旋转的同时也能绕自身轴线转动，与地面接触的辊子决定了车轮的运动，辊子的合速度受轮毂速度的影响，因此改变轮毂的速度，即可改变辊子的速度大小和方向。当麦克纳姆轮被电动机带动而转动时，车轮以正常方式沿着驱动轴的垂线方向前进，同时麦克纳姆轮周边的辊子分别绕着它们轴线自主转动。周边这些有一定偏角的辊子，包围形成圆柱面，一部分的机轮通过形成一定偏角的轮轴把转向力转化为一个轮子的法向力。凭借各个轮子的速度与方向，在任何要求的方向上这些力的最终叠加形成一个合力矢量，从而在合力矢量的最终方向上使这个平台能自由运动，但不影响轮子的固有方向，并根据麦克纳姆轮的运动特性，移动平台完成了前移、后移、左移、右移、斜移、自转等运动模式。在移动车体上装载的 4 个麦克纳姆轮是分别由 4 个电动机驱动完成的，因此各自的旋转方向是可以任意实现的，平台整体上相异的运动特性实现了不同的转速和转向，小辊子的母线可以使轮子绕着固有的轮轴转动时，小辊子相互包络形成圆柱面，从而使轮子可以保持沿同一方向滚动。图 3-15 所示为在不同运动状态下，麦克纳姆轮组合的平台移动方向示意图，图中辊子的斜线表示为触地时辊子的轴线方向。

2. 智能移动小车运动学模型

为了便于建模，根据实际情况，假设小车是刚体，不考虑形变的情况，其在平坦规则的表面运动，与工作表面有足够的摩擦力，轮体不出现打滑现象，同时 4 个全向轮正常运转。4 个麦克纳姆轮在平面上两两镜像组合就可具有三种转动方式：①转动绕于轮子轴心；②转

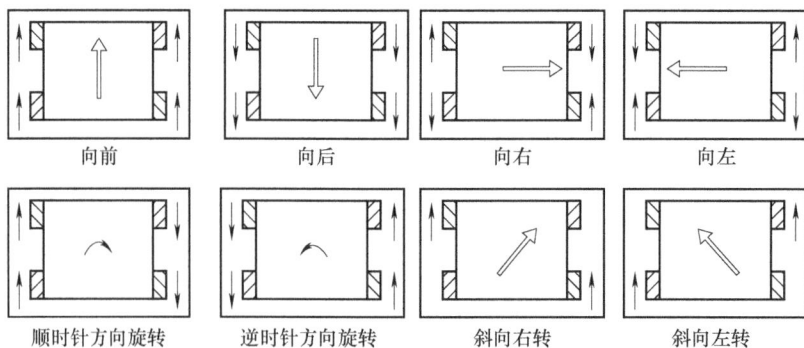

图 3-15　全向轮不同运动组合平台下运动方向示意图

动绕于辊子轴心；③转动绕于轮地接触点。每个全向轮都通过减速器由一台直流电动机独立驱动，移动平台的移动方向和速度就是组合麦克纳姆轮最终合成的速度。4 个全向轮安装在底盘四角，两两镜像对称，在平面上通过合理控制改变各轮转速可以完成移动平台的全向运动。

　　为了对全向移动机器人进行运动控制，需要对其进行运动模型分析，建立正、逆运动学模型。首先建立移动小车的运动学模型，以车架和轮子整体布局为依据，建立图 3-16a 所示的坐标系统。其中，坐标原点在移动小车的中心，x 轴垂直向上，y 轴水平向左，逆时针方向为旋转正向。

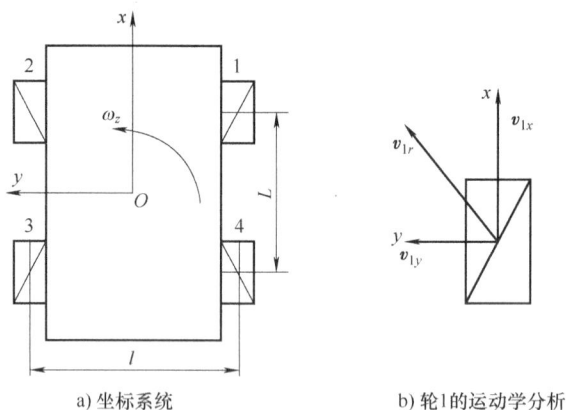

a) 坐标系统　　　　　　　b) 轮1的运动学分析

图 3-16　全向运动学分析

　　在 xOy 平面内，第二象限内的轮子为轮 1，沿逆时针方向标记轮 2 到轮 4，每个轮子的角速度分别为 ω_1、ω_2、ω_3、ω_4，线速度为 v_1、v_2、v_3、v_4，移动机器人的轴间距为 L，轮间距为 l，麦克纳姆轮的半径为 R，机器人速度为 v_x、v_y 和 ω_z。由 $v_i = \omega_i R$ 可以算出轮子的特性，其中 v_{ir} 是轮心与小辊子中心的相对速度；对机器人进行整体考虑，可以解出每个轮子与机器人速度的关系，求出每个轮子的 v_{ix} 和 v_{iy}，以图 3-16a 中轮 1 为例，可以得到

$$\begin{cases} v_{1x} = v_1 + v_{1r} \\ v_{1y} = -v_{1r} \\ v_{1x} = v_x + \omega_z L/2 \\ v_{1y} = v_y + \omega_z l/2 \end{cases} \tag{3-59}$$

因此，当单独考虑每个轮子时，可以得到方程组

$$\begin{cases} v_{1x}=v_1+v_{1r}, \ v_{1y}=-v_{1r} \\ v_{2x}=v_2+v_{2r}, \ v_{2y}=+v_{2r} \\ v_{3x}=v_3+v_{3r}, \ v_{3y}=-v_{3r} \\ v_{4x}=v_4+v_{4r}, \ v_{4y}=+v_{4r} \end{cases} \quad (3\text{-}60)$$

整体考虑时，可以解出每个轮子与车体速度的关系，求出每个轮子的 v_{ix} 和 v_{iy}，有

$$\begin{cases} v_{1x}=v_x+\omega_z L/2, \ v_{1y}=v_y+\omega_z l/2 \\ v_{2x}=v_x-\omega_z L/2, \ v_{2y}=v_y+\omega_z l/2 \\ v_{3x}=v_x-\omega_z L/2, \ v_{3y}=v_y+\omega_z l/2 \\ v_{4x}=v_x+\omega_z L/2, \ v_{4y}=v_y+\omega_z l/2 \end{cases} \quad (3\text{-}61)$$

整理可以得到机器人正、逆运动学方程

$$\begin{cases} v_x=(\omega_1+\omega_2+\omega_3+\omega_4)R/4 \\ v_y=(\omega_1-\omega_2+\omega_3-\omega_4)R/4 \\ \omega_z=\dfrac{R}{2(L+l)}(\omega_1+\omega_2+\omega_3+\omega_4) \end{cases} \quad \begin{pmatrix} v_x \\ v_y \\ \omega_z \end{pmatrix}=\begin{pmatrix} \dot{d}_x \\ \dot{d}_y \\ \dot{\theta}_z \end{pmatrix} \quad (3\text{-}62)$$

式中，d_x 和 d_y 分别表示沿着 x 轴和 y 轴移动的距离；θ_z 代表小车绕小车中心旋转的角度。即

$$\begin{pmatrix} v_x \\ v_y \\ \omega_z \end{pmatrix}=\frac{R}{4}\begin{pmatrix} 1 & 1 & 1 & 1 \\ 1 & -1 & 1 & -1 \\ \dfrac{2}{L+l} & \dfrac{2}{L+l} & \dfrac{2}{L+l} & \dfrac{2}{L+l} \end{pmatrix}\begin{pmatrix} \omega_1 \\ \omega_2 \\ \omega_3 \\ \omega_4 \end{pmatrix} \quad (3\text{-}63)$$

$$\begin{cases} \omega_1=\dfrac{v_x+v_y}{R}+\dfrac{L+l}{2R}\omega_z \\ \omega_2=\dfrac{v_x-v_y}{R}-\dfrac{L+l}{2R}\omega_z \\ \omega_3=\dfrac{v_x+v_y}{R}-\dfrac{L+l}{2R}\omega_z \\ \omega_4=\dfrac{v_x-v_y}{R}+\dfrac{L+l}{2R}\omega_z \end{cases} \Rightarrow \begin{pmatrix} \omega_1 \\ \omega_2 \\ \omega_3 \\ \omega_4 \end{pmatrix}=\frac{1}{R}\begin{pmatrix} 1 & 1 & \dfrac{L+l}{2} \\ 1 & -1 & -\dfrac{L+l}{2} \\ 1 & 1 & -\dfrac{L+l}{2} \\ 1 & -1 & \dfrac{L+l}{2} \end{pmatrix}\begin{pmatrix} v_x \\ v_y \\ \omega_z \end{pmatrix} \quad (3\text{-}64)$$

全向移动小车采摘机器人在摘取苹果的过程中，通过进行运动学的分析运算，得到了移动小车横向、纵向所需移动距离和小车绕自身旋转的角度。而在小车模型的建立中，只需应用到其逆运动学，将所得的 d_x、d_y 和 θ_z 微分便可求得 v_x、v_y 和 ω_z，故根据该模型，便可变换到移动小车的驱动器空间，即得到 ω_1、ω_2、ω_3 和 ω_4 的值。

3.5.2 并联机构(腰部关节)驱动器空间与关节空间的转换

1. 并联机器人的简介及其特点

并联机器人是机器人研究领域的重要分支，可以定义为动平台和定平台至少通过两个独立的运动链相连接，机构具有 2 个或 2 个以上的自由度，且以并联方式驱动的一种闭环结构。

并联机器人具有以下特点：

1）承载能力强，结构刚度高，负载/自重比率大。相比串联机器人，负载由几个并联的支链分别承担，在准静态的情况下，传动构件只承受拉力和压力，因此传动机构的单位重量具有很高的负载能力。

2）响应速度快。运动部件惯性大幅度降低，从而有效地改善了伺服控制器的动态品质，允许动平台获得相对较高的速度和加速度。

3）无累积误差，精度高。串联结构的误差是传动链误差的代数和，而并联机构不同，动平台的运动误差是矢量和。

4）环境适应能力强，便于进行重组和模块化设计。可以和其他构型的机械结构自由组合构成自由度更高、性能更优的模块，适用于机械加工、人形机器人等领域。

5）位置反解容易计算，可更好地应用于机器人在线实时计算。

采摘机器人的腰部关节是 3-RPS 式并联机构，其中，R 是定平台上的转动副；P 是连接上下两个平台的移动副，也是整个平台的驱动副；S 是固定在动平台上的球铰。将 3-RPS 并联模块安装在小车和人形机器人之间，作为机器人的腰部模块，平台的运动使得机器人上半身可以完成弯腰、侧腰、伸长等动作，从而达到更宽阔的操作空间。

2. 3-RPS 并联机构关节空间转换到驱动器空间

在机器人实际运作中，并联机构作为整体机器人的一部分，通过连杆驱动使得动平台绕 x 轴转 γ 角，绕 y 轴转 β 角，沿 z 轴移动 z 个单位长度，其在机器人整体关节空间中起到转动关节和移动关节的作用（这三个变量分别对应智能机器人逆运动学中的 θ_6、θ_7 和 h_z）。在机器人运动学逆向建模时，要把关节空间变量转换到驱动器空间。通过测量和计算得到并联机构的关节空间矩阵为

$$T = \begin{pmatrix} n_x & o_x & a_x & p_x \\ n_y & o_y & a_y & p_y \\ n_z & o_z & a_z & p_z \\ 0 & 0 & 0 & 1 \end{pmatrix} \tag{3-65}$$

式中

$$\begin{cases} n_x = c\beta \\ n_y = 0 \\ n_z = -s\beta \\ o_x = s\beta s\gamma \\ o_y = c\gamma \\ o_z = c\beta s\gamma \\ a_x = s\beta c\gamma \\ a_y = -s\gamma \\ a_z = c\beta c\gamma \\ p_x = p_y = 0 \\ p_z = z \end{cases}$$

对于下层 3-RPS 并联机构（定平台），如图 3-17 所示，建立固定坐标系 $Oxyz$，正三角形中心为原点 O，$\overrightarrow{OA_1}$ 方向为 x 轴正向，垂直于 x 轴的一个方向为 y 轴正向，利用右手法则确

定 z 轴正向。定平台外接圆半径为 R，其上三个转动副轴线分别沿着正三角形切线方向。所以定平台三个顶点的坐标分别为

$$\begin{cases} \boldsymbol{A}_1 = (R \quad 0 \quad 0)^{\mathrm{T}} \\ \boldsymbol{A}_2 = \left(-\dfrac{1}{2}R \quad \dfrac{\sqrt{3}}{2}R \quad 0\right)^{\mathrm{T}} \\ \boldsymbol{A}_3 = \left(-\dfrac{1}{2}R \quad -\dfrac{\sqrt{3}}{2}R \quad 0\right)^{\mathrm{T}} \end{cases} \tag{3-66}$$

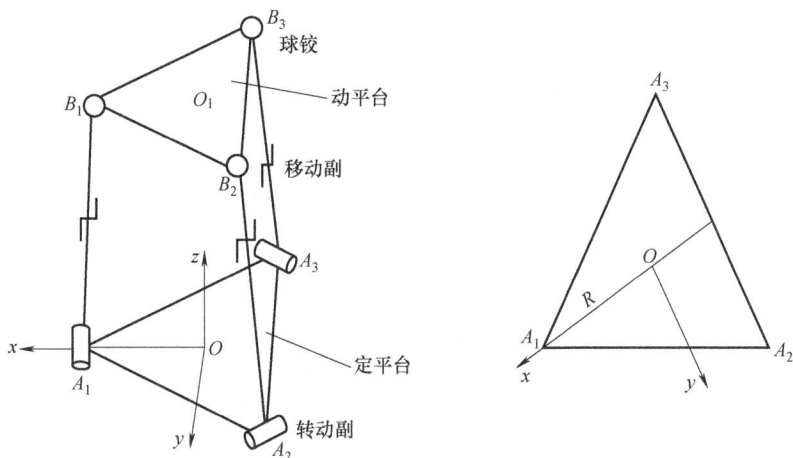

图 3-17 并联机构

同理，对于上层 3-RPS 并联机构（动平台），动平台外接圆半径为 R_1，建立坐标系 $O_1 x_1 y_1 z_1$，以与固定坐标系一样的规则建立坐标系，那么动平台三个顶点在 $O_1 x_1 y_1 z_1$ 中的坐标为

$$\begin{cases} \boldsymbol{B}_1' = (R_1 \quad 0 \quad 0)^{\mathrm{T}} \\ \boldsymbol{B}_2' = \left(-\dfrac{1}{2}R_1 \quad \dfrac{\sqrt{3}}{2}R_1 \quad 0\right)^{\mathrm{T}} \\ \boldsymbol{B}_3' = \left(-\dfrac{1}{2}R_1 \quad -\dfrac{\sqrt{3}}{2}R_1 \quad 0\right)^{\mathrm{T}} \end{cases} \tag{3-67}$$

$$\boldsymbol{T} = \begin{pmatrix} n_x & o_x & a_x & p_x \\ n_y & o_y & a_y & p_y \\ n_z & o_z & a_z & p_z \\ 0 & 0 & 0 & 1 \end{pmatrix} \tag{3-68}$$

为了方便理解和计算动平台顶点在固定坐标系中的坐标，将关节空间矩阵拆分为位置和姿态两个矩阵，有

$$\boldsymbol{p} = (p_x \quad p_y \quad p_z)^{\mathrm{T}} \tag{3-69}$$

$$\boldsymbol{T}' = \begin{pmatrix} n_x & o_x & a_x \\ n_y & o_y & a_y \\ n_z & o_z & a_z \end{pmatrix} \tag{3-70}$$

因此，动平台顶点在固定坐标系 $Oxyz$ 中的坐标为

$$B_i = T'B_i' + p \ (i=1,\ 2,\ 3) \tag{3-71}$$

将式（3-67）、式（3-69）、式（3-70）代入式（3-71），可得

$$\begin{cases} B_1 = (R_1 n_x + p_x \quad R_1 n_y + p_y \quad R_1 n_z + p_z)^{\mathrm{T}} \\ B_2 = \left(-\dfrac{1}{2} R_1 n_x + \dfrac{\sqrt{3}}{2} R_1 o_x + p_x \quad -\dfrac{1}{2} R_1 n_y + \dfrac{\sqrt{3}}{2} R_1 o_y + p_y \quad -\dfrac{1}{2} R_1 n_z + \dfrac{\sqrt{3}}{2} R_1 o_z + p_z \right)^{\mathrm{T}} \\ B_3 = \left(-\dfrac{1}{2} R_1 n_x - \dfrac{\sqrt{3}}{2} R_1 o_x + p_x \quad -\dfrac{1}{2} R_1 n_y - \dfrac{\sqrt{3}}{2} R_1 o_y + p_y \quad -\dfrac{1}{2} R_1 n_z - \dfrac{\sqrt{3}}{2} R_1 o_z + p_z \right)^{\mathrm{T}} \end{cases} \tag{3-72}$$

那么根据 3-RPS 机构的几何关系可以得到三个驱动副的通解为

$$l_i = (A_i - B_i)(A_i - B_i)^{\mathrm{T}} \tag{3-73}$$

将式（3-66）、式（3-72）代入式（3-73），得到通解公式为

$$\begin{cases} l_1^2 = (R - R_1 n_x - p_x)^2 + (R_1 n_y + p_y)^2 + (R_1 n_z + p_z)^2 \\ l_2^2 = \left(-\dfrac{1}{2} R + \dfrac{1}{2} R_1 n_x - \dfrac{\sqrt{3}}{2} R_1 o_x - p_x \right)^2 + \left(\dfrac{\sqrt{3}}{2} R + \dfrac{1}{2} R_1 n_y - \dfrac{\sqrt{3}}{2} R_1 o_y - p_y \right)^2 + \\ \qquad \left(+\dfrac{1}{2} R_1 n_z - \dfrac{\sqrt{3}}{2} R_1 o_z - p_z \right)^2 \\ l_3^2 = \left(-\dfrac{1}{2} R + \dfrac{1}{2} R_1 n_x + \dfrac{\sqrt{3}}{2} R_1 o_x - p_x \right)^2 + \left(-\dfrac{\sqrt{3}}{2} R + \dfrac{1}{2} R_1 n_y + \dfrac{\sqrt{3}}{2} R_1 o_y - p_y \right)^2 + \\ \qquad \left(+\dfrac{1}{2} R_1 n_z + \dfrac{\sqrt{3}}{2} R_1 o_z - p_z \right)^2 \end{cases} \tag{3-74}$$

这样就实现了并联机构关节空间到驱动器空间的转换。

3. 3-RPS 并联机构驱动器空间转换到关节空间（运动学正分析）

在机器人控制与整体分析中，不需要将并联机构的驱动器空间转换到关节空间，但并联机构的运动学正分析有助于人们更好地、更广泛地应用机构。因此，人们对其进行了运动学分析。

根据上述已经建立好的坐标系，平台上三个转动副轴线方向分别沿正三角形的切线方向，设其与 x 轴夹角分别为 θ_1、θ_2、θ_3，假设各个移动副对下平台的倾斜角分别为 φ_1、φ_2、φ_3。由几何关系可知上平台三个球铰中心在固定坐标系 $Oxyz$ 中的坐标分别为

$$\begin{cases} x_{B_i} = x_{A_i} - l_i \cos\varphi_i \cos(\theta_i - 90°) \\ y_{B_i} = y_{A_i} + l_i \cos\varphi_i \sin(\theta_i - 90°) \quad (i=1,\ 2,\ 3) \\ z_{B_i} = l_i \sin\varphi_i \end{cases} \tag{3-75}$$

式中，$\theta_1 = 90°$；$\theta_2 = 210°$；$\theta_3 = 330°$；l_i 是各个驱动副的长度。将式（3-66）代入式（3-75），可得

$$\begin{cases} B_1 = (R - l_1 \cos\varphi_1 \quad 0 \quad l_1 \sin\varphi_1)^{\mathrm{T}} \\ B_2 = \left(-\dfrac{1}{2}(R - l_2 \cos\varphi_2) \quad \dfrac{\sqrt{3}}{2}(R + l_2 \cos\varphi_2) \quad l_2 \sin\varphi_2 \right)^{\mathrm{T}} \\ B_3 = \left(-\dfrac{1}{2}(R - l_3 \cos\varphi_3) \quad -\dfrac{\sqrt{3}}{2}(R + l_3 \cos\varphi_3) \quad l_3 \sin\varphi_3 \right)^{\mathrm{T}} \end{cases} \tag{3-76}$$

由于已经设动平台的外接圆半径为 R_1，因此动平台边长为 $\sqrt{3} R_1$，故建立方程

$$\begin{cases} (x_{B_1}-x_{B_2})^2+(y_{B_1}-y_{B_2})^2+(z_{B_1}-z_{B_2})^2=(\sqrt{3}R_1)^2 \\ (x_{B_1}-x_{B_3})^2+(y_{B_1}-y_{B_3})^2+(z_{B_1}-z_{B_3})^2=(\sqrt{3}R_1)^2 \\ (x_{B_2}-x_{B_3})^2+(y_{B_2}-y_{B_3})^2+(z_{B_2}-z_{B_3})^2=(\sqrt{3}R_1)^2 \end{cases} \tag{3-77}$$

将式(3-76)代入式(3-77)，得到关于φ_1、φ_2、φ_3的超越方程组

$$\begin{cases} a_1\cos\varphi_1+b_1\cos\varphi_2+d_1\cos\varphi_1\cos\varphi_2+e_1\sin\varphi_1\sin\varphi_2+f_1=0 \\ a_2\cos\varphi_1+b_2\cos\varphi_3+d_2\cos\varphi_1\cos\varphi_3+e_2\sin\varphi_1\sin\varphi_3+f_2=0 \\ a_3\cos\varphi_2+b_3\cos\varphi_3+d_3\cos\varphi_2\cos\varphi_3+e_3\sin\varphi_2\sin\varphi_3+f_3=0 \end{cases} \tag{3-78}$$

式中，a_i、b_i、d_i、e_i、f_i均为已知参数的函数，具体为

$$\begin{cases} a_1=-3Rl_1, & b_1=-3Rl_2, & d_1=l_1l_2, & e_1=-2l_1l_2, & f_1=l_1^2+l_2^2+3R^2-3R_1^2 \\ a_2=-3Rl_1, & b_2=-3Rl_3, & d_2=l_1l_3, & e_2=-2l_1l_3, & f_2=l_1^2+l_3^2+3R^2-3R_1^2 \\ a_3=-3Rl_2, & b_3=-3Rl_3, & d_3=l_2l_3, & e_3=-2l_2l_3, & f_3=l_2^2+l_3^2+3R^2-3R_1^2 \end{cases} \tag{3-79}$$

通过迭代法求解这个方程组得到φ_1、φ_2、φ_3的值，再将其代入式(3-76)得到动平台三个球铰的坐标，因此可以求得动平台中心点O_1的坐标为

$$\begin{cases} x_{O_1}=\dfrac{1}{3}\sum_{i=1}^{3}x_{B_i} \\ y_{O_1}=\dfrac{1}{3}\sum_{i=1}^{3}y_{B_i} \\ z_{O_1}=\dfrac{1}{3}\sum_{i=1}^{3}z_{B_i} \end{cases} \tag{3-80}$$

因此，动平台坐标系$O_1x_1y_1z_1$三个坐标轴的方向余弦可以表示为

$$\begin{cases} \boldsymbol{x}=\dfrac{1}{|\overline{B_1O_1}|}\left[(x_{B_1}-x_{O_1})\boldsymbol{i}+(y_{B_1}-y_{O_1})\boldsymbol{j}+(z_{B_1}-z_{O_1})\boldsymbol{k}\right] \\ \boldsymbol{y}=\dfrac{1}{|\overline{B_2B_3}|}\left[(x_{B_2}-x_{B_3})\boldsymbol{i}+(y_{B_2}-y_{B_3})\boldsymbol{j}+(z_{B_2}-z_{B_3})\boldsymbol{k}\right] \\ \boldsymbol{z}=\boldsymbol{x}\times\boldsymbol{y} \end{cases} \tag{3-81}$$

式中，$\boldsymbol{i}$、$\boldsymbol{j}$、$\boldsymbol{k}$分别为代表x、y、z轴的单位矢量。因此，驱动器空间中各个驱动参数已知的时候，可以得到动平台相对于定平台运动的位置和姿态，也就是关节空间矩阵

$$\boldsymbol{T}=\begin{pmatrix} x_{i1} & y_{i1} & z_{i1} & x_{O_1} \\ x_{j1} & y_{j1} & z_{j1} & y_{O_1} \\ x_{k1} & y_{k1} & z_{k1} & z_{O_1} \\ 0 & 0 & 0 & 1 \end{pmatrix} \tag{3-82}$$

习　题

3.1　试分析 Standard-DH 坐标系与 Modified-DH 坐标系的区别。

3.2　什么是机器人的正运动学及逆运动学？

3.3　阐述机器人的退化现象并举例说明。

3.4　什么是驱动空间、关节空间和笛卡儿空间？

3.5 如图 3-18 所示，2 自由度平面机械手的关节 1 为转动关节，关节 2 为移动关节，关节变量分别为 θ_1、d_2。试：

1）建立 D-H 坐标系，并写出该机械手的运动学方程。

2）按下列关节变量参数求出手部中心的位置。

θ_1	0°	30°	45°	90°
d_2/m	0.30	0.60	0.70	1.00

3.6 一个 2 自由度平面机械手如图 3-18 所示，已知手部中心坐标为 x_0、y_0。求该机械手运动方程的逆解 θ_1、d_2。

3.7 一个 3 自由度机械手如图 3-19 所示，转角为 θ_1、θ_2、θ_3，杆长为 l_1、l_2，手部中心离手腕中心的距离为 H，试建立 D-H 坐标系，填写参数表，并求出该机械手的运动学方程。

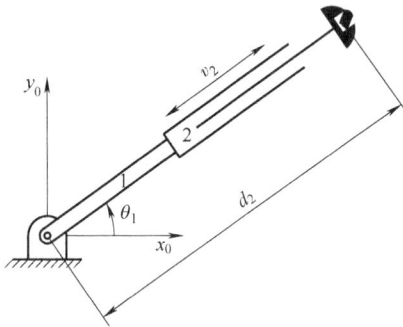

图 3-18 题 3.5 图

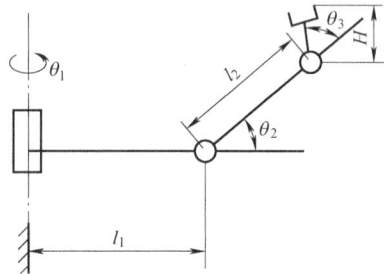

图 3-19 题 3.7 图

3.8 图 3-20 所示为一个 2 自由度的机械手，两连杆长度均为 0.6m，试建立各杆件坐标系，求出 A_1、A_2 及该机械手的运动学逆解。

3.9 图 3-21 所示为一个 3 自由度机械手，试建立各连杆的 D-H 坐标系，并求出变换矩阵 A_1、A_2、A_3。

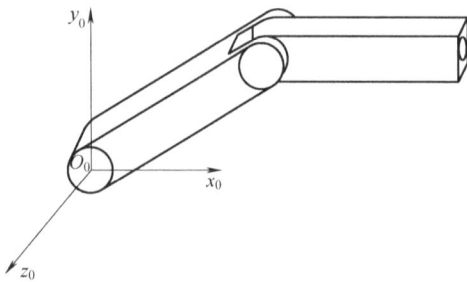

图 3-20 题 3.8 图

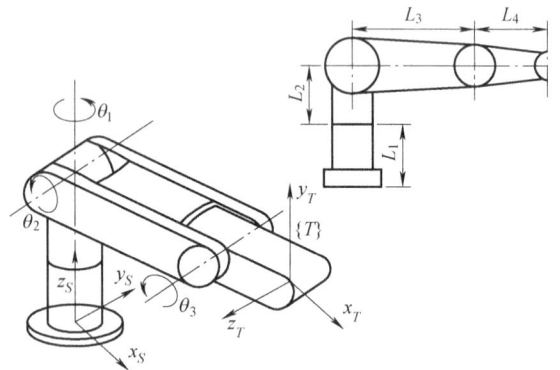

图 3-21 题 3.9 图

第 **4** 章

机器人速度及静力学分析

第3章中机器人运动学分析仅限于讨论了机器人静态位姿问题，并未涉及机器人运动的力、速度、加速度等动态过程。本章首先分析机器人微分运动，进而讨论与机器人速度和静力计算有关的雅可比矩阵，最后对机器人速度及静力计算进行分析及举例。

4.1 机器人微分运动

在操作控制机器人时，常常涉及机械手位置和姿态的微小变化，这种微小变化可由描述机械手的位姿矩阵的微小变化来表示，而位姿矩阵的微小变化可通过将矩阵中的各元素对变量求微分来获得，也可利用微分变换算子左乘原有位姿矩阵来获得。

本节将阐述机器人的微分运动和微分变换，并分析对坐标系$\{T\}$的微分变换和对基础坐标系的微分变换之间的等价转换。这种转换可推广至任何两个坐标系，使它们的微分运动相等。在此，仅限于讨论机械手的平移变换和旋转变换，不涉及比例变换和投影变换等。

4.1.1 微分平移和微分旋转

当坐标系$\{T\}$做微小平移及旋转变化时，其位姿矩阵T相应产生微小变化，新的位姿矩阵表示为$T+\mathrm{d}T$，T及$T+\mathrm{d}T$均是坐标系$\{T\}$在基础坐标系中的位姿。但坐标系$\{T\}$的微小变化既可以看作在基础坐标系中进行，也可以看作在自身坐标系$\{T\}$中进行。微小平移及旋转变化称为微分平移及微分旋转运动，简称微分运动。

当坐标系$\{T\}$的微分运动看作在基础坐标系中进行时，新位姿矩阵可计算为

$$T+\mathrm{d}T = \mathrm{Trans}(d'_x,\ d'_y,\ d'_z)\mathrm{Rot}(f',\ \mathrm{d}\theta)T \tag{4-1}$$

式中，$\mathrm{Trans}(d'_x,\ d'_y,\ d'_z)$、$\mathrm{Rot}(f',\ \mathrm{d}\theta)$分别是坐标系$\{T\}$在基础坐标系中沿$x$、$y$、$z$轴微分平移$d'_x$、$d'_y$、$d'_z$量的变换矩阵及绕基础坐标系中的矢量$f'$微分旋转$\mathrm{d}\theta$量的变换矩阵。应注意，矢量$f'$并非一定过基础坐标系的原点。例如，坐标系$\{T\}$绕自身坐标系的$z_T$轴微分旋转时，矢量$f'$即为$z_T$轴，而$z_T$轴在基础坐标系中的位置并非一定过基础坐标系的原点。

为了便于分析，依据式(2-51)，将式(4-1)等价为

$$T+\mathrm{d}T = \mathrm{Trans}(d_x,\ d_y,\ d_z)\mathrm{Rot}(f,\ \mathrm{d}\theta)T \tag{4-2}$$

式中，$\mathrm{Trans}(d_x,\ d_y,\ d_z) = \mathrm{Trans}(d'_x+\Delta x,\ d'_y+\Delta y,\ d'_z+\Delta z)$；$\mathrm{Trans}(d_x,\ d_y,\ d_z)\mathrm{Rot}(f,\ \mathrm{d}\theta)$表示坐标系$\{T\}$在基础坐标系中的等价微分变换。应注意，$\Delta x$、$\Delta y$、$\Delta z$并非微小量，因此$d_x$、$d_y$、$d_z$也并非微小量(除非$\Delta x$、$\Delta y$、$\Delta z$为零时)。矢量$f$过基础坐标系原点，与矢量$f'$平行

且同向。由式(4-2)可得 $\mathrm{d}\boldsymbol{T}$ 的表达式

$$\mathrm{d}\boldsymbol{T} = [\mathrm{Trans}(d_x,\ d_y,\ d_z)\mathrm{Rot}(\boldsymbol{f},\ \mathrm{d}\theta) - \boldsymbol{I}]\boldsymbol{T} \tag{4-3}$$

当坐标系 $\{T\}$ 的微分运动看作在自身坐标系 $\{T\}$ 中进行时，则坐标系 $\{T\}$ 在基础坐标系中的新位姿可表示为

$$\boldsymbol{T} + \mathrm{d}\boldsymbol{T} = \boldsymbol{T}\mathrm{Trans}(^{T}d'_x,\ ^{T}d'_y,\ ^{T}d'_z)\mathrm{Rot}(\boldsymbol{f}'_T,\ \mathrm{d}\theta) \tag{4-4}$$

式中，$\mathrm{Trans}(^{T}d'_x,\ ^{T}d'_y,\ ^{T}d'_z)$、$\mathrm{Rot}(\boldsymbol{f}'_T,\ \mathrm{d}\theta)$ 分别是坐标系 $\{T\}$ 相对于自身坐标系微分平移 $^{T}d'_x$、$^{T}d'_y$、$^{T}d'_z$ 量的变换矩阵及绕坐标系 $\{T\}$ 中的矢量 $\boldsymbol{f}'_T$ 微分旋转 $\mathrm{d}\theta$ 量的变换矩阵；矢量 $\boldsymbol{f}'_T$ 是矢量 $\boldsymbol{f}'$ 在坐标系 $\{T\}$ 中的度量（表示），同样地，矢量 $\boldsymbol{f}'_T$ 不一定过坐标系 $\{T\}$ 的原点。

与式(4-2)类似，式(4-4)可等价为

$$\boldsymbol{T} + \mathrm{d}\boldsymbol{T} = \boldsymbol{T}\mathrm{Trans}(^{T}d_x,\ ^{T}d_y,\ ^{T}d_z)\mathrm{Rot}(\boldsymbol{f}_T,\ \mathrm{d}\theta) \tag{4-5}$$

式中，$\mathrm{Trans}(^{T}d_x,\ ^{T}d_y,\ ^{T}d_z) = \mathrm{Trans}(^{T}d'_x + \Delta x_T,\ ^{T}d'_y + \Delta y_T,\ ^{T}d'_z + \Delta z_T)$；$\mathrm{Trans}(^{T}d_x,\ ^{T}d_y,\ ^{T}d_z)\mathrm{Rot}(\boldsymbol{f}_T,\ \mathrm{d}\theta)$ 表示坐标系 $\{T\}$ 在自身坐标系中的等价微分变换。同样应注意，Δx_T、Δy_T、Δz_T 并非微小量，因此 $^{T}d_x$、$^{T}d_y$、$^{T}d_z$ 也并非微小量（除非 Δx_T、Δy_T、Δz_T 为零时）。矢量 $\boldsymbol{f}_T$ 过坐标系 $\{T\}$ 原点，与矢量 $\boldsymbol{f}'_T$ 平行且同向。

由式(4-5)可得 $\mathrm{d}\boldsymbol{T}$ 的表达式为

$$\mathrm{d}\boldsymbol{T} = \boldsymbol{T}[\mathrm{Trans}(^{T}d_x,\ ^{T}d_y,\ ^{T}d_z)\mathrm{Rot}(\boldsymbol{f}_T,\ \mathrm{d}\theta) - \boldsymbol{I}] \tag{4-6}$$

式(4-3)中的 $\mathrm{Trans}(d_x,\ d_y,\ d_z)\mathrm{Rot}(\boldsymbol{f},\ \mathrm{d}\theta) - \boldsymbol{I}$ 与式(4-6)中的 $\mathrm{Trans}(^{T}d_x,\ ^{T}d_y,\ ^{T}d_z)\mathrm{Rot}(\boldsymbol{f}_T,\ \mathrm{d}\theta) - \boldsymbol{I}$ 表达结构相同，内容相似，两者均称为微分变换算子，当微分运动看作是对基础坐标系进行时，定义它为 $\boldsymbol{\Delta}$，即

$$\boldsymbol{\Delta} = \mathrm{Trans}(d_x,\ d_y,\ d_z)\mathrm{Rot}(\boldsymbol{f},\ \mathrm{d}\theta) - \boldsymbol{I} \tag{4-7}$$

当微分运动看作是对坐标系 $\{T\}$ 进行时，定义它为 $^{T}\boldsymbol{\Delta}$，即

$$^{T}\boldsymbol{\Delta} = \mathrm{Trans}(^{T}d_x,\ ^{T}d_y,\ ^{T}d_z)\mathrm{Rot}(\boldsymbol{f}_T,\ \mathrm{d}\theta) - \boldsymbol{I} \tag{4-8}$$

因此，由式(4-3)可得

$$\mathrm{d}\boldsymbol{T} = \boldsymbol{\Delta}\boldsymbol{T} \tag{4-9}$$

由式(4-6)可得

$$\mathrm{d}\boldsymbol{T} = \boldsymbol{T}\,^{T}\boldsymbol{\Delta} \tag{4-10}$$

应注意，式(4-9)及式(4-10)中的 $\mathrm{d}\boldsymbol{T}$ 是等同的，即为坐标系 $\{T\}$ 在基础坐标系中的位姿微分变化。

接下来推导 $\boldsymbol{\Delta}$ 及 $^{T}\boldsymbol{\Delta}$ 的具体表达式。

当微分运动看作是对基础坐标系进行时，等价微分平移变换矩阵为

$$\mathrm{Trans}(d_x,\ d_y,\ d_z) = \begin{pmatrix} 1 & 0 & 0 & d_x \\ 0 & 1 & 0 & d_y \\ 0 & 0 & 1 & d_z \\ 0 & 0 & 0 & 1 \end{pmatrix} \tag{4-11}$$

而等价微分旋转变换 $\mathrm{Rot}(\boldsymbol{f},\ \mathrm{d}\theta)$，可依据第2章所讨论的通用旋转变换式(2-47)计算，即

$$\mathrm{Rot}(\boldsymbol{f},\ \theta) = \begin{pmatrix} f_x f_x \mathrm{vers}\theta + \mathrm{c}\theta & f_y f_x \mathrm{vers}\theta - f_z \mathrm{s}\theta & f_z f_x \mathrm{vers}\theta + f_y \mathrm{s}\theta & 0 \\ f_x f_y \mathrm{vers}\theta + f_z \mathrm{s}\theta & f_y f_y \mathrm{vers}\theta + \mathrm{c}\theta & f_z f_y \mathrm{vers}\theta - f_x \mathrm{s}\theta & 0 \\ f_x f_z \mathrm{vers}\theta - f_y \mathrm{s}\theta & f_y f_z \mathrm{vers}\theta + f_x \mathrm{s}\theta & f_z f_z \mathrm{vers}\theta + \mathrm{c}\theta & 0 \\ 0 & 0 & 0 & 1 \end{pmatrix}$$

对于微分变化 $\mathrm{d}\theta$，由于 $\lim\limits_{\theta \to 0}\sin\theta = \mathrm{d}\theta$，$\lim\limits_{\theta \to 0}\cos\theta = 1$，$\lim\limits_{\theta \to 0}\mathrm{vers}\theta = 0$，则有

$$\mathrm{Rot}(\boldsymbol{f},\ \mathrm{d}\theta) = \begin{pmatrix} 1 & -f_z\mathrm{d}\theta & f_y\mathrm{d}\theta & 0 \\ f_z\mathrm{d}\theta & 1 & -f_x\mathrm{d}\theta & 0 \\ -f_y\mathrm{d}\theta & f_x\mathrm{d}\theta & 1 & 0 \\ 0 & 0 & 0 & 1 \end{pmatrix} \tag{4-12}$$

将式(4-11)及式(4-12)代入式(4-7)，得

$$\boldsymbol{\Delta} = \begin{pmatrix} 1 & 0 & 0 & d_x \\ 0 & 1 & 0 & d_y \\ 0 & 0 & 1 & d_z \\ 0 & 0 & 0 & 1 \end{pmatrix} \begin{pmatrix} 1 & -f_z\mathrm{d}\theta & f_y\mathrm{d}\theta & 0 \\ f_z\mathrm{d}\theta & 1 & -f_x\mathrm{d}\theta & 0 \\ -f_y\mathrm{d}\theta & f_x\mathrm{d}\theta & 1 & 0 \\ 0 & 0 & 0 & 1 \end{pmatrix} - \begin{pmatrix} 1 & 0 & 0 & 0 \\ 0 & 1 & 0 & 0 \\ 0 & 0 & 1 & 0 \\ 0 & 0 & 0 & 1 \end{pmatrix}$$

计算得

$$\boldsymbol{\Delta} = \begin{pmatrix} 0 & -f_z\mathrm{d}\theta & f_y\mathrm{d}\theta & d_x \\ f_z\mathrm{d}\theta & 0 & -f_x\mathrm{d}\theta & d_y \\ -f_y\mathrm{d}\theta & f_x\mathrm{d}\theta & 0 & d_z \\ 0 & 0 & 0 & 0 \end{pmatrix} \tag{4-13}$$

因为绕矢量 $\boldsymbol{f}$ 微分旋转 $\mathrm{d}\theta$ 等价于分别绕三个轴(x 轴、y 轴和 z 轴)微分旋转 δ_x、δ_y 和 δ_z，则 $f_x\mathrm{d}\theta = \delta_x$，$f_y\mathrm{d}\theta = \delta_y$，$f_z\mathrm{d}\theta = \delta_z$，代入式(4-13)得

$$\boldsymbol{\Delta} = \begin{pmatrix} 0 & -\delta_z & \delta_y & d_x \\ \delta_z & 0 & -\delta_x & d_y \\ -\delta_y & \delta_x & 0 & d_z \\ 0 & 0 & 0 & 0 \end{pmatrix} \tag{4-14}$$

因此，微分变换算子 $\boldsymbol{\Delta}$ 可看作是由等价微分平移矢量 $\boldsymbol{d}$ 和等价微分旋转矢量 $\boldsymbol{\delta}$ 所构成的，两者的表达式为

$$\begin{cases} \boldsymbol{d} = d_x\boldsymbol{i} + d_y\boldsymbol{j} + d_z\boldsymbol{k} \\ \boldsymbol{\delta} = \delta_x\boldsymbol{i} + \delta_y\boldsymbol{j} + \delta_z\boldsymbol{k} \end{cases} \tag{4-15a}$$

可用列矢量 $\boldsymbol{D}$ 来表达上述两矢量，即

$$\boldsymbol{D} = \begin{pmatrix} d_x \\ d_y \\ d_z \\ \delta_x \\ \delta_y \\ \delta_z \end{pmatrix} \quad \text{或} \quad \boldsymbol{D} = \begin{pmatrix} \boldsymbol{d} \\ \boldsymbol{\delta} \end{pmatrix} \tag{4-15b}$$

$\boldsymbol{D}$ 称为刚体或坐标系在基础坐标系中的等价微分运动矢量。

同理，可得 $^T\boldsymbol{\Delta}$ 的表达式

$$^T\boldsymbol{\Delta} = \begin{pmatrix} 0 & -^T\delta_z & ^T\delta_y & ^Td_x \\ ^T\delta_z & 0 & -^T\delta_x & ^Td_y \\ -^T\delta_y & ^T\delta_x & 0 & ^Td_z \\ 0 & 0 & 0 & 0 \end{pmatrix} \tag{4-16}$$

同样可得

$$^T\boldsymbol{d} = {}^Td_x\boldsymbol{i} + {}^Td_y\boldsymbol{j} + {}^Td_z\boldsymbol{k}$$

$$^T\boldsymbol{\delta} = {}^T\delta_x\boldsymbol{i} + {}^T\delta_y\boldsymbol{j} + {}^T\delta_z\boldsymbol{k} \tag{4-17a}$$

$$^T\boldsymbol{D} = \begin{pmatrix} {}^Td_x \\ {}^Td_y \\ {}^Td_z \\ {}^T\delta_x \\ {}^T\delta_y \\ {}^T\delta_z \end{pmatrix} \quad 或 \quad {}^T\boldsymbol{D} = \begin{pmatrix} {}^T\boldsymbol{d} \\ {}^T\boldsymbol{\delta} \end{pmatrix} \tag{4-17b}$$

$^T\boldsymbol{D}$ 称为刚体或坐标系在自身坐标系中的等价微分运动矢量。

概括上述分析可以看出,当坐标系$\{T\}$做一般微分运动时,可将其运动等价为:

1) 绕通过基础坐标系原点的矢量$\boldsymbol{f}$微分旋转$\mathrm{d}\theta$,而后相对于基础坐标系微分平移(d_x,d_y,d_z)所组成的复合运动,复合变换为$\mathrm{Trans}(d_x,d_y,d_z)\mathrm{Rot}(\boldsymbol{f},\mathrm{d}\theta)$,$\boldsymbol{T}$左乘该复合变换得到坐标系$\{T\}$新的位姿$\boldsymbol{T}+\mathrm{d}\boldsymbol{T}$,等价微分运动矢量为$\boldsymbol{D} = (\boldsymbol{d} \quad \boldsymbol{\delta})^\mathrm{T}$。

2) 相对于坐标系$\{T\}$微分平移$({}^Td_x,{}^Td_y,{}^Td_z)$,而后绕通过坐标系$\{T\}$的原点矢量$\boldsymbol{f}_T$微分旋转$\mathrm{d}\theta$所组成的复合运动,复合变换为$\mathrm{Trans}({}^Td_x,{}^Td_y,{}^Td_z)\mathrm{Rot}(\boldsymbol{f}_T,\mathrm{d}\theta)$,$\boldsymbol{T}$右乘该复合变换得到坐标系$\{T\}$新的位姿$\boldsymbol{T}+\mathrm{d}\boldsymbol{T}$,等价微分运动矢量为${}^T\boldsymbol{D} = ({}^T\boldsymbol{d} \quad {}^T\boldsymbol{\delta})^\mathrm{T}$。

这里应当注意:

1) 等价微分旋转$(\delta_x,\delta_y,\delta_z)$或$({}^T\delta_x,{}^T\delta_y,{}^T\delta_z)$是微小量,但等价微分平移$(d_x,d_y,d_z)$或$({}^Td_x,{}^Td_y,{}^Td_z)$只有当$\Delta x$、$\Delta y$、$\Delta z$为零或$\Delta x_T$、$\Delta y_T$、$\Delta z_T$为零时才是微小量。

2) $|\boldsymbol{\delta}| = |\mathrm{d}\theta|$,$|{}^T\boldsymbol{\delta}| = |\mathrm{d}\theta|$,$\boldsymbol{\delta}$、${}^T\boldsymbol{\delta}$是矢量,$\mathrm{d}\theta$是标量。

例4-1 已知坐标系$\{A\}$,其位姿矩阵为

$$A = \begin{pmatrix} 0 & 0 & 1 & 8 \\ 1 & 0 & 0 & 2 \\ 0 & 1 & 0 & 5 \\ 0 & 0 & 0 & 1 \end{pmatrix}$$

对基础坐标系的微分平移矢量及微分旋转矢量为

$$\begin{cases} \boldsymbol{d} = 0.01\boldsymbol{i} + 0\boldsymbol{j} + 0.02\boldsymbol{k} \\ \boldsymbol{\delta} = 0\boldsymbol{i} + 0.01\boldsymbol{j} + 0\boldsymbol{k} \end{cases}$$

试求微分变化$\mathrm{d}A$。

解: 依据式(4-14)可得

$$\boldsymbol{\Delta} = \begin{pmatrix} 0 & 0 & 0.01 & 0.01 \\ 0 & 0 & 0 & 0 \\ -0.01 & 0 & 0 & 0.02 \\ 0 & 0 & 0 & 0 \end{pmatrix}$$

再由式(4-9)可知

$$\mathrm{d}A = \boldsymbol{\Delta}A$$

则微分变化为

$$dA = \begin{pmatrix} 0 & 0 & 0.01 & 0.01 \\ 0 & 0 & 0 & 0 \\ -0.01 & 0 & 0 & 0.02 \\ 0 & 0 & 0 & 0 \end{pmatrix} \begin{pmatrix} 0 & 0 & 1 & 8 \\ 1 & 0 & 0 & 2 \\ 0 & 1 & 0 & 5 \\ 0 & 0 & 0 & 1 \end{pmatrix} = \begin{pmatrix} 0 & 0.01 & 0 & 0.06 \\ 0 & 0 & 0 & 0 \\ 0 & 0 & -0.01 & -0.06 \\ 0 & 0 & 0 & 0 \end{pmatrix}$$

4.1.2　微分运动的等价变换

依据式(4-9)及式(4-10)可将刚体或坐标系在一个坐标系内的微分变化变换为在另一坐标系内等效的微分变化。

由式(4-9)及式(4-10)可知

$$\mathrm{d}T = \Delta T \; 及 \; \mathrm{d}T = T^{T}\Delta$$

故可得

$$\Delta T = T^{T}\Delta$$

即

$$^{T}\Delta = T^{-1}\Delta T \tag{4-18}$$

设坐标系$\{T\}$的位姿矩阵为

$$T = \begin{pmatrix} n_x & o_x & a_x & p_x \\ n_y & o_y & a_y & p_y \\ n_z & o_z & a_z & p_z \\ 0 & 0 & 0 & 1 \end{pmatrix} \tag{4-19}$$

则

$$T^{-1} = \begin{pmatrix} n_x & n_y & n_z & -p \cdot n \\ o_x & o_y & o_z & -p \cdot o \\ a_x & a_y & a_z & -p \cdot a \\ 0 & 0 & 0 & 1 \end{pmatrix} \tag{4-20}$$

可推得

$$^{T}\Delta = T^{-1}\Delta T = \begin{pmatrix} n_x & n_y & n_z & -p \cdot n \\ o_x & o_y & o_z & -p \cdot o \\ a_x & a_y & a_z & -p \cdot a \\ 0 & 0 & 0 & 1 \end{pmatrix} \begin{pmatrix} 0 & -\delta_z & \delta_y & d_x \\ \delta_z & 0 & -\delta_x & d_y \\ -\delta_y & \delta_x & 0 & d_z \\ 0 & 0 & 0 & 0 \end{pmatrix} \begin{pmatrix} n_x & o_x & a_x & p_x \\ n_y & o_y & a_y & p_y \\ n_z & o_z & a_z & p_z \\ 0 & 0 & 0 & 1 \end{pmatrix}$$

$$= \begin{pmatrix} n \cdot (\delta \times n) & n \cdot (\delta \times o) & n \cdot (\delta \times a) & n \cdot (\delta \times p + d) \\ o \cdot (\delta \times n) & o \cdot (\delta \times o) & o \cdot (\delta \times a) & o \cdot (\delta \times p + d) \\ a \cdot (\delta \times n) & a \cdot (\delta \times o) & a \cdot (\delta \times a) & a \cdot (\delta \times p + d) \\ 0 & 0 & 0 & 0 \end{pmatrix} \tag{4-21}$$

由三矢量相乘的性质$a \cdot (b \times c) = b \cdot (c \times a)$及$a \cdot (a \times c) = 0$，将式(4-21)变为

$$^{T}\Delta = T^{-1}\Delta T = \begin{pmatrix} 0 & -\delta \cdot a & \delta \cdot o & \delta \cdot (p \times n) + d \cdot n \\ \delta \cdot a & 0 & -\delta \cdot n & \delta \cdot (p \times o) + d \cdot o \\ -\delta \cdot o & \delta \cdot n & 0 & \delta \cdot (p \times a) + d \cdot a \\ 0 & 0 & 0 & 0 \end{pmatrix} \tag{4-22}$$

使式(4-16)与式(4-22)各元素对应相等，可得

$$\begin{cases} {}^{T}d_x = \boldsymbol{\delta} \cdot (\boldsymbol{p} \times \boldsymbol{n}) + \boldsymbol{d} \cdot \boldsymbol{n} = \boldsymbol{n} \cdot \left[(\boldsymbol{\delta} \times \boldsymbol{p}) + \boldsymbol{d} \right] \\ {}^{T}d_y = \boldsymbol{\delta} \cdot (\boldsymbol{p} \times \boldsymbol{o}) + \boldsymbol{d} \cdot \boldsymbol{o} = \boldsymbol{o} \cdot \left[(\boldsymbol{\delta} \times \boldsymbol{p}) + \boldsymbol{d} \right] \\ {}^{T}d_z = \boldsymbol{\delta} \cdot (\boldsymbol{p} \times \boldsymbol{a}) + \boldsymbol{d} \cdot \boldsymbol{a} = \boldsymbol{a} \cdot \left[(\boldsymbol{\delta} \times \boldsymbol{p}) + \boldsymbol{d} \right] \end{cases} \tag{4-23a}$$

$$ {}^{T}\delta_x = \boldsymbol{\delta} \cdot \boldsymbol{n}, \ {}^{T}\delta_y = \boldsymbol{\delta} \cdot \boldsymbol{o}, \ {}^{T}\delta_z = \boldsymbol{\delta} \cdot \boldsymbol{a} \tag{4-23b}$$

式中，$\boldsymbol{n}$、$\boldsymbol{o}$、$\boldsymbol{a}$ 和 $\boldsymbol{p}$ 为位姿矩阵 $\boldsymbol{T}$ 的四个列矢量。

进一步，由式(4-23a)及式(4-23b)，可得微分运动矢量${}^{T}\boldsymbol{D}$ 和 $\boldsymbol{D}$ 的关系为

$$\begin{pmatrix} {}^{T}d_x \\ {}^{T}d_y \\ {}^{T}d_z \\ {}^{T}\delta_x \\ {}^{T}\delta_y \\ {}^{T}\delta_z \end{pmatrix} = \begin{pmatrix} n_x & n_y & n_z & (\boldsymbol{p}\times\boldsymbol{n})_x & (\boldsymbol{p}\times\boldsymbol{n})_y & (\boldsymbol{p}\times\boldsymbol{n})_z \\ o_x & o_y & o_z & (\boldsymbol{p}\times\boldsymbol{o})_x & (\boldsymbol{p}\times\boldsymbol{o})_y & (\boldsymbol{p}\times\boldsymbol{o})_z \\ a_x & a_y & a_z & (\boldsymbol{p}\times\boldsymbol{a})_x & (\boldsymbol{p}\times\boldsymbol{a})_y & (\boldsymbol{p}\times\boldsymbol{a})_z \\ 0 & 0 & 0 & n_x & n_y & n_z \\ 0 & 0 & 0 & o_x & o_y & o_z \\ 0 & 0 & 0 & a_x & a_y & a_z \end{pmatrix} \begin{pmatrix} d_x \\ d_y \\ d_z \\ \delta_x \\ \delta_y \\ \delta_z \end{pmatrix} \tag{4-24}$$

因此，利用式(4-23)及式(4-24)即可将对基础坐标系的微分变化变换为对坐标系$\{T\}$的微分变化。需要说明一点，式(4-23)及式(4-24)同样适用于坐标系$\{T\}$与其他动坐标系之间的等价微分运动矢量的计算，只是计算时坐标系$\{T\}$的位姿矩阵必须使用其相对于其他动坐标系的位姿矩阵${}^{X}\boldsymbol{T}$。

例 4-2 已知坐标系$\{A\}$及对基础坐标系的微分平移 $\boldsymbol{d}$ 和微分旋转 $\boldsymbol{\delta}$，与例 4-1 相同。试求对坐标系$\{A\}$的等价微分平移和微分旋转。

解： 由例 4-1 可知，坐标系$\{A\}$的位姿矩阵为

$$\boldsymbol{A} = \begin{pmatrix} 0 & 0 & 1 & 8 \\ 1 & 0 & 0 & 2 \\ 0 & 1 & 0 & 5 \\ 0 & 0 & 0 & 1 \end{pmatrix}$$

则

$$\begin{cases} \boldsymbol{n} = 0\boldsymbol{i} + 1\boldsymbol{j} + 0\boldsymbol{k} \\ \boldsymbol{o} = 0\boldsymbol{i} + 0\boldsymbol{j} + 1\boldsymbol{k} \\ \boldsymbol{a} = 1\boldsymbol{i} + 0\boldsymbol{j} + 0\boldsymbol{k} \\ \boldsymbol{p} = 8\boldsymbol{i} + 2\boldsymbol{j} + 5\boldsymbol{k} \end{cases}$$

由题知，其对基础坐标系的微分平移与微分旋转为

$$\begin{cases} \boldsymbol{d} = 0.01\boldsymbol{i} + 0\boldsymbol{j} + 0.02\boldsymbol{k} \\ \boldsymbol{\delta} = 0\boldsymbol{i} + 0.01\boldsymbol{j} + 0\boldsymbol{k} \end{cases}$$

可计算出

$$\boldsymbol{\delta} \times \boldsymbol{p} = \begin{vmatrix} \boldsymbol{i} & \boldsymbol{j} & \boldsymbol{k} \\ 0 & 0.01 & 0 \\ 8 & 2 & 5 \end{vmatrix} = 0.05\boldsymbol{i} + 0\boldsymbol{j} - 0.08\boldsymbol{k}$$

则

$$\boldsymbol{\delta} \times \boldsymbol{p} + \boldsymbol{d} = 0.06\boldsymbol{i} + 0\boldsymbol{j} - 0.06\boldsymbol{k}$$

依式(4-23a)及式(4-23b)，可求得对坐标系$\{A\}$的等价微分平移和微分旋转，即

$$^A\boldsymbol{d} = 0\boldsymbol{i} - 0.06\boldsymbol{j} + 0.06\boldsymbol{k}, \quad ^A\boldsymbol{\delta} = 0.01\boldsymbol{i} + 0\boldsymbol{j} + 0\boldsymbol{k}$$

现依据式(4-10)来计算 d$\boldsymbol{A}$，与例 4-1 进行对比，以验证所求得的等价微分平移 $^A\boldsymbol{d}$ 和微分旋转 $^A\boldsymbol{\delta}$ 的正确性。

由所求得的 $^A\boldsymbol{d}$ 和 $^A\boldsymbol{\delta}$，依式(4-16)有

$$^A\boldsymbol{\Delta} = \begin{pmatrix} 0 & 0 & 0 & 0 \\ 0 & 0 & -0.01 & -0.06 \\ 0 & 0.01 & 0 & 0.06 \\ 0 & 0 & 0 & 0 \end{pmatrix}$$

则由式(4-10)可得

$$\mathrm{d}\boldsymbol{A} = \boldsymbol{A}\,^A\boldsymbol{\Delta} = \begin{pmatrix} 0 & 0 & 1 & 8 \\ 1 & 0 & 0 & 2 \\ 0 & 1 & 0 & 5 \\ 0 & 0 & 0 & 1 \end{pmatrix}\begin{pmatrix} 0 & 0 & 0 & 0 \\ 0 & 0 & -0.01 & -0.06 \\ 0 & 0.01 & 0 & 0.06 \\ 0 & 0 & 0 & 0 \end{pmatrix}$$

计算得

$$\mathrm{d}\boldsymbol{A} = \begin{pmatrix} 0 & 0.01 & 0 & 0.06 \\ 0 & 0 & 0 & 0 \\ 0 & 0 & -0.01 & -0.06 \\ 0 & 0 & 0 & 0 \end{pmatrix}$$

所得结果与例 4-1 相同。可见所求得的等价微分平移 $^A\boldsymbol{d}$ 和微分旋转 $^A\boldsymbol{\delta}$ 是正确的。

4.2　机器人的雅可比矩阵

4.2.1　雅可比矩阵的定义

本节讨论机器人末端执行器速度与关节速度之间的映射关系。反映两者之间关系的变换矩阵称为雅可比矩阵。

机器人雅可比矩阵不仅反映了末端执行器速度与关节速度的映射关系，同时也揭示了两者之间力的传递关系，为机器人的静力计算及速度、加速度计算提供了便捷。

用六维列矢量 $\boldsymbol{x}$ 来表示机器人末端执行器在基础坐标系下的线位移和角位移，即

$$\boldsymbol{x} = \begin{pmatrix} x_{ex} & x_{ey} & x_{ez} & \varphi_{ex} & \varphi_{ey} & \varphi_{ez} \end{pmatrix}^{\mathrm{T}} \tag{4-25}$$

式中，矢量 $\boldsymbol{x}$ 称为广义位移矢量；x_{ex}、x_{ey}、x_{ez} 表示末端执行器沿基础坐标系 x、y、z 轴的线位移；φ_{ex}、φ_{ey}、φ_{ez} 表示末端执行器绕基础坐标系 x、y、z 轴的角位移。

对于具有 n 个自由度的机器人，用广义关节变量 $\boldsymbol{q}$ 来表示各关节变量，$\boldsymbol{q} = \begin{pmatrix} q_1 & q_2 & \cdots & q_n \end{pmatrix}^{\mathrm{T}}$。当关节为转动关节时，$q_i = \theta_i$；当关节为移动关节时，$q_i = d_i$。则末端执行器的运动方程可表示为

$$\boldsymbol{x} = \boldsymbol{\Phi}(\boldsymbol{q}) \tag{4-26}$$

将式(4-26)对时间求导，可得出

$$\dot{\boldsymbol{x}} = \boldsymbol{J}(\boldsymbol{q})\dot{\boldsymbol{q}} \tag{4-27}$$

式中，$\dot{\boldsymbol{x}}$ 称为末端执行器的广义速度，简称操作速度；$\dot{\boldsymbol{q}}$ 为关节速度；$\boldsymbol{J}(\boldsymbol{q})$ 为机器人的雅可比矩阵，是 $6 \times n$ 的偏导数矩阵，其具体表达式为

$$J(q) = \begin{pmatrix} \dfrac{\partial x_{ex}}{\partial q_1} & \dfrac{\partial x_{ex}}{\partial q_2} & \cdots & \dfrac{\partial x_{ex}}{\partial q_n} \\[2mm] \dfrac{\partial x_{ey}}{\partial q_1} & \dfrac{\partial x_{ey}}{\partial q_2} & \cdots & \dfrac{\partial x_{ey}}{\partial q_n} \\[2mm] \dfrac{\partial x_{ez}}{\partial q_1} & \dfrac{\partial x_{ez}}{\partial q_2} & \cdots & \dfrac{\partial x_{ez}}{\partial q_n} \\[2mm] \dfrac{\partial \varphi_{ex}}{\partial q_1} & \dfrac{\partial \varphi_{ex}}{\partial q_2} & \cdots & \dfrac{\partial \varphi_{ex}}{\partial q_n} \\[2mm] \dfrac{\partial \varphi_{ey}}{\partial q_1} & \dfrac{\partial \varphi_{ey}}{\partial q_2} & \cdots & \dfrac{\partial \varphi_{ey}}{\partial q_n} \\[2mm] \dfrac{\partial \varphi_{ez}}{\partial q_1} & \dfrac{\partial \varphi_{ez}}{\partial q_2} & \cdots & \dfrac{\partial \varphi_{ez}}{\partial q_n} \end{pmatrix} \tag{4-28}$$

可以看出，对于给定的 $q \in R^n$，雅可比矩阵 $J(q)$ 是从关节速度 $\dot{q}$ 向末端执行器速度 $\dot{X}$ 映射的变换矩阵，其建立了两者之间的关系。

式(4-27)中广义速度 $\dot{X}$ 是六维列矢量，由线速度 v_e 和角速度 ω_e 组成，即

$$\dot{x} = \begin{pmatrix} v_e \\ \omega_e \end{pmatrix} = \begin{pmatrix} \dfrac{\mathrm{d}x_{ex}}{\mathrm{d}t} & \dfrac{\mathrm{d}x_{ey}}{\mathrm{d}t} & \dfrac{\mathrm{d}x_{ez}}{\mathrm{d}t} & \dfrac{\mathrm{d}\varphi_{ex}}{\mathrm{d}t} & \dfrac{\mathrm{d}\varphi_{ey}}{\mathrm{d}t} & \dfrac{\mathrm{d}\varphi_{ez}}{\mathrm{d}t} \end{pmatrix}^{\mathrm{T}} \tag{4-29a}$$

式中

$$v_e = \begin{pmatrix} \dfrac{\mathrm{d}x_{ex}}{\mathrm{d}t} & \dfrac{\mathrm{d}x_{ey}}{\mathrm{d}t} & \dfrac{\mathrm{d}x_{ez}}{\mathrm{d}t} \end{pmatrix}^{\mathrm{T}}$$

$$\omega_e = \begin{pmatrix} \dfrac{\mathrm{d}\varphi_{ex}}{\mathrm{d}t} & \dfrac{\mathrm{d}\varphi_{ey}}{\mathrm{d}t} & \dfrac{\mathrm{d}\varphi_{ez}}{\mathrm{d}t} \end{pmatrix}^{\mathrm{T}} \tag{4-29b}$$

因

$$\dot{x} = \begin{pmatrix} v_e \\ \omega_e \end{pmatrix} = \lim_{\Delta t \to 0} \frac{1}{\Delta t} \begin{pmatrix} d_e \\ \delta_e \end{pmatrix} \tag{4-30}$$

式中，d_e、δ_e 是末端执行器在基础坐标系中的微小线位移矢量和微小角位移矢量，两者合并用 D_e 表示，即

$$D_e = \begin{pmatrix} d_e \\ \delta_e \end{pmatrix} \tag{4-31}$$

D_e 为末端执行器的实际微小位移矢量。D_e 与前述的微分运动矢量 D 是不同的，微分运动矢量 D 是末端执行器产生的运动，包含微分平移运动矢量 d 及微分旋转运动矢量 δ，由于微分旋转运动也会产生线位移，因此微分运动矢量 D 后产生的实际微小位移矢量则为 D_e，即

$$D = \begin{pmatrix} d \\ \delta \end{pmatrix}, \quad D_e = \begin{pmatrix} d_e \\ \delta_e \end{pmatrix} = \begin{pmatrix} d+d' \\ \delta \end{pmatrix} \tag{4-32}$$

式中，d' 为微分旋转运动矢量 δ 后所产生的线位移矢量。

由式(4-30)得

$$D_e = \begin{pmatrix} d_e \\ \delta_e \end{pmatrix} = \lim_{\Delta t \to 0} \dot{X}\Delta t = \dot{X}\mathrm{d}t \tag{4-33}$$

将式(4-27)代入式(4-33)，则

$$\boldsymbol{D}_e = \boldsymbol{J}(\boldsymbol{q})\,\mathrm{d}\boldsymbol{q} \tag{4-34}$$

4.2.2　雅可比矩阵的求解方法

式(4-33)和式(4-39)是计算雅可比矩阵的基本公式。除此之外，还可采用由惠特尼(Whitney)提出的矢量积方法，此方法是直接构造雅可比矩阵的方法，是建立在各运动坐标系概念基础上的，在此不再赘述。下面采用位姿矩阵微分的方法来求解雅可比矩阵。

将位姿矩阵 $\boldsymbol{T}_n$（关节变量函数表达式）对各关节变量微分得到 $\mathrm{d}\boldsymbol{T}_n$，取 $\mathrm{d}\boldsymbol{T}_n$ 矩阵中第四列的前三行即可得到手部沿基础坐标系各坐标轴的实际微小平移量 $\boldsymbol{d}_e$，即

$$\boldsymbol{d}_e = \begin{pmatrix} d_{ex} \\ d_{ey} \\ d_{ez} \end{pmatrix} \tag{4-35}$$

依式(4-20)计算 $\boldsymbol{T}_n$ 的逆阵，即

$$(\boldsymbol{T}_n)^{-1} = \begin{pmatrix} n_x & n_y & n_z & -\boldsymbol{p} \cdot \boldsymbol{n} \\ o_x & o_y & o_z & -\boldsymbol{p} \cdot \boldsymbol{o} \\ a_x & a_y & a_z & -\boldsymbol{p} \cdot \boldsymbol{a} \\ 0 & 0 & 0 & 1 \end{pmatrix} \tag{4-36}$$

式中，$\boldsymbol{n}$、$\boldsymbol{o}$、$\boldsymbol{a}$ 和 $\boldsymbol{p}$ 为位姿矩阵 $\boldsymbol{T}_n$ 中的列矢量。则据式(4-9)可计算出

$$\boldsymbol{\Delta} = \mathrm{d}\boldsymbol{T}_n \cdot (\boldsymbol{T}_n)^{-1} \tag{4-37}$$

对照式(4-14)，得 $\boldsymbol{\Delta}$ 的表达式为

$$\boldsymbol{\Delta} = \begin{pmatrix} 0 & -\delta_z & \delta_y & d_x \\ \delta_z & 0 & -\delta_x & d_y \\ -\delta_y & \delta_x & 0 & d_z \\ 0 & 0 & 0 & 0 \end{pmatrix} \tag{4-38}$$

按照对应项，可得到 d_x、d_y、d_z 及 δ_x、δ_y、δ_z 的具体表达式，即求得了手部在基础坐标系中的微分平移及旋转运动矢量 $\boldsymbol{d}$ 和 $\boldsymbol{\delta}$，有

$$\boldsymbol{d} = \begin{pmatrix} d_x \\ d_y \\ d_z \end{pmatrix}, \quad \boldsymbol{\delta} = \begin{pmatrix} \delta_x \\ \delta_y \\ \delta_z \end{pmatrix} \tag{4-39}$$

微分旋转运动 $\boldsymbol{\delta}$ 即为手部坐标系绕基础坐标系各坐标轴的实际微小转动量 $\boldsymbol{\delta}_e$，即

$$\boldsymbol{\delta}_e = \begin{pmatrix} \delta_{ex} \\ \delta_{ey} \\ \delta_{ez} \end{pmatrix} = \begin{pmatrix} \delta_x \\ \delta_y \\ \delta_z \end{pmatrix} \tag{4-40}$$

合并式(4-35)及式(4-40)，即可求得

$$\boldsymbol{D}_e = \begin{pmatrix} \boldsymbol{d}_e \\ \boldsymbol{\delta}_e \end{pmatrix} \tag{4-41}$$

至此，求得了各关节同时运动时手部坐标系在基础坐标系中的实际微小位移量 $\boldsymbol{D}_e$。再依据式(4-34)即可求得雅可比矩阵 $\boldsymbol{J}(\boldsymbol{q})$。注意 $\boldsymbol{d}_e$ 与 $\boldsymbol{d}$ 是不同的。

4.2.3 雅可比矩阵求解举例

下面通过例子来进一步了解雅可比矩阵的微分法求解过程。

例 4-3 图 4-1 所示为一个 3 自由度机器人及坐标系，求其雅可比矩阵 $\boldsymbol{J}(\boldsymbol{q})$。

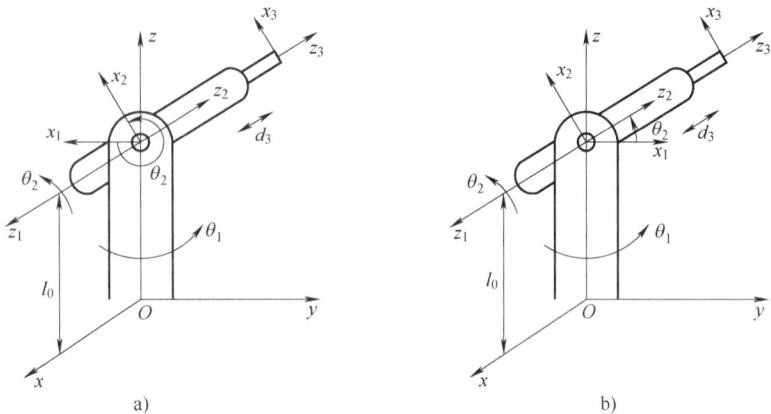

图 4-1　3 自由度机器人及坐标系

解： 如果 D-H 坐标系的建立如图 4-1a 所示，则其参数见表 4-1。

表 4-1　3 自由度机器人的 D-H 参数（一）

杆	变量	α	d	a	$\cos\alpha$	$\sin\alpha$
1	$q_1 = \theta_1$	$-90°$	l_0	0	0	-1
2	$q_2 = \theta_2$	$90°$	0	0	0	1
3		0	$q_3 = d_3$（变量）	0	1	**0**

如果 D-H 坐标系的建立如图 4-1b 所示，则其参数见表 4-2。这里需说明，为了直观表达杆 2 的转角，选择 θ_2 为从 x_1 轴转到杆 2 的位置，而并未选择从 x_1 轴到 x_2 轴，这样依照 D-H 法则，表 4-2 中杆 2 的变量就应填写为 $\theta_2 + 90°$。

表 4-2　3 自由度机器人的 D-H 参数（二）

杆	变量	α	d	a	$\cos\alpha$	$\sin\alpha$
1	$q_1 = \theta_1$	$90°$	l_0	0	0	1
2	$q_2 = \theta_2 + 90°$	$90°$	0	0	0	1
3		0	$q_3 = d_3$（变量）	0	1	0

另外需强调，不同的 D-H 坐标系建立方法及不同的角度表示方法，会使坐标变换矩阵及雅可比矩阵的表达式产生不同，但不会影响相同运动状态下的计算结果。下面分别进行求解及说明。

依照图 4-1a 所建立的坐标系及参数见表 4-1，写出相邻杆件间的坐标变换矩阵为

$$
\boldsymbol{A}_1 = \begin{pmatrix} c_1 & 0 & -s_1 & 0 \\ s_1 & 0 & c_1 & 0 \\ 0 & -1 & 0 & l_0 \\ 0 & 0 & 0 & 1 \end{pmatrix}, \quad
\boldsymbol{A}_2 = \begin{pmatrix} c_2 & 0 & s_2 & 0 \\ s_2 & 0 & -c_2 & 0 \\ 0 & 1 & 0 & 0 \\ 0 & 0 & 0 & 1 \end{pmatrix}, \quad
\boldsymbol{A}_3 = \begin{pmatrix} 1 & 0 & 0 & 0 \\ 0 & 1 & 0 & 0 \\ 0 & 0 & 1 & d_3 \\ 0 & 0 & 0 & 1 \end{pmatrix}
$$

则各杆件的位姿矩阵为

$$
T_1^0 = A_1 = \begin{pmatrix} c_1 & 0 & -s_1 & 0 \\ s_1 & 0 & c_1 & 0 \\ 0 & -1 & 0 & l_0 \\ 0 & 0 & 0 & 1 \end{pmatrix}, \quad T_2^0 = A_1 A_2 = \begin{pmatrix} c_1 c_2 & -s_1 & c_1 s_2 & 0 \\ s_1 c_2 & c_1 & s_1 s_2 & 0 \\ -s_2 & 0 & c_2 & l_0 \\ 0 & 0 & 0 & 1 \end{pmatrix},
$$

$$
T_3^0 = A_1 A_2 A_3 = \begin{pmatrix} c_1 c_2 & -s_1 & c_1 s_2 & d_3 c_1 s_2 \\ s_1 c_2 & c_1 & s_1 s_2 & d_3 s_1 s_2 \\ -s_2 & 0 & c_2 & d_3 c_2 + l_0 \\ 0 & 0 & 0 & 1 \end{pmatrix} \tag{4-42}
$$

依照图 4-1b 所建立的坐标系及参数见表 4-2,写出相邻杆件间的坐标变换矩阵为

$$
A_1 = \begin{pmatrix} c_1 & 0 & s_1 & 0 \\ s_1 & 0 & -c_1 & 0 \\ 0 & 1 & 0 & l_0 \\ 0 & 0 & 0 & 1 \end{pmatrix}, \quad A_2 = \begin{pmatrix} -s_2 & 0 & c_2 & 0 \\ c_2 & 0 & s_2 & 0 \\ 0 & 1 & 0 & 0 \\ 0 & 0 & 0 & 1 \end{pmatrix}, \quad A_3 = \begin{pmatrix} 1 & 0 & 0 & 0 \\ 0 & 1 & 0 & 0 \\ 0 & 0 & 1 & d_3 \\ 0 & 0 & 0 & 1 \end{pmatrix}
$$

则各杆件的位姿矩阵为

$$
T_1^0 = A_1 = \begin{pmatrix} c_1 & 0 & s_1 & 0 \\ s_1 & 0 & -c_1 & 0 \\ 0 & -1 & 0 & l_0 \\ 0 & 0 & 0 & 1 \end{pmatrix}, \quad T_2^0 = A_1 A_2 = \begin{pmatrix} -c_1 s_2 & s_1 & c_1 c_2 & 0 \\ -s_1 s_2 & -c_1 & s_1 c_2 & 0 \\ c_2 & 0 & s_2 & l_0 \\ 0 & 0 & 0 & 1 \end{pmatrix},
$$

$$
T_3^0 = A_1 A_2 A_3 = \begin{pmatrix} -c_1 s_2 & s_1 & c_1 c_2 & d_3 c_1 c_2 \\ -s_1 s_2 & -c_1 & s_1 c_2 & d_3 s_1 c_2 \\ c_2 & 0 & s_2 & d_3 s_2 + l_0 \\ 0 & 0 & 0 & 1 \end{pmatrix} \tag{4-43}
$$

（1）以图 4-1a 所示的坐标系建立方法为例

将式(4-42)的 T_3^0 对各关节变量求微分,得

$$
\mathrm{d}T_3^0 = \begin{pmatrix} s_1 c_2 \mathrm{d}\theta_1 - c_1 s_2 \mathrm{d}\theta_2 & -c_1 \mathrm{d}\theta_1 & -s_1 s_2 \mathrm{d}\theta_1 + c_1 c_2 \mathrm{d}\theta_2 & -d_3 s_1 s_2 \mathrm{d}\theta_1 + d_3 c_1 c_2 \mathrm{d}\theta_2 + c_1 s_2 \mathrm{d}d_3 \\ c_1 c_2 \mathrm{d}\theta_1 - s_1 s_2 \mathrm{d}\theta_2 & -s_1 \mathrm{d}\theta_1 & c_1 s_2 \mathrm{d}\theta_1 + s_1 c_2 \mathrm{d}\theta_2 & d_3 c_1 s_2 \mathrm{d}\theta_1 + d_3 s_1 c_2 \mathrm{d}\theta_2 + s_1 s_2 \mathrm{d}d_3 \\ -c_2 \mathrm{d}\theta_2 & 0 & -s_2 \mathrm{d}\theta_2 & -d_3 s_2 \mathrm{d}\theta_2 + c_2 \mathrm{d}d_3 \\ 0 & 0 & 0 & 0 \end{pmatrix}
$$

$$
\tag{4-44}
$$

取式(4-44)矩阵中第四列的前三行即可得到手部坐标系沿基础坐标系各坐标轴的微小平移量 d_e,即

$$
d_e = \begin{pmatrix} d_{ex} \\ d_{ey} \\ d_{ez} \end{pmatrix} = \begin{pmatrix} -d_3 s_1 s_2 \mathrm{d}\theta_1 + d_3 c_1 c_2 \mathrm{d}\theta_2 + c_1 s_2 \mathrm{d}d_3 \\ d_3 c_1 s_2 \mathrm{d}\theta_1 + d_3 s_1 c_2 \mathrm{d}\theta_2 + s_1 s_2 \mathrm{d}d_3 \\ -d_3 s_2 \mathrm{d}\theta_2 + c_2 \mathrm{d}d_3 \end{pmatrix} \tag{4-45}
$$

依式(4-20)计算 T_3^0 的逆阵,得

$$(\boldsymbol{T}_3^0)^{-1} = \begin{pmatrix} c_1c_2 & s_1c_2 & -s_2 & l_0s_2 \\ -s_1 & c_1 & 0 & 0 \\ c_1s_2 & s_1s_2 & c_2 & -d_3-c_2l_0 \\ 0 & 0 & 0 & 1 \end{pmatrix} \tag{4-46}$$

则由式（4-37）、式（4-44）及式（4-46）可求出

$$\boldsymbol{\Delta} = \mathrm{d}\boldsymbol{T}_3^0 \cdot (\boldsymbol{T}_3^0)^{-1}$$

$$= \begin{pmatrix} -s_1c_2\mathrm{d}\theta_1-c_1s_2\mathrm{d}\theta_2 & -c_1\mathrm{d}\theta_1 & -s_1s_2\mathrm{d}\theta_1+c_1c_2\mathrm{d}\theta_2 & -d_3s_1s_2\mathrm{d}\theta_1+d_3c_1c_2\mathrm{d}\theta_2+c_1s_2\mathrm{d}d_3 \\ c_1c_2\mathrm{d}\theta_1-s_1s_2\mathrm{d}\theta_2 & -s_1\mathrm{d}\theta_1 & c_1s_2\mathrm{d}\theta_1+s_1c_2\mathrm{d}\theta_2 & d_3c_1s_2\mathrm{d}\theta_1+d_3s_1c_2\mathrm{d}\theta_2+s_1s_2\mathrm{d}d_3 \\ -c_2\mathrm{d}\theta_2 & 0 & -s_2\mathrm{d}\theta_2 & -d_3s_2\mathrm{d}\theta_2+c_2\mathrm{d}d_3 \\ 0 & 0 & 0 & 0 \end{pmatrix}$$

$$\begin{pmatrix} c_1c_2 & s_1c_2 & -s_2 & l_0s_2 \\ -s_1 & c_1 & 0 & 0 \\ c_1s_2 & s_1s_2 & c_2 & -d_3-c_2l_0 \\ 0 & 0 & 0 & 1 \end{pmatrix} = \begin{pmatrix} 0 & -\mathrm{d}\theta_1 & c_1\mathrm{d}\theta_2 & -c_1l_0\mathrm{d}\theta_2+c_1s_2\mathrm{d}d_3 \\ \mathrm{d}\theta_1 & 0 & s_1\mathrm{d}\theta_2 & -s_1l_0\mathrm{d}\theta_2+s_1s_2\mathrm{d}d_3 \\ -c_1\mathrm{d}\theta_2 & -s_1\mathrm{d}\theta_2 & 0 & c_2\mathrm{d}d_3 \\ 0 & 0 & 0 & 0 \end{pmatrix} \tag{4-47}$$

因

$$\boldsymbol{\Delta} = \begin{pmatrix} 0 & -\delta_z & \delta_y & d_x \\ \delta_z & 0 & -\delta_x & d_y \\ -\delta_y & \delta_x & 0 & d_z \\ 0 & 0 & 0 & 0 \end{pmatrix} \tag{4-48}$$

对照式（4-47）及式（4-48）对应元素，即可求得手部在基础坐标系中的微分平移及旋转运动矢量 $\boldsymbol{d}$ 和 $\boldsymbol{\delta}$，即

$$\boldsymbol{d} = \begin{pmatrix} d_x \\ d_y \\ d_z \end{pmatrix} = \begin{pmatrix} -c_1l_0\mathrm{d}\theta_2+c_1s_2\mathrm{d}d_3 \\ -s_1l_0\mathrm{d}\theta_2+s_1s_2\mathrm{d}d_3 \\ c_2\mathrm{d}d_3 \end{pmatrix}, \quad \boldsymbol{\delta} = \begin{pmatrix} \delta_x \\ \delta_y \\ \delta_z \end{pmatrix} = \begin{pmatrix} -s_1\mathrm{d}\theta_2 \\ c_1\mathrm{d}\theta_2 \\ \mathrm{d}\theta_1 \end{pmatrix} \tag{4-49}$$

微分旋转运动 $\boldsymbol{\delta}$ 即为手部坐标系绕基础坐标系各坐标轴的实际微小转动量 $\boldsymbol{\delta}_e$，即

$$\boldsymbol{\delta}_e = \begin{pmatrix} \delta_{ex} \\ \delta_{ey} \\ \delta_{ez} \end{pmatrix} = \begin{pmatrix} \delta_x \\ \delta_y \\ \delta_z \end{pmatrix} = \begin{pmatrix} -s_1\mathrm{d}\theta_2 \\ c_1\mathrm{d}\theta_2 \\ \mathrm{d}\theta_1 \end{pmatrix} \tag{4-50}$$

应注意到：实际微小平移量 $\boldsymbol{d}_e$ 不仅包含微分平移运动量 $\boldsymbol{d}$，而且包含了由于微分旋转运动 $\boldsymbol{\delta}$ 而产生的微小平移量 $\boldsymbol{d}'$，$\boldsymbol{d}_e = \boldsymbol{d} + \boldsymbol{d}'$。

合并式（4-45）及式（4-50），得

$$\boldsymbol{D}_e = \begin{pmatrix} d_{ex} \\ d_{ey} \\ d_{ez} \\ \delta_{ex} \\ \delta_{ey} \\ \delta_{ez} \end{pmatrix} = \begin{pmatrix} -d_3s_1s_2\mathrm{d}\theta_1+d_3c_1c_2\mathrm{d}\theta_2+c_1s_2\mathrm{d}d_3 \\ d_3c_1s_2\mathrm{d}\theta_1+d_3s_1c_2\mathrm{d}\theta_2+s_1s_2\mathrm{d}d_3 \\ -d_3s_2\mathrm{d}\theta_2+c_2\mathrm{d}d_3 \\ -s_1\mathrm{d}\theta_2 \\ c_1\mathrm{d}\theta_2 \\ \mathrm{d}\theta_1 \end{pmatrix} = \begin{pmatrix} -s_1s_2d_3 & c_1c_2d_3 & c_1s_2 \\ c_1s_2d_3 & s_1c_2d_3 & s_1s_2 \\ 0 & -s_2d_3 & c_2 \\ 0 & -s_1 & 0 \\ 0 & c_1 & 0 \\ 1 & 0 & 0 \end{pmatrix} \begin{pmatrix} \mathrm{d}\theta_1 \\ \mathrm{d}\theta_2 \\ \mathrm{d}d_3 \end{pmatrix} \tag{4-51}$$

由式(4-51)可求出雅可比矩阵 $\boldsymbol{J}(\boldsymbol{q})$，表达式为

$$\boldsymbol{J}(\boldsymbol{q}) = \begin{pmatrix} -s_1s_2d_3 & c_1c_2d_3 & c_1s_2 \\ c_1s_2d_3 & s_1c_2d_3 & s_1s_2 \\ 0 & -s_2d_3 & c_2 \\ 0 & -s_1 & 0 \\ 0 & c_1 & 0 \\ 1 & 0 & 0 \end{pmatrix} \qquad (4\text{-}52)$$

当 $\theta_1 = -90°$，$\theta_2 = 270°$，$d_3 = d_3$ 时，此状态下的雅可比矩阵 $\boldsymbol{J}(\boldsymbol{q})$ 为

$$\boldsymbol{J}(\boldsymbol{q}) = \begin{pmatrix} -d_3 & 0 & 0 \\ 0 & 0 & 1 \\ 0 & d_3 & 0 \\ 0 & 1 & 0 \\ 0 & 0 & 0 \\ 1 & 0 & 0 \end{pmatrix} \qquad (4\text{-}53)$$

（2）以图 4-1b 所示的坐标系建立方法为例

将式(4-43)的 $\boldsymbol{T}_3^0$ 对各关节变量求微分，得

$$\mathrm{d}\boldsymbol{T}_3^0 = \begin{pmatrix} s_1s_2\mathrm{d}\theta_1 - c_1c_2\mathrm{d}\theta_2 & c_1\mathrm{d}\theta_1 & -s_1c_2\mathrm{d}\theta_1 - c_1s_2\mathrm{d}\theta_2 & -d_3s_1c_2\mathrm{d}\theta_1 - d_3c_1s_2\mathrm{d}\theta_2 + c_1c_2\mathrm{d}d_3 \\ -c_1s_2\mathrm{d}\theta_1 - s_1c_2\mathrm{d}\theta_2 & s_1\mathrm{d}\theta_1 & c_1c_2\mathrm{d}\theta_1 - s_1s_2\mathrm{d}\theta_2 & d_3c_1c_2\mathrm{d}\theta_1 - d_3s_1s_2\mathrm{d}\theta_2 + s_1c_2\mathrm{d}d_3 \\ -s_2\mathrm{d}\theta_2 & 0 & c_2\mathrm{d}\theta_2 & d_3c_2\mathrm{d}\theta_2 + s_2\mathrm{d}d_3 \\ 0 & 0 & 0 & 0 \end{pmatrix}$$

$$(4\text{-}54)$$

取式(4-54)矩阵中第四列的前三行即可得到手部坐标系沿基础坐标系各坐标轴的微小平移量 $\boldsymbol{d}_e$，即

$$\boldsymbol{d}_e = \begin{pmatrix} d_{ex} \\ d_{ey} \\ d_{ez} \end{pmatrix} = \begin{pmatrix} -d_3s_1c_2\mathrm{d}\theta_1 - d_3c_1s_2\mathrm{d}\theta_2 + c_1c_2\mathrm{d}d_3 \\ d_3c_1c_2\mathrm{d}\theta_1 - d_3s_1s_2\mathrm{d}\theta_2 + s_1c_2\mathrm{d}d_3 \\ d_3c_2\mathrm{d}\theta_2 + s_2\mathrm{d}d_3 \end{pmatrix} \qquad (4\text{-}55)$$

依式(4-20)计算 $\boldsymbol{T}_3^0$ 的逆阵，得

$$(\boldsymbol{T}_3^0)^{-1} = \begin{pmatrix} -c_1s_2 & -s_1s_2 & c_2 & -l_0c_2 \\ s_1 & -c_1 & 0 & 0 \\ c_1c_2 & s_1c_2 & s_2 & -d_3 - s_2l_0 \\ 0 & 0 & 0 & 1 \end{pmatrix} \qquad (4\text{-}56)$$

则由式(4-37)、式(4-54)及式(4-56)可求出

$$\boldsymbol{\Delta} = \mathrm{d}\boldsymbol{T}_3^0 \cdot (\boldsymbol{T}_3^0)^{-1}$$

$$= \begin{pmatrix} s_1s_2\mathrm{d}\theta_1 - c_1c_2\mathrm{d}\theta_2 & c_1\mathrm{d}\theta_1 & -s_1c_2\mathrm{d}\theta_1 - c_1s_2\mathrm{d}\theta_2 & -d_3s_1c_2\mathrm{d}\theta_1 - d_3c_1s_2\mathrm{d}\theta_2 + c_1c_2\mathrm{d}d_3 \\ -c_1s_2\mathrm{d}\theta_1 - s_1c_2\mathrm{d}\theta_2 & s_1\mathrm{d}\theta_1 & c_1c_2\mathrm{d}\theta_1 - s_1s_2\mathrm{d}\theta_2 & d_3c_1c_2\mathrm{d}\theta_1 - d_3s_1s_2\mathrm{d}\theta_2 + s_1c_2\mathrm{d}d_3 \\ -s_2\mathrm{d}\theta_2 & 0 & c_2\mathrm{d}\theta_2 & d_3c_2\mathrm{d}\theta_2 + s_2\mathrm{d}d_3 \\ 0 & 0 & 0 & 0 \end{pmatrix}$$

$$\begin{pmatrix} -c_1s_2 & -s_1s_2 & c_2 & -l_0c_2 \\ s_1 & -c_1 & 0 & 0 \\ c_1c_2 & s_1c_2 & s_2 & -d_3-s_2l_0 \\ 0 & 0 & 0 & 1 \end{pmatrix} = \begin{pmatrix} 0 & -\mathrm{d}\theta_1 & -c_1\mathrm{d}\theta_2 & c_1l_0\mathrm{d}\theta_2+c_1c_2\mathrm{d}d_3 \\ \mathrm{d}\theta_1 & 0 & -s_1\mathrm{d}\theta_2 & s_1l_0\mathrm{d}\theta_2+s_1c_2\mathrm{d}d_3 \\ c_1\mathrm{d}\theta_2 & s_1\mathrm{d}\theta_2 & 0 & s_2\mathrm{d}d_3 \\ 0 & 0 & 0 & 0 \end{pmatrix} \quad (4\text{-}57)$$

因

$$\boldsymbol{\Delta} = \begin{pmatrix} 0 & -\delta_z & \delta_y & d_x \\ \delta_z & 0 & -\delta_x & d_y \\ -\delta_y & \delta_x & 0 & d_z \\ 0 & 0 & 0 & 0 \end{pmatrix} \quad (4\text{-}58)$$

对照式(4-57)及式(4-58)对应元素，即可求得手部在基础坐标系中的微分平移及旋转运动矢量 $\boldsymbol{d}$ 和 $\boldsymbol{\delta}$，即

$$\boldsymbol{d} = \begin{pmatrix} d_x \\ d_y \\ d_z \end{pmatrix} = \begin{pmatrix} c_1l_0\mathrm{d}\theta_2+c_1c_2\mathrm{d}d_3 \\ s_1l_0\mathrm{d}\theta_2+s_1c_2\mathrm{d}d_3 \\ s_2\mathrm{d}d_3 \end{pmatrix}, \quad \boldsymbol{\delta} = \begin{pmatrix} \delta_x \\ \delta_y \\ \delta_z \end{pmatrix} = \begin{pmatrix} s_1\mathrm{d}\theta_2 \\ -c_1\mathrm{d}\theta_2 \\ \mathrm{d}\theta_1 \end{pmatrix} \quad (4\text{-}59)$$

微分旋转运动 $\boldsymbol{\delta}$ 即为手部坐标系绕基础坐标系各坐标轴的实际微小转动量 $\boldsymbol{\delta}_e$，即

$$\boldsymbol{\delta}_e = \begin{pmatrix} \delta_{ex} \\ \delta_{ey} \\ \delta_{ez} \end{pmatrix} = \begin{pmatrix} \delta_x \\ \delta_y \\ \delta_z \end{pmatrix} = \begin{pmatrix} s_1\mathrm{d}\theta_2 \\ -c_1\mathrm{d}\theta_2 \\ \mathrm{d}\theta_1 \end{pmatrix} \quad (4\text{-}60)$$

合并式(4-55)及式(4-60)，得

$$\boldsymbol{D}_e = \begin{pmatrix} d_{ex} \\ d_{ey} \\ d_{ez} \\ \delta_{ex} \\ \delta_{ey} \\ \delta_{ez} \end{pmatrix} = \begin{pmatrix} -d_3s_1c_2\mathrm{d}\theta_1-d_3c_1s_2\mathrm{d}\theta_2+c_1c_2\mathrm{d}d_3 \\ d_3c_1c_2\mathrm{d}\theta_1-d_3s_1s_2\mathrm{d}\theta_2+s_1c_2\mathrm{d}d_3 \\ d_3c_2\mathrm{d}\theta_2+s_2\mathrm{d}d_3 \\ s_1\mathrm{d}\theta_2 \\ -c_1\mathrm{d}\theta_2 \\ \mathrm{d}\theta_1 \end{pmatrix} = \begin{pmatrix} -s_1c_2d_3 & -c_1s_2d_3 & c_1c_2 \\ c_1c_2d_3 & -s_1s_2d_3 & s_1c_2 \\ 0 & c_2d_3 & s_2 \\ 0 & s_1 & 0 \\ 0 & -c_1 & 0 \\ 1 & 0 & 0 \end{pmatrix} \begin{pmatrix} \mathrm{d}\theta_1 \\ \mathrm{d}\theta_2 \\ \mathrm{d}d_3 \end{pmatrix} \quad (4\text{-}61)$$

由式(4-61)可求出雅可比矩阵 $\boldsymbol{J}(\boldsymbol{q})$，表达式为

$$\boldsymbol{J}(\boldsymbol{q}) = \begin{pmatrix} -s_1c_2d_3 & -c_1s_2d_3 & c_1c_2 \\ c_1c_2d_3 & -s_1s_2d_3 & s_1c_2 \\ 0 & c_2d_3 & s_2 \\ 0 & s_1 & 0 \\ 0 & -c_1 & 0 \\ 1 & 0 & 0 \end{pmatrix} \quad (4\text{-}62)$$

当 $\theta_1=90°$，$\theta_2=0°$，$d_3=d_3$ 时，此状态下的雅可比矩阵 $\boldsymbol{J}(\boldsymbol{q})$ 为

$$\boldsymbol{J}(\boldsymbol{q}) = \begin{pmatrix} -d_3 & 0 & 0 \\ 0 & 0 & 1 \\ 0 & d_3 & 0 \\ 0 & 1 & 0 \\ 0 & 0 & 0 \\ 1 & 0 & 0 \end{pmatrix} \quad (4\text{-}63)$$

可以看出，由于图 4-1a 中当 $\theta_1 = -90°$，$\theta_2 = 270°$，$d_3 = d_3$ 时的机器人状态与图 4-1b 中当 $\theta_1 = 90°$，$\theta_2 = 0°$，$d_3 = d_3$ 时的机器人状态相同，因此式（4-53）与式（4-63）的 $J(q)$ 相同。说明不同的坐标系建立方法，其雅可比矩阵表达式虽然不同，但同状态下的 $J(q)$ 一定是相同的。

4.2.4　雅可比矩阵的逆

三维空间运动的机器人其雅可比矩阵 $J(q)$ 的维数是 $6×n$，n 为关节数目。对于 6 自由度机器人，关节数 $n=6$，$J(q)$ 变为 $6×6$ 阶方阵，则可以直接求逆。

对于 2 自由度的平面运动机器人，关节数 $n=2$，失去了 4 个自由度，其雅可比矩阵 $J(q)$ 变为 $2×2$ 方阵，也可以直接求逆。

当 $J(q)$ 为方阵时，由矩阵理论知

$$J(q)^{-1} = \frac{\mathrm{adj}(J(q))}{\det|J(q)|} \tag{4-64}$$

式中，$\mathrm{adj}(J(q))$ 为 $J(q)$ 的伴随矩阵；$\det|J(q)|$ 是 $J(q)$ 的行列式值。

$J(q)$ 是关节角函数，在某些关节角时，会导致 $\det|J(q)|=0$，这些关节角称为机器人的奇异点。在奇异点处，因式（4-64）的分母为零，故 $J(q)^{-1}$ 不存在。

为了使机器人路径在运动空间里有更灵活的选择性，常设计其关节数多于自由度，称为冗余自由度。另外，当关节数少于自由度数时，导致 $J(q)$ 不是方阵，此时如果用到雅可比矩阵的逆就应用到它的伪逆（广义逆矩阵）。

用 $J(q)^+$ 表示伪逆，由矩阵论理论知

$$J(q)^+ = J(q)^{\mathrm{T}}(J(q)J(q)^{\mathrm{T}})^{-1} \tag{4-65}$$

式中，$J(q)$ 为雅可比矩阵，阶数为 $6×n(n\neq6)$；$J(q)^{\mathrm{T}}$ 为 $J(q)$ 的转置矩阵。

4.3　机器人速度分析

4.3.1　机器人速度计算

图 4-2 所示为 2 自由度（2R）平面关节型机器人，按照 D-H 坐标系建立方法，依图示选取杆 1、杆 2 的关节角分别为 θ_1、θ_2，杆长为 l_1、l_2，端点位置用 $(x_e \quad y_e)^{\mathrm{T}}$ 表示，则端点位移方程为

$$x_e = l_1 c\theta_1 + l_2 c_{12}$$
$$y_e = l_1 s\theta_1 + l_2 s_{12} \tag{4-66}$$

将其求导，写成矩阵形式为

图 4-2　2 自由度（2R）平面关节型机器人

$$\begin{pmatrix} \dot{x}_e \\ \dot{y}_e \end{pmatrix} = \begin{pmatrix} \dfrac{\partial x_e}{\partial \theta_1} & \dfrac{\partial x_e}{\partial \theta_2} \\ \dfrac{\partial y_e}{\partial \theta_1} & \dfrac{\partial y_e}{\partial \theta_2} \end{pmatrix} \begin{pmatrix} \dot{\theta}_1 \\ \dot{\theta}_2 \end{pmatrix} \tag{4-67}$$

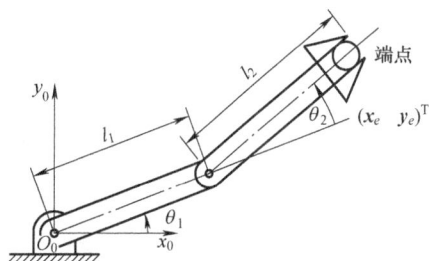

即

$$\dot{\boldsymbol{x}} = \boldsymbol{J}\dot{\boldsymbol{\theta}} \tag{4-68}$$

式中

$$\dot{\boldsymbol{x}} = \begin{pmatrix} \dot{\boldsymbol{x}}_e \\ \dot{\boldsymbol{y}}_e \end{pmatrix}, \quad \dot{\boldsymbol{\theta}} = \begin{pmatrix} \dot{\theta}_1 \\ \dot{\theta}_2 \end{pmatrix}, \quad \boldsymbol{J} = \begin{pmatrix} \dfrac{\partial \boldsymbol{x}_e}{\partial \theta_1} & \dfrac{\partial \boldsymbol{x}_e}{\partial \theta_2} \\ \dfrac{\partial \boldsymbol{y}_e}{\partial \theta_1} & \dfrac{\partial \boldsymbol{y}_e}{\partial \theta_2} \end{pmatrix} \tag{4-69}$$

$\boldsymbol{J}$ 即为图 4-3 所示 2R 机器人的速度雅可比矩阵，它映射了关节空间速度 $\dot{\boldsymbol{\theta}}$ 与手部操作空间速度 $\dot{\boldsymbol{x}}$ 的函数关系。

按照式 (4-66) 及式 (4-69)，可计算出该 2R 机器人的雅可比矩阵为

$$\boldsymbol{J} = \begin{pmatrix} -l_1 s\theta_1 - l_2 s_{12} & -l_2 s_{12} \\ l_1 c\theta_1 + l_2 c_{12} & l_2 c_{12} \end{pmatrix} \tag{4-70}$$

并依式 (4-68) 可进一步计算出该机器人手部的速度为

$$\dot{\boldsymbol{x}} = \begin{pmatrix} v_{ex} \\ v_{ey} \end{pmatrix} = \boldsymbol{J}\dot{\boldsymbol{\theta}} = \begin{pmatrix} -l_1 s\theta_1 - l_2 s_{12} & -l_2 s_{12} \\ l_1 c\theta_1 + l_2 c_{12} & l_2 c_{12} \end{pmatrix} \begin{pmatrix} \dot{\theta}_1 \\ \dot{\theta}_2 \end{pmatrix} = \begin{pmatrix} (-l_1 s\theta_1 - l_2 s_{12})\dot{\theta}_1 - l_2 s_{12}\dot{\theta}_2 \\ (l_1 c\theta_1 + l_2 c_{12})\dot{\theta}_1 + l_2 c_{12}\dot{\theta}_2 \end{pmatrix} \tag{4-71}$$

若已知 $\dot{\theta}_1 = f_1(t)$，$\dot{\theta}_2 = f_2(t)$，则可求出该机器人手部的瞬时速度 $\dot{\boldsymbol{x}} = f(t)$。反之，假如给定机器人手部速度 $\dot{\boldsymbol{x}}$，可由式 (4-27) 求得相应的关节速度为

$$\dot{\boldsymbol{q}} = \boldsymbol{J}(\boldsymbol{q})^{-1}\dot{\boldsymbol{x}} \tag{4-72}$$

式中，$\boldsymbol{J}(\boldsymbol{q})^{-1}$ 为机器人雅可比矩阵的逆，也称为逆速度雅可比矩阵。

例 4-4 图 4-3 所示为一个 2 自由度机械手，手部以速度 $v_2 = 0.1 \text{m/s}$ 沿固定坐标系 x_0 轴正向移动，杆长 $l_1 = l_2 = 0.6 \text{m}$。当 $\theta = 45°$，$\theta_2 = -90°$ 时，求该时刻的关节速度。

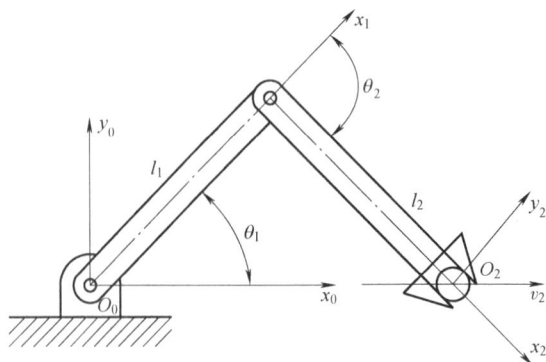

图 4-3 2 自由度机械人手部沿 x_0 轴方向运动

解：由式 (4-70) 知，2 自由度机械手速度雅可比矩阵为

$$\boldsymbol{J} = \begin{pmatrix} -l_1 s\theta_1 - l_2 s_{12} & -l_2 s_{12} \\ l_1 c\theta_1 + l_2 c_{12} & l_2 c_{12} \end{pmatrix}$$

其逆雅可比矩阵为

$$J^{-1} = \frac{1}{l_1 l_2 s\theta_2} \begin{pmatrix} l_2 c_{12} & l_2 s_{12} \\ -l_1 c\theta_1 - l_2 c_{12} & -l_1 s\theta_1 - l_2 s_{12} \end{pmatrix} \tag{4-73}$$

依式(4-72)知

$$\dot{\boldsymbol{\theta}} = J^{-1} \boldsymbol{v} \tag{4-74}$$

故由式(4-73)、式(4-74)可得

$$\begin{pmatrix} \dot{\theta}_1 \\ \dot{\theta}_2 \end{pmatrix} = \frac{1}{l_1 l_2 s\theta_2} \begin{pmatrix} l_2 c_{12} & l_2 s_{12} \\ -l_1 c\theta_1 - l_2 c_{12} & -l_1 s\theta_1 - l_2 s_{12} \end{pmatrix} \begin{pmatrix} v_{2x} \\ v_{2y} \end{pmatrix} \tag{4-75}$$

由题知 $v_{2x} = v_2 = 0.1\text{m/s}$，$v_{2y} = 0\text{m/s}$，则

$$\boldsymbol{v} = \begin{pmatrix} v_{2x} \\ v_{2y} \end{pmatrix} = \begin{pmatrix} 0.1 \\ 0 \end{pmatrix}$$

已知 $l_1 = l_2 = 0.6\text{m}$，当关节处于位置 $\theta_1 = 45°$，$\theta_2 = -90°$时，依式(4-75)可求得

$$\begin{cases} \dot{\theta}_1 = \dfrac{v_{2x} c_{12}}{l_1 s\theta_2} = \dfrac{0.1 \times \cos(45° - 90°)}{0.6 \times \sin(-90°)}\text{rad/s} = -\dfrac{\sqrt{2}}{12}\text{rad/s} \approx -0.118\text{rad/s} \\[4mm] \dot{\theta}_2 = \dfrac{v_{2x}(-l_1 c\theta_1 - l_2 c_{12})}{l_1 l_2 s\theta_2} = -0.1 \times \left[\dfrac{0.6 \times \cos 45° + 0.6 \times \cos(45° - 90°)}{0.6 \times 0.6 \times \sin(-90°)} \right]\text{rad/s} \\[4mm] \qquad = \dfrac{\sqrt{2}}{6}\text{rad/s} \approx 0.236\text{rad/s} \end{cases}$$

故此刻两关节速度分别为 $\dot{\theta}_1 = -0.118\text{rad/s}$，$\dot{\theta}_2 = 0.236\text{rad/s}$。

上述以 2R 机器人为例阐述了机器人速度的计算，对于多自由度机器人可以依照 4.2 节中介绍的方法求得雅可比矩阵，再依据式(4-27)或式(4-72)来求得机器人手部速度或机器人关节速度。另外，根据关节驱动器的特性，能够知道每个关节的运动速度及其最大值，依据式(4-27)，通过分析很容易找到机器人手部产生最大速度的条件，即利用雅可比矩阵及关节角速度能够评估出机器人末端执行器的最大速度及发生的条件。

4.3.2　机器人的奇异位形

机器人末端执行器在空间按规定的速度进行作业时，需计算沿路径每一瞬时相应的关节速度。此时若雅可比矩阵的逆 $J(\boldsymbol{q})^{-1}$ 出现奇异而无解时，则无法解出关节速度，此刻操作空间处于奇异形位。

由 3.4.4 节知，机器人奇异形位有两种情况：一种是机器人处于边界奇异形位；另一种是机器人处于内部奇异形位。

当机器人处于边界奇异形位时，无论怎样改变机器人关节速度，手部均不可能实现朝某个方向上的移动，自由度产生退化现象。例如，在例 4-4 中，若 $l_1 \neq 0$，$l_2 \neq 0$，$\theta_2 = 0$ 或 $\theta_2 = 180°$时，$l_1 l_2 s\theta_2 = 0$，此时机器人的逆雅可比 $J(\boldsymbol{q})^{-1}$ 分母为零，式(4-75)无解，机器人处于边界奇异形位，即两臂处于完全伸直或完全折回状态。此时手部处于工作空间的边界，只能沿着与臂垂直的方向运动，不能向其他方向运动，退化了一个自由度。

当机器人处于内部奇异形位时，例如图 3-9 所示，关节 1 和关节 6 轴共线，此刻无论这两个关节哪一个转动，机器人手部都做同样的转动，机器人失去 1 个自由度，处于退化状态。这种状况下，指令控制器需采取紧急处理。

4.4 机器人静力学分析

机器人工作时，各关节驱动装置通过连杆将关节驱动力（或力矩）传递到末端执行器，以克服外界的阻力和阻力矩。而机器人力雅可比矩阵恰好映射了关节驱动力（或力矩）与末端执行器对外施加的力和力矩之间的静态传递关系。

4.4.1 机器人杆件受力分析

现对机器人任一杆件 i 的受力状况进行分析。如图 4-4 所示，在杆 i 的两端关节 i 和 $i+1$ 上分别建立坐标系 $\{i-1\}$ 和 $\{i\}$，图中各变量含义如下：

$f_{i-1,i}$ 及 $n_{i-1,i}$——杆 $i-1$ 作用在 i 杆上的力和力矩。

$f_{i,i+1}$ 及 $n_{i,i+1}$——杆 i 作用在 $i+1$ 杆上的力和力矩。

$-f_{i,i+1}$ 及 $-n_{i,i+1}$——杆 $i+1$ 作用在 i 杆上的力和力矩。

f_n 及 n_n——机器人手部对外界的作用力和力矩。

$-f_n$ 及 $-n_n$——外界对机器人手部的作用力和力矩。

$f_{0,1}$ 及 $n_{0,1}$——机器人机座对杆 1 的作用力和力矩。

$m_i g$——连杆 i 的重量，作用在质心 C_i 上。

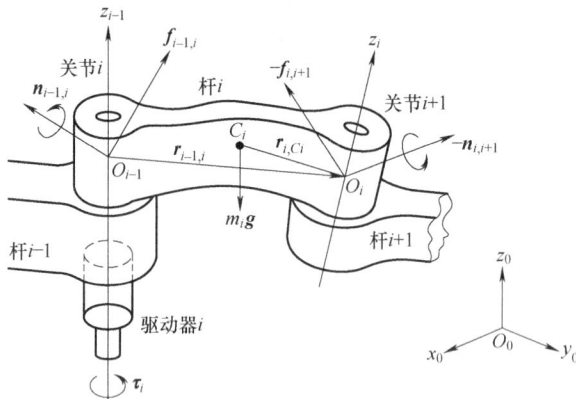

图 4-4　杆 i 的受力分析

当连杆 i 受力平衡时，其上所受的合力和合力矩为零，力和力矩平衡方程式分别为

$$f_{i-1,i}+(-f_{i,i+1})+m_i g = 0 \tag{4-76}$$

$$n_{i-1,i}+(-n_{i,i+1})+(r_{i-1,i}+r_{i,C_i})\times f_{i-1,i}+(r_{i,C_i})\times(-f_{i,i+1}) = 0 \tag{4-77}$$

式中，$r_{i-1,i}$ 为坐标系 $\{i\}$ 的原点相对于坐标系 $\{i-1\}$ 的位置矢量；r_{i,C_i} 为质心相对于坐标系 $\{i\}$ 的位置矢量。应注意建立式（4-76）及式（4-77）平衡方程式时应在同一个坐标系中进行度量。

如果已知外界对机器人手部的作用力和力矩，那么可依次从手部向机座计算出各连杆上的受力状况。

4.4.2 机器人力雅可比矩阵

机器人作业时其手部把持工具与工件保持一定的接触力（矩），现用 F 表示此接触力

（矩），$\boldsymbol{F}$ 是一个六维矢量，称为端点广义力，即

$$\boldsymbol{F} = \begin{pmatrix} \boldsymbol{f}_n \\ \boldsymbol{n}_n \end{pmatrix} = \begin{pmatrix} f_{nx} \\ f_{ny} \\ f_{nz} \\ n_{nx} \\ n_{ny} \\ n_{nz} \end{pmatrix} \tag{4-78}$$

式中，$\boldsymbol{f}_n = (f_{nx} \quad f_{ny} \quad f_{nz})^{\mathrm{T}}$，表达了接触力 $\boldsymbol{F}$ 沿基础坐标系 x、y、z 轴的三个分力；$\boldsymbol{n}_n = (n_{nx} \quad n_{ny} \quad n_{nz})^{\mathrm{T}}$，表达了接触力 $\boldsymbol{F}$ 分别绕基础坐标系 x、y、z 轴的三个分力矩。

　　如果机器人手端匀速运动或静止，保持与工件接触力恒定，那么各关节需要用多大的力或力矩来平衡这个终端接触力 $\boldsymbol{F}$？

　　设 n 个关节需要 n 个驱动力（矩）τ_1，τ_2，$\cdots$，τ_n，合并在一起用矢量表示为

$$\boldsymbol{\tau} = \begin{pmatrix} \tau_1 \\ \tau_2 \\ \vdots \\ \tau_n \end{pmatrix} \tag{4-79}$$

式中，$\boldsymbol{\tau}$ 为关节力（或力矩）矢量，简称为广义关节力。对于转动关节 i，τ_i 表示关节驱动力矩；对于移动关节 i，τ_i 表示关节驱动力，$i = 1$，2，$\cdots$，n。

　　设想每个关节都有一个微小位移（也即虚位移，详见 5.2.1 节）δq_i，并引起末端产生线位移 $\delta \boldsymbol{x}_e$ 和角位移 $\delta \boldsymbol{\varphi}_e$，所有关节所做的全部功为

$$\delta W_q = \tau_1 \delta \boldsymbol{q}_1 + \tau_2 \delta \boldsymbol{q}_2 + \cdots + \tau_n \delta \boldsymbol{q}_n = \sum_{i=1}^{n} \boldsymbol{\tau}_i \delta \boldsymbol{q}_i \tag{4-80}$$

而机器人手部端点对外界所做的总功为

$$\delta W_F = (f_{nx} \quad f_{ny} \quad f_{nz}) \begin{pmatrix} \delta x_{ex} \\ \delta x_{ey} \\ \delta x_{ez} \end{pmatrix} + (n_{nx} \quad n_{ny} \quad n_{nz}) \begin{pmatrix} \delta \varphi_{ex} \\ \delta \varphi_{ey} \\ \delta \varphi_{ez} \end{pmatrix} = \boldsymbol{f}_n^{\mathrm{T}} \delta \boldsymbol{x}_e + \boldsymbol{n}_n^{\mathrm{T}} \delta \boldsymbol{\varphi}_e \tag{4-81}$$

　　假定关节不存在摩擦，并忽略各杆件的重力，当手部处于静止或匀速运动时，这两个总功应相等，即

$$\delta W_q = \delta W_F \tag{4-82}$$

依式（4-80）及式（4-81）得

$$\sum_{i=1}^{n} \boldsymbol{\tau}_i \delta \boldsymbol{q}_i - (\boldsymbol{f}_n^{\mathrm{T}} \delta \boldsymbol{x}_e + \boldsymbol{n}_n^{\mathrm{T}} \delta \boldsymbol{\varphi}_e) = 0$$

或表示为

$$\boldsymbol{\tau}^{\mathrm{T}} \delta \boldsymbol{q} - \boldsymbol{F}^{\mathrm{T}} \delta \boldsymbol{X} = 0, \quad \delta \boldsymbol{X} = \begin{pmatrix} \delta \boldsymbol{x}_e \\ \delta \boldsymbol{\varphi}_e \end{pmatrix}_{6 \times 1} \tag{4-83}$$

　　由式（4-27），可推得 $\delta \boldsymbol{X} = \boldsymbol{J} \delta \boldsymbol{q}$，代入式（4-83），得

$$(\boldsymbol{\tau}^{\mathrm{T}} - \boldsymbol{F}^{\mathrm{T}} \boldsymbol{J}) \delta \boldsymbol{q} = 0 \tag{4-84}$$

　　因关节位移量 $\delta \boldsymbol{q}$ 不为零，因此，对于式（4-84），只有

$$\boldsymbol{\tau}^{\mathrm{T}} - \boldsymbol{F}^{\mathrm{T}} \boldsymbol{J} = 0$$

即

$$\boldsymbol{\tau}^{\mathrm{T}} = \boldsymbol{F}^{\mathrm{T}} \boldsymbol{J} \tag{4-85}$$

式(4-85)两边取转置，得

$$\boldsymbol{\tau} = \boldsymbol{J}^{\mathrm{T}} \boldsymbol{F} \tag{4-86}$$

可看出，利用雅可比矩阵转置就可把末端作用力 $\boldsymbol{F}$ 折算到各关节上。

式(4-86)表示了在平衡状态下，手部端点力 $\boldsymbol{F}$ 和广义关节力(矩) $\boldsymbol{\tau}$ 之间的映射关系。$\boldsymbol{J}^{\mathrm{T}}$ 称为机器人力雅可比矩阵，它是速度雅可比矩阵 $\boldsymbol{J}$ 的转置矩阵。

4.4.3 机器人静力计算

机器人杆件静力计算分为两种情况：

1）已知外界对机器人手部的作用力 $\boldsymbol{F}'$（手部端点力 $\boldsymbol{F} = -\boldsymbol{F}'$），求满足静力平衡条件的关节驱动力矩 $\boldsymbol{\tau}$。这种情况可利用式(4-86)来求解。

2）已知关节驱动力矩 $\boldsymbol{\tau}$，求机器人手部对外界的作用力或外部负载的质量。这种情况是第一种情况的逆解。逆解的表达式为

$$\boldsymbol{F} = (\boldsymbol{J}^{\mathrm{T}})^{-1} \boldsymbol{\tau} \tag{4-87}$$

当机器人的自由度不是6时，例如自由度大于6时，力雅可比矩阵就不是方阵，则 $\boldsymbol{J}^{\mathrm{T}}$ 就没有逆解。因此，对第二种情况的求解就相对困难，一般情况不一定能得到唯一解。

例4-5 图4-5所示为一个2自由度平面关节型机器人，两杆长分别为 l_1、l_2。已知手部接触力 $\boldsymbol{F} = (f_x \quad f_y)^{\mathrm{T}}$，忽略摩擦及杆件重力，分别求出 $\theta_1 = 45°$，$\theta_2 = 45°$时，以及 $\theta_1 = 0°$，$\theta_2 = 90°$时的关节力矩。

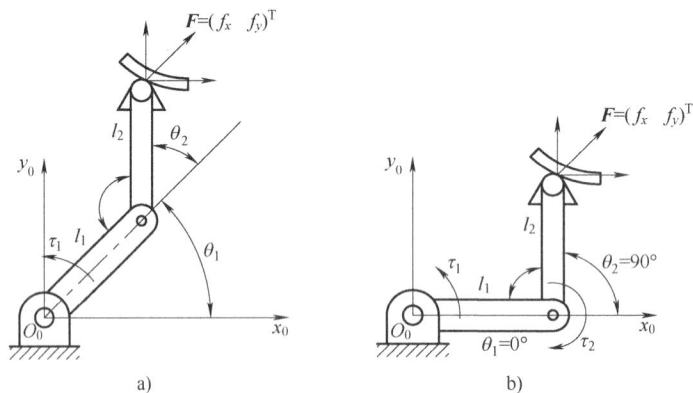

图4-5 手部端点力 $\boldsymbol{F}$ 与关节力矩 $\boldsymbol{\tau}$

解： 由式(4-70)知，该机器人的速度雅可比矩阵为

$$\boldsymbol{J} = \begin{pmatrix} -l_1 s\theta_1 - l_2 s_{12} & -l_2 s_{12} \\ l_1 c\theta_1 + l_2 c_{12} & l_2 c_{12} \end{pmatrix}$$

因此，其力雅可比矩阵为

$$\boldsymbol{J}^{\mathrm{T}} = \begin{pmatrix} -l_1 s\theta_1 - l_2 s_{12} & l_1 c\theta_1 + l_2 c_{12} \\ -l_2 s_{12} & l_2 c_{12} \end{pmatrix}$$

由 $\boldsymbol{\tau} = \boldsymbol{J}^{\mathrm{T}} \boldsymbol{F}$ 得

$$\boldsymbol{\tau} = \begin{pmatrix} \boldsymbol{\tau}_1 \\ \boldsymbol{\tau}_2 \end{pmatrix} = \begin{pmatrix} -l_1 s\theta_1 - l_2 s_{12} & l_1 c\theta_1 + l_2 c_{12} \\ -l_2 s_{12} & l_2 c_{12} \end{pmatrix} \begin{pmatrix} f_x \\ f_y \end{pmatrix}$$

可计算出

$$\begin{cases} \boldsymbol{\tau}_1 = (-l_1 s\theta_1 - l_2 s_{12}) f_x + (l_1 c\theta_1 + l_2 c_{12}) f_y \\ \boldsymbol{\tau}_2 = -l_2 s_{12} f_x + l_2 c_{12} f_y \end{cases}$$

因此，当 $\theta_1 = 45°$，$\theta_2 = 45°$时，与手部接触力相对应的关节驱动力矩为

$$\boldsymbol{\tau}_1 = (-\frac{\sqrt{2}}{2} l_1 - l_2) f_x + \frac{\sqrt{2}}{2} l_1 f_y, \quad \boldsymbol{\tau}_2 = -l_2 f_x$$

当 $\theta_1 = 0°$，$\theta_2 = 90°$时，与手部接触力相对应的关节驱动力矩为

$$\boldsymbol{\tau}_1 = -l_2 f_x + l_1 f_y, \quad \boldsymbol{\tau}_2 = -l_2 f_x$$

习　　题

4.1　简述机器人速度雅可比矩阵、力雅可比矩阵的概念及两者之间的关系。

4.2　给定机器人手部坐标系 $\boldsymbol{T}_{e1}$ 及此位置雅可比矩阵的逆 $\boldsymbol{J}^{-1}$。机器人微分运动为 $\boldsymbol{D} = (0.05 \quad 0 \quad -0.1 \quad 0$ $0.1 \quad 0.1)^T$。已知：

$$\boldsymbol{T}_{e1} = \begin{pmatrix} 0 & 1 & 0 & 3 \\ 1 & 0 & 0 & 3 \\ 0 & 0 & -1 & 8 \\ 0 & 0 & 0 & 1 \end{pmatrix}, \quad \boldsymbol{J}^{-1} = \begin{pmatrix} 5 & 0 & 0 & 0 & 0 & 0 \\ 2 & 0 & -1 & 0 & 0 & 0 \\ 0 & -0.2 & 0 & 0 & 0 & 0 \\ 0 & -1 & 0 & 0 & 1 & 0 \\ 0 & 0 & 0 & 1 & 0 & 0 \\ 1 & 0 & 0 & 0 & 0 & 1 \end{pmatrix}$$

试求：

1）各关节的微分运动及手部坐标系的变化量。

2）手部的新位置 $\boldsymbol{T}_{e2}$ 及微分变换算子 $^T\boldsymbol{\Delta}$。

4.3　已知2自由度机械手的雅可比矩阵为

$$\boldsymbol{J} = \begin{pmatrix} -l_1 s\theta_1 - l_2 s_{12} & -l_2 s_{12} \\ l_1 c\theta_1 + l_2 c_{12} & l_2 c_{12} \end{pmatrix}$$

若忽略重力，当手部端点力 $\boldsymbol{F} = (2 \quad 1)^T$时，求相应的关节力矩 $\boldsymbol{\tau}$。

4.4　如图4-6所示，一个3自由度机械手，其末端夹持一质量 $m = 3$kg 的重物，$l_1 = l_2 = 1$m，$\theta_1 = 60°$，$\theta_2 = -60°$，$\theta_3 = -90°$。若不计机械手的质量，求机械手处于平衡状态时的各关节力矩。

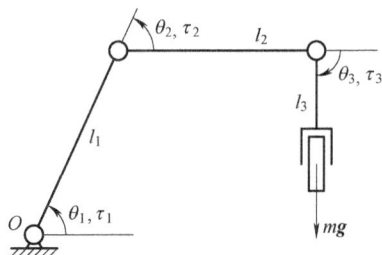

图 4-6　题 4.4 图

4.5　图4-7所示为一个2自由度机械手，杆长 $l_1 = l_2 = 0.8$m，求下面三种情况时的关节瞬时速度 $\dot{\theta}_1$、$\dot{\theta}_2$。

$v_x/$ （m/s）	−0.3	0	0.3
$v_y/$ （m/s）	0	0.3	0.3
θ_1	60°	30°	90°
θ_2	−60°	90°	−30°

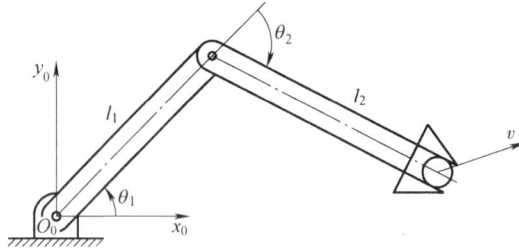

图 4-7 题 4.5 图

第 5 章

机器人动力学分析

机器人动力学主要研究机器人运动和受力之间的关系，目的是对机器人进行控制、优化设计和仿真。它同样有动力学正、逆两类问题：

1）动力学正问题是已知各关节的驱动力（或力矩），求解各关节位移、速度和加速度，进而求得机械手的运动轨迹，主要用于机器人的仿真。

2）动力学逆问题是已知机械手的运动轨迹，即已知机器人关节的位移、速度和加速度，求解所需要的关节力（或力矩），源于实时控制的需要。

机器人动力学方程的建立方法主要包含：

1）动力学基本方法——牛顿-欧拉方程。

2）拉格朗日力学方法——拉格朗日方程。

此外，还有一些其他动力学分析方法，如阿佩尔方程等。

牛顿-欧拉方程基于力的动态平衡方法，需要从运动学出发求得加速度，并消去各内作用力。对于复杂系统，该方法显得烦琐，适用于一些较为简单的例子。

拉格朗日方程基于拉格朗日功能平衡法，需要从运动学出发求得速度，不必求出内作用力，该方法简单便捷。本章主要介绍拉格朗口方程，并以此来分析求解机器人动力学问题。

一般的操作机器人的拉格朗日动态方程由 6 个非线性微分联立方程表示，很难求得其解析解，通常以矩阵形式表示，具体使用时，常常通过一些假设简化它们，以获得控制所需要的信息。

5.1 牛顿-欧拉方程

牛顿-欧拉方程包含牛顿方程和欧拉方程。

对于刚体的运动，可将其看作质心平动和绕质心转动两种运动的复合运动。牛顿方程表征的是构件质心的平动，欧拉方程研究的是相对于构件质心的转动。

质量为 m、质心位于点 C 的刚体，作用在其质心的力 $\boldsymbol{F}$ 的大小与质心加速度 $\boldsymbol{a}_C$ 存在关系

$$\boldsymbol{F} = m\boldsymbol{a}_C \tag{5-1}$$

式中，$\boldsymbol{F}$、$\boldsymbol{a}_C$ 为三维矢量。

式（5-1）称为牛顿方程。

设刚体坐标系原点在质心点 C 处，刚体绕质心的角速度为 $\boldsymbol{\omega}$，角加速度为 $\boldsymbol{\varepsilon}$，$\boldsymbol{I}_C$ 为刚体

相对于自身坐标系的惯性张量，则施加在刚体上的力矩 M 的大小为

$$M = I_c \varepsilon + \omega \times I_c \omega \tag{5-2}$$

式中，M、ε、ω 均为三维矢量。

式（5-2）称为欧拉方程。

式（5-1）与式（5-2）合并称为牛顿-欧拉方程。

5.2 虚位移原理

机器人结构复杂，其机构连杆通过关节相互连接和相互作用，存在很多未知的约束反力，这些约束反力在所研究的问题中往往并不需要知道，利用虚位移原理可以使机器人的动力学平衡方程中不出现约束反力，从而使联立方程数目减少，并简化运算。

5.2.1 虚位移

在约束允许的范围内，某一瞬间系统各质点任何无限小的位移称为虚位移。

如图 5-1 所示，已知质点 M 的运动被约束在固定曲面 S 上，那么质点 M 在曲面上任何无限小的位移都是约束所允许的，都是虚位移。略去高阶小量，则认为这些虚位移均在通过点 M 的切面 T 上。图中 δr、$\delta r'$ 等都是虚位移。需注意，虚位移 δr 不代表质点的真实运动，完全取决于约束的性质，在某一时刻，它有无数多个；实位移 dr 则代表质点的真实运动，它不仅与约束的性质有关，而且与作用在质点系上的力、初始条件及时间有关，在某一时刻，它只有一个。实位移是虚位移之一。

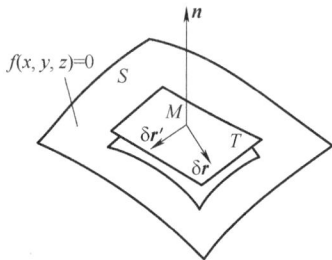

图 5-1　质点的虚位移

5.2.2 理想约束

给质点以虚位移 δr，则主动力做功为 $\delta W_F = F \delta r$，约束反力做功为 $\delta W_N = N \delta r$，δW_F、δW_N 均称为虚功。如果约束反力在任何虚位移上的虚功之和 $\sum \delta W_N$ 为零，则称这种约束为理想约束。

如图 5-2 所示，忽略曲柄连杆机构中杆 OA 与 AB 之间铰链 A 的质量、尺寸，即不考虑铰链所受的重力及摩擦力，将其看成一点，则当杆系受力平衡时，铰链所受两杆的约束反力 N_A、N_A' 大小相等、方向相反，即 $N_A = -N_A'$。若给铰链 A 任一虚位移 δr_A，则两约束反力的虚功之和等于零，即

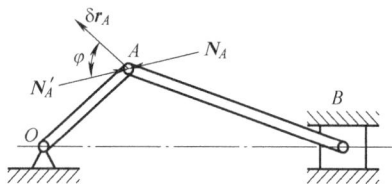

图 5-2　约束反力的虚功

$$\sum \delta W_N = N_A \delta r_A + N_A' \delta r_A = 0$$

铰链 A 即为理想约束，这种铰链在机器人机构关节中普遍存在。

对于具有理想约束的质点系，质点系的虚功之和也为零，即

$$\sum \delta W_N = \sum_{i=1}^{n} N_i \delta r_i = 0 \quad (i = 1, 2, \cdots, n) \tag{5-3}$$

式中，N_i 为作用在质点 M_i 上的约束合力；δr_i 为质点 M_i 的虚位移。

5.2.3　虚位移原理的含义

虚位移原理的含义：具有稳定理想约束的质点系，在某位置处于平衡的充分必要条件是作用在此质点系的所有主动力 $\boldsymbol{F}_i$（$i = 1, 2, \cdots, n$）沿任何虚位移 $\delta \boldsymbol{r}_i$ 所做的虚功之和等于零，即

$$\sum_{i=1}^{n} \boldsymbol{F}_i \delta \boldsymbol{r}_i = 0 \quad (i = 1, 2, \cdots, n) \tag{5-4}$$

式中，$\boldsymbol{F}_i$ 为作用于质点系中某质点 M_i 上的主动力的合力；$\delta \boldsymbol{r}_i$ 为质点 M_i 的虚位移。

虚位移原理的充分性可采用反证法证明（略），必要性证明如下：

当质点系处于平衡时，其每个质点也处于平衡，有 $\boldsymbol{F}_i + \boldsymbol{N}_i = 0$，如果给质点任一虚位移 $\delta \boldsymbol{r}_i$，则对于质点系，有

$$\sum_{i=1}^{n} (\boldsymbol{F}_i + \boldsymbol{N}_i) \delta \boldsymbol{r}_i = 0 \tag{5-5a}$$

进一步表达为

$$\sum_{i=1}^{n} \boldsymbol{F}_i \delta \boldsymbol{r}_i + \sum_{i=1}^{n} \boldsymbol{N}_i \delta \boldsymbol{r}_i = 0 \tag{5-5b}$$

由于质点系具有稳定理想约束，根据式（5-4），式（5-5b）中的第二项等于零，因此得

$$\sum_{i=1}^{n} \boldsymbol{F}_i \delta \boldsymbol{r}_i = 0 \quad (i = 1, 2, \cdots, n)$$

必要性得证。强调一点，虚位移原理是基于系统为理想约束的情况下得到的，如果系统考虑摩擦及重力，那么可在虚功计算中，把摩擦力及重力看作主动力，则该原理依然适用。

5.2.4　广义坐标与广义力

1. 广义坐标

设质点系由 n 个质点组成，具有 s 个几何约束方程式，即

$$f_i (x_1, y_1, z_1, \cdots, x_n, y_n, z_n) = 0 \quad (i = 1, 2, \cdots, s) \tag{5-6}$$

那么，在 $3n$ 个坐标 x_i，y_i，z_i（$i = 1, 2, \cdots, n$）中有 $k = 3n - s$ 个坐标是独立的，即系统的自由度为 k。任选 k 个独立参数 $q_1, \cdots, q_k$，则系统的坐标可由 $q_1, \cdots, q_k$ 来表达，即

$$\begin{cases} x_i = x_i (q_1, q_2, \cdots, q_k) \\ y_i = y_i (q_1, q_2, \cdots, q_k) \quad (i = 1, 2, \cdots, n) \\ z_i = z_i (q_1, q_2, \cdots, q_k) \end{cases} \tag{5-7}$$

写成矢量表示形式

$$\boldsymbol{r}_i = \boldsymbol{r}_i (q_1, q_2, \cdots, q_k) \quad (i = 1, 2, \cdots, n) \tag{5-8}$$

式中，k 个独立参数 q_1，q_2，$\cdots$，q_k 称为系统的广义坐标。在几何约束状况下，广义坐标数即系统的自由度数。广义坐标可以取直角坐标，也可以取其他坐标，视具体情况而定。

对式（5-8）进行虚微分（或变分），可得

$$\delta \boldsymbol{r}_i = \sum_{j=1}^{k} \frac{\partial \boldsymbol{r}_i}{\partial q_j} \delta q_j \quad (j = 1, 2, \cdots, k) \tag{5-9}$$

至此，用广义坐标的变分 δq_1，δq_2，$\cdots$，δq_k（称为广义虚位移）表达了虚位移 $\delta \boldsymbol{r}_i$。

2. 广义力

考虑主动力系在虚位移上所做的功，表达为

$$\delta W_F = \sum_{i=1}^{n} \boldsymbol{F}_i \delta \boldsymbol{r}_i \quad (i = 1, 2, \cdots, n) \tag{5-10a}$$

利用式(5-9)，可得

$$\delta W_F = \sum_{i=1}^{n} \boldsymbol{F}_i \sum_{j=1}^{k} \frac{\partial \boldsymbol{r}_i}{\partial q_j} \delta q_j = \sum_{j=1}^{k} \sum_{i=1}^{n} \boldsymbol{F}_i \frac{\partial \boldsymbol{r}_i}{\partial q_j} \delta q_j \quad (j = 1, 2, \cdots, k) \tag{5-10b}$$

令

$$\boldsymbol{Q}_j = \sum_{i=1}^{n} \boldsymbol{F}_i \frac{\partial \boldsymbol{r}_i}{\partial q_j} \quad (j = 1, 2, \cdots, k) \tag{5-11}$$

则式(5-10a)、式(5-10b)可写为

$$\delta W_F = \sum_{i=1}^{n} \boldsymbol{F}_i \delta \boldsymbol{r}_i = \sum_{j=1}^{k} \boldsymbol{Q}_j \delta q_j \quad (j = 1, 2, \cdots, k) \tag{5-12}$$

由于 $\boldsymbol{Q}_j$ 与广义虚位移 $\delta q_j(j=1, 2, \cdots, k)$ 的乘积等于功，因此称 $\boldsymbol{Q}_j$ 为对应于广义坐标 $q_j(j=1, 2, \cdots, k)$ 的广义力。

广义力可按定义式(5-11)来计算，也可按式(5-12)进行计算。例如，只给出广义虚位移 δq_j，而令其余广义虚位移等于零，此时主动力的功为 δW_{Fj}，则广义力 $\boldsymbol{Q}_j$ 计算为

$$\boldsymbol{Q}_j = \frac{\delta W_{Fj}}{\delta q_j} \quad (j = 1, 2, \cdots, k) \tag{5-13}$$

有了虚位移原理，掌握了广义坐标、广义力的定义，就为下一节动力学普遍方程及拉格朗日方程的推导奠定了基础。

5.3　动力学普遍方程和拉格朗日方程

利用虚位移原理，可推导出动力学普遍方程，它是分析动力学的基础，是解决复杂动力学问题的一种普遍方法。进一步，由动力学普遍方程可推导出拉格朗日方程，它是求解机器人动力学问题的最简捷有效方法。

5.3.1　动力学普遍方程

设具有理想约束的质点系由 n 个质点组成。任一质点 M_i 的质量为 m_i，作用在质点 M_i 上的主动力合力为 $\boldsymbol{F}_i$，约束反力合力为 $\boldsymbol{N}_i$。当质点运动时，作用于质点系上的主动力 $\boldsymbol{F}_i$、约束反力 $\boldsymbol{N}_i$ 及惯性力 $\boldsymbol{Q}_i = -m_i\boldsymbol{a}_i$ 组成平衡力系，即 $\boldsymbol{F}_i + \boldsymbol{N}_i - m_i\boldsymbol{a}_i = 0(i = 1, 2, \cdots, n)$。给质点 M_i 一虚位移 $\delta \boldsymbol{r}_i$，则有

$$\sum_{i=1}^{n} (\boldsymbol{F}_i + \boldsymbol{N}_i - m_i\boldsymbol{a}_i)\delta \boldsymbol{r}_i = 0 \tag{5-14}$$

对于理想约束，由式(5-3)知，$\sum_{i=1}^{n} \boldsymbol{N}_i\delta \boldsymbol{r}_i = 0$，利用虚位移原理可得

$$\sum_{i=1}^{n} (\boldsymbol{F}_i - m_i\boldsymbol{a}_i)\delta \boldsymbol{r}_i = 0 \tag{5-15}$$

式(5-15)称为动力学普遍方程。它表明，具有理想约束的质点系，在运动的任一瞬时，作用于质点系上所有主动力与惯性力在任何虚位移上的虚功之和等于零。

可以看出，在解决动力学问题时，将系统惯性力看作主动力，应用虚位移原理即可得到式(5-15)。因此，式(5-15)可看作虚位移原理的扩展应用。

5.3.2 拉格朗日方程

由于动力学普遍方程不包含约束反力，因此为宏观求解系统动力学问题提供了便捷。但当解决复杂、具体的动力学问题时，因为系统采用了非独立的直角坐标系，故仍需与相应的约束方程联立进行求解，并还需涉及质点系的惯性力和虚位移计算，因此，具体运用式(5-15)时仍受局限。在系统为完整理想约束条件下，将动力学普遍方程以广义坐标及动能的形式表示出来，则可得到一组与广义坐标数相同的独立微分方程组，即为拉格朗日方程。使用拉格朗日方程便大大简化了动力学求解问题。

1. 两个辅助公式

设具有完整理想约束的质点系由 n 个质点组成，且系统的自由度为 k，若质点系是非平稳运动，则质点系中任一质点 M_i 的位置矢量 $\boldsymbol{r}_i$ 可由 k 个广义坐标 q_1，q_2，$\cdots$，q_k 和时间 t 的函数来表示，即

$$\boldsymbol{r}_i = \boldsymbol{r}_i(q_1,\ q_2,\ \cdots,\ q_k,\ t) \quad (i = 1,\ 2,\ \cdots,\ n) \tag{5-16}$$

固定时间 t，将式(5-16)求一阶变分，则得质点的虚位移

$$\delta \boldsymbol{r}_i = \sum_{j=1}^{k} \frac{\partial \boldsymbol{r}_i}{\partial q_j} \delta q_j \quad (i = 1,\ 2,\ \cdots,\ n) \tag{5-17}$$

将式(5-16)对时间求导数，则得质点 M_i 的速度

$$\boldsymbol{v}_i = \dot{\boldsymbol{r}}_i = \frac{\mathrm{d}\boldsymbol{r}_i}{\mathrm{d}t} = \frac{\partial \boldsymbol{r}_i}{\partial t} + \sum_{j=1}^{k} \frac{\partial \boldsymbol{r}_i}{\partial q_j} \dot{q}_j \tag{5-18}$$

式中，$\dot{q}_j$ 是广义坐标 q_j 对时间的导数，称为广义速度。

将式(5-18)两端对任一广义速度 $\dot{q}_j$ 求偏导数，因 $\partial \boldsymbol{r}_i / \partial t$ 和 $\partial \boldsymbol{r}_i / \partial q_j$ 仅为各广义坐标及时间的函数，与广义速度无关，故而可得

$$\frac{\partial \boldsymbol{v}_i}{\partial \dot{q}_j} = \frac{\partial \boldsymbol{r}_i}{\partial q_j} \tag{5-19}$$

式(5-19)即为推导拉格朗日方程需用到的辅助公式之一。

由于

$$\frac{\mathrm{d}}{\mathrm{d}t}\left(\frac{\partial \boldsymbol{r}_i}{\partial q_j}\right) = \frac{\partial}{\partial t}\left(\frac{\partial \boldsymbol{r}_i}{\partial q_j}\right) + \sum_{m=1}^{k} \frac{\partial}{\partial q_m}\left(\frac{\partial \boldsymbol{r}_i}{\partial q_j}\right) \dot{q}_m$$
$$= \frac{\partial^2 \boldsymbol{r}_i}{\partial q_j \partial t} + \sum_{m=1}^{k} \frac{\partial^2 \boldsymbol{r}_i}{\partial q_j \partial q_m} \dot{q}_m = \frac{\partial}{\partial q_j}\left(\frac{\partial \boldsymbol{r}_i}{\partial t} + \sum_{m=1}^{k} \frac{\partial \boldsymbol{r}_i}{\partial q_m} \dot{q}_m\right) \tag{5-20}$$

将式(5-20)右端括号中的下角标 m 换为 j，并依据式(5-18)，可得

$$\frac{\mathrm{d}}{\mathrm{d}t}\left(\frac{\partial \boldsymbol{r}_i}{\partial q_j}\right) = \frac{\partial \boldsymbol{v}_i}{\partial q_j} \tag{5-21}$$

式(5-21)即为推导拉格朗日方程需用到的辅助公式之二。

2. 拉格朗日方程的推导

按照质点系动力学普遍方程式(5-15)，可得

$$\sum_{i=1}^{n} \boldsymbol{F}_i \delta \boldsymbol{r}_i - \sum_{i=1}^{n} m_i \dot{\boldsymbol{v}}_i \delta \boldsymbol{r}_i = 0 \tag{5-22}$$

式(5-22)中的第一项为主动力系在虚位移中的虚功之和，依据式(5-12)，该项可表示为

$$\sum_{i=1}^{n} \boldsymbol{F}_i \delta \boldsymbol{r}_i = \sum_{j=1}^{k} \boldsymbol{Q}_j \delta q_j \tag{5-23}$$

式(5-22)中的第二项为惯性力系在虚位移中的虚功之和，利用式(5-17)，该项可表示为

$$\sum_{i=1}^{n} m_i \dot{\boldsymbol{v}}_i \delta \boldsymbol{r}_i = \sum_{j=1}^{k} \left(m_i \dot{\boldsymbol{v}}_i \sum_{j=1}^{k} \frac{\partial \boldsymbol{r}_i}{\partial q_j} \delta q_j \right) = \sum_{j=1}^{k} \left(\sum_{i=1}^{n} m_i \dot{\boldsymbol{v}}_i \frac{\partial \boldsymbol{r}_i}{\partial q_j} \right) \delta q_j = \sum_{j=1}^{k} \boldsymbol{Q}_{gj} \delta q_j \tag{5-24}$$

式中，$\boldsymbol{Q}_{gj}$ 称为广义惯性力，表达式为

$$\boldsymbol{Q}_{gj} = \sum_{i=1}^{n} m_i \dot{\boldsymbol{v}}_i \frac{\partial \boldsymbol{r}_i}{\partial q_j} \tag{5-25}$$

为简化广义惯性力 $\boldsymbol{Q}_{gj}$ 的计算，可利用质点系动能计算的便捷性，把 $\boldsymbol{Q}_{gj}$ 表示为与动能有关的形式，并利用两个辅助公式［式(5-19)及式(5-21)］，可推得

$$\begin{aligned}
\boldsymbol{Q}_{gj} &= \sum_{i=1}^{n} m_i \dot{\boldsymbol{v}}_i \frac{\partial \boldsymbol{r}_i}{\partial q_j} \\
&= \sum_{i=1}^{n} \frac{\mathrm{d}}{\mathrm{d}t} \left(m_i \boldsymbol{v}_i \frac{\partial \boldsymbol{r}_i}{\partial q_j} \right) - \sum_{i=1}^{n} m_i \boldsymbol{v}_i \frac{\mathrm{d}}{\mathrm{d}t} \left(\frac{\partial \boldsymbol{r}_i}{\partial q_j} \right) \\
&= \sum_{i=1}^{n} \frac{\mathrm{d}}{\mathrm{d}t} \left(m_i \boldsymbol{v}_i \frac{\partial \boldsymbol{v}_i}{\partial \dot{q}_j} \right) - \sum_{i=1}^{n} m_i \boldsymbol{v}_i \frac{\partial \boldsymbol{v}_i}{\partial q_j} \\
&= \sum_{i=1}^{n} \frac{\mathrm{d}}{\mathrm{d}t} \frac{\partial}{\partial \dot{q}_j} \left(\frac{m_i \boldsymbol{v}_i^2}{2} \right) - \sum_{i=1}^{n} \frac{\partial}{\partial q_j} \left(\frac{m_i \boldsymbol{v}_i^2}{2} \right) \\
&= \frac{\mathrm{d}}{\mathrm{d}t} \frac{\partial}{\partial \dot{q}_j} \sum_{i=1}^{n} \frac{m_i \boldsymbol{v}_i^2}{2} - \frac{\partial}{\partial q_j} \sum_{i=1}^{n} \frac{m_i \boldsymbol{v}_i^2}{2} \\
&= \frac{\mathrm{d}}{\mathrm{d}t} \frac{\partial K}{\partial \dot{q}_j} - \frac{\partial K}{\partial q_j}
\end{aligned} \tag{5-26}$$

式中，K 为质点系的动能，$K = \sum_{i=1}^{n} (m_i \boldsymbol{v}_i^2)/2$。将式(5-26)代入式(5-24)，则得

$$\sum_{i=1}^{n} m_i \dot{\boldsymbol{v}}_i \delta \boldsymbol{r}_i = \sum_{j=1}^{k} \left(\frac{\mathrm{d}}{\mathrm{d}t} \frac{\partial K}{\partial \dot{q}_j} - \frac{\partial K}{\partial q_j} \right) \delta q_j \tag{5-27}$$

再将式(5-23)及式(5-27)代入式(5-22)中，可得

$$\sum_{j=1}^{k} \left(Q_j - \frac{\mathrm{d}}{\mathrm{d}t} \frac{\partial K}{\partial \dot{q}_j} + \frac{\partial K}{\partial q_j} \right) \delta q_j = 0 \tag{5-28}$$

因广义坐标的相互独立性及 δq_j 的任意性，因此要使式(5-28)成立，则 δq_j 前的系数必须等于零，即

$$Q_j = \frac{\mathrm{d}}{\mathrm{d}t} \frac{\partial K}{\partial \dot{q}_j} - \frac{\partial K}{\partial q_j} \quad (j = 1, 2, \cdots, k) \tag{5-29}$$

式(5-29)即为拉格朗日方程，它是关于广义坐标的 k 个二阶微分方程。

3. 拉格朗日方程的进一步表达

1）若质点系上仅受重力主动力，则质点系的势能 P 是各质点位置的函数，即

$$P = P(x_1, y_1, z_1, x_2, y_2, z_2, \cdots, x_n, y_n, z_n) \tag{5-30a}$$

用广义坐标来表达时，为

$$P = P(q_1, q_2, \cdots, q_k) \tag{5-30b}$$

由于质点系中任一质点 M_i 上所受的重力在直角坐标上的投影等于势能对相应坐标的偏导数冠以负号，即

$$F_{x_i} = -\frac{\partial P}{\partial x_i}, \quad F_{y_i} = -\frac{\partial P}{\partial y_i}, \quad F_{z_i} = -\frac{\partial P}{\partial z_i} \tag{5-31}$$

则依式(5-11)及式(5-31)，可推得广义重力表达式为

$$\boldsymbol{Q}_{mj} = -\sum_{i=1}^{n} \left(\frac{\partial P}{\partial x_i} \frac{\partial x_i}{\partial q_j} + \frac{\partial P}{\partial y_i} \frac{\partial y_i}{\partial q_j} + \frac{\partial P}{\partial z_i} \frac{\partial z_i}{\partial q_j} \right) = -\frac{\partial P}{\partial q_j} \quad (j=1, \ 2, \ \cdots, \ k) \tag{5-32}$$

再依照式(5-29)，则拉格朗日方程可表示为

$$-\frac{\partial P}{\partial q_j} = \frac{\mathrm{d}}{\mathrm{d}t} \frac{\partial K}{\partial \dot{q}_j} - \frac{\partial K}{\partial q_j} \quad (j=1, \ 2, \ \cdots, \ k) \tag{5-33}$$

因质点系的势能 P 仅是广义坐标的函数，与广义坐标速度 $\dot{q}_j$ 无关，故 $\partial P / \partial \dot{q}_j = 0$，则将式(5-33)进一步写为

$$\frac{\mathrm{d}}{\mathrm{d}t} \frac{\partial L}{\partial \dot{q}_j} - \frac{\partial L}{\partial q_j} = 0 \quad (j=1, \ 2, \ \cdots, \ k) \tag{5-34}$$

式中，$L=K-P$，表示质点系的动能与势能之差，称为拉格朗日算子。L 是 t、q_j 及 $\dot{q}_j$ 的函数，式(5-34)称为保守系统的拉格朗日方程。

2）若质点系上不仅受重力主动力，而且还受其他主动力时，则广义力表示为

$$\boldsymbol{Q}_j = \boldsymbol{Q}_{mj} + \boldsymbol{F}_j = -\frac{\partial P}{\partial q_j} + \boldsymbol{F}_j \tag{5-35}$$

式中，$\boldsymbol{F}_j$ 是除广义重力以外的广义力。则按照式(5-29)，拉格朗日方程可表示为

$$-\frac{\partial P}{\partial q_j} + \boldsymbol{F}_j = \frac{\mathrm{d}}{\mathrm{d}t} \frac{\partial K}{\partial \dot{q}_j} - \frac{\partial K}{\partial q_j} \quad (j=1, \ 2, \ \cdots, \ k) \tag{5-36}$$

进一步可得

$$\boldsymbol{F}_j = \frac{\mathrm{d}}{\mathrm{d}t} \frac{\partial L}{\partial \dot{q}_j} - \frac{\partial L}{\partial q_j} \tag{5-37}$$

式(5-37)即是拉格朗日方程的更一般表达。式中广义力 $\boldsymbol{F}_j$ 可以是力或力矩，这取决于广义坐标的类型。这个方程在以后解决机器人动力学问题时会经常用到。

5.3.3 拉格朗日方程的应用举例

下面利用拉格朗日方程对平面二连杆机器人进行动力学分析。

例 5-1 图 5-3 所示为一平面二连杆机器人，结构为开式运动链，且假设连杆 1 和连杆 2 的质量 m_1 和 m_2 分别集中在各自杆件的末端，两连杆的长度分别为 l_1 和 l_2，θ_1 和 θ_2 为广义坐标，g 为重力加速度，求关节 1 及关节 2 的驱动力矩 M_1 及 M_2。

解：

（1）动能和位能的计算

1）连杆 1。因 $K_1 = \frac{1}{2} m_1 v_1^2$，$v_1 = l_1 \dot{\theta}_1$，$P_1 = m_1 g y_1$，$y_1 = l_1 \sin\theta_1$，故连杆 1 的动能及势能分别为

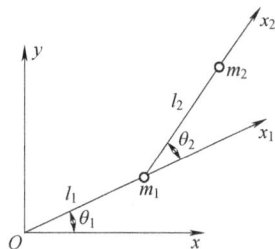

图 5-3 二连杆机器人

$$K_1 = \frac{1}{2}m_1 l_1^2 \dot{\theta}_1^2 \tag{5-38a}$$

$$P_1 = m_1 g l_1 \sin\theta_1 \tag{5-38b}$$

2）连杆 2。由于 $v_2^2 = \dot{x}_2^2 + \dot{y}_2^2$，而

$$x_2 = l_1 \cos\theta_1 + l_2 \cos(\theta_1 + \theta_2)$$

$$y_2 = l_1 \sin\theta_1 + l_2 \sin(\theta_1 + \theta_2)$$

$$\dot{x}_2 = -l_1 \sin\theta_1 \dot{\theta}_1 - l_2 \sin(\theta_1 + \theta_2)(\dot{\theta}_1 + \dot{\theta}_2)$$

$$\dot{y}_2 = l_1 \cos\theta_1 \dot{\theta}_1 + l_2 \cos(\theta_1 + \theta_2)(\dot{\theta}_1 + \dot{\theta}_2)$$

计算可得

$$v_2^2 = l_1^2 \dot{\theta}_1^2 + l_2^2(\dot{\theta}_1^2 + 2\dot{\theta}_1\dot{\theta}_2 + \dot{\theta}_2^2) + 2l_1 l_2 \cos\theta_2(\dot{\theta}_1^2 + \dot{\theta}_1\dot{\theta}_2)$$

因 $K_2 = \frac{1}{2}m_2 v_2^2$，$P_2 = mgy_2$，故连杆 2 的动能及势能分别为

$$K_2 = \frac{1}{2}m_2 l_1^2 \dot{\theta}_1^2 + \frac{1}{2}m_2 l_2^2(\dot{\theta}_1^2 + 2\dot{\theta}_1\dot{\theta}_2 + \dot{\theta}_2^2) + m_2 l_1 l_2 \cos\theta_2(\dot{\theta}_1^2 + \dot{\theta}_1\dot{\theta}_2) \tag{5-39a}$$

$$P_2 = m_2 g l_1 \sin\theta_1 + m_2 g l_2 \sin(\theta_1 + \theta_2) \tag{5-39b}$$

由此，二连杆机器人系统的总动能和总势能分别为

$$K = K_1 + K_2 = \frac{1}{2}(m_1 + m_2)l_1^2 \dot{\theta}_1^2 + \frac{1}{2}m_2 l_2^2(\dot{\theta}_1^2 + 2\dot{\theta}_1\dot{\theta}_2 + \dot{\theta}_2^2) + m_2 l_1 l_2 \cos\theta_2(\dot{\theta}_1^2 + \dot{\theta}_1\dot{\theta}_2) \tag{5-40a}$$

$$P = P_1 + P_2 = (m_1 + m_2)g l_1 \sin\theta_1 + m_2 g l_2 \sin(\theta_1 + \theta_2) \tag{5-40b}$$

（2）拉格朗日算子

依据式（5-40a）及式（5-40b）可求得二连杆机器人系统的拉格朗日算子 L，即

$$L = K - P = \frac{1}{2}(m_1 + m_2)l_1^2 \dot{\theta}_1^2 + \frac{1}{2}m_2 l_2^2(\dot{\theta}_1^2 + 2\dot{\theta}_1\dot{\theta}_2 + \dot{\theta}_2^2) + m_2 l_1 l_2 \cos\theta_2(\dot{\theta}_1^2 + \dot{\theta}_1\dot{\theta}_2) -$$
$$(m_1 + m_2)g l_1 \sin\theta_1 + m_2 g l_2 \sin(\theta_1 + \theta_2) \tag{5-41}$$

（3）动力学方程

对拉格朗日算子 L 求下列偏导数和导数，即

$$\frac{\partial L}{\partial \theta_1} = -(m_1 + m_2)g l_1 \cos\theta_1 - m_2 g l_2 \cos(\theta_1 + \theta_2) \tag{5-42}$$

$$\frac{\partial L}{\partial \theta_2} = -m_2 l_1 l_2 \sin\theta_2(\dot{\theta}_1^2 + \dot{\theta}_1\dot{\theta}_2) - m_2 g l_2 \cos(\theta_1 + \theta_2) \tag{5-43}$$

$$\frac{\partial L}{\partial \dot{\theta}_1} = (m_1 + m_2)l_1^2 \dot{\theta}_1 + m_2 l_2^2 \dot{\theta}_1 + m_2 l_2^2 \dot{\theta}_2 + 2m_2 l_1 l_2 \cos\theta_2 \dot{\theta}_1 + m_2 l_1 l_2 \cos\theta_2 \dot{\theta}_2 \tag{5-44}$$

$$\frac{\partial L}{\partial \dot{\theta}_2} = m_2 l_2^2 \dot{\theta}_1 + m_2 l_2^2 \dot{\theta}_2 + m_2 l_1 l_2 \cos\theta_2 \dot{\theta}_1 \tag{5-45}$$

以及

$$\frac{\mathrm{d}}{\mathrm{d}t}\frac{\partial L}{\partial \dot{\theta}_1} = \left[(m_1 + m_2)l_1^2 + m_2 l_2^2 + 2m_2 l_1 l_2 \cos\theta_2\right]\ddot{\theta}_1 +$$
$$(m_2 l_2^2 + m_2 l_1 l_2 \cos\theta_2)\ddot{\theta}_2 - 2m_2 l_1 l_2 \sin\theta_2 \dot{\theta}_1\dot{\theta}_2 - m_2 l_1 l_2 \sin\theta_2 \dot{\theta}_2^2 \tag{5-46}$$

$$\frac{\mathrm{d}}{\mathrm{d}t}\frac{\partial L}{\partial \dot{\theta}_2} = m_2 l_2^2 \ddot{\theta}_1 + m_2 l_2^2 \ddot{\theta}_2 + m_2 l_1 l_2 \cos\theta_2 \ddot{\theta}_1 - m_2 l_1 l_2 \sin\theta_2 \dot{\theta}_1\dot{\theta}_2 \tag{5-47}$$

将式（5-42）~式（5-47）代入式（5-37），即可求得关节 1 及关节 2 的驱动力矩 M_1 和 M_2，即

$$M_1 = \frac{\mathrm{d}}{\mathrm{d}t}\frac{\partial L}{\partial \dot{\theta}_1} - \frac{\partial L}{\partial \theta_1} = \left[(m_1+m_2)l_1^2 + m_2 l_2^2 + 2m_2 l_1 l_2 \cos\theta_2\right]\ddot{\theta}_1 + (m_2 l_2^2 + m_2 l_1 l_2 \cos\theta_2)\ddot{\theta}_2 -$$

$$2m_2 l_1 l_2 \sin\theta_2 \dot{\theta}_1 \dot{\theta}_2 - m_2 l_1 l_2 \sin\theta_2 \dot{\theta}_2^2 + (m_1+m_2)g l_1 \cos\theta_1 + m_2 g l_2 \cos(\theta_1+\theta_2) \tag{5-48}$$

$$M_2 = \frac{\mathrm{d}}{\mathrm{d}t}\frac{\partial L}{\partial \dot{\theta}_2} - \frac{\partial L}{\partial \theta_2} = (m_2 l_2^2 + m_2 l_1 l_2 \cos\theta_2)\ddot{\theta}_1 + m_2 l_2^2 \ddot{\theta}_2 + m_2 l_1 l_2 \sin\theta_2 \dot{\theta}_1^2 + m_2 g l_2 \cos(\theta_1+\theta_2) \tag{5-49}$$

把式（5-48）和式（5-49）表示为一般形式，即

$$M_1 = D_{11}\ddot{\theta}_1 + D_{12}\ddot{\theta}_2 + D_{111}\dot{\theta}_1^2 + D_{122}\dot{\theta}_2^2 + D_{112}\dot{\theta}_1\dot{\theta}_2 + D_{121}\dot{\theta}_2\dot{\theta}_1 + D_1 \tag{5-50}$$

$$M_2 = D_{21}\ddot{\theta}_1 + D_{22}\ddot{\theta}_2 + D_{211}\dot{\theta}_1^2 + D_{222}\dot{\theta}_2^2 + D_{212}\dot{\theta}_1\dot{\theta}_2 + D_{221}\dot{\theta}_2\dot{\theta}_1 + D_2 \tag{5-51}$$

写成矩阵表达式为

$$\begin{pmatrix} M_1 \\ M_2 \end{pmatrix} = \begin{pmatrix} D_{11} & D_{12} \\ D_{21} & D_{22} \end{pmatrix} \begin{pmatrix} \ddot{\theta}_1 \\ \ddot{\theta}_2 \end{pmatrix} + \begin{pmatrix} D_{111} & D_{122} \\ D_{211} & D_{222} \end{pmatrix} \begin{pmatrix} \dot{\theta}_1^2 \\ \dot{\theta}_2^2 \end{pmatrix} + \begin{pmatrix} D_{112} & D_{121} \\ D_{212} & D_{221} \end{pmatrix} \begin{pmatrix} \dot{\theta}_1\dot{\theta}_2 \\ \dot{\theta}_1\dot{\theta}_2 \end{pmatrix} + \begin{pmatrix} D_1 \\ D_2 \end{pmatrix} \tag{5-52}$$

式中，D_{ii} 称为关节 i 的有效惯量，$D_{ii}\ddot{\theta}_i$ 项为关节 i 的角加速度 $\ddot{\theta}_i$ 在关节 i 上产生的惯性力矩；D_{ij} 或 D_{ji} 为关节 i 和 j 之间的耦合惯量，$D_{ji}\ddot{\theta}_i$ 或 $D_{ij}\ddot{\theta}_j$ 项为关节 i 和 j 的加速度 $\ddot{\theta}_i$ 和 $\ddot{\theta}_j$ 在另一关节 j 或 i 上产生的惯性力矩；$D_{ijj}\dot{\theta}_j^2$ 项是由关节 j 的速度 $\dot{\theta}_j$ 引起的施加在关节 i 上的向心力矩；$D_{ijk}\dot{\theta}_j\dot{\theta}_k + D_{ikj}\dot{\theta}_k\dot{\theta}_j$ 项是由关节 j 和 k 的速度 $\dot{\theta}_j$ 和 $\dot{\theta}_k$ 引起的施加在关节 i 上的科氏力矩；D_i 表示施加在关节 i 上的重力矩。

对比式（5-48）与式（5-50），以及式（5-49）与式（5-51），可得关节 1 及关节 2 的力矩 M_1 及 M_2 方程的各系数值如下：

1）有效惯量。

$$D_{11} = (m_1+m_2)l_1^2 + m_2 l_2^2 + 2m_2 l_1 l_2 \cos\theta_2$$

$$D_{22} = m_2 l_2^2$$

2）耦合惯量。

$$D_{12} = D_{21} = m_2 l_2^2 + m_2 l_1 l_2 \cos\theta_2$$

3）向心力矩系数。

$$D_{111} = 0$$

$$D_{122} = -m_2 l_1 l_2 \sin\theta_2$$

$$D_{211} = m_2 l_1 l_2 \sin\theta_2$$

$$D_{222} = 0$$

4）科氏力矩系数。

$$D_{112} = D_{121} = -m_2 l_1 l_2 \sin\theta_2$$

$$D_{212} = D_{221} = 0$$

5）重力矩。

$$D_1 = (m_1+m_2)g l_1 \cos\theta_1 + m_2 g l_2 \cos(\theta_1+\theta_2)$$

$$D_2 = m_2 g l_2 \cos(\theta_1+\theta_2)$$

习　题

5.1　简述虚位移原理。

5.2　简述拉格朗日方程的推导步骤。

5.3　分别用拉格朗日方程及牛顿-欧拉方程求解图 5-4 所示小车沿 x 轴方向运动的力和加速度的关系表达式(忽略车轮惯量)。

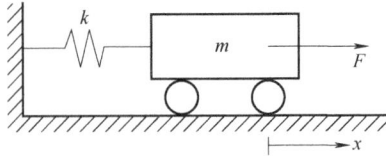

图 5-4　题 5.3 图

5.4　用拉格朗日法推导图 5-5 所示 2 自由度机器人手臂的动力学方程。两连杆长 $l_1 = l_2 = l$，连杆质心位于连杆中心，其转动惯量分别为 I_1 和 I_2。

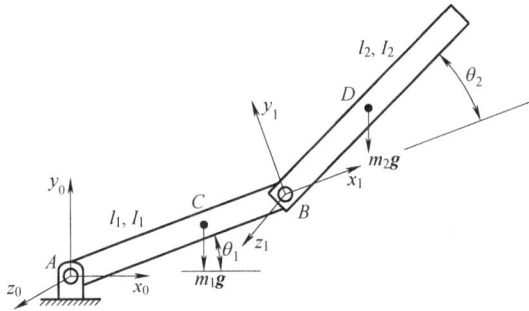

图 5-5　题 5.4 图

5.5　分析式(5-52)中各系数的含义。

第 **6** 章

机器人传感器及计算机视觉算法

本章将对机器人传感器和计算机视觉算法进行介绍。机器人自主系统最重要的任务之一，是获取并处理关于其内外环境的信息。而该过程是通过使用不同的传感器感知被测量物体，并处理测量结果中的信息而实现的。因此，本章首先介绍传感器的基本特性和几种重要的机器人传感器。在此基础上，再介绍计算机视觉算法相关知识。计算机视觉是分析、研究让计算机智能化，以达到类似人类双眼"看"的一门研究科学，是通过智能化计算机去理解和识别客观存在的三维立体化的世界。进一步讲，就是通过计算机视觉算法，可以让摄像机等科技设备成为计算机的"眼睛"，让其可以拥有类似人类双眼的分割、分类、识别、跟踪、判别决策等功能。因此，计算机视觉算法在机器人实际应用中十分重要，本章介绍几种使用最广泛的计算机视觉算法，包括图像处理算法、几何计算机视觉和语义计算机视觉。

6.1 节主要介绍与机器人相关的传感器及其原理、性能、用途等，之后根据计算机视觉的分类，将其分为图像处理算法、几何计算机视觉和语义计算机视觉。6.2 节主要针对常见的图像处理算法进行介绍，包括了图像预处理、特征检测、区域处理等方面。6.3 节围绕几何和语义计算机视觉来展开说明，主要介绍了计算机立体视觉与像素分类。此外为帮助读者更好地了解计算机视觉算法的具体实现，在 6.4 节以双目视觉系统为例，从坐标系的转换关系、摄像机的标定、内外参数等方面，详细介绍了如何求取空间中某一点的位置，并给出了相关计算实例。

6.1 机器人传感器

6.1.1 机器人传感器的分类

应用在机器人方面的传感器种类十分广泛。有些传感器只用于测量简单的参数值，像机器人电子器件内部温度或电动机转速。而其他更复杂的传感器可以用于获取有关机器人环境的信息，甚至直接测量机器人的全局位置。本节将主要介绍用于获取机器人环境信息的传感器。因为机器人四处移动，它常常遇到陌生的环境，所以这种感知能力特别重要。本节将从传感器的分类开始介绍，再说明传感器的基本特性指标，之后对部分重要的传感器进行详细说明。

根据两个重要的功能：内部或外部和被动或主动将传感器分类。内部传感器测量系统（机器人）的内部值，如电动机速度、轮子负载、机器人手臂关节的角度、电池电压等。外部传感器从机器人的外部环境中获取信息，如测量距离、亮度、声音幅度等。

被动传感器用于测量进入传感器周围环境的能量信息。被动传感器包括温度探测器、传声器、CCD(电荷耦合器件)相机和CMOS(互补金属氧化物半导体)摄像机等。主动传感器发射能量到环境中,通过能量反馈来获取环境信息。因为主动传感器可以与外界环境进行交互,所以它们常常具有很好的特性指标。然而,主动传感器也引入了几个问题:发出的能量可能影响传感器试图测量的对象的真正特征;主动传感器的信号与不受它控制的信号之间可能会遭到干扰。例如,附近其他机器人或同一机器人上相似传感器发射的信号,都会互相影响最终的测量结果。主动传感器的例子包括正交编码器、超声波传感器和激光测距仪。图6-1所示为机器人应用中较为广泛的传感器分类,本章将选取一部分重要的传感器进行介绍。

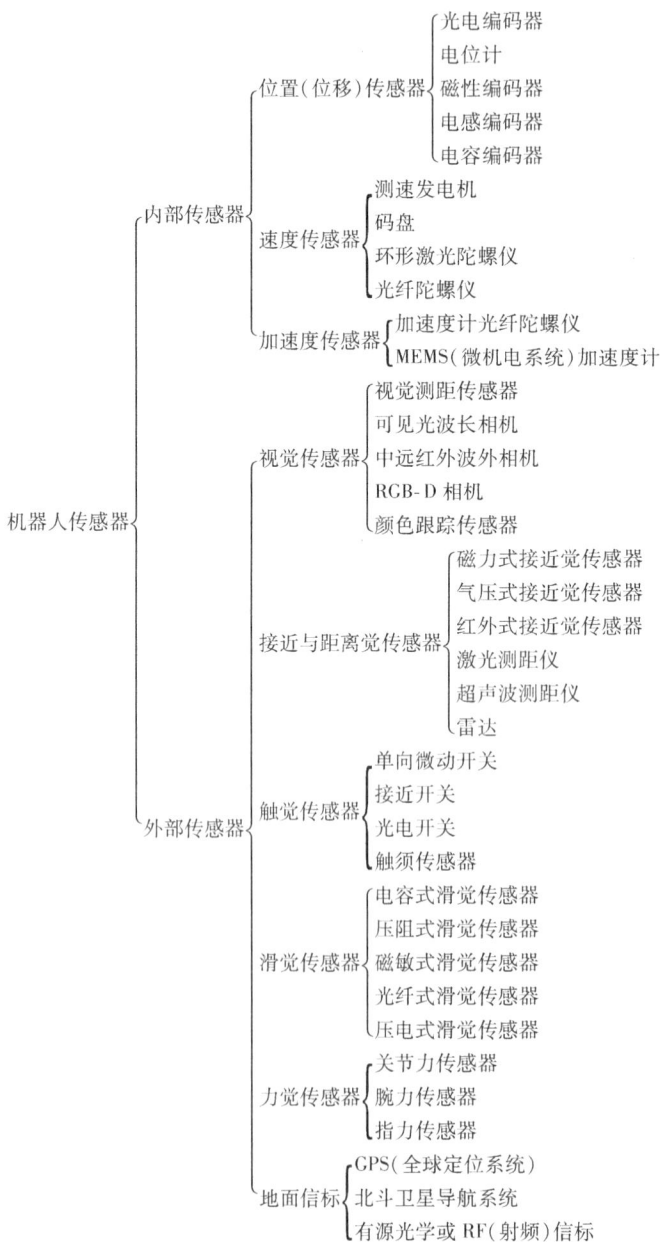

图6-1 机器人传感器的分类

6.1.2　传感器的特性指标

不同的传感器在不同的环境中，其感知能力变化很大。有些传感器在控制良好的实验室环境中，具有极高的准确度但当现实环境变动时，就难以克服误差。而其他一些传感器在各类环境中，都可以提供高精度的数据。为了将这些特性指标的特征定量化，下面将介绍一些常用的传感器静态特性指标。

1. 线性度

线性度是指传感器的输出量 y 与输入量 x 之间能否保持理想线性的一种量度。换而言之，传感器在全量程范围内，静态标定曲线与拟合直线的接近程度，就称为线性度。在采用直线拟合线性化时，输出-输入的校正曲线与其拟合曲线之间的最大偏差，就称为非线性误差或线性度。

非线性误差通常用相对误差 γ_L 表示

$$\gamma_L = \pm\left(\frac{\Delta_{Lmax}}{y_{FS}}\right)\times100\% \tag{6-1}$$

式中，Δ_{Lmax} 为最大非线性误差；y_{FS} 为满量程输出。

非线性误差的大小是以一定的拟合直线为基准直线而得出来的。拟合直线不同，非线性误差也不同。因此，选择拟合直线的原则是获得最小的非线性误差的关键。通常使用最小二乘法确定拟合直线，选定合适的直线方程系数，使静态标定曲线与拟合直线偏差的二次方和最小。这种方法拟合精度高，但是计算烦琐。

2. 灵敏度

灵敏度表征了传感器对被测量值变化的反应能力，是传感器的基本指标。传感器输出的变化量 Δy 与引起该变化量的输入变化量 Δx 之比即为其静态灵敏度。因此，传感器特性曲线的斜率就是其灵敏度。对具有线性特性的传感器，其特性曲线的斜率处处相同。

3. 迟滞

传感器在正（输入量增大）、反（输入量减小）行程中，输出-输入曲线不重合称为迟滞。迟滞特性如图 6-2 所示，它一般通过试验方法测得。迟滞误差 γ_H 一般以满量程输出的百分数表示，即

$$\gamma_H = \frac{\Delta_{Hmax}}{y_{FS}}\times100\% \tag{6-2}$$

式中，Δ_{Hmax} 为正、反行程间输出的最大差值。

迟滞一般是由于传感器敏感元件材料的物理特性引起的，如磁滞回线。

图 6-2　迟滞特性

4. 重复性

重复性是指传感器在输入按同一方向连续多次变动时，所得特性曲线不一致的程度，可以反映随机误差的大小。重复性误差可用正、反行程的最大偏差表示，即

$$\gamma_R = \pm\left(\frac{\Delta_{Rmax}}{y_{FS}}\right)\times100\% \tag{6-3}$$

如图 6-3 所示，Δ_{Rmax1} 是正行程的最大重复性偏差，Δ_{Rmax2} 是反行程的最大重复性偏差。

5. 精度

精度反映传感器测量结果与真值的接近程度，通常用相对误差大小表示精度高低。传感

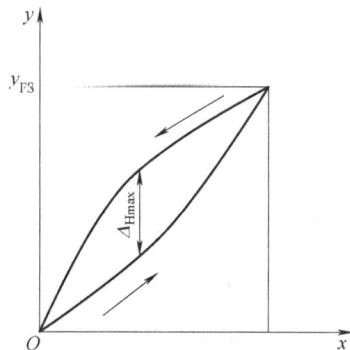

器的精度 γ 可以通过线性度 γ_L、灵敏度 γ_S、迟滞误差 γ_H、重复性误差 γ_R 来表示

$$\gamma = \sqrt{\gamma_L^2 + \gamma_S^2 + \gamma_H^2 + \gamma_R^2} \tag{6-4}$$

6. 测量范围

在机器人应用中，测量范围也是一个重要的额定值，因为机器人的传感器经常运行在输入值超过它们工作范围的环境中。在这种情况下，关键在于了解传感器将如何响应。例如，光学测距仪有一个最小的操作范围，当对象与传感器之间的距离小于该最小值而进行测量时，它会产生虚假数据。

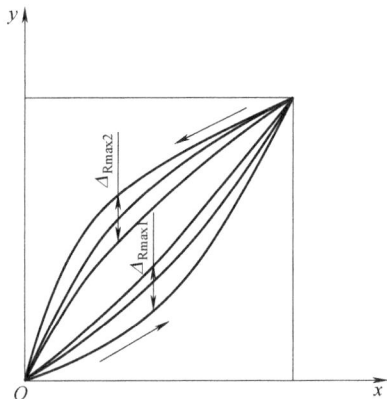

图 6-3　传感器重复特性

7. 稳定性

稳定性表示在较长时间内传感器对于大小相同的输入量，其输出量发生变化的程度。一般在相同的条件下，经过规定的时间间隔后传感器输出的差值称为稳定性误差。

8. 分辨率

分辨率表示传感器能检测到的输入量最小变化的能力。有些传感器，当输入量缓慢变化超过某一增量时，传感器才能检测到输入量的变化，这个输入量的增量称为传感器的分辨率。

9. 带宽或频率

带宽或频率常用于衡量传感器的测量速度。在形式上，每秒测量数目定义为传感器的频率，单位为 Hz。因为机器人通常在最大检测速度上有可能超出传感器的带宽范围，所以，对用于测距的传感器增加测距带宽，已成为机器人学领域的高优先级目标。

除了上文介绍的静态特性指标外，动态特性也是传感器的重要指标，即传感器在输入变化时，表征它的输出特性。在实际工作中，传感器的动态特性常用它对某些标准输入信号的响应来表示。这是因为传感器对标准输入信号的响应容易用试验方法求得，并且它对标准输入信号的响应与它对任意输入信号的响应之间存在一定的关系。最常用的标准输入信号有阶跃信号和正弦信号两种，所以传感器的动态特性也常用阶跃响应和频率响应来表示。由于篇幅限制，动态特性指标的详细内容请读者参考相关文献。

6.1.3　接近与距离觉传感器

接近与距离觉传感器是机器人用于探测自身与周围物体之间相对位置和距离的传感器。具体而言，接近传感器是指探测距离为零点几毫米到几十毫米的传感器，而距离觉传感器是指探测距离为几十毫米到数米的传感器。这两种传感器的作用是：①出现障碍物时，确定机器人的行程范围，以免与障碍物发生碰撞；②在接触对象物前获取必要的信息，如传感器与物体的相对距离、相对倾角；③获取有关对象物表面形状的信息。

1. 接近传感器

一般传感器越接近物体越能精确地确定传感器与物体之间的相对位置，因此常将接近传感器安装于机器人的手部。接近传感器一般是感知近距离物体，探测距离多为零点几毫米到几十毫米，通常有磁力式（感应式）、气压式、红外式等。下面对这几种接近传感器进行简要说明：

（1）磁力式接近传感器　这种传感器不大受光、热及物体表面特征影响，可小型化与轻量化，但只能探测金属对象。日本日立公司将其应用于弧焊机器人上，用于跟踪焊缝。

（2）气压式接近传感器　这种传感器具有较强的防火、防磁、防辐射能力，但要求气源保持一定的洁净等级。

（3）红外式接近传感器　其特点在于发送器与接收器尺寸都很小，因此可以方便地安装于机器人手部。红外式接近传感器能很容易地检测出工作空间内某物体的存在与否，但作为距离的测量仍有很复杂的问题。

上文简单介绍了一些接近传感器，下面将着重介绍一些距离觉传感器，因为在机器人学中，探测远处的外部环境情况是非常重要的。

2. 距离觉传感器

距离觉传感器在机器人技术中具有特殊的重要性，这种传感器包括声呐、雷达和激光测距仪。距离觉传感器可以通过其使用的辐射类型进行分类，例如声音、光和其他形式的电磁辐射，不同辐射类型的距离觉传感器，在一些重要方面表现出的特性指标并不相同。通常这种传感器包括复杂的电子器件，对强度、相位和频率等波的特性很敏感，从而使得其可以从基本的信号中提取距离值。下面将首先介绍距离传感技术，再选取一些主要的距离觉传感器展开说明。

3. 距离传感技术

距离可以根据飞行时间和许多相关概念的原理生成，也可以根据三角测量原理和相关概念生成（图6-4）。尽管飞行时间必须采用有源测量，但三角测量却可以采用有源或无源的方式。

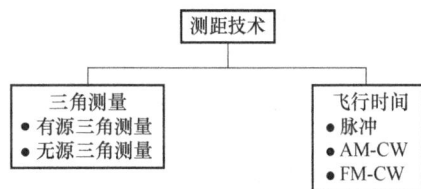

图6-4　测距技术的分类

（1）三角测量　一般来说，三角测量需要求解一个三角形。在立体三角测量中，要测量的对象是一个顶点，而两个视点构成另外两个顶点。在测距时，需要交换由两个分离视点创建的视差或图像位移。两个视点之间的距离称为基线。通常，距离精度随着基线的增加而线性提高。但随着基线增加，立体三角测量容易出现信息缺失问题。场景的三维结构可能导致在一个视图中可见的点被遮挡，即在第二个视图中不可见。当这种情况发生时，测距无法实现。在距离精度和缺失部分信息之间需要一个重要的权衡，因为增加基线以提高精度将导致更多的信息缺失部分。相反，如果基线降低到几乎为零，则基本上不会出现信息缺失的情况，但距离精度将非常差。

在已知物体的三角测量中，假定物体的形状是已知的，因此只有其相对于传感器的姿态（包括距离）是未知的。在图像中，可以识别的物体上的每一个点都会对物体的姿态产生约束，所以可以通过相对较少的点来求解物体姿态。

1）无源三角测量。在无源三角测量中，需要感知环境辐射。因此这意味着，在缺乏足够的环境辐射的情况下，三角测量是不可能实现的（例如，需要环境亮光辐射的传感器在夜间或阴影中无法实现）。在实际中，主要问题是确定两个视点之间或一个视点与模型之间的对应点。在应用无源三角测量时，会出现距离精度和缺失部分信息之间的权衡问题。增加基线会提高测量精度，但也会增加两个视图之间的透视失真，这种失真会使斜面图像中的像素块与另一图像中的像素块更难匹配。

2) 有源三角测量。在有源三角测量中，需要传感器主动产生某种可以被识别的能量。在一些传感器中，一种常见的方法是结构光，需要在场景中放置光源，然后用相机对物体成像(图6-5)。但这个技术也存在一些问题，例如由于相机无法看到被遮挡物体上的光斑，从而出现了信息缺失的问题。此外，还可以使用许多能量模式，包括点、线、网格和各种编码模式。

有源系统的一个显著缺点是干扰。对于声呐、雷达和激光，一个机器人很有可能感知到另一个机器人的主动传感器所释放出的能量，这种情况可能导致传感器产生随机范围读数。此外，安全问题(特别是眼睛对激光能量的安全要求)也限制了传输的能量的功率，功率限制又会对信噪比产生限制。

(2) 飞行时间　飞行时间(TOF)测距技术使用相同的路径传输和接收能量，因此没有缺失部分信息的问题。当然，场景仍然可能出现部分不可见的情况。该技术的主动特性意味着不存在通信问题，但信号处理的复杂性会使外部接口的成本增加。与三角测量相比，这种测距方式的精度基本上与测距范围无关。这项技术有着它自己的辐射源，这使得它对环境辐射相对不敏感，但也使它很容易检测到传感器的存在。

脉冲飞行时间实际上发送了一个非常短的能量脉冲，并测量返回所需的时间(图6-6)。当然，如果使用光，它会在1ns内传播30cm，因此电子设备的处理解析时间必须达到惊人的10~30ps，以解析1cm的距离差。因此，电子学的速度对TOF系统的距离分辨率提出了严格的要求。但是系统达到1cm距离分辨率很容易实现，因此对于大多数机器人应用来说，这种设备是满足要求的。

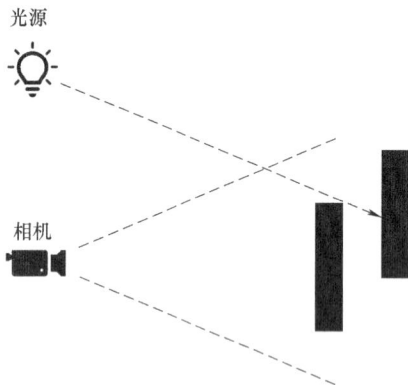

图6-5　有源三角测量

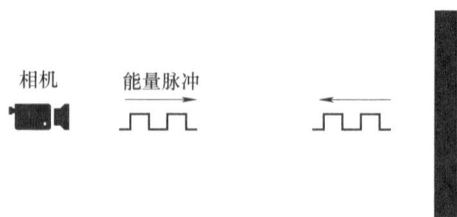

图6-6　飞行测距时间

1) AM-CW。调幅连续波(AM-CW)传感器在连续的基础上发送调幅载波，然后将返回的信号与调幅载波混合，以测量两个信号之间的相位差。因为反射面距离与接收信号和参考信号的相位差成正比，故可以通过相位差获得距离信息。此外，所有相位测量都存在相位模糊问题，在GPS术语中，这称为整数模糊。这意味着相位差只包括减去所有整数半波长后剩下的距离分量。因此，AM-CW只能确定半波长的距离模。而通过多调制频率可解决整数模糊问题。一个简单的方法是将调制波长设计为需要测量的最大范围的两倍。然而，由于距离分辨率与调制器波长成正比，因此在距离分辨率上也存在权衡。

2) FM-CW。调频连续波(FM-CW)传感器在连续的基础上发送调频载波，然后将返回的信号与之混合(图6-7)。当返回值与参考值混合时，其与该范围产生的拍频成正比。

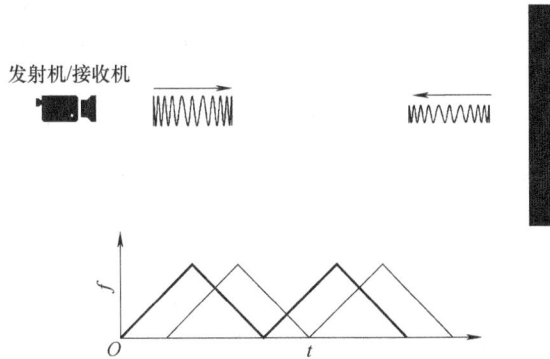

图 6-7　FM-CW 测距

图 6-7 中显示了一个线性调频信号，它产生了一个尖峰信号。很明显，这两个信号之间的相位差意味着发射和接收信号之间有一个恒定的频率差。FM-CW 传感器涉及了重要的电子处理过程，它们具有较高的抗噪声干扰的能力。

4. 激光测距仪

（1）工作原理　一个离散激光测距仪由一个发光的激光二极管和一个感知返回的光电二极管组成。其中，光电二极管是一种利用光电效应工作的半导体器件。光被引导到一个敏感的半导体结，当电子被光子击中时，这个结就会释放电子。由此产生的电流可以检测到原始光子。

对于激光二极管，所有激光器都是基于正反馈和频率滤波两种成分的光学振荡器。以半导体激光二极管为例（图 6-8），反馈来自于高于基态的原子对光子的受激发射现象。当有一定频率的光子存在时，空穴与附近的电子重新结合，产生第二个相同的光子。

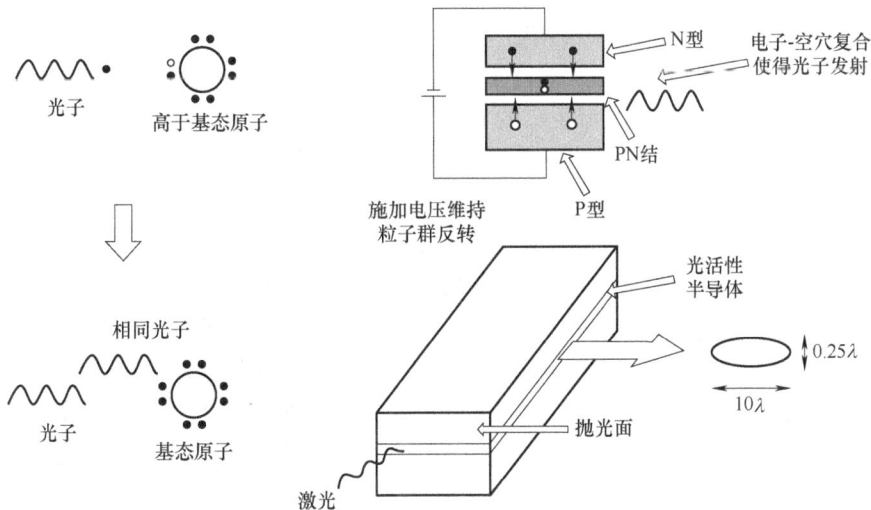

图 6-8　激光二极管原理

在图 6-8 的左侧为受激发射，一个光子引起另一个光子发射。受激发射只能通过总体反转来维持基态以上的原子比基态原子多，这需要外加电压提供所需的能量。之所以应用频率滤波，是因为只有满足谐振腔条件的光子才能避免破坏性干扰。

在图 6-8 的右侧为受激发射半导体激光器，该器件分裂的两端充当反射镜，产生激光腔。由其所得到的光束不是圆的，形状也不是很好，因此需要用光束光学装置来改善光束的形状。激光测距仪通常使用红外波长，因此光束本身是肉眼看不到的。

大多数激光测距仪要么是脉冲式的，要么是调幅式的。理论上，从环境中的第一个反射面返回值是"定时的"，可以用于查找范围。然而，当环境部分透明时，返回的信号可能为同一像素生成多个范围读数。在充满灰尘或烟雾的环境中记录多次返回值有一定的价值，因为第一次返回值可能受到空气中的遮光剂影响。粗略地说，红外波长是接近可见的，所以如果一个人可以通过遮光剂看到，那么激光测距仪也可以。

（2）性能　激光测距仪的波束宽度也称为瞬时视场（IFOV）。场景中被激光瞬间照亮的区域称为像素足迹。用于机器人的激光测距仪的精度通常在 1~5cm 范围内，这取决于接收到的辐射的数量和结构（图 6-9）。在大多数情况下，激光所遇到的表面会发生漫反射。高入射角意味着足迹范围分布较大，高量程意味着信号和信噪比较低。

式（6-5）可以预测距离测量的标准差 σ_R 与激光波长 λ、入射角 α、距离 R 和强度 ρ 之间的关系

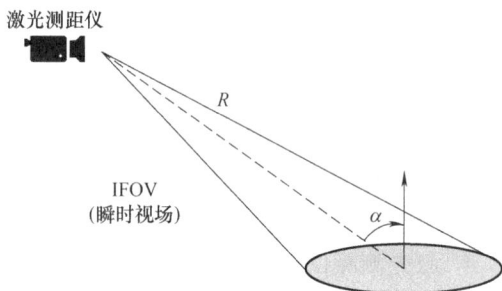

图 6-9　激光测距仪距离分辨率取决
于显示的几何形状

$$\sigma_R \propto \frac{\lambda R^2}{\rho \cos\alpha} \qquad (6\text{-}5)$$

任何实际设备的有限波束宽度意味着，当闭塞边缘位于瞬时视场（IFOV）中时，将会模糊地定义正确的范围值。想象一下，如果一半的光束成像在一棵树的侧面，另一半的光束成像在远处的地面，这样就没有正确的单量程。在这种情况下，比较好的方法是将没有正确单量程的异常值删除。如果激光束在某些表面出现镜面反射，则接收器将不能接收到任何能量，因此，表面反射率是影响测量距离的主要因素。另外，信号强度是影响激光测距仪测量精度的主要因素之一，通常设计得尽可能高，但不能违反眼睛安全规定，因此信号强度也不能设计得太高，这使得构建精密设备变得更加困难。

（3）优点和缺点　激光测距仪的精度随距离变化不大，其精度主要与表面粗糙度和入射角有关。在应用中，激光测距仪不仅可以测量距离，还可以测量环境的形状，这取决于它的环境扫描设备，一般环境扫描设备都较为复杂。虽然激光测距仪的性能不太依赖环境光，但非常明亮的环境光却会稍微降低性能。此外，可接收的反射能量所需的最小波束宽度会限制角分辨率。为了得到精确的测量结果，需要尽可能小的表面反射率。通常白纸的反射率接近 100%，裸木和混凝土的反射率在 25% 左右，沥青的反射率约为 15%，而黑橡胶的反射率仅为 2%。

（4）实现　激光测距仪的测距模块通常由发射机、接收机、准直光学设备，以及用于信号产生、放大和时间测量的电子装置组成。激光测距仪一般采用飞行时间方法，其设计框图如图 6-10 所示，扫描机构可以向一个或两个方向扫描。一个简单的扫描机构是一维的，并在方位角上连续旋转（图 6-11），该设备测量速率每秒可达 2000~500000 个范围点。

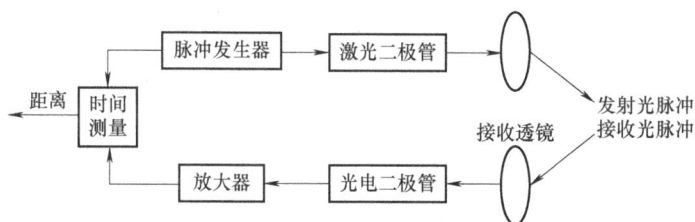

图 6-10　应用飞行时间方法的
激光测距仪设计框图

图 6-11　旋转激光测距仪

（5）其他激光测距仪　近年来，可以测量场景像素颜色的彩色激光测距仪已经问世，这类传感器有望进一步增强机器人的感知能力。某些定制的传感器可以使用摄像机和激光测距仪进行复杂的场景构建。一些集成设备，也会采用与激光束同轴的单个 RGB 像素。但目前这些设备的扫描版本很难在低光条件下工作，因为激光接收孔的扫描速度非常快，被动式颜色传感器几乎无法收集到光。

闪光激光测距仪已经应用于航空地形测绘，但最近它们已经小到可以在机器人上使用。这些传感器投射出一束激光，照亮整个场景，并从场景中的物体反射回来，由传感器中的智能像素阵列进行处理。通常，使用 CMOS 相机是因为处理元素与每个像素间的关联相对容易。此类激光测距仪和可见光相机一样不受运动失真的影响，并且它们可以使用典型相机的光学元件来改变其图像几何形状。其不足之处是，它们高度分散的闪光导致回波信号电平非常低，所以目前它们在室外或室内成像的距离较短，仅有几米的使用范围。

5. 超声波测距仪

（1）工作原理　超声波装置可以基于静电压电换能器，该设备可以同时作为扬声器和传声器。因此它在传输阶段通过电能产生声音，在作为接收器时从声音中产生电能。如图 6-12 所示的功能框图，在发射脉冲发出且任何瞬态信号熄灭后，输入放大器才被启用。

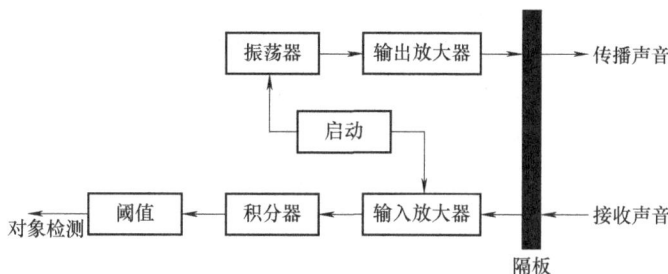

图 6-12　超声波测距仪信号处理

为了减少破坏性干扰的可能性，许多设备可以发射多种频率。输入放大器通常可以通过编程实现随着时间变化而增加增益，并考虑衰减和传播损失。这种技术允许使用一个固定的阈值来触发对对象的检测。

（2）性能　超声波传感器会受到多种因素的干扰，包括镜面反射、波束宽度、慢波速、旁瓣、衰减、最大距离减小和环境干扰等。大多数人造物体反射超声波都是波长反射，所以室内环境可以看作是由许多声镜组成的。回程的强度取决于入射角，只有当波束方位角小于波束宽度且以正入射为中心时，才会显著地将能量反射回发射器。

对于一个典型的超声波传感器，在扫描室内设备时，房间角落的直角可能会产生强烈的回程，将影响检测精度。在其他地方，声波从墙壁上反射出来，可以检测出墙壁。但有时某些具有特定几何形状的物体可以引起多路径反射，使得在房间的某个地方会错误地检测出物体，这种误差通常同时包含系统位姿的相关分量和随机分量。当传感器移动时，多次测量值积累，可以潜在地消除一些系统误差源。

对于超声波传感器，衰减约为 $3dB/ft$（$1ft \approx 304.8mm$），因此需要一个 $60dB$ 的传感器来测量 $20ft$ 外物体的距离。间隔是指由传感器和电路的时间延迟引起的最小检测范围。通常，机械阻尼需要 $1ms$，脉冲宽度为 $1ms$，因此间隔距离可长达 $60cm$。测量速度取决于声速和最大量程，对于 $20m$ 的最大量程，读数可以在大约 $8Hz$ 的情况下获得。典型的角分辨率是 $5° \sim 15°$，这取决于主瓣的宽度。距离精度主要取决于声速校准情况，声速 c 受温度 T 的影响较大，见式（6-6），声速 c 在空气中的速度单位为 m/s，有

$$c = 331.4 + 0.607t \tag{6-6}$$

式中，t 为温度（℃）。

由式（6-6）可见，当温度 t 变化，超过 60℃ 时，声速将以 $36m/s$ 或 10% 的速度变化。由于超声波传感器一般也采用飞行时间技术，因此其距离精度由载波波长决定。

（3）优点和缺点　超声波测距仪结构简单，价格低廉，应用较为广泛。但超声波传感器容易受到外界环境影响，抗干扰能力不强，测速精度和速度不高。同时，因为声音可以互相干扰，所以不能实现同时检测。

（4）实现　通常，与机器人相关的超声波传感器的工作频率在 $50 \sim 60kHz$ 之间，波长从 $0.5 \sim 1cm$ 不等，测距最小范围可以低至 $0.25m$，最大范围可以高至 $20m$，波束宽度从 $5° \sim 15°$ 不等。

6. 雷达

无线电探测和测距（雷达）技术早于超声波传感器和激光测距仪。这些传感器可用于机器人的低分辨率测绘、障碍物检测和导航。

（1）工作原理　雷达与超声波和激光有相同的基本工作原理。尽管可以采用脉冲飞行时间系统，但 FM-CW 雷达由于电路简单而更为常见，FM-CW 雷达具有测量目标速度和距离的能力。其中，当 c 为光速，f_o 为中心频率，f_m 为调制频率，f_{b1} 和 f_{b2} 分别为上扫和下扫时的拍频，Δf 为最大频率偏差时，目标的距离 R 和速度 V

$$R = \frac{(f_{b1} + f_{b2})c}{8f_m \Delta f} \tag{6-7}$$

$$V = \frac{(f_{b2} - f_{b1})c}{4f_o} \tag{6-8}$$

（2）性能　雷达系统的性能在应用方面与超声波传感器相似，也存在推测性和多路径问题。相对较宽的光束会导致较粗糙的测距范围和角度分辨率。然而，像超声波传感器一样，雷达可以作为快速探测大型障碍物的基础部分。角度分辨率与波束宽度有关。典型的波束宽

度为 10°~15°，但有些毫米波雷达的波束宽度只有 2°~3°。对于飞行时间器件，距离分辨率主要受脉冲宽度的限制。大脉宽信号更容易产生和检测，但它限制了近程分辨率。对于 FM-CW 雷达，距离分辨率取决于解决拍频变化较小的能力，这需要一个非常稳定的线性电压控制振荡器(VCO)和一个低噪声接收器。

频率是最重要的雷达参数，因为它影响穿透、分辨率和物理天线尺寸(表 6-1)。更高的频率和更小的波长，会有更好的范围和角度分辨率，但要牺牲穿透能力。

表 6-1　雷达性能与频率的关系

参数	300MHz/m	30GHz/cm
固体渗透	一些	无
液面渗透	优异	无
灰尘/雾渗透	优异	一些
天线波束宽度	大	小
下靶场决议	不好	优异

目标反射的功率取决于雷达散射截面和介电比这两种目标特性。介电常数表示材料储存或传递电荷的能力，雷达反射发生在该特性的不连续处。信号的返回比与两种介质的介电常数的比值成正比。雷达可以很好地探测金属汽车，但大多数自然场景不含金属，所以在这种情况下雷达回波往往与场景含水量的变化有关。

(3) 优点和缺点　雷达可以做其他传感器做不到的事情，能够穿透一些重要的遮蔽物，因此可以应用于灰尘和全天候这样的环境下进行测量。雷达还可以穿透土壤，对埋在地下的金属物体产生读数，因此探地雷达适用于探测金属矿山和其他埋在地下的金属物体。与激光测距仪传感器(光学)相比，雷达传感器(天线)可以做得非常坚固。但同时，与激光测距仪相比，雷达的角分辨率和距离分辨率相对较差。与超声波传感器相比，雷达的探测和识别能力不受目标的表面性质和材料的影响，不会出现由于目标几何形状复杂所引起的多路径问题。此外，与其他传感器相比，雷达的天线相对较大。

(4) 实现　机器人工业正在推动雷达的开发和生产，用于先进的巡航控制系统和盲点监测。这些系统成本低，而且物理上很可靠。一个典型的机器人雷达可能在 10GHz 工作，具有一个相对较宽的 30°波束，测距精度在 ±(0.03~1)m 之间，最大距离在 20~120m 之间，可以通过旋转金属镜来控制雷达波束。

6.1.4　视觉传感器

对机器人来说，与上文介绍的距离觉传感器相比，视觉传感器获取环境信息的能力更强，范围更大。视觉传感器在静、动态环境中，均能进行丰富、智能的交互。本节将对视觉传感器进行介绍，主要介绍两种制作视觉传感器的技术：CCD 和 CMOS。当与人眼相比较时，这些传感器在一些特性指标上会有特定的限制。

1. CCD 和 CMOS 技术

(1) CCD 技术　电荷耦合器件(CCD)是现今机器人视觉系统中最流行的基本组成部分。CCD 芯片(图 6-13)是一个光敏像素元或像素的阵列，通常总数在两万到几百万像素之间。各个像素可以被认为是一个尺寸为 5~25μm 的光敏不充电的电容器。在器件开始运行时，所有像素的电容器全部充电，然后积分周期开始，当光的光子撞击各像素时，它们释放电子，电子被电场捕获并保留在像素上。随着时间的推移，根据撞击像素的光子总数，各像素累积电荷变化电位。在积分周期完成之后，需要冻结和读取所有像素的相对电荷量。

（2）CMOS 技术　在 CMOS 技术中，互补金属氧化半导体（CMOS）芯片与 CCD 芯片有重大区别，它也有像素阵列，只不过像素阵列是由像素晶体管实现的。正如 CCD 芯片一样，在积分周期期间，所有像素会累积电荷。

CMOS 技术具有超过 CCD 技术的优点，它不需要 CCD 所要求的特殊时钟驱动器和电路。这意味着，CMOS 不需要专门的半导体生产过程来制作芯片，所有制作微型芯片的相同生产线同样可以制造廉价的 CMOS 芯片（图 6-14）。CMOS 芯片是如此简单，故而它消耗非常少的功率。难以置信的是，CMOS 芯片运行的功耗，只是 CCD 芯片功耗的 1%。在机器人应用中，功率控制十分重要，因此，这是一个非常重要的优点。

图 6-13　已商业化的 CCD 芯片和 CCD 摄像机　　图 6-14　附带镜头的低价 CMOS 芯片

（3）摄像机输出　虽然数字摄像机本质上具有数字输出，但整个 20 世纪 80 年代及 90 年代初，大多数可提供的视觉模块却产生的是模拟输出信号。这些摄像机系统包含一个 D/A（数/模）转换器，它将 A/D（模/数）转换器板安置在计算机的总线上。D/A 转换和 A/D 转换还不是无噪声的，而且在这种摄像机里，模拟信号的颜色深度是对人的视觉而不是对计算机的视觉进行优化。

近年以来，CCD 和 CMOS 技术两者都提供可以被机器人直接使用的数字信号。在最基本的层次上，成像芯片提供平行的数字 I/O（输入/输出）引线，它传送离散像素的电平值。某些视觉模块可以直接利用这些数字信号，但受成像芯片支配，这些数字信号必须得到快速处理。为了降低实时要求，研究人员常常在成像器输出和计算机数字输入之间放一个图像缓存器芯片。这种芯片普遍用于网络摄像机中，通常以单独、有序的传递方式捕获全图像快照，并能非实时地存取像素。

在最高层次，机器人通过利用高级数字传输协议与成像器进行通信。虽然较老的成像模块也支持串行口（RS232），但现在的模块一般采用 IEEE 1394（6 线）标准和 USB（和 USB 3.0）标准。

2. 视觉测距传感器

（1）工作原理　在机器人学中，视觉传感器也具有获取深度信息的能力。但是，视觉图像的基本问题使得测距比较困难。任何视觉芯片把三维的环境压缩成一个二维图像平面，就失去了深度信息。如果有人能做出关于环境中物体的尺寸或它们的颜色和反射性的强假设，那么人们就可直接解释二维图像，获取深度。但是，这种假设在现实环境的机器人应用中几乎不可能实现。没有这种假设，单独的照片无法提供足够的信息以恢复空间信息。

一般的解决方案是通过观察场景的几张图像以取得更多的信息，而有可能部分地恢复深度。这要求所用的图像必须不一样，从而实现合在一起时它们能提供附加信息，一般可以从不同的观察点获得立体或运动的图像。另一种选择是建立不同的图像，但不改变观察点，而是改变摄像机的几何特性，诸如焦点位置或镜头的光圈。这是景深和散焦深度的基本概念。

在这里，简单介绍景深技术和散焦深度的一般方法。景深技术是最简单的视觉测距技术之一。为了确定相对于物体的距离，传感器简单地将图像平面（通过聚焦）移动，直到将物体锐度最大化。当锐度被最大化时，图像平面的相应位置直接产生距离。某些自动对焦的摄像机和所有视频摄像机都使用该技术。然而，景深技术是一个主动搜索的、缓慢的、需要花费很多时间的方法。比如，利用伺服控制的聚焦环来改变摄像机聚焦参数，虽然足以应付避障，但景深算法只能提供不令人满意的、粗糙的距离信息。对于一个采用多个图像的视觉测距传感器，在这种情况下，摄像机光学系统在捕捉到同一场景时，是可以变化的（图6-15）。

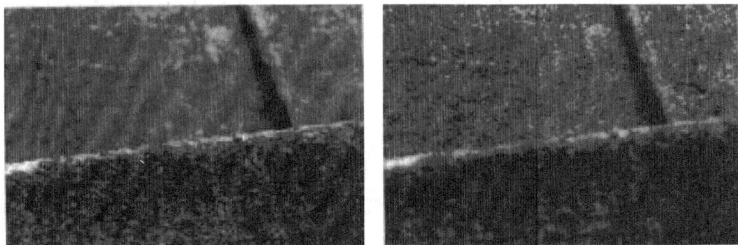

图6-15　用摄像机在两个不同的位置拍摄的同一场景的两个图像

另一个选择是用散焦深度方法。相比于景深技术，散焦深度方法意味着用一系列已被不同摄像机几何特征所拍摄的图像来恢复深度。散焦深度方法把同一场景的两个或多个图像作为输入，这些图像是用不同的已知摄像机的几何特性拍摄的。通过给定图像和摄像机几何特征的设置，从而完成恢复图像所表示的三维场景的深度信息的目标。

（2）优点和缺点　基于视觉的测距系统可以获取立体测距信息，但分辨率依赖于传感器与物体的距离。在基于视觉的测距过程中，当传感器与物体的距离越远，分辨率会迅速损失。

3. 可见光波长相机

数字摄像机现在是计算机视觉的主力，而这些传感器是机器人感知传感器套件中非常有价值的组件。作为被动传感器，最重要的属性是它们对周围环境光线的依赖，但由于人类也有同样的限制，人们会理解机器人在黑暗中看不见东西。前文已经介绍了CCD和CMOS技术，下面将简单介绍应用这些技术的相机。

（1）工作原理　单色相机的工作原理如前所述，彩色CCD相机通常在CCD上使用过滤器，该过滤器只允许红光、蓝光或绿光通过。因此，每个2×2的正方形块被转换成1个红色、1个蓝色和2个绿色像素，并将角度分辨率降低1/2，以便将其转换为彩色设备。互补金属氧化物半导体（CMOS）相机使用与集成电路相同的制造技术，这一事实使得将信号调理和计算直接纳入传感元件成为可能。信号调理可能需要适应增加的噪声，这在一定程度上限制了可以实现像素的密度，但如今很多百万像素的阵列也很常见的。

（2）性能　相机的无源特性使得用于收集和聚焦入射光的光学元件非常重要。自动增益控制（AGC）调整输出信号与输入光的电子控制比例，以试图在整个图像上保持大致恒定的输出电平。自动光圈镜头可调节光学元件以保持图像亮度。镜头的光圈是可调节的光圈，通过调节光圈可以控制通过镜头的光量。这是与增益控制相似的原理，但是光圈直接改变入射在传感器阵列上的光强度，因此不会放大噪声。

CCD 相机的量子效率为 70%，所以它们能对 70% 的入射光做出响应。相比之下，胶片的效率只有 2%，因此 CCD 技术在天文学和夜视应用中特别有效。相机的响应特性由响应曲线表征，响应曲线表示响应率随波长的变化。

相机的最小照度是当相机设置为最大增益且镜头光圈完全打开时，达到 50% 或 100% 视频输出水平所需的最小照度。照度通常用 lx 来度量，lx 是测量被照表面光强的单位。信噪比是期望信号的振幅与给定时间点的噪声信号振幅的比值，通常以 dB 为单位测量。当信噪比为 60dB 时，认为图像中没有噪声；而当信噪比为 50dB 时，则认为图像中有少量的噪声。

（3）优点和缺点　CCD 传感器比 CMOS 传感器具有更高的动态范围和更好的信噪比。传感器的响应率是每单位输入光能够输出的信号量。与 CCD 相比，CMOS 往往具有稍好一些的响应能力和明显更好的捕获速度。CMOS 还表现出特别低的功耗，因为只有当晶体管在开关之间切换时才消耗功率。

4. 中远红外波长相机

电磁波谱的红外区是指比可见光波长长（频率低），但比微波波长短（频率高）的区域。硅基（CCD 和 CMOS）图像传感器对可见光和高达 1200nm 波长的近红外波同样敏感。因此，通常可以通过简单地取出来过滤这些波长的红外滤光片，使得相机对近红外很敏感。还可以添加一个红外过滤器，只将红外波传递给传感器阵列，并仅在近红外波段生成图像。

（1）工作原理　虽然可见光相机是基于光电效应，但红外相机是基于光热效应——产生的热量响应光的吸收量。这是在远红外到亚毫米波长范围内最常用的电磁辐射探测器原理。

辐射测热计是一种测量热（或总）功率的装置。它们通常至少有两个组成部分：第一，一个灵敏的温度计——通常是一个热敏电阻；第二，高横截面吸收器，用于吸收入射红外能量。该装置的工作原理是首先吸收入射的红外辐射，因此，吸收器的温度迅速升高；然后测量温度，并慢慢地将热量排到散热器中，使这一过程重新开始（图 6-16）。

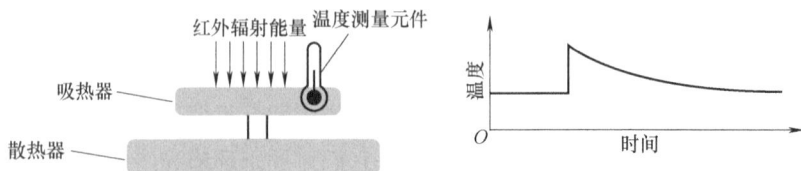

图 6-16　辐射测热计的工作原理

（2）优点和缺点　红外相机最引人注目的方面是它们在相对黑暗中被动工作的能力，因为它们可以对物体发出的热能（相对于反射的环境光）做出反应。在许多情况下，辐射源一般是车辆、人或其他动物。

许多红外相机有滚动快门（如 CMOS 相机），所以它们有类似的运动模糊问题。大多数设备的时间常数在 100ms 范围内，这会导致运动模糊及图像中的纹理丢失。在整个场景温度相同的区域，依赖热对比度的感知算法会遇到困难。红外相机的分辨率通常比可见光相机低得多。如果需要测量温度而不是红外强度，则必须连续进行校准以获得准确的温度。

（3）实现　在中、远红外范围内响应的红外相机灵敏度可达 0.02℃，动态范围可达 2000。可以在 50Hz 的采样频率下生成图像，其中图像集成时间是可变的，特殊镜头可以生成高达 40°的视野，体积约为 4000cm³，典型质量约为 4kg。

5. RGB-D 相机

（1）工作原理　RGB-D 相机在获取彩色图像时和普通相机一样通过相机模型来成像，同时也要对相机参数进行标定。RGB-D 相机的深度图数据可以通过物理的方式获取，但是不可避免地会存在误差，以及与彩色图像的配准问题。

图像深度是指存储每个像素所用的位数，也用于量度图像的色彩分辨率。图像深度确定彩色图像的每个像素可能有的颜色数，或者确定灰度图像的每个像素可能有的灰度级数。它决定了彩色图像中可出现的最多颜色数，或灰度图像中的最大灰度等级。

不同的深度相机获取深度图的方式也不一样，主要分为被动测距和主动测距两种方式。被动测距最常见的方法是双目立体视觉，基于双目视差的原理来计算深度值。主动测距相比于被动测距最大的区别，是通过设备本身发射的能量来对深度值进行测量，在获取深度图时能够保证独立于彩色图像的获取。主动测距的方法主要包括飞行时间技术、结构光技术、激光扫描技术等。

（2）优点和缺点　RGB-D 相机双目测距方式是被动测距，在实际应用中，硬件成本较低，对户外具有良好的适用性，而且功耗低、分辨率高、帧率高，但软件比较复杂，且在黑暗环境中不能工作。

6. 颜色跟踪传感器

虽然获取场景立体深度是机器人学中基于视觉的一个普遍应用的方法，但它模仿了现有传感器的机能，包括超声波、激光和光学测距仪。基于视觉感知的另一个重要方面，是视觉芯片可以提供而其他机器人传感器不能提供的感知模式和信息。这种新感知模式就是检测和跟踪环境中的颜色。

颜色表示了正交于距离的环境特征，而且它既表示了自然提示，又表示了人工提示，它可向机器人提供新的信息。例如，为了环境标记和物体定位广泛使用了颜色（图 6-17）。

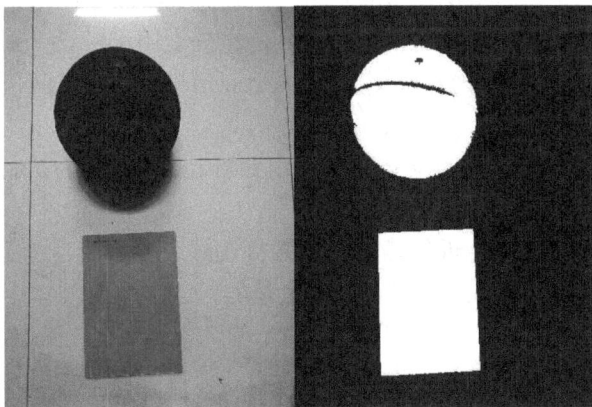

图 6-17　颜色跟踪传感器对地板中的木板和篮球定位

颜色感知有两个重要的优点：第一，颜色检测是单个图像的一个简单函数，所以在这种算法里不需要求解对应性问题；第二，因为颜色感知提供了新的、独立的环境提示，如果将它与现有的信息结合，诸如立体视觉或激光测距仪数据，可以期望有很大的信息增益。

现在商业上已经可以提供有效的颜色跟踪传感器。下面简要地描述两个商用的、基于硬件的颜色跟踪传感器和普遍可用的基于软件的解决方案。

牛顿研究实验室的 Cognachrome 视觉系统是一个基于硬件的颜色跟踪传感器，能通过专用处理器以极快的速度跟踪颜色。系统根据用户定义的颜色，以 60Hz 的频率检测色斑。Cognachrome 视觉系统最多可对每帧 25 个物体做检测和报告，对各物体独立地提供质心、界定的框体、面积、纵横比和主轴方向等信息。该传感器利用一个称为不断设限的技术来辨识各颜色。在 RGB(红、绿、蓝)空间中，用户对各个红、绿、蓝定义最小和最大值。由这六个约束所定义的三维框体形成一个颜色界定框，所有在该界定框内具有 RGB 值的任何像素被定义为一个目标，目标像素被并入到较大的向用户报告的物体。此外，在芯片生产中，在 CMOS 成像传感器方面和 50MHz 范围的高速、易于获得的微处理器方面都取得了进展，已经使它能制造出低成本的、与 Cognachrome 视觉系统功能相似的 CMUcam 机器人视觉传感器，但价格却很低廉。

近年来，因为处理器发展迅速，在机器人内部的主处理器上有执行基本视觉处理的趋势。在这方面，CMVision 视觉跟踪软件代表了在动态环境中颜色跟踪的软件解决方案的最新技术水平。CMVision 在标准计算机上，可以以 30Hz 的频率跟踪高达 32 种颜色。该传感器所用的基本算法，像 Cognachrome 视觉系统一样，是不断设限的。其主要差别是：当对各颜色定义为六约束界定框体时，它使用的是 YUV 颜色空间(一种颜色编码方法)，而不是 RGB 颜色空间。在 RGB 将各颜色编码的同时，YUV 从亮度(或照度)度量中分离出颜色(或色度)度量，Y 表示图像的照度，而 U 和 V 共同获取色度。因此，以 YUV 空间表示的界定框体可获得比 RGB 空间所能做到的更大的稳定性(相对于照明变化)。

6.1.5　其他外部传感器

机器人的外部传感器有很多种，前文已经介绍了距离传感器和视觉传感器两种十分重要的外部传感器，下面将简单介绍一些其他外部传感器。

1. 触觉传感器

机器人的触觉广义上可获取的信息有：①接触信息；②狭小区域上的压力信息；③分布压力信息；④力和力矩信息；⑤滑觉信息。这些信息分别用于触觉识别和触觉控制。从检测信息及等级考虑，触觉识别可分为点信息识别、平面信息识别和空间信息识别三种。下面介绍一些常用的接触觉传感器。

（1）单向微动开关　当规定的位移或力作用到可动部分(称为执行器)时，开关的触点断开或接通而发出相应的信号。

（2）接近开关　非接触式接近传感器有高频振荡式、电容感应式、超声波式、气动式、光电式、光纤式等多种接近开关。

（3）光电开关　光电开关是由 LED 光源和光电二极管或光电晶体管等光电元件相隔一定距离构成的透光式开关。当充当基准位置的遮光片通过光源和光电元件间的缝隙时，光射不到光电元件上，从而起到开关的作用。光电开关的特点是非接触检测，精度可达 0.5mm 左右。

（4）触须传感器　触须传感器由须状触头及其检测部分构成。触头由具有一定长度的柔软和中空条丝构成，它与物体接触所产生的弯曲由在根部的检测单元进行检测。与昆虫触角的功能一样，触须传感器的功能是识别接近的物体，用于确认所设定的动作的结束，以及根据接触发出回避动作的指令或搜索对象物的存在。

人类的触觉能力是相当强的,人们不但能够捡起一个物体,而且即使不用眼睛也能识别它的外形,并辨别出它是什么东西。许多小型物体完全可以靠人的触觉辨认出来,如螺钉、开口销、圆销等。如果要求机器人能够进行复杂的工作,它也需要具有这种能力。因此,采用多个触觉传感器组成的触觉传感器阵列是辨认物体的方法之一。

2. 滑觉传感器

滑觉传感器主要有电容式、压阻式、磁敏式、光纤式和压电式等类型。其中,压电式传感器应用较广,可同时检测触觉信号和滑觉信号,但对触觉信号和滑觉信号的分离存在一定困难。滑觉传感器也存在一些问题:①物理尺寸较大,质量大;②结构复杂,所需连接线较多;③检测精度低,灵敏度不高;④对于形状不规则的物体难以辨别接触、非接触及滑动状态等。

图6-18介绍了一种典型的滑觉传感器,通过把物理的滑动信号转变为光信号,再利用光电元件把光信号转变为电信号进行检测从而获取物体滑动信息。

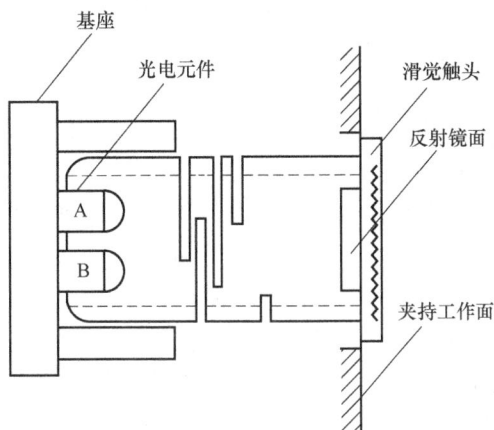

图6-18　滑觉传感器的基本结构

3. 力觉传感器

力觉传感器是用于检测设备内部力或与外界环境相互作用力的装置,在机器人和机电一体化设备中具有广泛的应用。这里对其进行简单介绍。力不是直接可测量的物理量,而是通过其他物理量间接测量出的。因此,力觉传感器根据力的检测方式不同,可分为应变片式、利用压电元件式及电容位移计式等传感器。在机器人学中,力觉传感器的主要性能要求是分辨率、灵敏度和线性度高,可靠性好,抗干扰能力强。

应变片式力觉传感器应用最为普遍,主要使用的元件是电阻应变片。电阻应变片利用了金属丝拉伸时电阻变大的现象,它被贴在力变化的方向上。电阻应变片用导线接到外部电路上,可测定输出电压,得出电阻值的变化。

4. 基于地面的信标

使用有源或无源的信标是解决机器人定位问题的一个很好的方法。利用机载传感器和环境信标的交互,机器人可以精确地识别它的位置。与星座、山峰和灯塔等信标一样,在规模为几千米的区域内,现代的技术已经能利用传感器定位室外机器人,准确度优于5cm。下文将描述两种信标系统,即全球定位系统(GPS)和北斗导航系统,它们对室外的地面和飞行机器人的定位极为有效。

（1）全球定位系统（GPS）　GPS 最初是为军事应用而开发的，现在则已免费用于民用导航。它由至少 24 个运行的 GPS 卫星组成，卫星每 12h 在 20.190km 高度沿轨道飞行。四个卫星位于与地球赤道平面倾斜成 55°的六个各自平面中（图 6-19）。

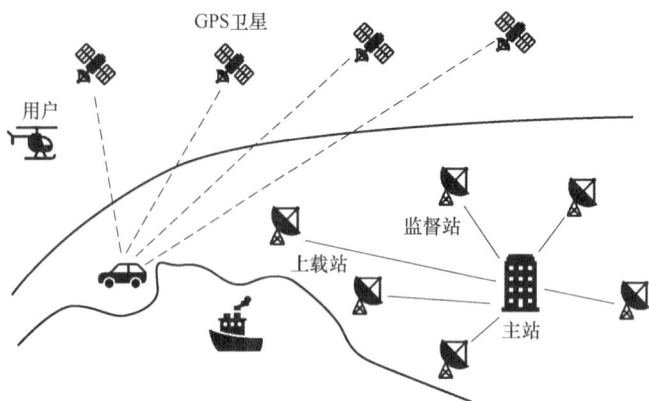

图 6-19　基于 GPS 的位置和方向的计算

各个卫星连续地发送指示其位置和当前时间的数据。因此，GPS 接收器是完全被动的、外感受式的传感器。当一个 GPS 接收器读取两个或两个以上卫星发送的数据时，到达的时间差作为各卫星的相对距离而告知接收器，组合关于到达时间和四个卫星瞬时位置的信息，接收器可推算出它自己的位置，理论上，这种三角测量只要求三个数据点。然而在 GPS 的应用中，定时是极端重要的，因为被测的时间间隔是以纳秒计算的，所以要强制卫星准确同步。为此，地面站有规则地更新时间，且各卫星都携带机载的定时原子钟。

GPS 的接收器时钟也同样重要，它使人们能准确地测量各卫星发送的行进时间。但 GPS 的接收器只有一个简单的晶体时钟。因此，尽管三个卫星就可以理想地提供三轴位置，但 GPS 接收器仍需要四个卫星，利用附加信息求解四个变量：三个位置轴和一个时间校正。

GPS 接收器必须同时读取四个卫星传送的数据，这是一个很大的约束。GPS 卫星传送功率极低，因而想成功地读取数据就要求与卫星直接进行瞄准（线）通信。在有遮挡的空间里，诸如拥有高层建筑的市区或植物稠密的森林中，人们不大可能可靠地接收四个卫星传送的数据。当然，大多数室内空间也不能为 GPS 接收器工作提供足够的天空可见度。由于这些原因，GPS 虽然已成为机器人学中一个普通的传感器，但仍被归到涉及机器人行走于开阔空间和自主飞行器的那类范畴中。

有许多因素会影响使用 GPS 定位传感器的特性指标。首先，由于 GPS 卫星的特定轨道路径在地球不同的地方，其覆盖情况在几何上是不一样的，因而分辨率是不一致的。特别是在南极和北极，卫星非常接近于地平线，因而在经度和纬度方向分辨率良好，但与赤道位置相比较，高度的分辨率则比较差。

其次，GPS 卫星仅仅是一个信息源。为了达到不同的定位分辨率水平，可以应用不同的策略来使用 GPS。GPS 使用的基本策略称为伪距离。上面已述方法中，一般分辨率可以达到 15m。该方法的扩展是差分 GPS（DGPS），它使用了静态且位置精确的已知的第二个接收器。利用这个参考接收器，可以校正许多误差，使分辨率提高到 1m 数量级或更小。这个技术的一个缺点是必须安装一个平稳的接收器，它的位置必须仔细地测量。当然，为了从

DGPS 技术获得精确定位，机器人必须位于这个静态单元几千米的范围内。

　　进一步改进的策略是考虑各接收卫星传送的载波信号的相位。在 19cm 和 24cm 有两个载波，所以，当成功地测量多个卫星之间的相位差时，精度很有可能大幅度改善。这种传感器对于点位置可以达到 1cm 的分辨率；而用多个接收器，比如在 DGPS 中，分辨率可达 1cm以下。机器人应用所考虑的最后一个因素是带宽。GPS 一般会有不少于 200~300ms 的时延，所以可以期待有不高于 5Hz 的 GPS 更新数据。

　　（2）北斗卫星导航系统　北斗卫星导航系统由空间段、地面段和用户段三部分组成，可在全球范围内全天候、全天时为各类用户提供高精度、高可靠性的定位、导航、授时服务，并具备短报文通信能力，定位精度 10m，测速精度 0.2m/s，授时精度 10ns。北斗卫星导航系统是全球四大卫星导航核心供应商之一，在轨卫星已达 39 颗。

　　相比于 GPS，北斗卫星导航系统具有安全性能高、定位精度高（我国的北斗卫星导航系统由 35 颗卫星组成，包括 5 颗静止轨道卫星、27 颗中地球卫星、3 颗倾斜同步轨道卫星组成，而卫星数目的提高，带来的是定位精度和服务范围的提高）、定位可靠性高（北斗卫星导航系统采用的是最新的三频信号方案，而美国的 GPS 采用的是双频信号，三频信号能更好地消除高阶电离层延迟的影响，增强数据预处理能力，提高模糊度的固定效率，从而提高定位的可靠性）、有源定位和无源定位兼备等优势。

6.1.6　机器人内部传感器

　　上文对机器人的一些外部传感器进行了介绍，下面将简单介绍一些应用较多的机器人内部传感器。内部传感器主要用于检测机器人本身的状态和参数，如电动机速度、轮子负载、机器人手臂关节的角度、电池电压等。

1. 位置（位移）传感器

　　因篇幅有限，本节仅介绍最常见的位置（位移）传感器——光学编码器的基础知识。光学编码器用于测量车轮旋转或关节转动，以进行运动控制或导航。光学增量编码器已经成为在电动机驱动内部、轮轴或在操纵机构上测量角速度和位置的应用最广泛的装置。在机器人学中，通常使用编码器测量轮子的位置或速度，以及其他电机驱动的关节位置和速度。

　　光学编码器基本上是一个机械的光振子，对各轴转动，它产生一定数量的正弦或方波脉冲。它由照明源、屏蔽光的固定光栅、与轴一起旋转带细光栅的转盘和固定的光检测器组成。当转盘转动时，根据固定的和运动的光栅的排列，穿透光检测器的光量发生变化。在机器人学中，最后得到的正弦波用阈值变换成离散的方波，在亮和暗的状态之间做选择。分辨率以每转周期数（CPR）度量。最小的角分辨率可以容易地根据编码器的 CPR 额定值计算出来，在机器人学中，典型的编码器可拥有 2000CPR 的分辨率，而工业上也可容易地制造出具有 10000CPR 分辨率的编码器。当然，根据所需的带宽，最关键的是编码器必须足够快，以计算期望的轴转速。

　　通常，在机器人学中，使用正交光学编码器。在这种情况下，第二对照明源和检测器绕转盘被安放在相对于第一对偏移 90° 的地方。如图 6-20 所示，通过合成一对方波，提供了更多的有意义信息。

　　按照哪个方波首先产生一个上升边沿进行排序，就可分辨出转动方向。而且，四个可检测的不同状态，在不改变转盘的情况下，分辨率可提高 4 倍。因此，一个分辨率为 2000CPR的正交编码器可产生 8000 个计数。通过保留由光学检测器测得的正弦波并进行复杂的处理，

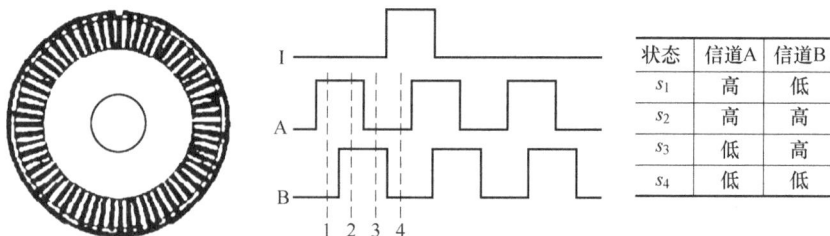

状态	信道A	信道B
s_1	高	低
s_2	高	高
s_3	低	高
s_4	低	低

图6-20 正交光学编码器

有可能进一步改善分辨率。这种方法在机器人学中虽然少见，但分辨率却可以得到显著改善。

光学编码器一般处在机器人内部受控的环境中，所以可以设计成无系统误差和无交叉灵敏度。光学编码器的准确度常常被认定为100%，虽然这并不完全正确，但在光学编码器上，任何误差都会因电动机轴误差而显得微不足道。

2. 速度传感器

首先介绍常见的速度传感器——测速发电机，它有两种主要型式：直流测速发电机和交流测速发电机。测速发电机是输出电压与转速成比例的微型电机。测速发电机的绕组和磁路经过精确设计，其输出电压 u 和转速 n 成线性关系，改变旋转方向时输出电压的极性即相应改变。在被测机构与测速发电机同轴连接时，只要检测出输出电压，就能获得被测机构的转速。

（1）直流测速发电机 直流测速发电机有永磁式和电磁式两种。其结构与直流发电机相近。永磁式直流测速发电机采用高性能永久磁钢励磁，受温度变化的影响较小，输出变化小，斜率高，线性误差小。这种测速发电机在20世纪80年代因新型永磁材料的出现而发展较快。电磁式直流测速发电机采用他励式励磁，不仅复杂且因励磁受电源、环境等因素的影响，输出电压变化较大，用得不多。

（2）交流异步测速发电机 交流异步测速发电机输出交流电压频率与励磁频率相同，其幅值与转子转速成正比。交流异步测速发电机的结构和普通两相笼型感应电动机相同，定子上互差90°的两相绕组中，一相为励磁绕组，接在50Hz或400Hz的交流电源上，另一相输出转速信号。

（3）陀螺仪 陀螺仪是一种常见的角速度传感器，是用高速回转体的动量矩敏感壳体，相对惯性空间绕正交于自转轴的一个或两个轴的角运动检测装置。其物理定律只能相对于惯性参考系进行测量，同时存在各种各样的传感器技术。

最基本的陀螺仪是原始的机械陀螺仪——旋转转子，转子是表现出旋转对称性的质量。根据角动量守恒定律，这样的几何形状对于使自旋轴保持在惯性空间中是必要的，非对称物体的自然旋转运动存在翻滚而不是自旋。自旋轴刚度的这种特性产生了第二种特性，称为进动，它控制陀螺仪如何响应试图旋转自旋轴的施加转矩（图6-21）。

机械陀螺仪经过多年的工程改进，现在已可以降低漂移率并提高可靠性和使用寿命。与机器人相关的一种机械陀螺仪是动态调谐陀螺仪（DTG）。与上面的裸露转子相比，不同点是使用两对柔性枢轴来形成一种万向节，该万向节将转子悬挂在与转子一起旋转的轴周围。在旋转轴的特定旋转速度下，枢轴的刚度基本上消失，并且装置以接近理想的方式起作用。动态调谐陀螺仪是一种低成本、小巧（体积仅为几立方厘米）的坚固型传感器，偏置稳定性低于 1°/h。

当代的光学陀螺仪分为两类：环形激光陀螺仪和光纤陀螺仪。两者均基于称为萨奈克效应的测量原理，该原理将两个反对称光束混合在一起，以提取与角速度成比例的信号（图6-22）。实际上，当设备绕其敏感轴旋转时，在一个方向上旋转的光子的路径长度较长，而在另一个方向上旋转的光子的路径长度较短。当两个光束混合时，如果将其显著放大，则会产生可被测量的干扰。

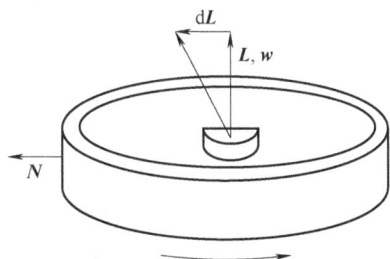

图 6-21　陀螺旋进原理　　　　　图 6-22　光纤陀螺仪

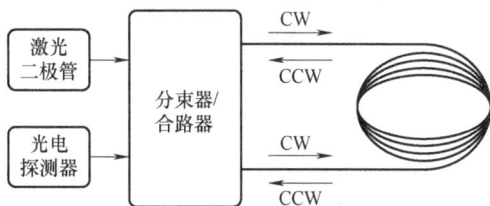

在环形激光陀螺仪（RLG）的情况下，光束在其中传播的"环"由激光介质固定，并且环本身也是激光。当两个光束合并时，将产生与角速度成比例的拍频。光纤陀螺仪（FOG）是更简单、价格低廉的设备。对于大多数机器人应用程序而言，它们的优良性能决定了它在机器人传感器中的广泛应用。激光二极管产生调制的光信号，该信号在光缆线圈的两个方向上分开并发送。这两个信号在退出时会重新组合，然后发送到光电探测器，以提取与角速度成比例的相位差。

3. 加速度传感器

加速度传感器是一种能够测量加速度的传感器，它通常由质量块、阻尼器、弹性元件、敏感元件和适调电路等部分组成。传感器在加速过程中，通过对质量块所受惯性力的测量，利用牛顿第二定律获得加速度值。根据传感器敏感元件的不同，常见的加速度传感器可分为电容式、电感式、应变式、压阻式、压电式等。这里主要对加速度计进行简单介绍。

（1）加速度计　所有加速度计的工作原理是通过弹性、黏性或电磁约束来测量附着在仪器外壳上的一小块砝码的相对位移来工作的（图6-23）。换能器将返回与检测质量体的位移成比例的信号。通常，仅允许质量体有单个自由度，该自由度可以是线性的也可以是旋转的。

如图6-23所示，若在太空中，设备在重力的影响下自由移动，将不产生任何输出。当设备在地球上静止或在太空中以 g 为加速度向上加速时，将产生大小为 g 的输出。当设备在地表附近以 g 为加速度向上加速时，设备输出 $2g$。

（2）MEMS加速度计　在过去的十年中，MEMS（微机电系统）技术取得了巨大的进步。MEMS惯性传感器将半导体设计和制造原理应用于振动和偏转，以感应运动的微观机械系统的构造。MEMS加速度计已经非常完善，有多种设计类别。易于理解的是平面（横向）质量位移设计（图6-24）。在这种情况下，将检验质量块安装在挠曲件上，并使其在加速下发生偏转，改变梳状齿之间的间隙，从而改变所有成对指之间的总电容。该原理的振动形式导致检测质量在晶片平面内振荡，并且可以将外部施加的加速度转换为设备谐振频率的变化。

107

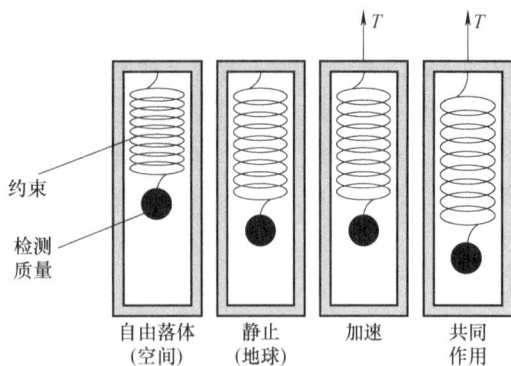

图 6-23　加速度计原理

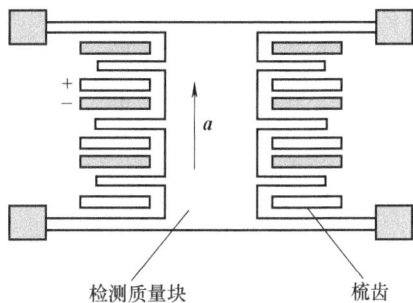

图 6-24　平面内 MEMS 加速度计

6.2　图像处理算法

6.1 节对机器人传感器的基本概念及在机器人学中使用较为普遍的传感器进行了介绍，下面将对机器人学中的一个重要部分——计算机视觉算法进行分析。因为人类可以接受许多复杂的图像解释方式，而计算机理解图像的实际能力却是非常有限的，所以通过计算机视觉算法这种数学模型，可以尝试帮助计算机理解图像。

6-1　图像处理

6.2.1　计算机视觉算法分类

大量的计算机视觉算法已经在机器人领域得到了很好的应用，本书只介绍以下三类：

1）图像处理算法。图像处理算法是不考虑像素所代表的内容而对像素进行处理的算法。这些处理倾向于对单个像素级别的原始输入数据或像素窗口（包括在图像中创建和处理任意形状的像素）直接进行操作。

2）几何计算机视觉。几何计算机视觉是专注于推断形状或运动、或二者、或构建模型和地图的算法。这类算法往往侧重于理解空间关系、场景中对象的定位，或者传感器和对象的相对运动。

3）语义计算机视觉。语义计算机视觉是识别或推断物体或场景部分性质，以及试图理解或解释场景内容的算法。这类算法往往使用人工智能和机器学习的技术来执行对象识别和场景理解等操作。

1. 图像处理算法

图像处理算法是指将信号处理应用于图像，主要处理外观数据（来自各种相机）或几何数据（来自成像距离传感器）。它具体包括：

1）图像预处理。处理相机采集的图像数据，减少采集到的数据与理想情况下的数据之间的误差，以增加定位精度和识别效果。

2）边缘检测（高通滤波）。提取图像数据的空间导数，以这种方式发现的"边"通常定义了对象的边界。

3）平滑（低通滤波）。去除图像中的"噪声"，这非常适用于对噪声敏感的算法。

4）分割。在图像中找到连接区域，该区域通常与场景中的物体相对应。

5）特征检测。寻找直线、有意义的点、角等，这些特征信息可以表示地标、房间的角落等，有利于估计和校准位置。

6）光流。近似于图像中许多或所有像素的速度。

2. 几何计算机视觉

该算法倾向于额外处理，主要包括如下四个内容：

1）形状推断。目前最重要的算法是计算立体视觉。

2）特征跟踪。从一幅图像到另一幅图像，跟踪点、线、角等的位置，从而推断出明显的运动。

3）视觉里程测量。当传感器在基本静止的场景中移动时，可以使用特征跟踪来推断传感器的运动。

4）运动结构。可以同时推断形状和运动。

3. 语义计算机视觉

该算法倾向于附加功能，包括先验知识、复杂的概率模型或搜索过程，或者两者兼有。具体为：

1）像素分类。将不同的像素根据特征分配到不同的类中，如道路、岩石、灌木、草地、黄色油漆等。这非常适用于路线选择和避障。

2）对象检测。搜索场景，检测指定的一个或多个特定物体。

3）对象识别。分类或标记对象，对象可以是人、机器人、垃圾、地标等，目标广泛。

4）障碍物检测。根据机器人通行的难度或阻碍机器人运动的趋向，对场景中的物体或区域进行分类或评估。

5）位置识别。根据早期经验对传感器当前位置进行标注。

6）场景理解。解读场景中的布局或活动，提取语义信息。

6.2.2　图像预处理

图像滤波是图像预处理的重要步骤。图像滤波，即在尽量保留图像细节特征的条件下对目标图像的噪声进行抑制。通过图像滤波抑制噪声，可以得到清晰干净的图像，但是会使得图像边缘变得模糊。

1. 高通滤波器

将高通滤波器应用于图像处理中，可以增强高频信号，抑制低频信号。这非常有利于提取有用的高频信息。然而，如果有用的高频信息中含有噪声，则高通滤波器也将放大噪声。

2. 低通操作

将指定为低通滤波器的算子应用于信号中，可以增强低频信息，抑制高频信号。当信号中存在高频噪声时，低通滤波器往往会降低这些高频的影响。

（1）邻域平均法（均值滤波）　邻域平均法是通过对一点和邻域内像素点求平均来去除突变的像素点。其优点是算法简单，计算速度快，可以抑制高频成分；代价是会造成图像一定程度的模糊，平滑效果不好，减少噪声的同时，也损失了高频信息。如果窗口内各点的噪声是独立等分布的，经过这种方法平滑后，信噪比可提高数倍。均值滤波示意图如图6-25所示。

（2）邻域加权平均法（高斯滤波）　邻域加权平均法是利用模板卷积的方法实现对原图的滤波。邻域加权平均法就是将模板漫游，使得模板中心与图中某像素点重合，再将模板上

a) 原图像　　　　　　　　　b) 处理后图像

图 6-25 彩图　　　　　　图 6-25　均值滤波示意图（扫码见彩图）

系数与模板下对应像素的灰度值相乘后，将所有乘积相加，并除以系数总和。最后，用所得结果代替原中心点的值。这些模板中引入了加权系数，以区分邻域中不同位置像素对输出像素值的影响，常称为加权模板。高斯离散模板也是一种加权模板，并且它是按二维正态分布进行加权的，是一种常用的低通卷积模板，有着一些良好的特性。高斯滤波示意图如图 6-26 所示。

a) 原图像　　　　　　　　　b) 处理后图像

图 6-26 彩图　　　　　　图 6-26　高斯滤波示意图（扫码见彩图）

（3）中值滤波法　中值滤波在抑制噪声中可以保持细节。通常将窗口中奇数个数据按大小顺序排列，将处于中心位置的那个数作为处理结果。具体而言，设有一个一维序列 f_1，f_2，$\cdots$，f_n，取窗口长度为 m（m 为奇数），对其进行中值滤波，就是从输入序列中相继抽出 m 个数，再将这 m 个点按其数值大小排序，其序号为中心点的那个数作为滤波输出，即

$$y_i = \mathrm{med}\{f_{i-r}, \cdots, f_i, \cdots, f_{i+v}\} \qquad \left(i \in N, \ v = \frac{m-1}{2}\right) \tag{6-9}$$

中值滤波的主要特性：①输入不变性，在窗口内单调增加或单调减少的序列，一些周期性的序列，中值滤波存在着不变性，输出信号仍保持输入信号不变；②对于较大的边缘高度，中值滤波法比邻域平均法好，而对于较小的边缘高度，两种滤波差别很少；③中值滤波

是非线性的；④在抑制图像随机脉冲噪声方面有效，运算速度快，便于实时处理；⑤去除孤立线或点干扰，而保留空间清晰度比平滑滤波的效果更好，但对高斯噪声则不如平滑滤波。中值滤波示意图如图 6-27 所示。

a) 加上50%椒盐噪声图像　　　b) 处理后图像

图 6-27　中值滤波示意图（扫码见彩图）　　　　图 6-27 彩图

3. 图像灰度变换

图像灰度变换是指按一定变换关系，逐点改变原图像中每一个像素灰度值的方法。它是图像增强处理技术中一种非常基础的、直接的空间域图像处理方法，如图 6-28 所示。图像灰度变换改善了画质，使图像的显示效果更加清晰。

a) 原图像　　　　　b) 处理后图像

图 6-28　图像灰度变换示意图（扫码见彩图）　　　　图 6-28 彩图

（1）阈值二值化处理　取得原图像的数据区数值，通过输入阈值 T，所有像素依次循环。若像素灰度值小于或等于 T，则将该像素值置为 0；否则置为 255。阈值二值化处理如图 6-29 所示。

$$f(x) = \begin{cases} 0, & x \leqslant T \\ 255, & x > T \end{cases} \tag{6-10}$$

（2）直方图　图像中颜色值的直方图对于图像增强（调整亮度或执行均衡）来说是一个很有价值的工具，它表示了图像中某种灰度级的像素的个数，反映了图像中每种灰度出现的

a) 原图像　　　　　　　　　b) 处理后图像

图 6-29 彩图　　　　　　　　　图 6-29　阈值二值化处理(扫码见彩图)

频率。灰度直方图如图 6-30 所示,可以看出,下图比上图更加明亮,在直方图中横轴超过 100 的比例也较高。如果将图像分割成大小相同的子图像后再计算直方图,就可以对颜色值的空间变化进行编码。直方图在距离图像中也很有用。

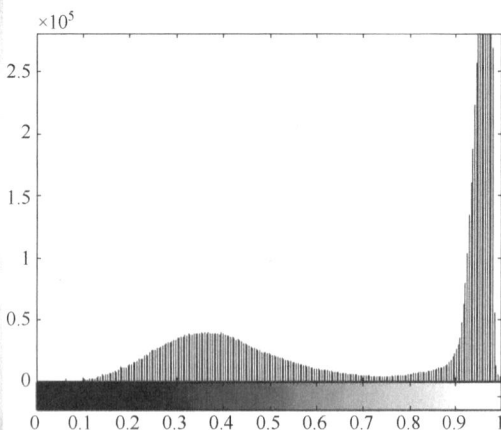

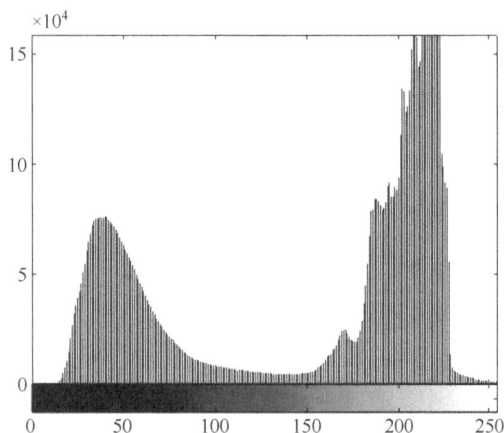

图 6-30 彩图　　　　　　　　　图 6-30　灰度直方图(扫码见彩图)

6.2.3　匹配信号和图像

图像处理的另一个基本操作是将两个信号匹配在一起，主要包括：

1）检测。确定一个对象的实例是否出现在图像中。

2）识别。在图像中使用正确的名称标记对象。

3）拼接/镶嵌。将两个部分视图连接在一起以生成更大的视图。

4）跟踪。确定一个已知区域由于视差或运动而发生的位移。

6.2.4　特征检测

特征，也称为"兴趣点"，是为了做一些有用的事情而区分出来的图像中的点、曲线或区域。通常，特征被用作语义压缩的一种形式，用于提取图像中有用的内容，并将其最低程度地表示出来。特征一词的使用范围很广，包括：①图像中纹理高的点；②线条在图像中相交的点；③距离图像中的高曲率点；④图像中的边缘、线条和形状等区域；⑤范围图像中曲率恒定的区域；⑥声呐数据中深度恒定的区域。

1. 图像中跟踪的特征检测

对于运动推断，通常假设场景中具有足够多的纹理，这意味着在图像中有一些区域的强度变化得很快。压缩图像可以进行运动推断，其使用方法就是将注意力集中在图像中纹理多的地方，在该区域寻找算法，如图 6-31 所示，右边图像中的亮点是左边图像中的高纹理区域，线性特性不会引起强烈的响应。

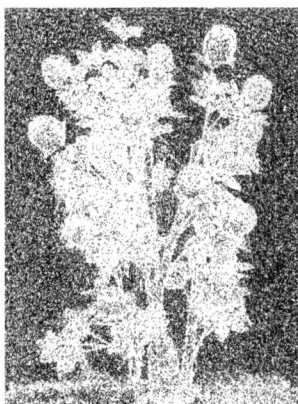

图 6-31　纹理评分(扫码见彩图)　　　　　　　　图 6-31 彩图

例如，将 Harris 角点设为图像中某一点在 Δx、Δy 方向上的强度梯度。在 Harris 检测器中，首先计算像素周围区域上梯度向量的加权协方差[by, $w(x, y)$]，对每个像素进行纹理评估，有

$$H = \begin{pmatrix} \sum w(x, y) \nabla x \nabla x & \sum w(x, y) \nabla x \nabla y \\ \sum w(x, y) \nabla x \nabla y & \sum w(x, y) \nabla y \nabla y \end{pmatrix} \tag{6-11}$$

该矩阵的特征值提供了两个主变方向的加权平均梯度大小。如果只有一个特征值很大，那么这个区域就是一条边；如果两个特征值都很高，那么这个区域就是一个"角"——尽管它可以是两个方向上的任何高频率像素的排列。这种方法将检测真实的角(图 6-32)，因为它们具有双向纹理。

图 6-32　Harris 角点检测器

Harris 角点检测器在两个方向上都能识别出具有高梯度的特征。从一个图像到另一个图像，它们很可能是稳定的，因此是很好的匹配或跟踪后的选项。

2. 图像边缘检测

通常，图像边缘上的灰度变化平缓，而边缘两侧灰度变化较快。图像的边缘一般是指在局部不连续的图像特征。通常局部亮度变化最显著的部分，灰度值的变化、颜色分量的突变、纹理结构的突变都可构成边缘信息。人们最感兴趣的是恒定灰度区域(平坦段)、突变的开头与结尾(阶梯与斜坡突变)，以及沿着灰度级斜坡处的特性。

边缘检测算子大多数是基于方向导数模板求卷积的方法，检查每个像素的邻域，并对灰度变化率进行量化，包括确定方向。通常使用以下四种算子进行边缘检测：

1）Roberts(罗伯茨)算子。利用局部差分算子寻找边缘，边缘定位精度较高，但容易丢失一部分边缘；同时，由于图像没经过平滑处理，因此不具备抑制噪声的能力。对陡峭边缘且含噪声少的图像效果较好。

2）Sobel(索贝尔)算子和 Prewitt(普里威特)算子。先做加权平滑处理，再做微分运算。平滑部分的权值有些差异，对噪声具有一定的抑制能力，但不能完全排除虚假边缘。虽然这两个算子边缘定位效果不错，但检测出的边缘容易出现多像素宽度。

3）Laplacian(拉普拉斯)算子。是不依赖于边缘方向的二阶微分算子。对阶跃型边缘点定位准确，对噪声非常敏感，使噪声加强，抗噪声能力差，容易丢失一部分边缘的方向信息，造成一些不连续的检测边缘。

4）LoG(Laplacian of Gaussian)算子。先用高斯(Gaussian)函数平滑滤波，后用 Laplacian 算子检测边缘，克服 Laplacian 算子抗噪声能力差的缺点，但同时也平滑掉比较尖锐的边缘，尖锐边缘无法被检测到。高斯滤波器为低通滤波器，通频带越窄，对高频噪声抑制作用越大，避免了虚假边缘的检出，同时信号的边缘也被平滑了，造成某些边缘点的丢失。反之，通频带越宽，可以检测到更高频率的细节，对噪声的抑制能力下降，容易出现虚假边缘。高斯函数中方差参数的选择很关键，对图像边缘检测效果有很大的影响。

6.2.5　区域处理

另一类算法专注于边的对偶——性质相对一致的区域。特征具有位置和方向属性，区域具有形状属性。一些著名的算法包括：

1）分割。图像分割将图像分为一些有意义的区域，然后可以对这些区域进行描述，相当于提取出某些目标区域图像的特征，判断图像中是否有感兴趣的目标。图像分割的基础有两个，一是像素之间具有相似性，二是跳变性的边缘检测能够检测出图像的真正边缘。

2）生长和细化。收缩和扩大区域，用于清除小错误。

3）分割和合并。可用于查找对象的规范描述。

4）中轴和格拉斯菲尔德变换。一系列非常有效的找到任意形状的骨骼和范围轮廓的操作。

5）矩量和不变计算。将区域抽象为几个数字，这些数字通常对比例不变，有时对透视变换也不变。在比较形状达到目标识别时，矩量和不变计算提供了方便的度量标准。

1. 分割：阈值处理

阈值处理是一种区域分割技术。主要原理是将灰度根据主观意愿分成两个或多个等间隔或不等间隔的灰度区间，利用图像中要提取的目标物体和背景在灰度上的差异，选择一个合适的阈值，通过判断图像中的每一个像素点的特征属性是否满足阈值的要求来确定图像中该像素点属于目标区域还是背景区域，从而产生二值图像。

著名的计算机视觉"斑点着色"法在图像中寻找组成像素"类似"的区域。在本例中，"颜色"表示区域的不同标签。对于外观图像，存在一种非常快速的算法，它只遍历图像一次，例如，从左到右和从上到下的顺序（图6-33）。在运算过程中，算法可能会在第三个"if"语句中确定，原来被认为是不同的两个区域实际上是连接在一起的。这些事件创建一对等价的颜色。第二个"if"语句为这些事件列表创建了等价类，并为每个区域分配一个唯一的颜色。

```
01    scan all pixels left-right, top-bottom
02    if (f(X_c) = 0) continue
03    else if (f(X_u) = 1) and (f(X_l) = 0)
04        color(X_c) ← color(X_u)
05    else if (f(X_l) = 1) and (f(X_u) = 0)
06        color(X_c) ← color(X_u)
07    else if (f(X_l) = 1) and (f(X_u) = 1)
08        color(X_c) ← color(X_u)
09        color(X_l) equivalent to color(X_u)
10    else if (f(X_l) = 0) and (f(X_u) = 0)
11        color(X_c) ← k
12        k ← k+1
14    end if
15    end scan
16    return
```

图 6-33 视觉算法（斑点着色法）

2. 检测形状

目标轮廓提取主要有轮廓提取法、边界跟踪法、区域增长法、区域分裂合并法等。

斑点着色法可以与形状描述法一起用于检测形状。下面是一个简单的例子。当环境被设计时，可以在场景中放置基准来帮助识别和定位。反射带是一种非常有效的基准。如果将一束光投射到相机上并与相机对齐，磁带的反射就会使本身显得很突出。在本例中，它们变得非常亮，只需对图像进行阈值处理即可找到它们(图 6-34)。

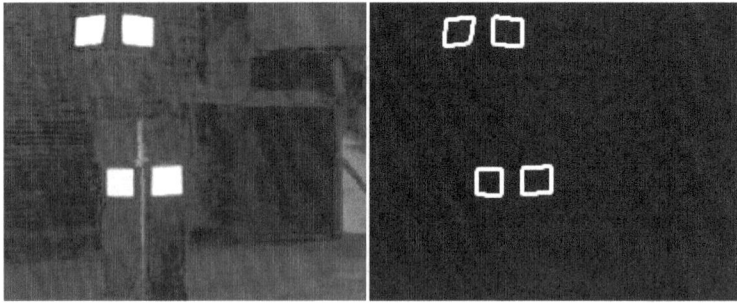

图 6-34　反向反射基准

一旦斑点着色法找到上面四个亮的区域，面积的矩就是一组好的形状描述

$$I_x = \sum x \qquad I_y = \sum y$$

$$I_{xx} = \sum x^2 \qquad I_{xy} = \sum xy \qquad I_{yy} = \sum y^2 \tag{6-12}$$

这种矩的特殊组合对于缩放、平移和旋转变换是不变的。因此，无论它们在场景中的哪个位置，都可以在图像中的任何位置找到它们。

3. 图像形态学操作

图像形态学操作是指用一定形态的结构元素去量度和提取图像中的对应形状，达到分析和识别的目的。它可用于图像处理的各个方面，包括图像分割、特征抽取、边界检测等。

二值图像的形态变换是一种针对集合的处理过程，从集合的角度来刻画和分析图像。本节介绍几种二值图像的基本形态学运算，包括腐蚀、膨胀，以及开、闭运算。

(1)腐蚀　二值形态学中的运算对象是集合，一般设 A 为图像集合，B 为结构元素，用 B 对 A 进行腐蚀操作，如图 6-35 所示，让原本位于图像原点的结构元素 B 在整个平面上移动，当 B 的原点平移到 z 点时，B 能完全包含于 A 中，则所有这样的 z 点构成的集合(即 E 集合)是 B 对 A 的腐蚀结果。

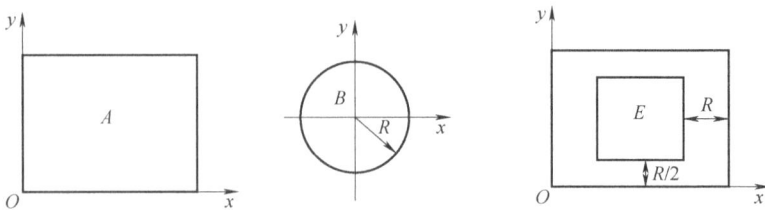

图 6-35　腐蚀运算示意图

腐蚀结果 E 的定义为

$$E = \{ z \mid B(z) \subset A \} \tag{6-13}$$

腐蚀的作用：腐蚀能够消融物体的边界，具体的腐蚀结果取决于结构元素 B 及其原点的选取。如果物体整体上大于结构元素，腐蚀的结构是使物体变"瘦"一圈，这一圈有多大是由结构元素决定的；如果物体本身小于结构元素，则腐蚀后的物体会在细连通处断裂，分

离成两部分。腐蚀示意图如图 6-36 所示。

（2）膨胀　膨胀和腐蚀对集合的运算是彼此对偶的，和腐蚀运算类似，设定 A 为要处理的图像集合，B 为结构元素，通过结构元素 B 对图像进行膨胀处理。让原本位于图像原点的结构元素 B 在整个平面上移动，当其自身原点平移至 z 点时，B 相对于其原点的映像和 A 有公共的交集，则所有这样的 z 点构成的集合（即 E 集合）为 B 对 A 的膨胀结果，如图 6-37 所示。

图 6-36　腐蚀示意图

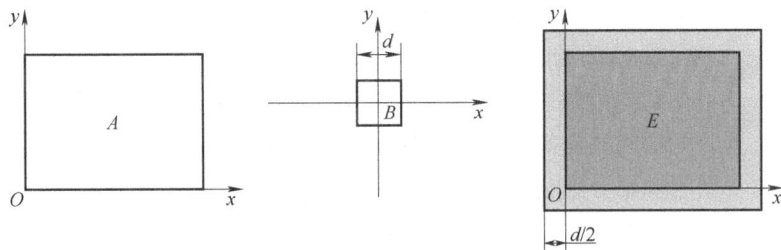

图 6-37　膨胀运算示意图

膨胀结果 E 的定义为

$$E = \{z \mid B(z) \cap A \neq \varnothing\} \tag{6-14}$$

膨胀的作用：和腐蚀相反，膨胀能够使物体边界扩大，膨胀结果与图像本身和结构元素的形状有关。膨胀可以用于填补物体中的空洞，如图 6-38 所示。

（3）开、闭运算　开运算和闭运算都由腐蚀和膨胀复合而成的，先腐蚀后膨胀的过程称为开运算，先膨胀后腐蚀的过程称为闭运算。开运算能够平滑图像的轮廓，削弱狭窄的部分，去掉尖细的突出，可以用于消除背景中的小物体，在纤细点处分离物体，如图 6-39 所示。闭运算能融合狭窄的间断，填充物体内细小空洞，可以用来连接邻近物体、填补轮廓上的缝隙从而平滑图像的轮廓，如图 6-40 所示。

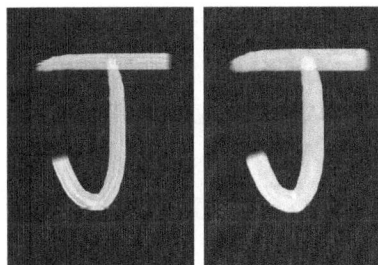

图 6-38　膨胀示意图

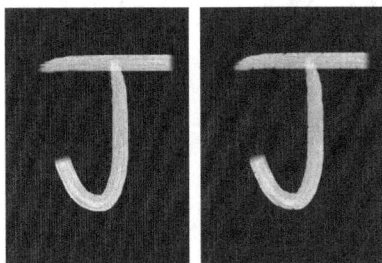

图 6-39　开运算

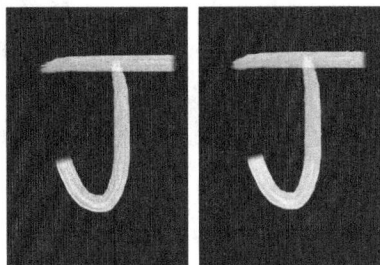

图 6-40　闭运算

4. 几何形态分析

几何形态分析包括形状、边缘、长度、面积、圆度、位置、方向数量和连通性等。具体

117

内容请读者阅读有关书籍。

6.3 几何和语义计算机视觉方面

本节介绍一些在移动机器人中非常重要的高级算法，包括像素分类和计算立体视觉。

6.3.1 像素分类

分类是指给事物贴上标签，以便将它们归入特定类别的问题。像素分类将一个类与图像中的每个像素关联起来。在最简单的形式中，类是不相交的。对于机器人来说，常见的类有：道路/非道路、植被/矿物/动物/人工、危险/非危险。

构建分类器是一个两阶段的过程：在学习阶段，对标记的示例数据进行处理，以便正确地找到将测试数据分配给所提供的类的最佳规则；在操作阶段，分类器对新数据执行相关操作，并根据前面学到的规则分配标签。

有关模式分类的数学介绍，请阅读相关资料，在此仅做简单的说明。一些属性或"特性"与每个像素相关联，这些特性可以像像素的 R、G、B 值一样简单，也可以包括从像素周围的邻域计算出来的属性。典型的预处理图像，可以消除阴影的影响，或者使颜色正常化，以消除光照的影响。一个简单而又有效的方法是计算颜色空间中的单位矢量

$$\text{unitPix} = \frac{\text{red} + \text{grn} + \text{blu}}{\sqrt{\text{red}^2 + \text{grn}^2 + \text{blu}^2}} \tag{6-15}$$

许多颜色空间的转换，包括 YIQ、HSV、CIE-XYZ 等，都有其优点。一般情况下，特征可以被收集到一个多维矢量中，基于这样的假设，分类就是在所有特征矢量的空间中找到与感兴趣的类相对应的区域。例如，在图 6-41 中，训练了一个分类器。

图 6-41　苹果树与墙壁区分开(扫码见彩图)　　　　图 6-41 彩图

6.3.2 计算立体视觉

一个相机提供的二维图像无法给出清楚的深度信息，深度信息即被观测目标到相机的距离。假如目标的几何模型是已知的，深度信息可以根据该几何模型间接获得。另外，当同一场景可以从不同视角获得两幅图像时，点的深度信息可以直接计算得到。这两幅图像可用两

个照相机拍摄，或用一个移动相机次序拍摄。这种情况称为立体视觉。

在立体视觉的基本结构中，要对两个基础问题做出计划。

第一个是匹配问题，也就是对场景中同一点在两幅图像上的投影点的识别，这些点称为配对点或匹配点。这个问题不易解决，解决方法建立在同一点在两幅图像上存在几何约束的基础上，此外场景的某些细节在两幅图像中会表现出相似性。

第二个问题是三维重构。三维重构一般包括对相机（标定或未标定）的相对位姿进行计算，以及由该位姿出发，计算被观察目标上的点在三维空间中的位置。

1. 极线性约束

设目标点为点 P，左、右摄像机的光心分别为点 C_L、点 C_R，点 P 在左图像平面上的投影点 P_L 与在右图像上的投影点 P_R 存在极限几何关系，如图 6-42 所示。图中，左摄像机光心点 C_L、右摄像机光心点 C_R 与点 P 构成极平面，极平面与左图像平面的交线即为投影点 P_L 所在的极线 l_{PL}，在右图像平面上的匹配点 P_R 一定位于极平面与右图像平面的交线 l_{PR} 上。这样就将对应待匹配点的搜索范围从整幅图像压缩到一条直线，提高了搜索效率。

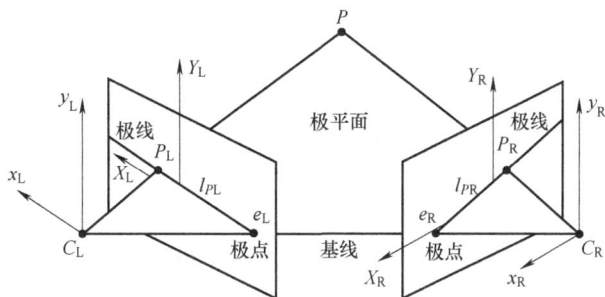

图 6-42　极线性几何关系示意图

两个摄像机的投影方程为

$$\begin{cases} s_1 \boldsymbol{p}_1 = \boldsymbol{M}_1 \boldsymbol{X}_w - (\boldsymbol{M}_{11} \quad \boldsymbol{m}_1) \boldsymbol{X}_w \\ s_r \boldsymbol{p}_r = \boldsymbol{M}_r \boldsymbol{X}_w = (\boldsymbol{M}_{r1} \quad \boldsymbol{m}_r) \boldsymbol{X}_w \end{cases} \tag{6-16}$$

式中，s_1、s_r 为缩放系数；$\boldsymbol{p}_1$、$\boldsymbol{p}_r$ 是点 P 分别在左、右图像中的齐次坐标；$\boldsymbol{X}_w$ 为点 P 在世界坐标系下的齐次坐标；$\boldsymbol{M}_{11}$ 和 $\boldsymbol{M}_{r1}$ 分别为 $\boldsymbol{M}_1$ 和 $\boldsymbol{M}_r$ 左侧的 3×3 矩阵部分；$\boldsymbol{m}_1$、$\boldsymbol{m}_r$ 为右侧的 3×1 矢量部分。若设 $\boldsymbol{X}_w = (\boldsymbol{X}^T \quad 1)^T$，其中 $\boldsymbol{X} = (X_w \quad Y_w \quad Z_w)^T$，则式(6-16)可写为

$$\begin{cases} s_1 \boldsymbol{p}_1 = \boldsymbol{M}_{11} \boldsymbol{X} + \boldsymbol{m}_1 \\ s_r \boldsymbol{p}_r = \boldsymbol{M}_{r1} \boldsymbol{X} + \boldsymbol{m}_r \end{cases} \tag{6-17}$$

消去 $\boldsymbol{X}$ 可得

$$s_r \boldsymbol{p}_r - s_1 \boldsymbol{M}_{r1} \boldsymbol{M}_{11}^{-1} \boldsymbol{p}_1 = \boldsymbol{m}_r - \boldsymbol{M}_{r1} \boldsymbol{M}_{11}^{-1} \boldsymbol{m}_1 \tag{6-18}$$

消去 s_1、s_r，获得 $\boldsymbol{p}_1$、$\boldsymbol{p}_r$ 的关系式，该关系式与 s_1、s_r 无关，即所谓的极线性约束。引入反对称矩阵：若 $\boldsymbol{t}$ 为三维矢量，$\boldsymbol{t} = (t_x \quad t_y \quad t_z)^T$，则 $\boldsymbol{t}$ 的反对称矩阵记为 $(\boldsymbol{t})_\times$，即

$$(\boldsymbol{t})_\times = \begin{pmatrix} 0 & -t_z & t_y \\ t_z & 0 & -t_y \\ -t_y & -t_x & 0 \end{pmatrix} \tag{6-19}$$

由定义可知，$(\boldsymbol{t})_\times = -((\boldsymbol{t})_\times)^T$，$(\boldsymbol{t})_\times$ 为不可逆的非满秩矩阵。

将式(6-18)右侧记为 m，即

$$m = m_r - M_{rl}M_{ll}^{-1}m_l \qquad (6-20)$$

将 m 的反对称矩阵记为 $(m)_\times$，令 $(m)_\times$ 左乘式(6-18)两边，可得

$$(m)_\times(s_r p_r - s_l M_{rl}M_{ll}^{-1}p_l) = 0 \qquad (6-21)$$

将式(6-21)两边除以 s_r，并设 $s = \dfrac{s_l}{s_r}$，移项整理得

$$(m)_\times(sM_{rl}M_{ll}^{-1}p_l) = (m)_\times p_r \qquad (6-22)$$

式(6-22)右边的矢量为 $(m)_\times p_r = m \times p_r$，该矢量与 p_r 正交，用 p_r^T 左乘式(6-22)两边，最后再除以 s 后可得

$$p_r^T(m)_\times M_{rl}M_{ll}^{-1}p_l = 0 \qquad (6-23)$$

可以看出，在 p_l 给定的情况下，式(6-23)是关于 p_r 的线性方程，即右图像极线性方程；同理可知，在 p_r 给定的情况下，式(6-23)则是左图像的极线性方程。

令 $F = (m)_\times M_{rl}M_{ll}^{-1}$，则式(6-23)可以写成 $p_r^T F p_l = 0$，F 是极线几何的代数表达形式，即基本矩阵。若知道左右摄像机的内部参数矩阵 A_l、A_r 与外部参数矩阵 R、T，则利用张友正标定法又可将极平面方程表示为

$$p_r^T A_r^{-T} S R A_l^{-1} p_l = 0 \qquad (6-24)$$

式中，由于 S 为反对称矩阵，则式(6-24)又可以表示为

$$F = A_r^{-T} S R A_l^{-1} \qquad (6-25)$$

可以看出，基本矩阵包括双目立体视觉系统的所有参数，这表明基本矩阵仅与视觉系统参数有关，与外部场景无关，极线约束是双目视觉系统内在的一种约束。

2. 三角测量

在两台相机内参数与外参数都已知的情况下，重构问题采用的是称为三角测量的几何方法，计算投射在两个图像平面上的点在场景中的位置。这种方法可以从点 P 在两个相机图像平面上的投影坐标 $s_1 = (X_1 \quad Y_1)$ 和 $s_2 = (X_2 \quad Y_2)$ 标准化开始，计算点 P 相对于基础坐标系的坐标 $p = (p_x \quad p_y \quad p_z)^T$。为简单计算，假设基础坐标系与坐标系1重合，则有以下等式成立

$$p = \lambda_1 \tilde{s}_1 \qquad (6-26)$$

$$p = o + \lambda_2 R \tilde{s}_2 \qquad (6-27)$$

式中，λ_1、λ_2 为缩放系数。式(6-26)是经过点 O_1 和坐标点 S_1 的视线的参数方程，而式(6-27)是经过点 O_2 和坐标点 S_2 的视线的参数方程，两个方程都是在基础坐标系中表示的。

因此，点 P 坐标在两条视线的交点上，可以求解关于 p 的式(6-26)和式(6-27)来计算得到。为此根据式(6-26)，用第三个方程计算 λ_1，再将其值代入另两个方程中，可得以下系统

$$\begin{pmatrix} 1 & 0 & -X_1 \\ 0 & 1 & -Y_1 \end{pmatrix} p = 0 \qquad (6-28)$$

在式(6-27)两侧左乘 R^T 对所得方程进行相似推导，可得以下系统

$$\begin{pmatrix} r_1^T - X_2 r_3^T \\ r_2^T - Y_2 r_3^T \end{pmatrix} = \begin{pmatrix} o_x - o_x X_2 \\ o_y - o_y Y_2 \end{pmatrix} \qquad (6-29)$$

式中，$\boldsymbol{R}=(\boldsymbol{r}_1 \quad \boldsymbol{r}_2 \quad \boldsymbol{r}_3)$；$\boldsymbol{R}^{\mathrm{T}}\boldsymbol{o}=(o_x \quad o_y \quad o_z)$。式(6-28)和式(6-29)定义了一个由四个方程组成的含三个未知数的系统，系统对于 $\boldsymbol{p}$ 是线性的。在两条视线交于点 P 的理想情况下，这些方程中只有三个是独立的。在实际应用中，由于存在噪声，这些方程都是独立的且系统无解，因而必须采用基于最小二乘的适当算法来计算近似解。

在应用中更常见的是，两个相机平行且图像平面整齐排列，其中 $\boldsymbol{R}=\boldsymbol{I}$，$\boldsymbol{R}^{\mathrm{T}}\boldsymbol{o}=(b \quad 0 \quad 0)^{\mathrm{T}}$，$b>0$，$b$ 表示两个相机坐标系原点之间的距离，此时 $\boldsymbol{p}$ 的计算可以大幅简化。式(6-28)、式(6-29)所示系统的解为

$$p_x = \frac{X_1 b}{X_1 - X_2} \tag{6-30}$$

$$p_y = \frac{Y_1 b}{X_1 - X_2} = \frac{Y_2 b}{X_1 - X_2} \tag{6-31}$$

$$p_z = \frac{b}{X_1 - X_2} \tag{6-32}$$

3. 绝对定向

在由两个相机构成的标定系统观测一个未知形状刚体目标的情形中，由于系统相对于相机存在相对运动，可用三角测量法计算目标或相机系统姿态的变化。这种问题称为绝对定向，需要测量一定数量的目标特征点投影位置。

若立体相机系统在移动，而目标是固定的，可令 $\boldsymbol{p}_1, \cdots, \boldsymbol{p}_n$ 表示被测刚体目标上的 n 个点在时刻 t 的位置矢量，令 $\boldsymbol{p}'_1, \cdots, \boldsymbol{p}'_n$ 表示采用三角测量法对相同被测点在时刻 t' 测得的位置矢量。这些矢量都参考于坐标系 1，在刚性运动的假设条件下，矢量满足方程

$$\boldsymbol{p}_i = \boldsymbol{o} + \boldsymbol{R}\boldsymbol{p}'_i, \quad i = 1, \cdots, n \tag{6-33}$$

其中，矢量 $\boldsymbol{o}$ 与旋转矩阵 $\boldsymbol{R}$ 定义了坐标系 1 在时间 t 和时间 t' 上的位置及方向偏移量。绝对定向问题就是由 $\boldsymbol{p}_i$ 和 $\boldsymbol{p}'_i$ 计算 $\boldsymbol{R}$ 和 $\boldsymbol{o}$。

根据刚体机械学可知，这个问题在三点不同线情况下有唯一解。这种情况下，由式(6-33)可导出九个非线性方程，方程中有几个表现 $\boldsymbol{o}$ 和 $\boldsymbol{R}$ 的独立参数。不过，因为这些点是采用三角测量法得到的，测量会受到误差影响，系统有可能会无解。这种情况下，较为方便的方式是取 $n(n>3)$ 个点，在 $\boldsymbol{R}$ 为旋转矩阵的约束下，计算 $\boldsymbol{o}$ 和 $\boldsymbol{R}$ 并令如下的线性二次型函数极小

$$\sum_{i=1}^{n} \| \boldsymbol{p}_i - \boldsymbol{o} - \boldsymbol{R}\boldsymbol{p}'_i \|^2 \tag{6-34}$$

观测到令式(6-34)极小的 $\boldsymbol{o}$ 值为

$$\boldsymbol{o} = \bar{\boldsymbol{p}} - \boldsymbol{R}\bar{\boldsymbol{p}}' \tag{6-35}$$

从而 $\boldsymbol{o}$ 的计算问题可以从 $\boldsymbol{R}$ 的计算问题中分离出来，其中 $\bar{\boldsymbol{p}}$ 和 $\bar{\boldsymbol{p}}'$ 是点集 $\{\boldsymbol{p}_i\}$ 和 $\{\boldsymbol{p}'_i\}$ 的矩心，定义为

$$\bar{\boldsymbol{p}} = \frac{1}{n}\sum_{i=1}^{n}\boldsymbol{p}_i, \quad \bar{\boldsymbol{p}}' = \frac{1}{n}\sum_{i=1}^{n}\boldsymbol{p}'_i \tag{6-36}$$

由此问题变为计算令如下线性二次型极小的旋转矩阵 $\boldsymbol{R}$

$$\sum_{i=1}^{n} \| \bar{\boldsymbol{p}}_i - \boldsymbol{R}\bar{\boldsymbol{p}}'_i \|^2 \tag{6-37}$$

式中，$\bar{\boldsymbol{p}}_i = \boldsymbol{p}_i - \bar{\boldsymbol{p}}$ 和 $\bar{\boldsymbol{p}}'_i = \boldsymbol{p}'_i - \bar{\boldsymbol{p}}'$ 为相对矩心的偏移量。

可证明令式(6-37)极小的矩阵 $\boldsymbol{R}$ 即是令 $\boldsymbol{R}^\mathrm{T}\boldsymbol{K}$ 的迹极小的矩阵 $\boldsymbol{R}$，且

$$\boldsymbol{K} = \sum_{i=1}^{n} \overline{\boldsymbol{p}}_i \overline{\boldsymbol{p}}_i'^\mathrm{T} \tag{6-38}$$

6.4 双目视觉系统

6.4.1 摄像头的参数标定

通过摄像头标定可以使不同摄像头对世界坐标系中的同一目标的描述相同。通过求出摄像头的内参数、外参数及畸变参数，进行矫正畸变，生成矫正图像，从而可以根据获得的图像重构三维场景。

1. 摄像头标定的目的

由于每个摄像头的畸变程度各不相同，且不同的摄像头在世界坐标系中的摆放位置和摆放角度不同，因此不同摄像头对于世界坐标系中同一目标的坐标描述不同，故需要对摄像头进行标定操作。

2. 摄像头标定的基础

摄像头标定简单来说是从世界坐标系转换到像素坐标系的过程，也就是求目标物体三维坐标转变到二维坐标的投影矩阵的过程。

（1）基本的坐标系

1）世界坐标系 $(\tilde{X},\ \tilde{Y},\ \tilde{Z})$。用户自己定义的三维空间坐标系，表示物体在空间的实际位置，用于描述三维空间中物体与相机之间的坐标位置关系，度量值为米(m)。

2）摄像头坐标系 $(X,\ Y,\ Z)$。以摄像头的光心为原点，Z 轴与光轴重合且垂直于成像平面，度量值为米(m)。

3）成像平面坐标系 $(x,\ y)$。二维坐标系 x 轴和 y 轴分别与摄像头坐标系中的 X 轴和 Y 轴平行，度量值为米(m)。

4）像素坐标系 $(u,\ v)$。同样位于成像平面上，与成像平面坐标系的区别是坐标原点不同，度量值为像素的个数。

（2）摄像头模型　摄像头模型与小孔成像模型原理相同，如图6-43所示。

点 O——摄像头的中心点，即摄像头坐标系的坐标原点。

点 O_1——成像平面坐标系的坐标原点，即主轴与成像平面相交的点。

Z 轴——光轴，即摄像头坐标系的主轴。

成像平面——摄像头的成像平面，也是成像平面坐标系所在的二维平面。

焦距 f——相机的焦距，即点 O 到点 O_1 的距离。

摄像头坐标系——以 X、Y、Z 三个轴组成且原点在点 O，度量值为米(m)。

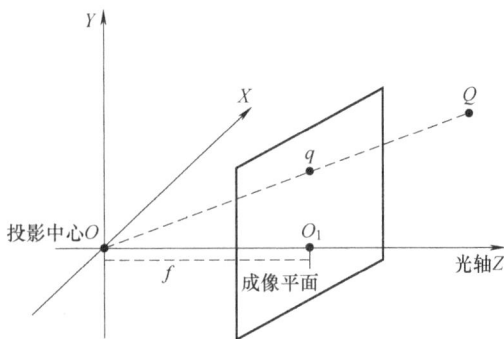

图6-43　摄像头模型

成像平面坐标系——位于成像平面,其 x、y 坐标轴分别与摄像头坐标系上的 X、Y 坐标轴平行。

像素坐标系——该坐标系与成像平面坐标系均位于成像平面,与成像平面坐标系原点坐标不同,度量值为像素的个数。

3. 摄像头标定的具体过程

摄像头的标定过程就是通过求取世界坐标系转换到像素坐标系的转换矩阵,获取摄像头的内、外参数,进而矫正摄像头的过程。从世界坐标系转换到像素坐标系分为三步,如图 6-44 所示:第一步是从世界坐标系转换到摄像头坐标系,这一步是三维点到三维点的转换,包括 R、T 等参数(相机外参数,确定了摄像头在某个三维空间中的位置和朝向);第二步是从摄像头坐标系转换到成像平面坐标系,这一步是三维点到二维点的转换,包括 K 等参数(相机内参数,是对相机物理特性的近似);第三步是从成像平面坐标系转换到像素坐标系,这一步是二维点到二维点的转换。

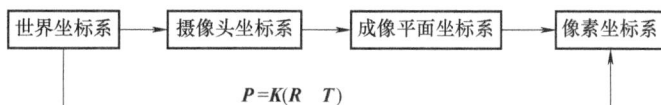

图 6-44 坐标系转换

将从世界坐标系转换到像素坐标系的整个操作由一个投影矩阵表示,这个投影矩阵 $P = K(R \quad T)$ 是一个 3×4 矩阵,混合了内参数和外参数而成。

(1)世界坐标系转换到摄像头坐标系 如图 6-45 所示。

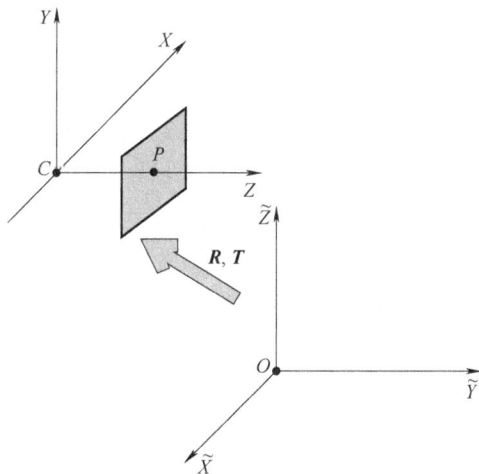

图 6-45 世界坐标系转换到摄像头坐标系

设某点在世界坐标系中的坐标表示为 $(\widetilde{X}, \widetilde{Y}, \widetilde{Z})$,在摄像头坐标系中的坐标表示为 (X, Y, Z),坐标转换关系为

$$\begin{pmatrix} X \\ Y \\ Z \end{pmatrix} = R \begin{pmatrix} \widetilde{X} \\ \widetilde{Y} \\ \widetilde{Z} \end{pmatrix} + T \tag{6-39}$$

式中，$\boldsymbol{R}$ 是一个 3×4 旋转矩阵；$\boldsymbol{T}$ 是一个 3×1 矩阵，表示偏移。

将转换关系表示成齐次形式，有

$$\begin{pmatrix} X \\ Y \\ Z \\ 1 \end{pmatrix} = \begin{pmatrix} \boldsymbol{R} & \boldsymbol{T} \\ 0 & 1 \end{pmatrix} \begin{pmatrix} \widetilde{X} \\ \widetilde{Y} \\ \widetilde{Z} \\ 1 \end{pmatrix} \tag{6-40}$$

确定 $\boldsymbol{R}$ 需要三个参数，确定 $\boldsymbol{T}$ 也需要三个参数，共计六个参数，称为外参数。

（2）摄像头坐标系转换到成像平面坐标系　如图 6-46 所示。

以点 C 为原点建立摄像头坐标系，点 $Q(X, Y, Z)$ 为摄像头坐标系中的任意一点，该点被光线投射到成像平面上的点 $q(x, y)$。

成像平面与光轴 Z 轴垂直，和投影中心距离为 f（焦距），如图 6-47 和图 6-48 所示，按照角比例关系可以列出

$$\begin{cases} x/f = X/Z \\ y/f = Y/Z \end{cases} \tag{6-41}$$

即

$$\begin{cases} x = fX/Z \\ y = fY/Z \end{cases} \tag{6-42}$$

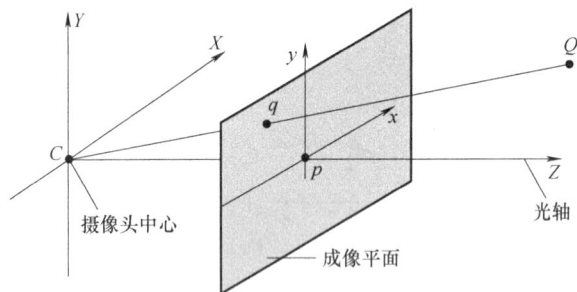

图 6-46　摄像头坐标系转变到成像平面坐标系

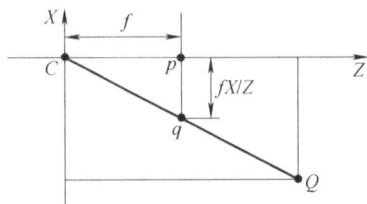

图 6-47　点 Q 在平面 XCZ 上的投影　　　图 6-48　点 Q 在 YCZ 平面上的坐标

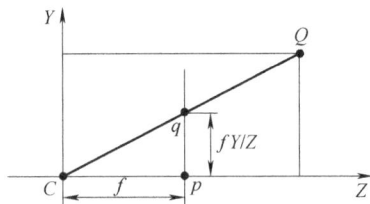

以上将摄像头坐标系中坐标为 (X, Y, Z) 的点 Q 投射到成像平面上坐标为 (x, y) 的点 q 的过程称为摄像头坐标系到成像平面坐标系的转换，也称为投影变换，转换关系为

$$Z\begin{pmatrix} x \\ y \\ 1 \end{pmatrix} = \begin{pmatrix} f & 0 & 0 & 0 \\ 0 & f & 0 & 0 \\ 0 & 0 & 1 & 0 \end{pmatrix} \begin{pmatrix} X \\ Y \\ Z \\ 1 \end{pmatrix} \tag{6-43}$$

（3）成像平面坐标系转换到像素坐标系 成像平面坐标系与像素坐标系均在成像平面内，假设像素坐标系坐标原点为点 O，成像平面坐标系的坐标原点为点 O_1，两个坐标系的关系如图6-49所示。

假设像素坐标系中每个像素的物理尺寸为 $dx \times dy$（mm×mm）。

平面中某个点在成像平面坐标系和像素坐标系的坐标转换关系为

$$\begin{cases} u = u_0 + \dfrac{x}{dx} \\ v = v_0 + \dfrac{y}{dy} \end{cases} \tag{6-44}$$

图 6-49 成像平面坐标系转换到像素坐标系

写成矩阵形式为

$$\begin{pmatrix} u \\ v \\ 1 \end{pmatrix} = \begin{pmatrix} \dfrac{1}{dx} & 0 & u_0 \\ 0 & \dfrac{1}{dy} & v_0 \\ 0 & 0 & 1 \end{pmatrix} \begin{pmatrix} x \\ y \\ 1 \end{pmatrix} \tag{6-45}$$

（4）世界坐标系转换到像素坐标系 综合以上三个步骤，将世界坐标系到像素坐标系的坐标系转换关系表示为

$$Z\begin{pmatrix} u \\ v \\ 1 \end{pmatrix} = \begin{pmatrix} \dfrac{1}{dx} & 0 & u_0 \\ 0 & \dfrac{1}{dy} & v_0 \\ 0 & 0 & 1 \end{pmatrix} \begin{pmatrix} f & 0 & 0 & 0 \\ 0 & f & 0 & 0 \\ 0 & 0 & 1 & 0 \end{pmatrix} \begin{pmatrix} \boldsymbol{R} & \boldsymbol{T} \\ 0 & 1 \end{pmatrix} \begin{pmatrix} \widetilde{X} \\ \widetilde{Y} \\ \widetilde{Z} \\ 1 \end{pmatrix} \tag{6-46}$$

化简得

$$Z\begin{pmatrix} u \\ v \\ 1 \end{pmatrix} = \begin{pmatrix} f_x & 0 & u_0 & 0 \\ 0 & f_y & v_0 & 0 \\ 0 & 0 & 1 & 0 \end{pmatrix} \begin{pmatrix} \boldsymbol{R} & \boldsymbol{T} \\ 0 & 1 \end{pmatrix} \begin{pmatrix} \widetilde{X} \\ \widetilde{Y} \\ \widetilde{Z} \\ 1 \end{pmatrix} \tag{6-47}$$

式中，$f_x = \dfrac{f}{dx}$；$f_y = \dfrac{f}{dy}$。

式（6-47）右侧第一个矩阵中的 f_x、f_y、u_0、v_0 这四个参数称为摄像头的内参数，内参数

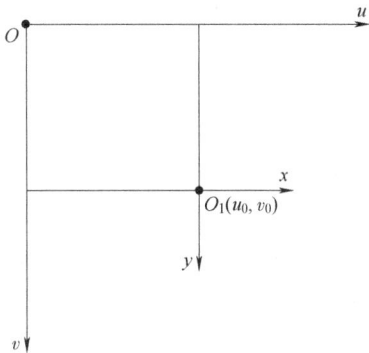

只与摄像头有关,与其他因素无关。

式(6-47)右侧第二个矩阵中的 R、T 称为摄像头的外参数,只要世界坐标系和摄像头坐标系的相对位置关系发生改变,这两个参数就会发生改变,每一张图片的 R、T 都是唯一的。

4. 摄像头的其他标定方法

(1)自标定法 相对于传统的标定方法,自标定法不需要特定的参照物来实现标定,仅仅依靠多幅图像对应点之间的关系直接进行标定,是一种对环境具有很强适应性的标定技术。目前已有的自标定技术大致可分为基于绝对二次曲线的自标定法、分层逐步标定法和其他改进的相机自标定技术。自标定法的优点是灵活性强,潜在应用范围广;最大不足是鲁棒性差。目前主要应用场合是精度要求不高的场合,如通信、虚拟现实技术等。

(2)主动视觉标定法 主动视觉标定法的原理是将相机精确安装于可控平台,主动控制平台做特殊运动来获得多幅图像,从而利用图像与相机运动参数来确定相机的内、外参数。主动视觉标定法需要确保相机的运动已知且完全可控,因此这种标定方法所需运动平台精度较高,成本也较高。相比于其他标定方法,主动视觉标定法的优点是算法简单,鲁棒性较好;缺点是需要高精度的摄像平台来实现,操作步骤比较烦琐。

5. 标定影响分析及标定技巧

当选择的成像数学模型一定时,图像坐标和世界坐标的精度是直接影响摄像机标定精度的因素:①靶标特征点的图像处理检测精度;②靶标特征点的加工精度;③同样视场范围内摄像机的分辨率越大,标定精度越高;④镜头决定视场范围,靶标小于视场的1/5时会减小摄像机的标定精度,经验值为靶标大小在视场的1/3~1/4较为合适。

具体操作步骤如下:

1)将靶标放在测量区域内,调节好镜头焦距和光圈,使靶标能够清晰成像。

2)标定时将靶标放在测量区域内进行标定。

3)标定时靶标处于静止状态或小幅度的晃动,减少由于相机的曝光时间引起的运动模糊造成的误差。

4)使靶标尽可能多地放置在系统测量范围内不同位置进行标定。

5)标定时需绕 X 轴和 Y 轴有一定的旋转。

外界环境干扰:光线过亮或过暗,靶标特征圆与背景对比度低,会引起检测不到靶标,或检测精度低;光照不均匀,使得靶标部分过亮或过暗会也引起检测不到靶标,或检测精度低。

6.4.2 双目立体视觉定位实例

任意放置的双目立体视觉定位原理如图 6-50 所示。图中,点 O_L、点 O_R 分别为左、右两个摄像头坐标系的坐标原点,平面 I_L、平面 I_R 分别为左右两个摄像机的成像平面。

假设已经通过前面的摄像头标定和立体匹配确定了空间点 P 在左、右两个摄像机成像平面上的图像坐标分别为 $p_1(u_1, v_1)$、$p_r(u_r, v_r)$,那么根据摄像机成像模型,可得

$$z_1 \begin{pmatrix} u_1 \\ v_1 \\ 1 \end{pmatrix} = \boldsymbol{M}_1 \begin{pmatrix} x \\ y \\ z \\ 1 \end{pmatrix} = \begin{pmatrix} m_{111} & m_{112} & m_{113} & m_{114} \\ m_{121} & m_{122} & m_{123} & m_{124} \\ m_{131} & m_{132} & m_{133} & m_{134} \end{pmatrix} \begin{pmatrix} x \\ y \\ z \\ 1 \end{pmatrix} \tag{6-48}$$

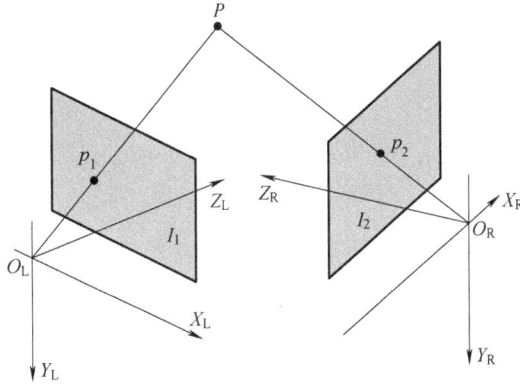

图 6-50　双目立体视觉定位原理

$$z_r \begin{pmatrix} u_r \\ v_r \\ 1 \end{pmatrix} = \boldsymbol{M}_r \begin{pmatrix} x \\ y \\ z \\ 1 \end{pmatrix} = \begin{pmatrix} m_{r11} & m_{r12} & m_{r13} & m_{r14} \\ m_{r21} & m_{r22} & m_{r23} & m_{r24} \\ m_{r31} & m_{r32} & m_{r33} & m_{r34} \end{pmatrix} \begin{pmatrix} x \\ y \\ z \\ 1 \end{pmatrix} \tag{6-49}$$

式中，$\boldsymbol{M}_1 = \boldsymbol{K}_1(\boldsymbol{R}_1,\ \boldsymbol{T}_1)$，$\boldsymbol{M}_r = \boldsymbol{K}_r(\boldsymbol{R}_r,\ \boldsymbol{T}_r)$，分别为左、右两个摄像头的投影矩阵。$\boldsymbol{K}_1$、$\boldsymbol{K}_r$分别为左、右两个相机的内参数矩阵；$(x,\ y,\ z)$为欲求的点 P 的三维坐标。当选取左摄像机的摄像头坐标系作为世界坐标系时，$\boldsymbol{R}_1 = \boldsymbol{I}$，$\boldsymbol{T}_1 = \boldsymbol{O}$，$\boldsymbol{R}_r$、$\boldsymbol{T}_r$分别对应着右摄像机相对于左摄像机的旋转矩阵及平移矩阵。

对式（6-48）和式（6-49）消去 z_1、z_r 得

$$\begin{cases} u_1 = \dfrac{m_{l11}x + m_{l12}y + m_{l13}z + m_{l14}}{m_{l31}x + m_{l32}y + m_{l33} + m_{l34}} \\[3mm] v_1 = \dfrac{m_{l21}x + m_{l22}y + m_{l23}z + m_{l24}}{m_{l31}x + m_{l32}y + m_{l33}z + m_{l34}} \\[3mm] u_r = \dfrac{m_{r11}x + m_{r12}y + m_{r13}z + m_{r14}}{m_{r31}x + m_{r32}y + m_{r33} + m_{r34}} \\[3mm] v_r = \dfrac{m_{r21}x + m_{r22}y + m_{r23}z + m_{r24}}{m_{r31}x + m_{r32}y + m_{r33}z + m_{r34}} \end{cases} \tag{6-50}$$

转化成矩阵形式 $\boldsymbol{AP} = \boldsymbol{b}$，其中

$$\boldsymbol{A} = \begin{pmatrix} m_{l31}u_1 - m_{l11} & m_{l32}u_1 - m_{l12} & m_{l33}u_1 - m_{l13} \\ m_{l31}v_1 - m_{l21} & m_{l32}v_1 - m_{l22} & m_{l33}v_1 - m_{l23} \\ m_{r31}u_r - m_{r11} & m_{r32}u_r - m_{r12} & m_{r33}u_r - m_{r13} \\ m_{r31}v_r - m_{r21} & m_{r32}v_r - m_{r22} & m_{r33}v_r - m_{r23} \end{pmatrix} \tag{6-51}$$

$$\boldsymbol{P} = (x \quad y \quad z)^{\mathrm{T}} \tag{6-52}$$

$$\boldsymbol{b} = \begin{pmatrix} m_{l14} - m_{l34}u_1 \\ m_{l24} - m_{l34}v_1 \\ m_{r14} - m_{r34}u_r \\ m_{r24} - m_{r34}v_r \end{pmatrix} \tag{6-53}$$

根据最小二乘解，解得空间点 P 的坐标为 $P = (A'A)^{-1}A^{\mathrm{T}}b$。

习　　题

6.1 简述传感器的特性指标。

6.2 机器人内部传感器有哪些?

6.3 机器人外部传感器有哪些?

6.4 简述计算机视觉算法的分类。

6.5 简述计算机视觉处理的步骤。

6.6 简述计算立体视觉。

6.7 简述双目视觉系统。

第 7 章

机器人物体识别

7.1 物体识别概述

在机器人的各种工程应用中，都需要物体的识别，如在机器人加工中，需要识别零件图样；在机器人装配过程中，需要识别工件形状；在机器人搬运中，需要识别被搬运物体；在机器人水果采摘中，需要识别水果的形状、颜色，以及树枝、树干等，如图 7-1 所示；在机器人活动环境中，需要识别障碍物形状及环境。物体识别在机器人领域无处不在。

7-1 物体识别

图 7-1　机器人物体识别(扫码见彩图)

7.1.1　物体识别的理解

物体识别是机器人领域中的一项基础研究，它的任务是识别出图像中有什么物体，并报告出这个物体在图像表示的场景中的位置和方向。目前，物体识别方法可归为两类，即基于模型的或者基于上下文识别的方法，以及二维物体识别或者三维物体识别方法。对于物体识别方法的评价标准，Grimson总结出了大多数研究者均认可的四个标准：鲁棒性(Robustness)、正确性(Correctness)、效率

图 7-1 彩图

（Efficiency）和范围（Scope）。

7.1.2 物体识别的发展历程

物体识别也经历了艰难的发展历程，具体发展历程如下：

（1）20世纪60年代

当时美国麻省理工学院（MIT）的计算机教授组织了一个面向本科生的两个月的暑期项目。这个项目的目的是设计一个系统，能够智能识别场景里的物体，并区分出类别。当时他们低估了这个问题的难度，结果可想而知。

原因是人们看到的这个物体的样子，只是它在某种背景下某一种光线条件下特定角度的投影，换一个角度可能就是完全不同的样子。即使是同一个物体，例如人，躺着或者站着，形态都是不一样的。

（2）20世纪70—90年代

这个时期人们基本都是尝试用创建三维模型的方法去识别物体。通常，事先定义一些基本的几何形状，然后把物体表示为基本几何形状的组合，再去匹配图像。这时候物体识别变成了一个匹配问题。在三维模型库中去搜索可能的视角投影，跟待识别的图像进行匹配。如果找到最合适的匹配，就认为是识别成功了。

但是这么做并不是很有效。首先，很多物体很难用所谓的基本几何形状去描述它，特别是一些非刚体，比如动物；其次，对于一类物体，它可能会有丰富的内差异性，即使是同一个物体在不同的姿态下也不一样，不可能每一种姿态都预先创建一个三维模型模板；最后，即使解决了之前的问题，如何才能准确地从图像中提取出这些几何形状也存在困难。

（3）20世纪90年代

此时的主流方法是只从图像本身考虑，而不去管物体原来的三维形状。这类方法统一称为Appearance Based Techniques（基于外观的技术）。所谓Appearance，如果从模式识别的角度去描述，就是图像特征（Feature），即对图像的一种抽象描述。有了图像特征，就可以在这个特征空间内做匹配或分类。然而，这个方法还是存在很多问题。首先，它需要人们对所有的图片进行对齐，例如人脸图像，就要求每一幅图中五官基本在固定的位置。但是在很多应用场景下，目标并不是像人脸那么规整，很难去做统一对齐，而且这种基于全局特征和简单欧式距离的检索方法，对复杂背景、遮挡和几何变化等并不适用。

（4）21世纪以来

21世纪以来，物体识别领域有了较大的发展。首先图像特征层面，人们设计了各种图像特征，如SIFT、HOG、LBP等。同时，机器学习方法的发展也为模式识别提供了强大的分类器。此外，人们还在对物体建模方面做了大量工作，旨在用更灵活的模型，而不是单一的模板去定义物体。

随着人工智能、大数据和深度学习技术的不断发展，以及三维传感器、深度摄像头等硬件的不断升级，利用深度信息进行三维物体识别的技术，逐渐受到科技工作者和厂商重视，并被植入硬件产品中。

7.2 传统的物体识别

物体识别已经进入深度学习时代，但是传统方法还是有必要了解一下，深度学习方法的思想也来源于传统方法。有关传统方法的文献非常多，但只需要了解其中三个里程碑式的方法就可以了，分别是维奥拉-琼斯检测器(Viola-Jones Detectors)、方向梯度直方图检测器(HOG Detector)、形变目标识别(Deformable Part-based Model，DPM)。下面简要介绍这三种方法。

7.2.1　维奥拉-琼斯检测器

2001 年，P. Viola 和 M. Jones 在没有任何约束条件(如肤色分割)的情况下首次实现了人脸的实时检测。该检测器运行在 700MHz 奔腾 Ⅲ CPU 上，在同等的检测精度下，其速度是其他算法的数十倍甚至数百倍。该检测算法后来称为"维奥拉-琼斯(Viola-Jones，VJ)检测器"，在此以作者的名字命名，来纪念他们的重大贡献。

1. 算法原理

VJ 检测器采用最直接的检测方法，即滑动窗口：查看图像中所有可能的位置和比例，看看是否有窗口包含要识别的物体。虽然这似乎是一个非常简单的过程，但它背后的计算远远超出了计算机当时的能力。VJ 检测器结合了"积分图像""特征选择"和"检测级联"三种重要技术，大大提高了检测速度。

积分图像：积分图像是一种加速盒滤波或卷积过程的计算方法。与当时的其他目标检测算法一样，在 VJ 检测器中使用 Haar 小波作为图像的特征表示。积分图像使得 VJ 检测器中每个窗口的计算复杂度与其窗口大小无关。

特征选择：使用 Adaboost 算法从一组巨大的随机特征池(约 18 万维)中选择一组对目标检测最有帮助的小特征。

检测级联：在 VJ 检测器中引入多级检测范式(又称"检测级联")，通过减少背景窗口的计算量，增加对目标检测的计算量，从而降低计算成本。

2. 优缺点分析

(1) 优点　VJ 检测器结合了"积分图像""特征选择"和"检测级联"三种重要技术，大大提高了检测速度。

(2) 缺点

1) Haar likc 特征是一种相对简单的特征，其稳定性较低。

2) 弱分类器采用简单的决策树，容易过拟合。因此，该算法对于解决正面的人脸效果好，对于人脸的遮挡、姿态、表情等特殊且复杂的情况，则处理效果不理想。

3) 基于 VJ-Cascade 的分类器设计，进入下一个阶段(stage)后，之前的信息都丢弃了，分类器评价一个样本不会基于它在之前 stage 的表现，因此这样的分类器鲁棒性差。

7.2.2　方向梯度直方图检测器

方向梯度直方图(Histogram of Oriented Gradient，HOG) 检测器是一种方向梯度直方图检测法，其算法原理和优缺点如下：

1. 算法原理

HOG 是一种在计算机视觉和图像处理中用于进行物体检测的特征描述。它通过计算和统计图像局部区域的梯度方向直方图来构成特征。

(1) 主要思想　在一副图像中，局部目标的表象和形状能够被梯度或边缘的方向密度分布很好地描述。

(2) 具体实现方法　首先将图像分成小的连通区域(称为细胞单元)，然后采集细胞单元中各像素点的梯度或边缘的方向直方图，最后把这些直方图组合起来就可以构成特征描述器。

（3）提高性能　把这些局部直方图在图像的更大范围内（称为区间）进行对比度归一化。所采用的方法是先计算各直方图在这个区间中的密度，然后根据这个密度对区间中的各个细胞单元进行归一化。通过这个归一化后，能使光照变化和阴影获得更好的效果。

2. 优缺点分析

（1）优点

1）HOG 表示的是边缘（梯度）的结构特征，因此可以描述局部的形状信息。

2）位置和方向空间的量化一定程度上可以抑制平移和旋转带来的影响。

3）采取在局部区域归一化直方图，可以部分抵消光照变化带来的影响。

4）由于在一定程度上忽略了光照颜色对图像造成的影响，使得图像所需要的表征数据的维度降低了。

5）由于这种分块分单元的处理方法，图像局部像素点之间的关系可以很好地得到表征。

（2）缺点

1）描述子生成过程冗长，导致速度慢、实时性差。

2）很难处理遮挡问题。

3）由于梯度的性质，该描述子对噪点相当敏感。

7.2.3　形变目标识别

形变目标识别（Deformable Part-based Model，DPM）是一种基于组件的检测算法。该模型由 Felzenszwalb 在 2008 年提出，并发表了一系列的 CVPR、NIPS 文章，并且还拿下了 2010年 PASCAL VOC 的"终身成就奖"。DPM 的算法原理和优缺点如下：

1. 算法原理

DPM 的算法原理大体思路与 HOG 一致。先计算梯度方向直方图，然后用支持向量机（Surpport Vector Machine，SVM）训练得到物体的梯度模型。有了这样的模型就可以直接用于分类了，简单理解就是模型和目标匹配。DPM 只是在模型上做了很多改进工作。

DPM 算法采用了改进后的 HOG 特征、SVM 分类器和滑动窗口（Sliding Windows）检测思想，针对目标的多视角问题，采用了多组件（Component）的策略，针对目标本身的形变问题，采用了基于图结构（Pictorial Structure）的部件模型策略。此外，将样本所属模型类别、部件模型位置等作为潜变量（Latent Variable），采用多示例学习（Multiple-Instance Learning）来自动确定。

2. 优缺点分析

（1）优点　由于 DPM 算法本身是一种基于组件的检测算法，因此对扭曲、形变、多姿态、多角度等的目标都具有非常好的检测效果（目标通常不会有大的形变，可以近似为刚体，基于 DPM 的方法可以很好地处理目标检测问题）。

（2）缺点　由于该模型过于复杂，在进行判断时计算复杂，很难满足实时性要求。后续有了一系列改进的流程，比如加入级联分类器、采用积分图方法等，但都还没有达到 VJ 方法的效率。因此在工程中很少使用，一般采用 Adaboost 框架的算法。

7.3　基于深度学习的目标检测算法

近几年来，目标检测算法取得了很大的突破。比较流行的算法可以分为两类。一类是基于候选区域（Region Proposal）的 R-CNN 系算法（R-CNN、Fast R-CNN 和 Faster R-CNN），它们是两阶段（Two-Stage）的，需要先使用启发式方法［如选择性检索（Selective Search）］或 CNN（Convolutional Neural Networks，卷积神经网络）的子网络 RPN（区域生成网络，Region Proposal Network）产生候选区域，然后在候选区域上做分类和回归。而另一类是 YOLO、SSD 这类一阶段（One-Stage）算法，其仅仅使用一个 CNN 网络直接预测不同目标的类别及位置。第一类方法准确度高一些，但速度慢；第二类算法速度快，但准确度要低一些，如图 7-2 所示。

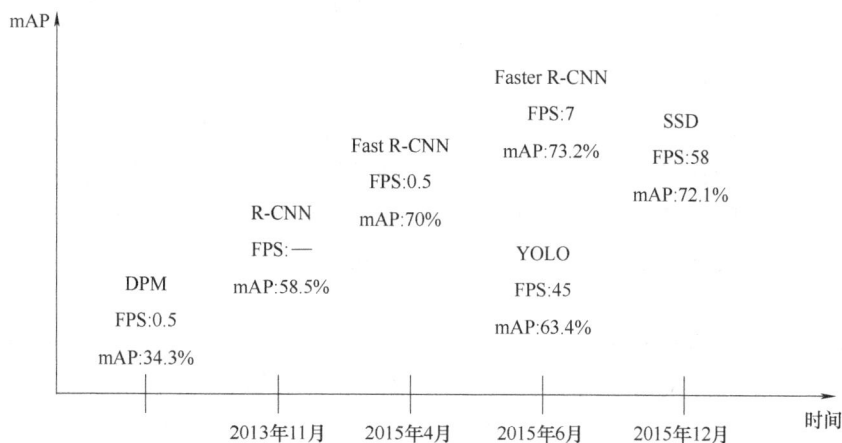

图 7-2　目标检测算法的进展与对比

mAP—平均精确度　FPS—每秒传输帧数

7.3.1　基于候选区域的深度学习目标检测算法

卷积神经网络（Convolutional Neural Network，CNN）是候选区域算法中的核心组成部分。卷积神经网络最早是由 Yann Lecun 教授提出来的，早期的卷积神经网络是作为分类器使用的，主要用于图像的识别。然而卷积神经网络有三个结构上的特性：局部连接、权重共享，以及空间或时间上的采样。这些特性使得卷积神经网络具有一定程度上的平移、缩放和扭曲不变性。在 2006 年，Hinton 提出利用深度神经网络从大量的数据中自动地学习高层特征。候选区域在此基础之上解决了传统目标检测的两个主要问题。比较常用的候选区域方法有选择性检索（Selective Search）和边界框（Edge Boxes）。此后，CNN 迅速发展，ResNet 和 Inception V4 模型的 Top-5 错误率降至了 4% 以内，所以目标检测得到候选区域后使用 CNN 对其进行图像分类的准确度和检测速度上都有提高。

1. R-CNN

R-CNN（Region-CNN）是第一个成功将深度学习应用到目标检测上的算法。后面要讲到的 Fast R-CNN、Faster R-CNN、Mask-CNN 全部都是建立在 R-CNN 基础上的。

传统的目标检测算法大多数以图像识别为基础。一般可以在图片上使用穷举法或者滑动窗口选出所有物体可能出现的区域框，对这些区域框提取特征并使用图像识别分类方法，得到所有分类成功的区域后，通过非极大值抑制输出结果。

（1）算法原理　R-CNN 遵循传统目标检测思路，同样采用提取框方法，对每个区域框提取特征、图像分类、非极大值抑制三个步骤进行目标检测，只不过进行了部分改进，具体表现在：①经典的目标检测算法使用滑动窗口依次判断所有可能的区域，而 R-CNN 预先提取一系列可能是物体的候选区域，之后仅在这些候选区域上提取特征，进行判断，大大减少了计算量；②将传统的特征（如 SIFT、HOG 特征等）换成了深度卷积神经网络提取特征。

（2）优缺点分析

1）优点：尽管 R-CNN 的识别框架与传统方法区别不是很大，但是得益于 CNN 优异的特征提取能力，R-CNN 的效果还是比传统方法好很多。如在 VOC 2007 数据集上，传统方法最高的平均准确度（mean Average Precision，mAP）为 40% 左右，而 R-CNN 的 mAP 达到了 58.5%。

2）缺点：R-CNN 的缺点是计算量大。R-CNN 流程较多，包括选取候选区域、训练卷积神经网络、训练 SVM 和训练回归量，这使得训练时间非常长（84h），占用磁盘空间也大。在训练卷积神经网络的过程中对每个候选区域都要计算卷积，这其中重复了太多的不必要计算，试想一张图像可以得到 2000 多个候选区域，大部分都有重叠，因此基于候选区域卷积的计算量太大，而这也正是之后 Fast R-CNN 主要解决的问题。

2. SPP-Net

SPP 是 Spatial Pyramid Pooling 的缩写，中文含义是空间金字塔池化。在 SPP-Net 提出之前，所有的神经网络都是需要输入固定尺寸的图片，比如 224×224（ImageNet）、32×32（LeNet）、96×96 等。这样对于人们希望检测各种大小的图片的时候，需要经过裁剪（crop）或者变形（warp）等一系列操作，这些都在一定程度上导致了图片信息的丢失和变形，限制了识别精确度。而且，从生理学角度出发，人眼看到一个图片时，大脑会首先认为这是一个整体，而不会进行裁剪和变形，所以更有可能的是，大脑通过搜集一些浅层的信息，在更深层才识别出这些任意形状的目标。

（1）算法原理　SPP-Net 对这些网络中存在的缺点进行了改进，基本思想是，输入整张图像，提取出整张图像的特征图，然后利用空间关系从整张图像的特征图中，在空间金字塔池化层（Spatial Pyramid Pooling Layer）提取各个候选区域的特征。

一个正常的深度网络由两部分组成——卷积部分和全连接部分，要求输入图像需要固定尺寸的原因并不是卷积部分而是全连接部分。所以，空间金字塔池化层就作用在最后一层卷积之后，空间金字塔池化层的输出就是固定大小。

SPP-Net 不仅允许测试的时候输入大小不同的图片，训练的时候也允许输入大小不同的图片，允许输入不同尺度图片的同时还可以防止过拟合。

相比于 R-CNN 提取 2000 个候选区域，SPP-Net 只需要将整个图像扔进去获取特征，这样操作速度就提升了 100 倍左右。

（2）优缺点分析

1）优点：SPP-Net 解决了 R-CNN 区域提名时裁剪/变形带来的偏差问题，提出了空间金字塔池化层，使得输入的候选区域可大可小。R-CNN 要对每个区域计算卷积，而 SPP-Net 只需要计算一次，因此 SPP-Net 的效率比 R-CNN 高得多。

2）缺点：SPP-Net 用于目标检测实际是在 R-CNN 的基础上进行改进的，虽然提高了识别速度，但识别准确度并没有提升。

3. Fast R-CNN

Fast R-CNN 是前面两种方法的改进，其算法原理和优缺点如下：

（1）算法原理　Fast R-CNN 的流程如图 7-3 所示，这个网络的输入是原始图片和候选区域，输出是分类得分和边界框回归值。对于原始图片中的候选区域，和 SPP-Net 中的做法一样，都是将它映射到卷积特征的对应区域，即图中的 RoI（Region of Interest，感兴趣区域）投影，然后输入 RoI 池化层，可以得到一个固定大小的特征图。将这个特征图经过两个全连接层以后得到 RoI 特征，然后将特征经过全连接层，使用 softmax 得到分类得分，使用回归（Regressor）得到边界框回归。CNN 的主体结构可以来自 AlexNet，也可以来自 VGGNet。

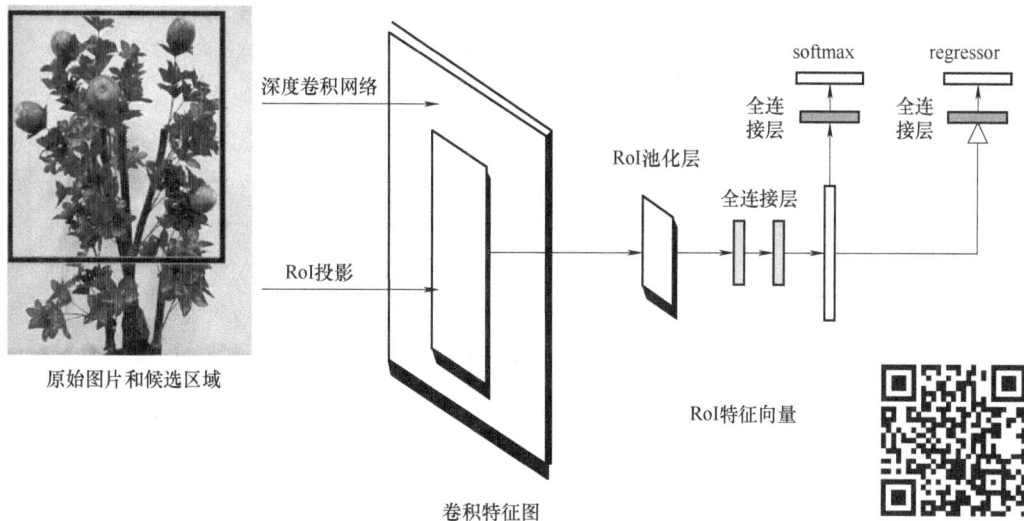

图 7-3　Fast R-CNN 的流程（扫码见彩图）

图 7-3 彩图

（2）优缺点分析

1）优点：Fast R-CNN 相当于全面改进了 SPP-Net 算法和 R-CNN 算法，不仅训练步骤减少了，而且也不需要将特征保存在磁盘上。基于 VGG16 的 Fast R-CNN 算法在训练速度上比 R-CNN 快了将近 9 倍，比 SPP-Net 快了大概 3 倍；测试速度比 R-CNN 快了 213 倍，比 SPP-Net 快了 10 倍。VOC 2012 上的 mAP 在 66% 左右。

2）缺点：Fast R-CNN 算法在训练时依然无法做到端到端的训练，故训练时依旧需要一些烦琐的步骤。Fast R-CNN 中还存在着一个尴尬的问题，它需要先使用选择性检索（Selective Search）提取候选区域，这个方法比较慢，有时检测一张图片，大部分时间不是花费在计算神经网络分类上，而是花费在 Selective Search 提取候选区域上。

4. Faster R-CNN

Faster R-CNN 又是基于 Fast R-CNN 的改进，其算法原理及优缺点如下：

（1）算法原理　从 R-CNN 到 Fast R-CNN，再到 Faster R-CNN，目标检测的四个基本步骤，即候选区域（Region Proposal）生成、特征提取（Feature Extraction）、分类（Classification）、区域精修（Region Refine），终于被统一到一个深度网络框架之内，如图 7-4 所示。所有计算没有重复，完全在 GPU 中完成，大大提高了运行速度。

Faster R-CNN 可以简单地看作"区域生成网络（RPN）+Fast R-CNN"的系统，用区域生成网络代替 Fast R-CNN 中的 Selective Search 方法，网络结构如图 7-5 所示。

步骤如下：

1）向 CNN 输入任意大小图片 $M \times N$。

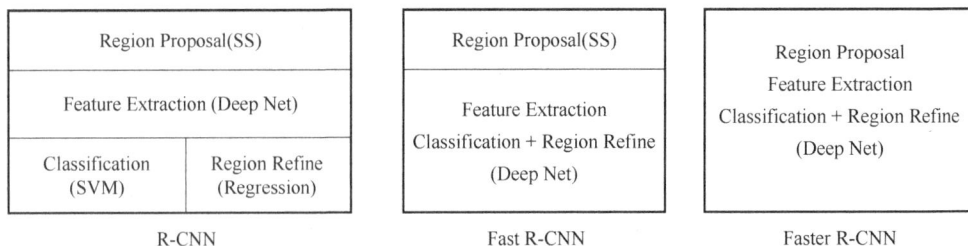

图 7-4　从 R-CNN 到 Faster R-CNN 的四个基本步骤演变归一化

SS（Selective Search）—选择性检索　SVM（Surport Vector Machine）—支持向量机

Regression—回归　Deep Net—深度网络

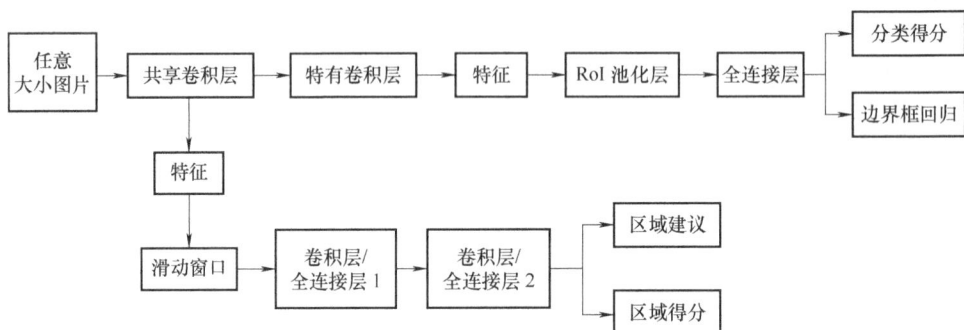

图 7-5　Faster R-CNN 的网络结构

2）经过 CNN 前向传播至最后的共享卷积层，一方面得到供 RPN 输入的特征图，另一方面继续前向传播至特有卷积层，产生更高维的特征图。

3）供 RPN 输入的特征图经过 RPN 得到区域建议和区域得分，并对区域得分采用非极大值抑制（阈值为 0.7），输出其 Top-N 得分的区域建议给 RoI 池化层。

4）第 2）步得到的高维特征图和第 3）步输出的区域建议同时输入 RoI 池化层，提取对应区域建议的特征。

5）第 4）步得到的区域建议特征通过全连接层后，输出该区域的分类得分及边界框回归。

（2）优缺点分析

1）优点：①提高了检测精度和速度；②真正实现了端到端的目标检测框架；③生成建议区域仅需约 10ms。

2）缺点：①无法达到实时检测目标；②获取候选区域，再对每个候选区域分类的计算量还是比较大。

5. Mask R-CNN

Mask R-CNN 是何恺明在 2017 年的力作，其在进行目标检测的同时进行实例分割，取得了出色的效果。其网络的设计也比较简单，在 Faster R-CNN 基础上，在原本的两个分支上（分类+坐标回归）增加了一个分支进行语义分割，如图 7-6 所示。

（1）算法原理　Mask R-CNN 框架解析如图 7-7 所示。

Mask R-CNN 算法步骤：

1）输入一幅想处理的图片，然后进行对应的预处理操作，或者输入预处理后的图片。

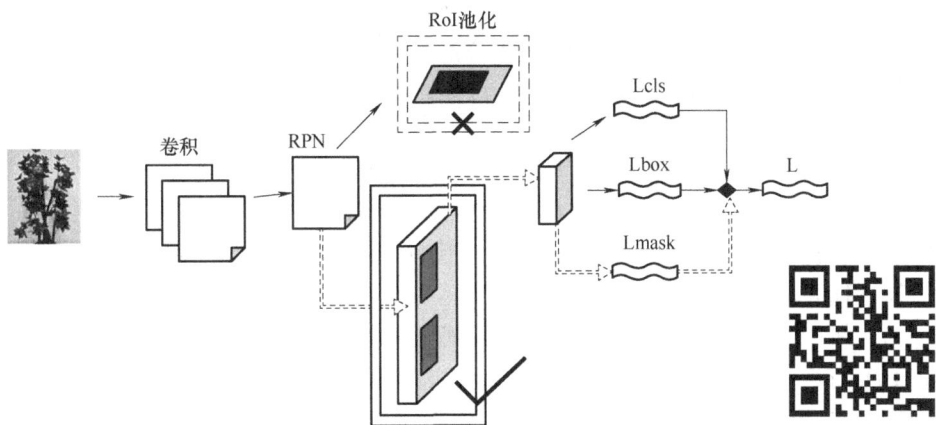

图 7-6　语义分割(扫码见彩图)

图 7-6 彩图

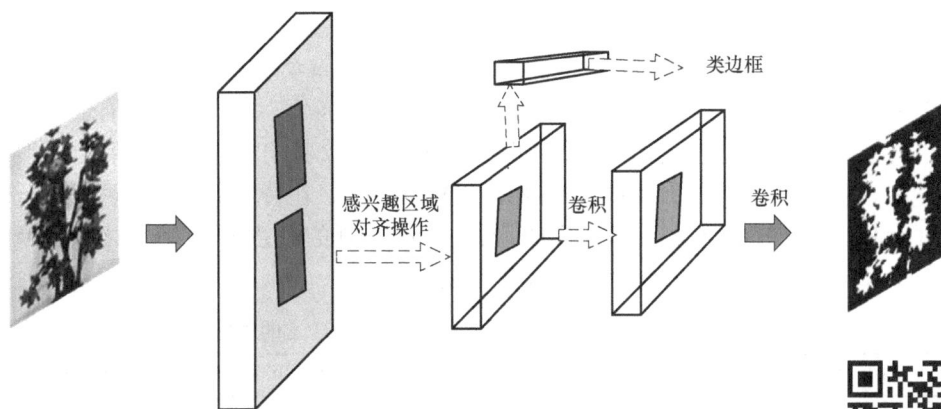

图 7-7　Mask R-CNN 框架解析(扫码见彩图)

图 7-7 彩图

137

2)将经第1)步处理后的图片输入一个预训练好的神经网络中(ResNet 等)获得对应的特征图(Feature Map)。

3)对这个特征图中的每一点设定预定个数的感兴趣区域(RoI),从而获得多个候选 RoI。

4)将这些候选的 RoI 送入 RPN 进行二值分类(前景或背景)和边界框回归,过滤掉一部分候选的 RoI。

5)对剩下的 RoI 进行 RoI 对齐操作(即先将原图和特征图的像素对应起来,然后将特征图和固定的特征对应起来)。

6)对这些 RoI 进行分类(N 类别分类)、边界框回归和 mask 生成(在每一个 RoI 里面进行全卷积操作)。

(2)优缺点分析

1)优点:①分析了 RoI 池化的不足,提升了 RoI 对齐操作效果,提升了检测和实例分割的效果;②将实例分割分解为分类和 mask,生成两个分支,依赖于分类分支所预测的类别标签来选择输出对应的 mask,同时利用二值损失(Binary Loss)代替多任务损失(Multinomial Loss),消除了不同类别的 mask 之间的竞争,生成了准确的二值 mask;③并行进行分类和 mask 生成任务，对模型进行了加速。

2）缺点：Mask R-CNN 比 Faster R-CNN 速度慢一些，达到了每秒 5 帧。

7.3.2 基于回归方法的深度学习目标检测算法

虽然 Faster R-CNN 算法是目前主流的物体识别算法之一，但是速度上并不能满足实时的要求。随后出现像 YOLO、SSD 的这一类算法逐渐凸显出其优越性，这类方法充分利用了回归思想，直接在原始图像的多个位置上回归目标位置边框及目标类别。

1. YOLO 算法

（1）概念及发展历程　YOLO 算法，其全称是 You Only Look Once: Unified, Real-Time Object Detection。该全称基本上把 YOLO 算法的特点概括全了：You Only Look Once 说的是只需要一次 CNN 运算；Unified 指的是一个统一的框架，提供端到端的预测；Real-Time 体现 YOLO 算法速度快。

2016 年，Redmon 等人提出的 YOLO 算法是一个可以一次性预测多个框位置和类别的卷积神经网络，YOLO 算法的网络设计策略真正意义上实现了端到端的目标检测，且发挥了速度快的优势，但其准确度有所下降。然而在 2016 年 Redmon 等人提出的 YOLO 9000 算法是在原先 YOLO 算法的速度上提高了其准确度。主要有两方面的改进：①在原有的 YOLO 检测框架上进行了一系列的改进，弥补了检测准确度的不足；②提出了目标检测和目标训练合二为一的方法。YOLO v2 算法的训练网络应用降采样的方法，在特定的情况下可以进行动态调整，这种机制使网络可以预测大小不同的图片，让检测的速度和准确度之间达到平衡。表 7-1 是 YOLO v2 和其他网络在 VOC2007 上的对比。

表 7-1　YOLO v2 和其他网络在 VOC2007 上的对比

检测框架	训练	平均准确度 mAP(%)	检测速度/(帧/s)
Fast R-CNN	2007+2012	70	0.5
Fast R-CNN VGG-16	2007+2012	73.2	7
Fast R-CNN ResNet	2007+2012	76.4	5
YOLO	2007+2012	63.4	45
SSD 300	2007+2012	74.3	76
SSD 500	2007+2012	76.8	19
YOLO v2 288×288	2007+2012	69	91
YOLO v2 352×352	2007+2012	73.7	81
YOLO v2 416×416	2007+2012	76.8	67
YOLO v2 480×480	2007+2012	77.8	59
YOLO v2 544×544	2007+2012	78.6	40

由表 7-1 可以看出，YOLO v2 算法在高分辨率图片检测中超出了实时检测速度的要求，达到了先进的水平。具体算法将在 7.4 节中详细介绍。

（2）优缺点分析

1）优点：①YOLO 将目标检测任务转换成一个回归问题，大大加快了检测的速度，使得 YOLO 可以每秒处理 45 张图像，而且由于每个网络预测目标窗口时使用的是全图信息，使得误检测率大幅降低；②YOLO 采用全图信息进行预测，与滑动窗口、候选区域不同，

YOLO 在训练、预测过程中利用全图信息，Fast R-CNN 方法错误地将背景块检测为目标，原因在于 Fast R-CNN 方法在检测时无法看到全局图像，相比于 Fast R-CNN，YOLO 可以将背景预测错误率降低一半；③YOLO 可以学习到目标的概括信息，YOLO 比其他目标检测算法的准确率高很多。

2）缺点：①针对小目标的检测、相互靠近物体的检测效果会不太好；②每个网格只能预测一个物体，容易造成漏检，且对于物体的尺度相对比较敏感，面对尺度变化较大的物体时泛化能力较差。

2. SSD 算法

基于"Proposal + Classification"的目标检测方法中，R-CNN 系列(R-CNN、SPP-Net、Fast R-CNN、Faster R-CNN 及 Mask R-CNN 等)取得了非常好的效果，但是在速度方面离实时效果还比较远。在提高 mAP(mean Average Precision，平均准确度)的同时兼顾速度，逐渐成为神经网络目标检测领域未来的趋势。YOLO 算法不仅能够达到实时检测的效果，而且 mAP 与前面提到的 R-CNN 系列相比有很大的提升。但是 YOLO 也有一些缺陷(如上文所述)，针对 YOLO 中的这些不足，SSD(Single Shot Multibox Detector，单激发多框检测器)网络在这两方面都有所改进，同时兼顾了 mAP 和实时性的要求。

(1) 算法原理　SSD 是 Faster R-CNN 与 YOLO 的结合，结合了 YOLO 中的回归思想，同时又结合了 Faster R-CNN 中的固定框(anchor box)机制，SSD 将输出一系列离散化(Discretization)的边界框(Bounding Boxes)，这些边界框是在不同层次上的特征图上生成的，计算出每一个默认框(Default Box)中的物体，其属于每个类别的可能性，即得分(Score)。同时，要对这些边界框的形状进行微调，以使得其符合物体的外接矩形。另外，为了处理相同物体的不同尺寸的情况，SSD 结合了不同分辨率的特征图的预测。SSD 方法完全取消了候选区域生成、像素重采样或者特征重采样这些阶段。这样使得 SSD 更容易去优化训练，也更容易将检测模型融合进系统之中。

(2) 优缺点分析

1）优点：运行速度超过 YOLO，精度超过 Faster R-CNN(在一定条件下，对于稀疏场景的大目标而言)。

2）缺点：①需要人工设置默认框的初始尺度和长宽比的值。网络中默认框的基础大小和形状不能直接通过学习获得，而是需要手工设置。而网络中每一层特征使用的默认框大小和形状恰好都不一样，导致调试过程非常依赖经验；②对小尺寸的目标识别仍比较差，还达不到 Faster R-CNN 的水准。因为 SSD 使用 conv4_3 低级特征去检测小目标，而低级特征卷积层数少，存在特征提取不充分的问题。

7.4　YOLO 识别算法

本节主要讲述 YOLO 算法的原理，特别是算法的训练与预测中的详细细节，最后将给出如何使用 TensorFlow 实现 YOLO 算法。

7.4.1　滑动窗口与 CNN

在介绍 YOLO 算法之前，首先先介绍一下滑动窗口技术。采用滑动窗口的目标检测算法思路非常简单，它将检测问题转化为图像分类问题。其基本原理就是采用不同大小和比例

(宽高比)的窗口在整张图片上以一定的步长进行滑动，然后对这些窗口对应的区域做图像分类，以实现对整张图片的检测，如图 7-8 所示，DPM 就是采用了这种思路。

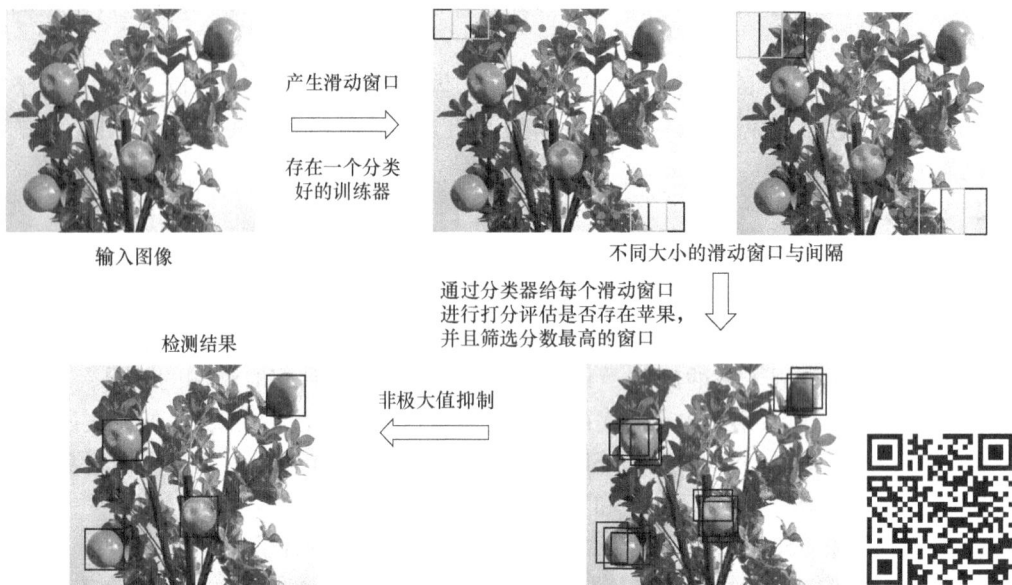

图 7-8　采用滑动窗口进行目标检测(扫码见彩图)　　　　图 7-8 彩图

但是这个方法有致命的缺点，就是并不知道要检测的目标大小是什么规模，因此要设置不同大小和比例的窗口去滑动，而且还要选取合适的步长。但是这样会产生很多的子区域，并且都要经过分类器去做预测，这需要很大的计算量，为了保证速度，分类器不能太复杂。解决思路之一就是减少要分类的子区域，这就是 R-CNN 的一个改进策略，其采用了选择性检索(Selective Search)方法来找到最有可能包含目标的子区域(候选区域)，其实可以看成采用启发式方法过滤掉很多子区域，从而提升了效率。

如果使用的是 CNN 分类器，那么滑动窗口是非常耗时的。但是结合卷积运算的特点，可以使用 CNN 实现更高效的滑动窗口方法。这里介绍一种全卷积的方法，简单来说就是网络中用卷积层代替了全连接层，如图 7-9 所示。输入图片大小是 16×16，经过一系列卷积操作，提取了 2×2 的特征图，但是这个 2×2 的图上每个元素都和原图一一对应的，如图上深色的格子对应深色的区域，这就相当于在原图上做大小为 14×14 的窗口滑动，且步长为 2，共产生 4 个子区域。最终输出的通道数为 4，可以看成四个类别的预测概率值，这样一次 CNN 计算就可以实现窗口滑动所有子区域的分类预测。这其实是 Overfeat 算法的思路。CNN 可以实现这样的效果是因为卷积操作的特性，就是图片的空间位置信息的不变性，尽管卷积过程中图片大小减小，但是位置对应关系还是保存的。

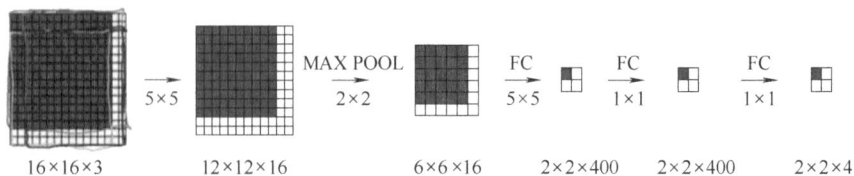

图 7-9　滑动窗口的 CNN 实现

上面尽管可以减小滑动窗口的计算量，但是只针对一个固定大小与步长的窗口，这是远远不够的。YOLO算法很好地解决了这个问题，它不再是窗口滑动了，而是直接将原始图片分割成互不重合的小方块，并通过卷积生成这样大小的特征图。基于上面的分析，可以认为特征图的每个元素对应原始图片的一个小方块，然后用每个元素预测那些中心点在该小方格内的目标，这就是YOLO算法的基本思想。下面将详细介绍YOLO算法的设计理念。

7.4.2　设计理念

整体来看，YOLO算法采用一个单独的CNN模型实现端到端（End-to-End）的目标检测，整个系统如图7-10所示。首先将输入图片缩放到448×448，然后送入CNN，最后处理网络预测结果得到检测的目标。相比R-CNN算法，YOLO是一个统一的框架，其速度更快，而且其训练过程也是端到端的。

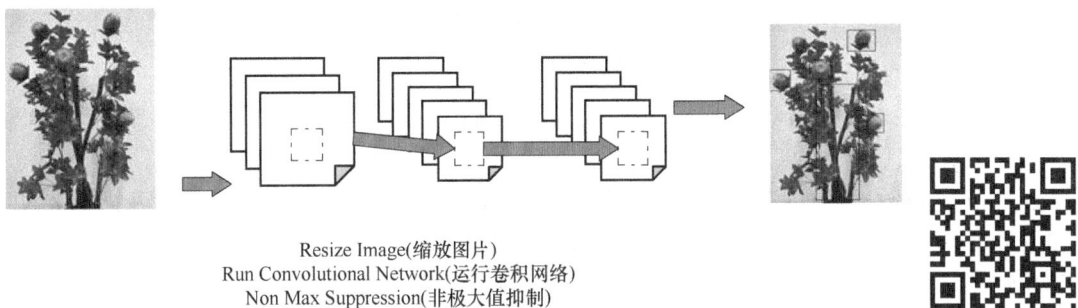

Resize Image(缩放图片)
Run Convolutional Network(运行卷积网络)
Non Max Suppression(非极大值抑制)

图7-10　YOLO检测系统（扫码见彩图）　　　图7-10 彩图

具体来说，YOLO的CNN将输入的图片分割成$S \times S$的网格，然后每个单元格负责去检测那些中心点落在该格子内的目标，如图7-11所示，可以看到这个目标的中心落在左下角一个单元格内，那么该单元格负责预测这个目标。每个单元格会预测B个边界框（Bounding Box）及边界框的置信度（Confidence Score）。所谓置信度其实包含两个方面：一是这个边界框含有目标的可能大小；二是这个边界框的准确度。前者记为$Pr(object)$，当该边界框是背景时（即不包含目标），此时$Pr(object)=0$。而当该边界框包含目标时，$Pr(object)=1$。边界框的准确度可以用预测（Prediction）框与实际（Ground Truth）框的IOU（Intersection Over Union，交并比）来表征，记为IOU_{pred}^{truth}。因此，置信度可以定义为$Pr(object) \times IOU_{pred}^{truth}$。很多人可能会将YOLO的置信度看作边界框是否含有目标的概率，但是其实它是两个因子的乘积，预测框的准确度也反映在里面。边界框的大小与位置可以用四个值来表征：(x, y, w, h)，其中(x, y)是边界框的中心坐标，而w和h是边界框的宽和高。还有一点要注意，中心坐标的预测值(x, y)是相对于每个单元格左上角坐标点的偏移值，并且单位是相对于单元格大小的，单元格的坐标定义如图7-12所示。而边界框的w和h预测值是相对于整个图片的宽和高的比例，理论上四个元素的大小应该在$[0, 1]$范围。这样，每个边界框的预测

图7-11　网格划分

141

值实际上包含五个元素：(x, y, w, h, c)，其中前四个表征边界框的大小和位置，而最后一个值 c 是置信度。

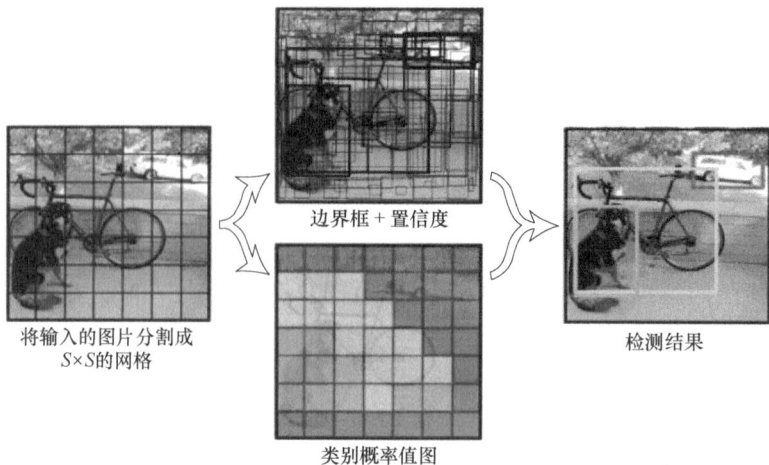

图 7-12　模型预测值结构

还有分类问题，对于每一个单元格还要给出预测出 C 个类别概率值，其表征的是由该单元格负责预测的边界框中目标属于各个类别的概率。但是这些概率值其实是在各个边界框置信度下的条件概率，即 $\Pr(\text{class}_i \mid \text{object})$。值得注意的是，不管一个单元格预测多少个边界框，其只预测一组类别概率值，这是 YOLO 算法的一个缺点，在后来的改进版本中，YOLO 9000 是把类别概率预测值与边界框是绑定在一起的。同时，可以计算出各个边界框类别置信度（Class-Specific Confidence Scores）：$\Pr(\text{class}_i \mid \text{object}) \times \Pr(\text{object}) \times \text{IOU}_{\text{pred}}^{\text{truth}} = \Pr(\text{class}_i) \times \text{IOU}_{\text{pred}}^{\text{truth}}$。边界框类别置信度表征的是该边界框中目标属于各个类别的可能性大小及边界框匹配目标的好坏。后面会介绍，一般会根据类别置信度来过滤网络的预测框。

总结一下，每个单元格需要预测 $B \times 5 + C$ 个值。如果将输入图片划分为 $S \times S$ 的网格，那么最终预测值为 $S \times S \times (B \times 5 + C)$ 大小的张量。整个模型的预测值结构如图 7-12 所示。对于 PASCAL VOC 数据，其共有 20 个类别，如果使用 $S = 7$，$B = 2$，那么最终的预测结果就是 $7 \times 7 \times 30$ 大小的张量。在下面的网络结构中会详细讲述，每个单元格的预测值的分布位置。

7.4.3　网络设计

YOLO 采用卷积网络来提取特征，然后使用全连接层来得到预测值。网络结构，包含 24 个卷积层和 2 个全连接层，如图 7-13 所示。对于卷积层，主要使用 1×1 卷积来做通道减少（Channle Reduction），然后紧跟 3×3 卷积。对于卷积层和全连接层，采用 Leaky ReLU 激活函数：$\max(x, 0.1x)$；但是最后一层采用线性激活函数。除了上面这个结构，还可以采用一个轻量级版本 Fast YOLO，其仅使用 9 个卷积层，并且卷积层中使用更少的卷积核。

可以看到网络的最后输出为 $7 \times 7 \times 30$ 大小的张量，这和前面的讨论是一致的。这个张量所代表的具体含义如图 7-14 所示。对于每一个单元格，前 20 个元素是类别概率值，中间 2 个元素是边界框置信度，两者相乘可以得到类别置信度，最后 8 个元素是边界框的 (x, y, w, h)。大家可能会感到奇怪，对于边界框为什么把置信度 c 和 (x, y, w, h) 都分开排列，

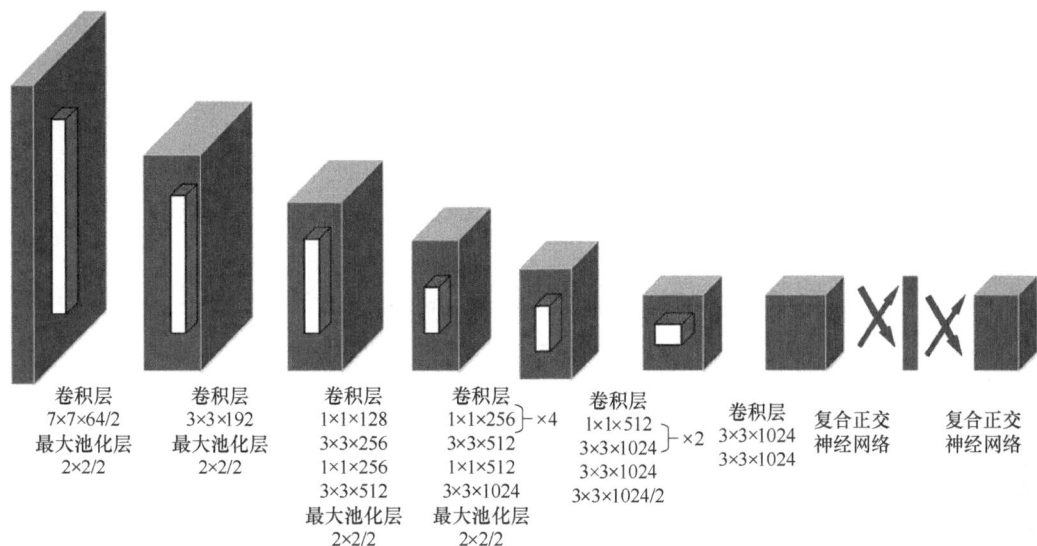

图 7-13 网络结构

而不是按照(x, y, w, h, c)这样排列，其实纯粹是为了计算方便，因为实际上这 30 个元素都对应一个单元格，其排列可以是任意的。但是分离排布，可以方便地提取每一个部分。这里来解释一下，首先网络的预测值是一个二维张量 P，其形式为$(\text{batch}, 7×7×30)$。采用切片，那么 $P(:, 0:7×7×20)$ 就是类别概率部分，而 $P(:, 7×7×20:7×7×(20+2))$ 是置信度部分，最后剩余部分 $P(:, 7×7×(20+2):)$ 是边界框的预测结果。这样，提取每个部分是非常方便的，便于后面的训练及预测时的计算。

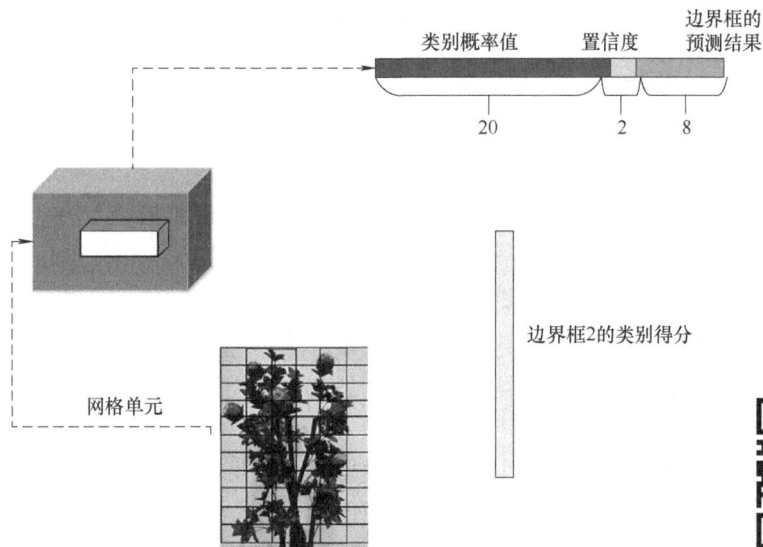

图 7-14 预测张量的解析(扫码见彩图)

图 7-14 彩图

7.4.4 网络训练

在训练之前，先在 ImageNet 上进行了预训练，其预训练的分类模型采用图 7-15 所示的前 20 个卷积层，然后添加一个平均池化层和全连接层。预训练之后，在预训练得到的 20 层卷积层之上加上随机初始化的 4 个卷积层和 2 个全连接层。由于检测任务一般需要更高清的图片，因此将网络的输入从 224×224 增加到了 448×448。整个网络流程如图 7-15 所示。

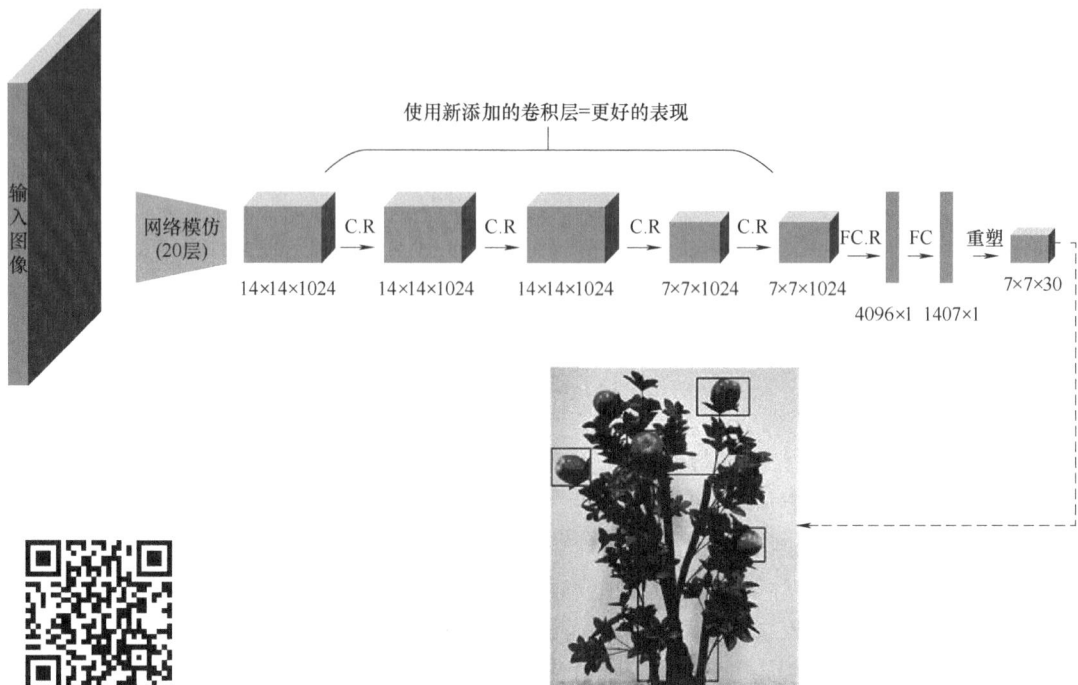

图 7-15 彩图   图 7-15　YOLO 算法的网络流程(扫码见彩图)

下面是训练损失函数的分析。YOLO 算法将目标检测看作回归问题，所以采用的是均方差损失函数。但是对不同的部分采用了不同的权重值。首先区分定位误差和分类误差。对于定位误差，即边界框坐标预测误差，采用较大的权重 $\lambda_{coord} = 5$。然后其区分不包含目标的边界框与含有目标的边界框的置信度，对于前者，采用较小的权重值 $\lambda_{noobj} = 0.5$。其他权重值均设为 1。然后采用均方差，大小不同的边界框采用同等权重，但是实际上较小的边界框的坐标误差应该要比较大的边界框要更敏感。为了保证这一点，将网络的边界框的宽和高预测改为对其平方根的预测，即预测值变为(x，y，$\sqrt{w}$，$\sqrt{h}$)。

另外，由于每个单元格预测多个边界框，但是其对应类别只有一个。那么在训练时，如果该单元格内确实存在目标，那么只选择与实际框的 IOU 最大的那个边界框来负责预测该目标，而其他边界框则认为不存在目标。这样设置的结果将会使一个单元格对应的边界框更加专业化，其可以分别适用不同大小、不同高宽比的目标，从而提升模型性能。大家可能会想如果一个单元格内存在多个目标怎么办，其实这时候 YOLO 算法就只能选择其中一个来训练，这也是 YOLO 算法的缺点之一。需要注意的是，对于不存在对应目标的边界框，其误差项就只有置信度，左标项误差是没法计算的。而只有当一个单元格内确实存在目标时，才计算分类误差项，否则该项也是无法计算的。

综上讨论，最终的损失函数计算为

$$损失函数 = \lambda_{coord} \sum_{i=0}^{s^2} \sum_{j=0}^{B} l_{ij}^{obj} [(x_i - \hat{x}_i)^2 + (y_i - \hat{y}_i)^2] +$$

$$\lambda_{coord} \sum_{i=0}^{s^2} \sum_{j=0}^{B} l_{ij}^{obj} [(\sqrt{w_i} - \sqrt{\hat{w}_i})^2 + (\sqrt{h_i} - \sqrt{\hat{h}_i})^2] +$$

$$\sum_{i=0}^{s^2} \sum_{j=0}^{B} l_{ij}^{obj} (C_i - \hat{C}_i)^2 + \lambda_{noobj} \sum_{i=0}^{s^2} \sum_{j=0}^{B} l_{ij}^{noobj} (C_i - \hat{C}_i)^2 +$$

$$\sum_{i=i}^{s^2} l_i^{obj} \sum_{c \in classes} [p_i(c) - \hat{p}_i(c)]^2 \tag{7-1}$$

式中，第一项是边界框中心坐标的误差项，l_{ij}^{obj}指的是第 i 个单元格存在目标，且该单元格中的第 j 个边界框负责预测该目标；第二项是边界框的高与宽的误差项；第三项是包含目标的边界框的置信度误差项；第四项是不包含目标的边界框的置信度误差项；第五项是包含目标的单元格的分类误差项，l_i^{obj}指的是第 i 个单元格存在目标。

7.4.5　网络预测

在说明 YOLO 算法的预测过程之前，这里先介绍一下非极大值抑制（Non Maximum Suppression，NMS）算法。这个算法不单单是针对 YOLO 算法的，而是所有的检测算法中都会用到。NMS 算法主要解决的是一个目标被多次检测的问题：首先从所有的检测框中找到置信度最大的那个框，然后逐个计算其与剩余框的 IOU，如果其值大于一定阈值（重合度过高），那么就将该框剔除；然后对剩余的检测框重复上述过程，直到处理完所有的检测框。YOLO 算法的预测过程也需要用到 NMS 算法。

下面就来分析 YOLO 算法的预测过程，这里不考虑图片批量大小，认为只是预测一张输入图片。根据前面的分析，最终的网络输出是 7×7×30，但是可以将其分割成三个部分：类别概率部分为（7，7，20），置信度部分为（7，7，2），而边界框部分为（7，7，2，4）（对于这部分不要忘记根据原始图片计算出其真实值）。然后将前两项相乘[矩阵（7，7，20）乘以（7，7，2），可以各补一个维度来完成（7，7，1，20）×（7，7，2，1）]，可以得到类别置信度值为（7，7，2，20），这里总共预测了 7×7×2＝98 个边界框。

所有的准备数据已经得到了，那么先介绍采用第一种策略来得到检测框的结果，这是最正常与自然的处理。首先，对于每个预测框根据类别置信度选取置信度最大的那个类别作为其预测标签，经过这层处理得到各个预测框的预测类别及对应的置信度值，其大小都是（7，7，2）。一般情况下，会设置置信度阈值，就是将置信度小于该阈值的预测框过滤掉，所以经过这层处理，剩余的是置信度比较高的预测框。最后对这些预测框使用 NMS 算法，留下来的就是检测结果。一个值得注意的点，NMS 算法是对所有预测框一视同仁，还是区分每个类别分别使用 NMS 算法，要根据情况而定。

上面的预测方法非常简单明了，但是对于 YOLO 算法，却采用了另外一个不同的处理思路，其区别就是先使用 NMS 算法，然后确定各个边界框的类别。其基本过程如图 7-16 所示。对于 98 个边界框，首先将小于置信度阈值的值归 0，然后分类别地对置信度值采用 NMS 算法，这里 NMS 的处理结果不是剔除，而是将其置信度值归为 0。最后才是确定各个边界框的类别，当其置信度值不为 0 时才做出检测结果输出。

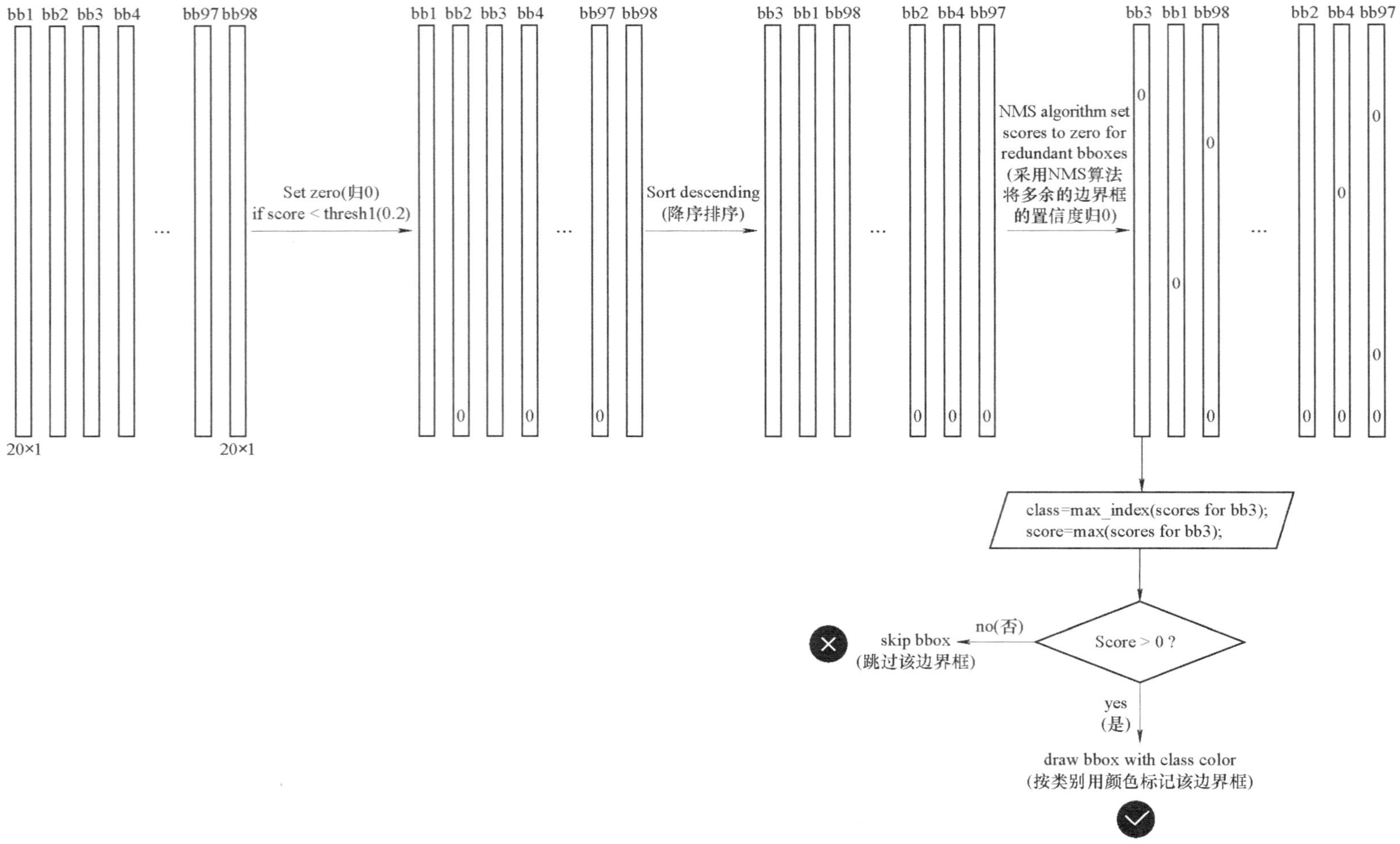

图 7-16　YOLO 算法的预测处理流程（图中 bb 表示边界框）

7.5　障碍物识别方法

障碍物识别最重要的是确定环境是否静态，这样唯一移动的就是机器人。当该假设不正确时，移动物体可能在环境模型中被涂抹，并且可能发生误报（假阳性）和假阴性的情况。也可能仅仅因为没有正确预测移动障碍物的运动而导致碰撞发生。

7.5.1　障碍证据

通过现有证据可以推断出障碍物。

（1）偏离期望　当可以对环境的性质做出强有力的假设时，仅仅偏离这些假设就可以成为障碍的可靠指标。当可以假设环境平坦且水平时，那么在地板上方检测到的任何物质都可以发出障碍信号。对于所有形式的距离图像，可以预测预期的范围（或视差）图像或将范围数据转换为场景坐标。在任何一种情况下，都可以很容易地检测和定位与平面模型的偏差。

（2）占用/存在　另一个有用的假设是空的环境。例如，当世界可以被视为二维并且传感器的返回信息只来自墙壁（不是天花板和地板），在这种情况下，机器人和环境之间的任何预测重叠都被假定为体积交叉，就是碰撞。当感知传感器具有较差的分辨能力时，这种方法很常见，例如声呐和雷达。在这些情况下，二维和三维网格通常用于使用贝叶斯或相关技术在多个传感器读数上累积证据。

（3）颜色/组成　有时，颜色和纹理可以是识别障碍的好方法。高大的绿色物体（树叶）与高大的棕色物体（树干）有明显区别。在高尔夫球场，对割草机器人来说，一种较好的方法就是将不是草的颜色的像素视为障碍物。更一般地，颜色和纹理可以在分类器中使用，该分类器被训练或关于好和坏的类。通过这种方式，可以管理更复杂的情况。

像激光测距仪这样的传感器将根据激光束的精确位置穿透或不穿透树叶。通过在三维网格中跟踪激光测距仪波束的停止和穿透的相对频率，可以估算（面积）密度（图7-17）。

（4）密度累积　在给定累积时间的情况下，可以容易地估计薄障碍物的平均横截面。

（5）斜率　在某些情况下，斜率是感兴趣区域的主要属性。虽然斜率是表面的点属性，但是可以通过将平面拟合到范围数据来估计它。可以在单元中累积大量的范围点，并且使用单元的散射矩阵来计算最佳拟合平面的斜率。一种方法是将平面拟合到数据中。其三维平面的方程为

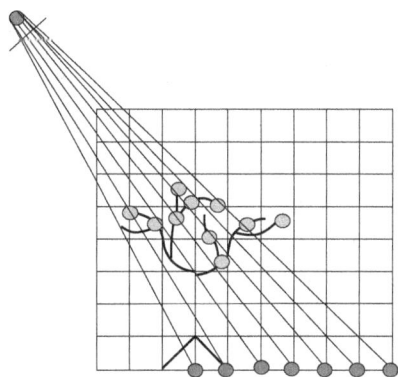

图7-17　三维网格中跟踪激光测距仪波束

$$\frac{a}{d}x + \frac{b}{d}y + \frac{c}{d}z = 1 \tag{7-2}$$

（6）形状　障碍物的形状对车轮是否能够通过有较大的影响。图7-18a中的障碍物可看作斜坡，而图7-18b中的障碍物则会卡住轮子。

（7）类　有时，对象在某种环境下归于某个（可能是参数化的）类，该信息就可以宣称

它是一个障碍。例如，在森林环境中，地面上的水平圆柱几乎肯定是倒下的树木（图 7-19）。

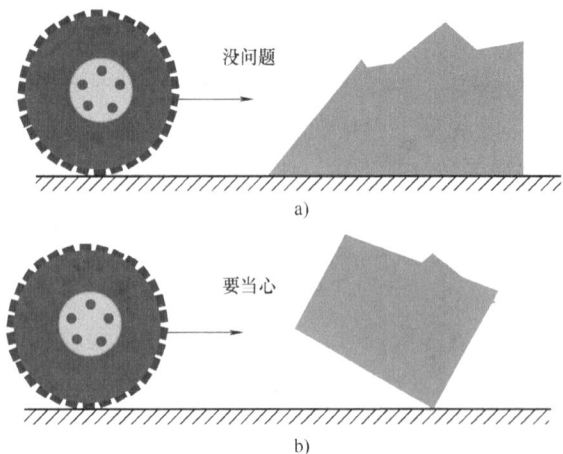

图 7-18　障碍物的形状对车轮的影响

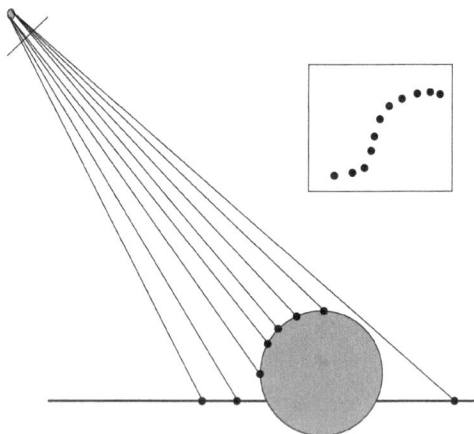

图 7-19　地面上的水平圆柱几乎
肯定是倒下的树木

7.5.2　障碍物识别系统的性能

障碍物识别系统的性能主要包括如下几个方面：

（1）可靠性　障碍物识别系统最重要的性能属性往往是假阴性率，尽管误报（假阳性）率也很重要（图 7-20）。在第一种情况（假阴性）下，未检测到真正的障碍物并且可能发生碰撞。在第二种情况（误报）下，可以根据发生的可能性和后果的严重性，假想出障碍进行避免，这种情况既可能是可接受的，也可能是不可接受的。这两种情况倾向于相互抵消。可以将算法配置为检测更多障碍以便减少假阴性率，但这通常会增加误报率。

在图 7-20 所示障碍物识别权衡中，障碍物的阈值可以设得很低，以至于假阴性率很小，但是误报却会变得更加普遍。

（2）车速　障碍物识别也是一个实时问题。尽管在做出决定之前可能有一些时间来积

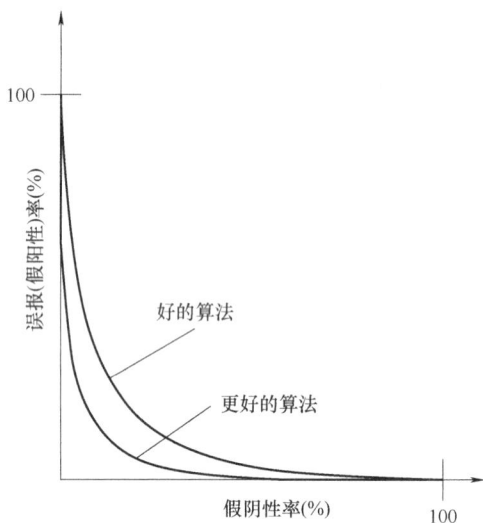

图 7-20　障碍物识别系统最重要的性能属性

累证据，但可能并不多，而且通常只有在车辆靠近障碍物时才能获得最佳证据，因此几乎没有时间。任何系统都可以设定为不会移动。在这种情况下肯定不会撞到任何东西，但它也没有用。障碍物识别的可靠性通常是检测范围的函数，并且如果在最大检测范围处检测到障碍物时车辆必须停止，则车辆速度需要设置上限。

（3）模糊度　无论传感器分辨率如何，在传感器足够接近之前，也无法解决 30°下坡和 90°下降之间的模糊性。

7.6 实例

7.6.1 障碍物识别

针对环境噪声做了处理，以及使用一种基于混合高斯模型去除背景法优化的算法（视频背景去除建模，Background Subtractor MOG2）来寻找摄像头中的动态障碍物，并对图像中障碍物信息进行标注，利用小孔成像原理测量出障碍物距离与机器人之间的距离，并根据测量出的比率指标计算障碍物尺寸，最后根据得到的数据构建环境地图。

摄像头接收了大量的环境信息，但并不是所有环境信息对障碍物的识别都是有效的。因此需要对图像做预处理，提升图片对比度并降低图像噪声，消除无用的环境信息，提高有用的信息比例。主要方法为图像滤波，以及图像的膨胀和腐蚀。原图像如图 7-21a 所示。首先，对摄像头的每一帧图像进行灰度化（图 7-21b），这样由 RGB 三通道变为单通道，而不失环境细节，且减轻了运算负担。其次，对图像进行中值滤波操作（图 7-21c），目的是消除孤立点，并去除脉冲噪声和椒盐噪声，提高特征抽取和识别的可靠性。

目标图像经过滤波处理后，采用 Background Subtractor MOG2 算法。Background Subtractor MOG2 算法是以高斯混合模型为基础的背景前景分割算法。相比于其他的物体识别定位算法，该算法的特点是它为每个像素都选择了一个数目合适的高斯分布。这样就会对亮光等发生变化引起的场景变化产生更好的适应。在实际应用此算法时选择检测阴影，这样就不会因为物体或灯光的阴影而影响检测结果，大大减少了外界环境的干扰。有别于其他文献中阈值分割的障碍物检测方法，在寻找障碍物时采用这种算法可以在机器人移动时检测到障碍物，且能在一定光线的照射下较为准确地识别障碍物在摄像机坐标中的位置，增强了移动机器人在室内环境下的适应能力，可识别运动中的物体（图 7-21d）。

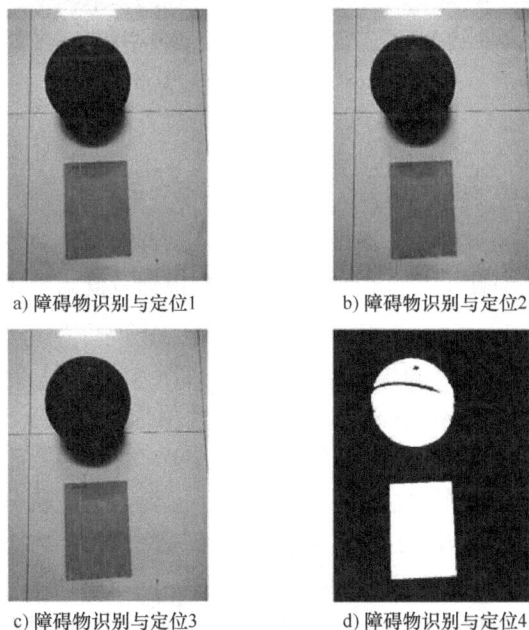

a) 障碍物识别与定位1

b) 障碍物识别与定位2

c) 障碍物识别与定位3

d) 障碍物识别与定位4

图 7-21 图像的中值滤波操作

在不影响障碍物总的位置和形状的前提下，为了除去孤立的小点和毛刺，目的是防止地面上的纹理及地面上细小的反射物带来的影响，通过形态学运算（图 7-22a），先进行腐蚀操作，再进行膨胀操作。第二次进行膨胀消去障碍物图中的黑色点，第二次进行腐蚀维持障碍物形状（图 7-22b）。对处理后的图像轮廓进行寻找，找到轮廓后对轮廓内的像素点通过凸包检测（图 7-22c）可以包住轮廓点集中的所有点，避免因没有识别到障碍物突起的形状造成局部地图构建的误差，对机器人的正常行驶造成干扰。再次对凸包点集中做生成最小外接矩形（图 7-22d），得到处理后的中心，以及长、宽。以中心为障碍物中心点，且在原图像中画出最小外接矩形，判断识别误差，方便给出局部地图构建时的误差。

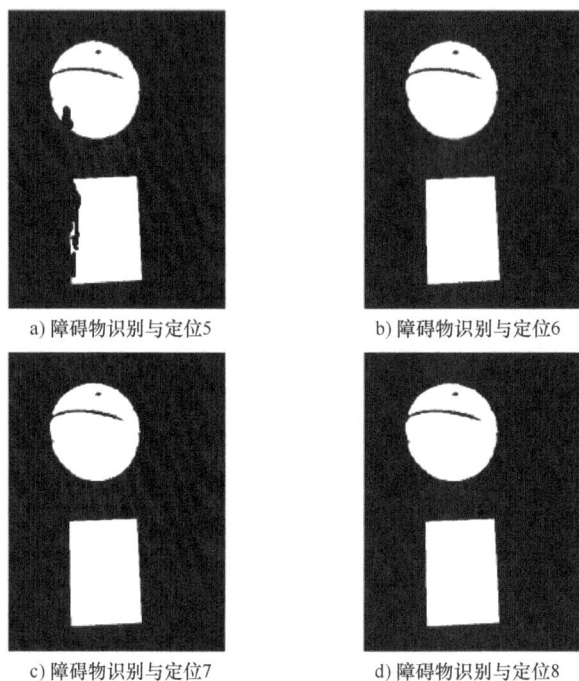

a) 障碍物识别与定位5

b) 障碍物识别与定位6

c) 障碍物识别与定位7

d) 障碍物识别与定位8

图 7-22　障碍物识别与定位

7.6.2　树枝识别

本小节以自然场景下的柑橘树为识别对象，通过对存在多条分支及被遮挡的枝干进行识别与重建研究，得到准确的枝干信息，为机器人路径规划及避障提供依据。

1. 树枝识别方法

本节设计的采摘机器人平台如图 7-23 所示，本机器人包含 21 个自由度，头部的视觉系统由英特尔（Intel）公司生产的 RealSense D435i 型双目摄像机组成，头部可左右、上下转动。手臂部分左右一样，都有 3 个自由度，可以满足从各个角度抓取苹果的要求。左手为采摘手，由一个电动机负责抓取动作；右手为仿人五指手，由五个舵机分别控制五个手指，可用于拨开遮挡苹果的树枝。腰部为三并联机构，由三个滚珠丝杠和三个底部舵机组成，分别控制三个舵机旋转的方向，可以向各个方向做弯腰动作，同时解决了串联机构负载小的劣势。底座是麦克纳姆轮全向差速驱动小车，可以原地旋转、横向平移和全向移动。

由于果树生长姿态随机，枝干形态各异，采用整体标记会弱化卷积神经网络提取树干的

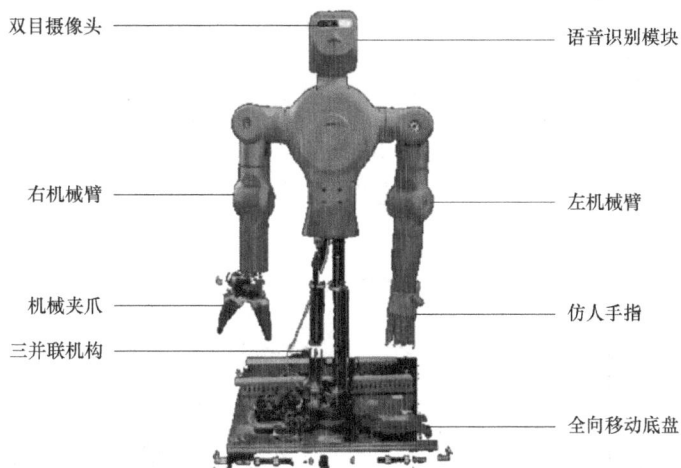

图 7-23 采摘机器人平台

形状特征，会增加模型对树干的误报率，因此本节提出一种网格化标记方法，即将整体不规则的枝干网格简化为离散的形状规则的四边形网格，通过单个网格化枝干的识别及多网格的多变量约束，实现整个枝干的重建。将分叉枝干作为枝干的关键特征，将枝干分为两类：无分叉枝干，包括无遮挡枝干、被树叶遮挡枝干、被果实遮挡枝干；有分叉枝干，存在分支的枝干，设分叉枝干数量为 $N(2 \leqslant N \leqslant 5)$。

在对无分叉枝干进行网格化标记时，采用类似于矩形的四边形对枝干进行标记，四边形的边框与枝干边缘保持一致，标记效果如图 7-24a 所示。对于有分叉枝干类采用类似于梯形的四边形对枝干进行标记，沿着树枝生长方向将分叉处之前的主枝干区域作为梯形的上底，分叉处之后的分叉枝干区域作为梯形的下底，梯形的两腰分别与分叉枝干边缘保持一致，标记效果如图 7-24b 所示。

a) 无分叉枝干

图 7-24 彩图

b) 有分叉枝干

7-2 果树
枝干识别

图 7-24 各类别标记方法(扫码见彩图)

151

之后采用 LabelMe 对果树枝干进行整体标记和网格化标记，为了统一数据集中目标物的尺度，图像中过小的枝干不进行标记。

本例识别测试总样本量为 750 幅图像，其中 100 幅图像作为训练集，50 幅图像作为测试集，其余 600 幅图像用于后续测试。采用 Mask R-CNN 作为识别模型得到初步识别结果，利用多变量约束算法，完成各枝干的整体重建。识别与重建流程如图 7-25 所示。

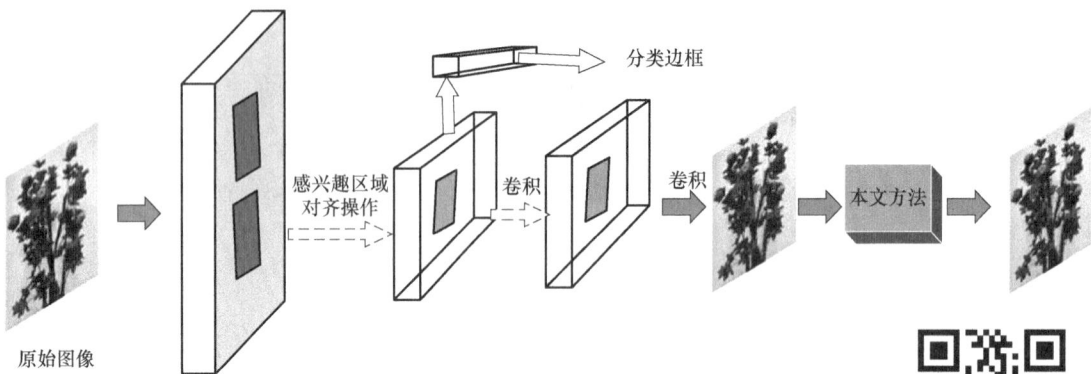

图 7-25　识别与重建流程(扫码见彩图)

图 7-25 彩图

对相同的 100 幅图像分别进行整体标记和网格化标记，在训练相同次数后，其中网格化标记的平均召回率为 81.09%，平均准确率为 98.15%；整体标记的平均召回率为 66.59%，平均准确率为 69.52%。原因是采用网格化标记使同一类别的训练样本量增加，强化了卷积神经网络对枝干形状特征的提取，因此在小样本情况下采用网格化标记具有较好的识别效果。

2. 枝干重建

经过 Mask R-CNN 模型检测后，输出信息中包含识别目标的类别信息、边框信息及 mask 分割区域。为了恢复整体枝干的信息，需要把离散的 mask 区域进行连接、融合，因此需要对各个 mask 区域进行相关性分析，得到重建枝干的约束性条件。

首先，由于 Mask R-CNN、YOLO 和 SSD 等算法检测的目标框包含过多的背景信息，因此采用 mask 区域的最小外接矩形代替原始的目标检测框，并将计算的外接矩形作为网格化枝干的位置边框，以使位置边框更加符合枝干生长方式，为进一步融合重建提供准确的位置边框信息。其次，由于 mask 区域的生成是随机的，为了便于后续处理，对各位置边框进行随机编号，通过搜索相邻边框的方法实现枝干的融合重建。该算法是基于相邻位置边框进行区域搜索，因此需要分析相邻位置边框的距离范围。

7.6.3　目标识别

目标识别是采摘机器人的工作的核心任务，为了使其能全天候地在不同光线环境下对遮挡、粘连和套袋等多种情况下的果实进行识别，采用 7.4 节中的深度卷积神经网络的水果目标识别方法识别水果。该方法通过单个卷积神经网络遍历整个图像，回归目标的类别和位置，实现了直接端到端的目标检测，在保证效率与准确率兼顾的情况下实现了复杂环境下水果的识别。

YOLO v3 中运用残差网络(ResNet) 模型搭建出 53 层的神经网络，考虑到使用过深的网络模型会增加检测时间,该实例中只需要检测苹果这一类目标,并不需要深层神经网络提取特征,所以运用类似于 VGG 的网络模型搭建出 13 层网络。同时 YOLO v3 中设置三种不同尺寸的锚点,预测这三种不同尺寸锚点的网格大小分别是 13、26、52,其中最小预测框的大小则是 8×8,但是实际检测密集苹果的时候只需要检测出分辨率大于 16×16 的苹果,过小的苹果距离太远,无法作为采摘机器人的目标,同时使用 52×52 个预测网格使得预测张量过于庞大增加检测时间,所以使用两种不同尺度的锚点(13×13,26×26),提高对小物体的检测能力的同时不会增加检测时间。

模型训练好后需要对其性能进行评估以找到最优模型,用 mAP 值评估模型的整体性能,然后在 mAP 值最高的模型中通过比较不同阈值下准确率、召回率和 IOU 的变化选择模型的最优阈值。之后对实际不同环境下的苹果的检测效果进行试验,并与其他算法进行比较。

在机器人实际采摘过程中,随着摄像头距离果树距离的变化,苹果的数目和大小也会随之改变。当苹果数目较少、尺寸较大时,作为识别对象较为清晰完整,识别难度低。但在多目标图像中,由于尺寸的减少和数目的增多,会出现粘连和遮挡的情况,识别难度较大。因此设置不同数目下苹果检测的对比试验,分别分一个苹果、多个苹果和密集苹果,检测效果如图 7-26 所示。

图 7-26 彩图

图 7-26 不同数目下的检测结果(扫码见彩图)

基于深度神经网络 YOLO v3 算法的苹果识别方法的检测精度高、速度快,在复杂环境下鲁棒性好,选用的 13 层网络在真实环境下进行检测,准确率和召回率分别达到 97% 和 90% 以上。

图 7-3 苹果识别

习 题

7.1 简述物体识别的发展历程。

7.2 简述传统物体识别方法。

7.3 简述基于深度学习的目标检测算法。

7.4 简述 YOLO 识别算法。

7.5 简述常用的障碍物识别方法。

第 **8** 章

机器人定位及地图构建

本章将对机器人定位及地图构建进行介绍。机器人要在未知环境下完成给定任务，其定位和地图构建具有重要的作用。在机器人学中，机器人的定位和地图构建通常相互依赖：为了完成地图构建，人们需要知道机器人所处位置，才能准确描述出周围环境的地图信息；而为了完成机器人定位，人们只有通过地图构建描绘出环境中的特征，才能根据这些信息进行更为准确的定位。本章将围绕机器人定位和地图构建两个主题进行展开，其中8.1节主要介绍地图的表示方法及原理；8.2节根据所利用信息的不同对定位进行分类，根据类别对机器人的定位原理、模型及相关算法进行介绍；8.3节引入定位和地图构建的热点研究内容——同时定位及地图构建(SLAM)，并对其经典框架、主流算法及常见系统进行介绍。

8.1　地图表示与环境感知

机器人在未知环境中完成给定任务，就需要依靠其自身携带的传感器提供的信息建立环境地图。环境地图构建的好坏直接决定着给定任务是否能够顺利完成，而地图的表示更直接关系着环境地图的构建。为了让读者更好地掌握环境地图的构建，下面将对地图的表示方法及原理进行介绍。

8.1.1　地图表示方法

地图表示方法需要能够将空间环境中的信息进行有效表达，并且容易加入新的信息更新地图，以便计算机进行处理，使机器人可以依靠该地图信息完成特定的任务。地图表示方法可以分为几何地图和拓扑地图两大类。而几何地图又分为栅格地图和特征地图。下面将对这三种地图表示方法进行简单介绍。

8-1　栅格
地图构建

图 8-1 所示为根据实验室环境构建的二维栅格地图，其基本思想是将环境分解成一系列离散的栅格，每个栅格有一个值，表示该栅格被障碍物占用的情况，由此表示出周围环境的信息。这种方法已经在许多机器人系统中得到应用，是使用较为成功的一种方法。由于将环境分成了一个个栅格，因此它能将环境中的信息详尽地描述出来，并且机器人容易进行定位和路径规划。栅格地图的缺点是：当栅格数量增大时(在大规模环境或对环境划分比较详细时)，对于地图的维护所占用的内存和 CPU 时间迅速增长，使计算机的实时处理变得很困难。

特征地图表示方法是指机器人收集对环境的感知信息，从中提取更为抽象的几何特征，

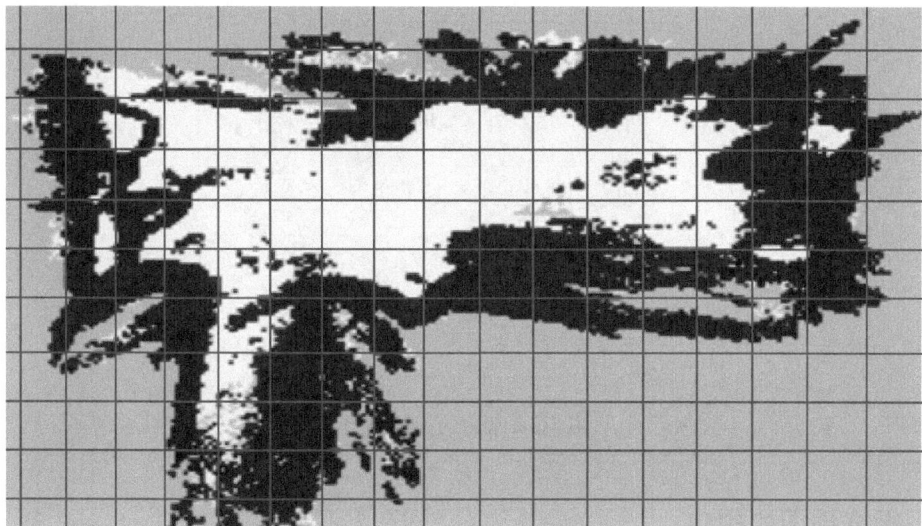

图 8-1　二维栅格地图

例如线段或曲线，使用这些几何信息描述环境。这种表示方法更为紧凑，且便于位置估计和目标识别。几何特征的提取需要对感知信息做额外的处理，且需要一定数量的感知数据才能得到结果。特征地图由一系列包含位置信息的特征组成。根据实验室环境构建的路标特征地图如图 8-2 所示。

a)　　　　　　　　　　　　　　　b)

图 8-2　路标特征地图

　　拓扑地图表示方法抽象程度高，适用于大环境的结构化描述。这种方法将环境表示为一张拓扑图，图中的节点对应于环境中的一个特征状态、地点（由感知决定），如果节点间存在直接连接的路径，则相当于图中连接节点的弧，类似于地铁、公交线路的表示。拓扑地图由环境中的特征位置或区域组成的节点及其连接关系组成，根据连接关系信息，移动机器人可从一个节点区域运动到另一个节点区域。这种表示方法可以实现快速的路径规划，但由于拓扑图通常不需要机器人准确的位置信息，对于机器人的位置误差也就有了更好的鲁棒性。但当环境中存在两个很相似的地方时，拓扑图的方法将很难确定这是否为同一节点（特别是机器人从不同的路径到达这些节点时）。常用的拓扑地图如图 8-3 所示。

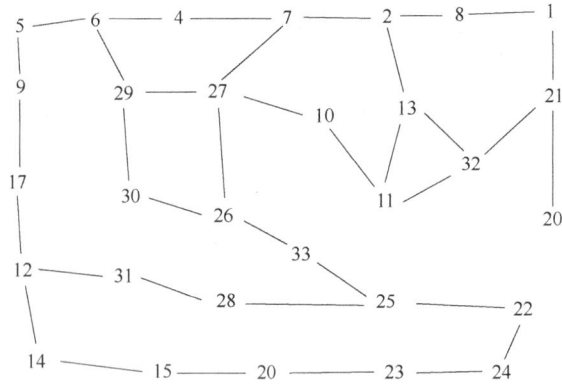

图 8-3　常用的拓扑地图

8.1.2　栅格地图的构建

本小节将介绍基于激光传感器数据进行局部栅格地图构建。将在传感器坐标系下的占用栅格地图记为 m，即 $m = \{m_i, i = 1, \cdots, M\}$。其中，$M$ 为栅格单元总数；m_i 表示每个栅格的取值，为一个二元量，取值为 0 或 1，0 表示空闲，1 表示被占。将传感器得到的数据记为 s，$s = \{s_1, \cdots, s_N\}$。其中，N 为激光数据总数。每个数据表示在某一个角度上面所测量得到的障碍物与传感器之间的距离，它包括了距离和角度的信息。由此，占用栅格构建可以表示为一个概率问题，即在给定的激光测量数据条件下，估计局部占用栅格被占用的概率，表达式为

$$p\{m \mid s_1, \cdots, s_N\} \tag{8-1}$$

式中，m 为栅格总的集合。把式(8-1)展开，得到

$$p\{m = 1 \mid s_1, \cdots, s_N\} = p\{m_1 = 1, \cdots, m_M = 1 \mid s_1, \cdots, s_N\} \tag{8-2}$$

式(8-2)表示任意 m_i 等于 1 的联合概率分布估计，也就是在这些激光测量数据下去计算每一个栅格被占用的联合概率分布，就构成了整个地图被占的概率分布，简写为

$$p(m = 1 \mid s_1, \cdots, s_N) = p(m_1, \cdots, m_M \mid s_1, \cdots, s_N) \tag{8-3}$$

假设栅格单元独立，作为联合概率来讲，可以根据乘法规则展开为

$$p(m = 1 \mid s_1, \cdots, s_N) = \prod_{i=1}^{M} p(m_i \mid s_1, \cdots, s_N) \tag{8-4}$$

这样就可以以激光测量数据为条件估计每个栅格单元被占的概率，每个栅格单元被占概率的乘积就为所求栅格地图被占的概率。接下来该问题就变成了每个栅格单元的占用概率的估计，即求 $p(m_i \mid s_1, \cdots, s_N)$。假设环境是静态的，即栅格单元的被占概率不会随时间变化。因为 m_i 的取值只能为 0 或 1，所以该过程就变成了一个静态量的二元估计问题。对此类问题，通常采用概率对数形式结合二元贝叶斯滤波求解。$p(m_i \mid s_1, \cdots, s_N)$ 的概率求解方法是利用它在该条件下的被占概率除以空闲概率，即

$$\frac{p(m_i \mid s_1, \cdots, s_N)}{p(\overline{m_i} \mid s_1, \cdots, s_N)} = \frac{p(m_i \mid s_1, \cdots, s_N)}{1 - p(m_i \mid s_1, \cdots, s_N)} \tag{8-5}$$

对式(8-5)求对数，记 $p(m_i \mid s_1, \cdots, s_N)$ 的概率对数值为 $l_{i,N}$，即

$$l_{i,N} = \lg \frac{p(m_i \mid s_1, \cdots, s_N)}{1 - p(m_i \mid s_1, \cdots, s_N)} \tag{8-6}$$

如果可以求得 $l_{i,N}$，则根据其定义可以计算得到

$$p(m_i \mid s_1, \cdots, s_N) = 1 - \frac{1}{1 + e^{l_{i,N}}} \tag{8-7}$$

该问题就转换为求 $l_{i,N}$，从初始问题出发，$p(m_i \mid s_1, \cdots, s_N)$ 表示在 N 个激光测量数据下的栅格被占概率，将该问题转换为一个递归的形式，有

$$p(m_i \mid s_1, \cdots, s_N) = p(m_i \mid s_1, \cdots, s_{N-1}, s_N) \tag{8-8}$$

利用贝叶斯规则，即 $p(X \mid Y) = \dfrac{p(Y \mid X)p(X)}{p(Y)}$，得

$$p(m_i \mid s_1, \cdots, s_N) = \frac{p(s_N \mid m_i, s_1, \cdots, s_{N-1}) p(m_i \mid s_1, \cdots, s_{N-1})}{p(s_N \mid s_1, \cdots, s_{N-1})} \tag{8-9}$$

由于每个激光数据是独立的，去掉无关量，得

$$p(m_i \mid s_1, \cdots, s_N) = \frac{p(s_N \mid m_i) p(m_i \mid s_1, \cdots, s_{N-1})}{p(s_N)} \tag{8-10}$$

对 $p(s_N \mid m_i)$，利用贝叶斯规则展开得

$$p(m_i \mid s_1, \cdots, s_N) = \frac{p(m_i \mid s_N) p(s_N) p(m_i \mid s_1, \cdots, s_{N-1})}{p(m_i) p(s_N)} \tag{8-11}$$

化简得

$$p(m_i \mid s_1, \cdots, s_N) = \frac{p(m_i \mid s_N) p(m_i \mid s_1, \cdots, s_{N-1})}{p(m_i)} \tag{8-12}$$

继而求概率

$$\frac{p(m_i \mid s_1, \cdots, s_N)}{p(\overline{m}_i \mid s_1, \cdots, s_N)} = \frac{p(m_i \mid s_N) p(m_i \mid s_1, \cdots, s_{N-1}) p(\overline{m}_i)}{p(\overline{m}_i \mid s_N) p(\overline{m}_i \mid s_1, \cdots, s_{N-1}) p(m_i)} \tag{8-13}$$

求对数

$$\lg \frac{p(m_i \mid s_1, \cdots, s_N)}{p(\overline{m}_i \mid s_1, \cdots, s_N)} = \lg \frac{p(m_i \mid s_N)}{p(\overline{m}_i \mid s_N)} + \lg \frac{p(m_i \mid s_1, \cdots, s_{N-1})}{p(\overline{m}_i \mid s_1, \cdots, s_{N-1})} + \lg \frac{p(\overline{m}_i)}{p(m_i)} \tag{8-14}$$

化简得

$$l_{i,N} = \lg \frac{p(m_i \mid s_N)}{1 - p(m_i \mid s_N)} + l_{i,N-1} + l_{i,0} \tag{8-15}$$

构成上面的迭代式，要迭代得到 $l_{i,N}$，初始值 $l_{i,0}$ 由定义求得为 1，但存在未知量 $p(m_i \mid s_j)$。只要求出未知量，就可以得到 $l_{i,N}$。

接下来进行未知量 $p(m_i \mid s_j)$ 的求取。该未知量称为逆传感器模型(图8-4)，它表示根据某个激光测量数据，估计栅格单元被占的概率。它根据测距仪检测障碍物的射线模型进行推导。

该模型通过在某个角度 α_j 上发射激光束再碰到障碍物时反射回到发射点的时间差和相位差来获取障碍物到传感器的距离 r_j。距离 r_j 和角度 α_j 就是传感器得到的数据 s_j。A_1 为空闲区域，A_2 为被占区域，$\Delta \alpha$ 为激光扫描区域的角度。当距离被占区域点的距离及角度越近，被占概率越高，可以描述为：

对于 A_2 区域，有

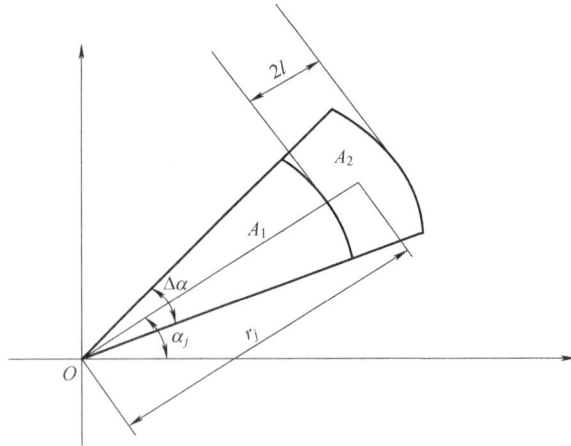

图 8-4　逆传感器模型

$$p(m_i \mid s_j) = O_r O_\alpha \tag{8-16}$$

式中，O_r 为距离的被占概率，$O_r = 1 - k_r \left(\dfrac{d_i - r_j}{l} \right)^2$；$O_\alpha$ 为角度的被占概率，$O_\alpha = 1 - k_\alpha \left(\dfrac{\beta_i - \alpha_j}{\Delta\alpha/2} \right)^2$。

其中，d_i 表示所评估的栅格到原点的距离；β_i 表示所评估的栅格与 x 轴的夹角；k_r 和 k_α 分别为距离和角度的系数。

对于 A_1 区域，有

$$p(m_i \mid s_j) = 1 - p(\overline{m}_i \mid s_j) = 1 - E_r E_\alpha \tag{8-17}$$

式中，E_r 为距离的空闲概率，$E_r = 1 - k_r \left(\dfrac{d_i}{r_j - l} \right)^2$；$E_\alpha$ 为角度的空闲概率，$E_\alpha = 1 - k_\alpha \left(\dfrac{\beta_i - \alpha_j}{\Delta\alpha/2} \right)^2$。

通过以上的方法，人们就可以利用激光测量数据来构建局部栅格地图了。

8.1.3　线段特征地图的构建

下面介绍基于激光数据的局部线段特征地图的构建。该过程主要是在激光传感器坐标系中，根据激光数据点构建局部线段特征地图，该过程存在两个问题：

1）对这些数据点进行分簇，明确哪些点属于同一条线段。

2）给定了属于某条线段的点，求取这条线段。

对于问题 1）处理的主要方法有增量线段拟合法（Incremental Line Fitting）、哈夫变换法（Hough Transform）和不断分割然后合并法（Split and Merge）。对于问题 2）的处理方法主要有总最小二乘（TLS）法及随机采样求取一致集（RANSAC）的方法。下面将对针对问题 2）的 TLS 法及针对问题 1）的不断分割然后合并法进行介绍。

TLS 法的过程实质上是求取线段的特征。对于特征，先定义一个模型，用一个方程来表示，然后根据这些测量到的点都在这个特征上，可以根据这些数据点来拟合求取它的模型参数。设线段可表示为

$$y_i = kx_i + b + \varepsilon_i \tag{8-18}$$

式中，(x_i, y_i) 为激光数据点坐标；ε_i 为第 i 次机器人的观测误差。

要求 k、b 准确，就要让 ε_i 最小，即所拟合直线的参数 k、b 应最小化，有

$$\sum_{i=1}^{n} (\varepsilon_i)^2 = \min \sum_{i=1}^{n} (y_i - kx_i - b)^2 \tag{8-19}$$

这就变为求解一个线性最小二乘问题，只需要令 k、b 的偏导数为 0，就可求出使得误差最小的 k、b。该线段表示方法的缺点在于将误差假设在 y 轴方向，对于求取垂直线段时就会出现较大误差或者错误拟合。

针对这样的问题，根据图 8-5 可提出另一种线段表示

$$x\cos\theta + y\sin\theta = r \tag{8-20}$$

对于激光数据点 (x_i, y_i)，有

$$\varepsilon_i = x_i\cos\theta + y_i\sin\theta - r \tag{8-21}$$

图 8-5　目标线段函数

要求 θ、r 准确，线段参数 θ、r 应使得所有点到线的距离的平方和最小，即

$$\sum_{i=1}^{n} \varepsilon_i^2 = \min \sum_{i=1}^{n} (x_i\cos\theta + y_i\sin\theta - r)^2 \tag{8-22}$$

该方程的求解存在 cos 和 sin 的非线性，并且存在约束 $\cos^2\theta + \sin^2\theta = 1$，令 $\sin\theta = a$，$\cos\theta = b$，得到

$$\sum_{i=1}^{n} \varepsilon_i^2 = \min \sum_{i=1}^{n} (x_i a + y_i b - r)^2 \tag{8-23}$$

则该问题变成了带约束的最小化问题，通过引入拉格朗日乘子 λ 进行求解

$$\sum_{i=1}^{n} \varepsilon_i^2 = \min \left[\lambda(a^2 + b^2 - 1) + \sum_{i=1}^{n} (x_i a + y_i b - r)^2 \right] \tag{8-24}$$

以上就是 TLS 法的求解思路，该方法存在的问题是线段拟合受噪声影响，对噪声参数有影响。

有了直线拟合方法后，进一步要解决的是这些点分别属于那条线，也就是问题 1）的内容。在此，主要介绍不断分割然后合并法。该方法面向有序点，主要思想是先迭代分割然后合并。迭代分割如图 8-6 所示，首先获得穿过两个断点的线段，然后去找这两个端点中距离线段最远的点，如果该点到该线段距离大于误差阈值，将线段分成两部分，并对每部分重复分割过程，即不断取两个端点，然后求它的线段，再找它最远的点，用它最远的点距离去判断是否进行分割。

之后进行合并操作，如图 8-7 所示。如果相邻两个线段足够近，则获得共同的线段和距离较远的点；如果得到的距离是小于阈值的，则合并这两条线段。

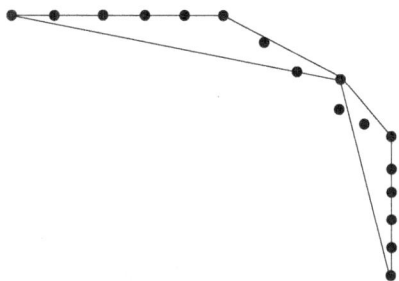

159

图 8-6　迭代分割示意图　　　　　　　图 8-7　合并示意图

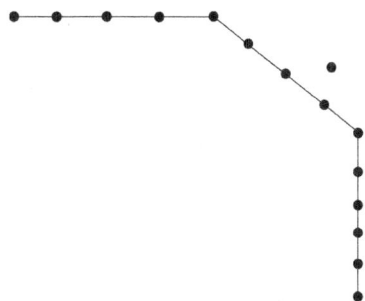

在上述两步之后，可以对该过程产生的短线段进行删除，重新估计线段参数。

由此就解决了在特征地图构建中的特征线段处理问题。

8.1.4 拓扑地图的构建

本小节将基于激光传感器数据进行拓扑地图的构建。基本思想是利用激光传感器扫描的数据构建环境几何地图，然后利用自由空间中线法提取环境的拓扑结构，由此生成拓扑地图。具体分为以下三步：

1. 距离传感器构建地图

移动机器人的运动模型如图 8-8 所示。计算单位采样时间 ΔT 内车体位姿的变化，进行累加，求出车体在世界坐标系中的位姿，表达式为

$$
\begin{cases}
x_r(k+1) = x_r(k) + \Delta d(k)\cos(\theta_r(k) + \Delta\theta(k)) \\
y_r(k+1) = y_r(k) + \Delta d(k)\sin(\theta_r(k) + \Delta\theta(k)) \\
\theta_r(k+1) = \theta_r(k) + \Delta\theta(k)
\end{cases}
\tag{8-25}
$$

式中，$x_r(k)$、$y_r(k)$、$\theta_r(k)$ 分别为机器人在 k 时刻的坐标和方向；$\Delta d(k)$ 为根据光电编码器测量的相邻采样时间间隔的相对位移增量；$\Delta\theta(k)$ 为根据陀螺仪测量的相邻采样时间间隔的相对偏移角度。

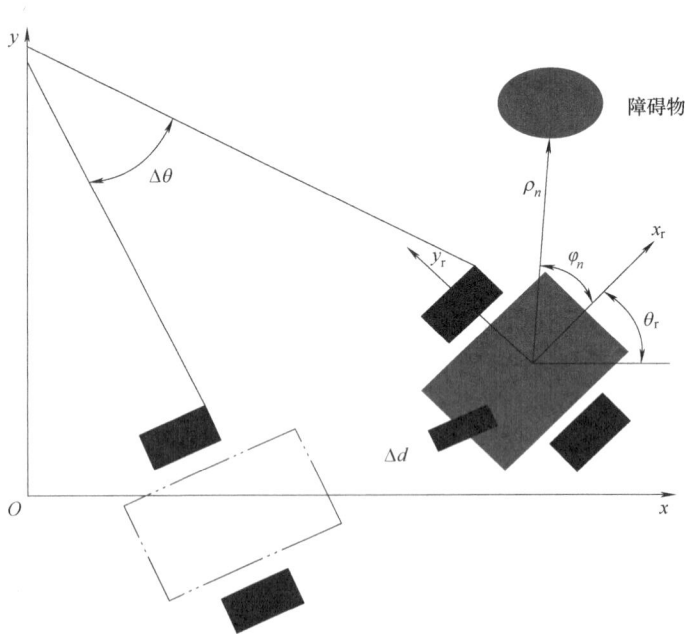

图 8-8　移动机器人的运动模型

若 D 为机器人车轮直径，减速器的减速比为 $1/P$，编码器的精度为 η，单位采样时间 ΔT 内光电编码器器输出的脉冲数为 N，陀螺仪测量的偏转角速度为 ω，则有

$$
\begin{cases}
\Delta d(k) = \dfrac{\pi D}{\eta P}N \\
\Delta\theta(k) = \omega\Delta T
\end{cases}
\tag{8-26}
$$

机器人用激光扫描周围环境，采用极坐标 (ρ_n, φ_n) 表示一次扫描的所有距离信息，极点位于扫描中心，极轴为激光的主扫描方向 $(0°)$，其中 n 表示扫描到的障碍物对应的序号。

将激光测量的距离信息映射到世界坐标系中，得

$$\begin{cases} x'_n = x_r + \rho_n \cos(\theta_r + \varphi_n) \\ y'_n = y_r + \rho_n \sin(\theta_r + \varphi_n) \end{cases} \tag{8-27}$$

式中，x_r、y_r、θ_r为机器人参考中心在世界坐标系中的位置。

2. 中线法提取自由空间中线

在由激光传感器构建的环境地图上，采用中线法提取环境自由空间的骨架，并以其为环境的拓扑地图。记激光传感器单次扫描的数据为Z，所得的数据为从环境边界到传感器的距离值。将机器人单次扫描数据以机器人为扫描中心分别分为左、右两侧的扫描数据和前方扫描数据三个部分，分别表示为Z_{left}、Z_{front}、Z_{right}，即有

$$Z = (Z_{\text{left}} \quad Z_{\text{front}} \quad Z_{\text{right}}) \tag{8-28}$$

将前方扫描数据Z_{front}以机器人的运动方向分为左、右两组测量数据：$Z_{\text{front}} = (L \quad R)$。其中，$L$、$R$分别为$Z_{\text{front}}$中的左前方扫描数据和右前方扫描数据，则有

$$Z = (Z_{\text{left}} \quad L \quad R \quad Z_{\text{right}}) \tag{8-29}$$

分别取L、R中测量的环境边界到机器人的最小距离$D_{\text{front-left}}$，$D_{\text{front-right}}$为

$$\begin{cases} D_{\text{front-left}} = \min(L) \\ D_{\text{front-right}} = \min(R) \end{cases} \tag{8-30}$$

将以极坐标测量到的距离值转换到以机器人为中心的直角坐标系中，得到中点 midpt 坐标值为

$$\begin{cases} x_{\text{midpt}} = (D_{\text{front-left}}\cos\theta_i + D_{\text{front-right}}\cos\theta_j)/2 \\ y_{\text{midpt}} = (D_{\text{front-left}}\sin\theta_i + D_{\text{front-right}}\sin\theta_j)/2 \end{cases} \tag{8-31}$$

式中，θ_i和θ_j分别为测量的环境边界距机器人最短距离点$D_{\text{front-left}}$和$D_{\text{front-right}}$对应的角度。

机器人移动过程中，激光扫描分别得到左、右两侧到机器人的两个最短距离的点，这两点的中点与 midpt 之间的连线构成自由空间的中线，将其作为环境的拓扑地图的弧线。

3. 节点的构建

将抽取的中线的分支点和弯道处作为环境拓扑地图的拓扑节点，从而完成环境自由空间拓扑结构的提取，构成拓扑地图。通常情况下，中线分支发生在走廊与房间的连接处，或走廊之间的连接处（弯道）。取机器人左侧扫描区域测量数据Z_{left}和右侧扫描区域测量数据Z_{right}的最小距离，有

$$\begin{cases} D_{\text{left}} = \min(Z_{\text{left}}) \\ D_{\text{right}} = \min(Z_{\text{right}}) \end{cases} \tag{8-32}$$

对于左前方扫描区域L、左侧扫描区域Z_{left}、右前方扫描区域R、右侧扫描区域Z_{right}，若存在两个测量点，使$D_{\text{left}} = D_{\text{front-left}}$或$D_{\text{front-right}} = D_{\text{right}}$，则该两区域中相应测量点连接的中点 midpt 为中线分支点。按照式(8-33)和式(8-34)将测量的以极坐标表示的距离值转换到以机器人为中心的直角坐标系中，得到中点坐标值，并将其作为拓扑节点

$$\begin{cases} x_{\text{node}} = (D_{\text{left}}\cos\theta_k + D_{\text{front-left}}\cos\theta_m)/2 \\ y_{\text{node}} = (D_{\text{left}}\sin\theta_k + D_{\text{front-left}}\sin\theta_m)/2 \end{cases} \tag{8-33}$$

$$\begin{cases} x_{\text{node}} = (D_{\text{right}}\cos\theta_n + D_{\text{front-right}}\cos\theta_d)/2 \\ y_{\text{node}} = (D_{\text{right}}\sin\theta_n + D_{\text{front-right}}\sin\theta_d)/2 \end{cases} \tag{8-34}$$

式中，θ_k、θ_n、θ_m、θ_d分别为测量的距离值对应的角度。

为了便于进行节点的识别，将中线分支点处的部分度量信息，如机器人朝向、位置坐标、拓扑节点的绝对坐标加入到拓扑节点。

由此，就完成了环境拓扑地图的构建。

通过上面的介绍，对三种地图的构建原理已经有了基本认识。下面通过一个实例让读者对地图构建有一个更加具体的认识。采用激光 SLAM 原理对实验室进行栅格地图构建，激光 SLAM 将在 8.3.4 节中介绍，在此不做赘述。实验室环境如图 8-9 所示，通行空间为 4m×7.8m。

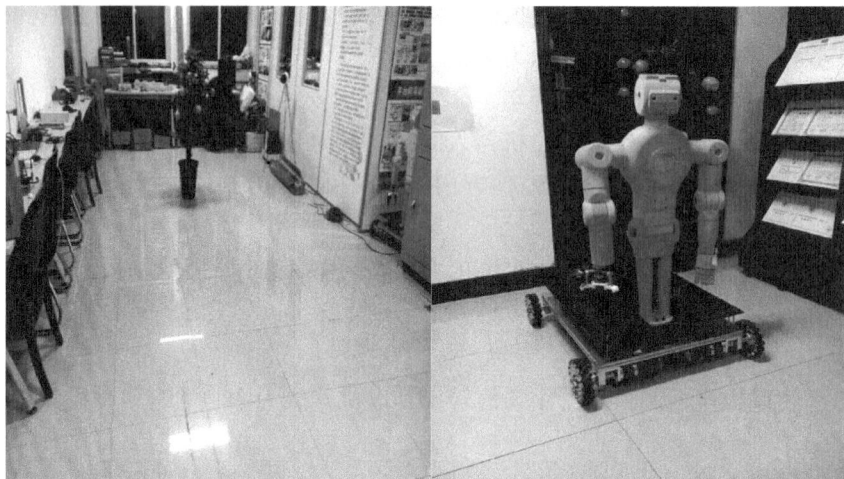

图 8-9 彩图   图 8-9　实验室环境示意图(扫码见彩图)

先在地图中规定一个基准点，以基准点作为大地坐标系原点，并建立大地坐标系，后面地图中的障碍物和目标均以此为基准展开。在构建地图时，机器人以此坐标系原点为起点，开始在环境中移动，通过传感器获取的数据进行地图构建，让机器人遍历这个空间，最终得到栅格地图，如图 8-10 所示。

图 8-10 中存在着一些分布不均匀的点，其中左侧边缘的点对应着实验室右边摆放的桌椅，中心的点则对应着实验室中央放着的一盆苹果树，不难看出，这与环境中的物体特征基本吻合。

图 8-10　实验室所对应的栅格地图

8.2　自主定位

机器人的定位是指确定机器人在世界坐标系中的位姿，精准的定位是机器人的基础，只有正确地回答了"我在哪里""我要去哪里"及"如何到达"的问题，机器人才能有意义和保障。在机器人中，定位包括移动部分的定位、双目视觉传感器的定位、末端执行器的定位、障碍物的定位和目标的定位。定位方法可根据所利用信息的不同分为三种：基于控制信息定位、基于观测信息定位和基于观测控制信息定位。其中，基于观测信息定位又分为基于外部传感器的观测定位和基于本体传感器的观测定位。由于基于控制信息定位较为简单，对此不做介绍。

8.2.1 基于外部观测信息的定位

基于外部观测信息的定位主要有两种方法：全局视觉观测和利用全球定位系统（GPS）进行观测。

全局视觉观测主要通过在环境中放置路标，路标一般定义为环境中被动的物体，当它们处于机器人视野之内时，机器人可以识别路标信息以达到定位的目的。通常使用机器人设计者已安放的人工标记，以便于定位。如图8-11所示，在小型足球机器人场景中部署摄像机，根据图像、摄像机及场地之间的标定关系，对场地内的机器人进行定位，但这种方式很难在实际应用中推广，因为摄像头具有视野范围，当环境较大时，需要有多个摄像头，以确保在各个区域内对机器人都有观测，机器人上也需要有一定的标识方法以方便图像的识别和定位。利用路标定位将受环境因素制约，应用场景受限。

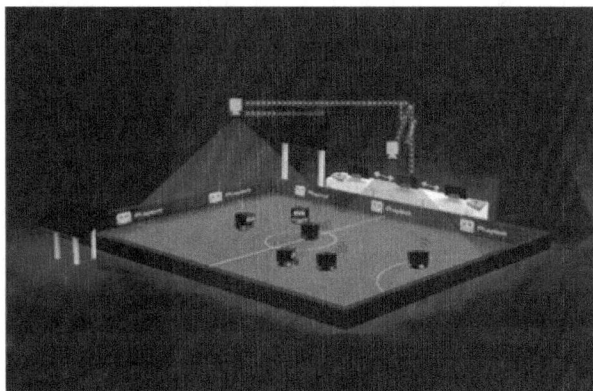

图8-11 小型足球机器人场景

GPS主要应用于室外环境，在日常的汽车驾驶中已广泛应用。它的原理是测量出电磁波发射和接收时间差（$t_{\text{receive}} - t_{\text{transmit}}$），根据电磁波速度 c，则可知位置的卫星到用户接收机之间的距离 d 为

$$d = c(t_{\text{receive}} - t_{\text{transmit}}) \tag{8-35}$$

然后综合多颗卫星的数据就可知道接收机的具体位置，即待测点的位置。当可以接收到三个卫星的信号时，就可以利用三个卫星的交点进行准确定位。由于电磁波速度很快，等同于光束，因此时间差精度对距离有很大的影响，从而影响定位精度。时间差的精度一般由时钟精度决定，在GPS中，卫星时钟采用原子钟，精度较高，但为了降低成本，民用接收器时钟采用石英钟，通常不够精确，从而会导致较大的定位误差。为了减小误差，可以同时考虑接收器的时钟误差 δ_{clock}。则此时的估计状态可以记为

$$\boldsymbol{x} = (x, \ y, \ z, \ \delta_{\text{clock}})^{\text{T}} \tag{8-36}$$

由此根据用户端和卫星之间的关系，建立它们的距离模型

$$d_{tj} = \| x_t^{x,y,z} - x_{tj}^{\text{SAT}} \| + c x_t^{\delta_{\text{clock}}} + \delta^{\text{EarthRotation}} + \delta^{\text{Atmosphere}} \tag{8-37}$$

式中，d_{tj} 为 t 时刻第 j 个卫星与用户端之间的距离；$x_t^{x,y,z}$ 为 t 时刻接收机的位置；x_{tj}^{SAT} 为 t 时

刻第 j 个卫星的位置；$cx_t^{\delta\text{clock}}$ 为由时钟误差产生的距离偏差；

$\delta^{\text{EarthRotation}}$ 为地球自转产生的误差；$\delta^{\text{Atmosphere}}$ 为大气层传输产生的误差，如电离层传播误差。

根据发射和接收时间差计算可以得到实际距离

$$\widetilde{d}_{tj} = c(t_{j\text{receive}} - t_{j\text{transmit}}) \tag{8-38}$$

而实际测量值就等于模型值加上误差值 ε_{tj}，其中误差满足正态分布，即

$$\widetilde{d}_{tj} = d_{tj} + \varepsilon_{tj}, \quad \varepsilon_{tj} \sim N(0, \Sigma_{tj}) \tag{8-39}$$

最后，根据获得的多个测量值以误差平方和最小化求解模型中的参数

$$\sum_{j=1}^{N} \varepsilon_{tj}^2 = \min \sum_{j=1}^{N} \|\widetilde{d}_{tj} - d_{tj}\|^2 \tag{8-40}$$

因为有四个模型参数，所以至少需要四个卫星数据，当卫星数据多于四个时，可以采用最优化的方法求解。

GPS 一般在应用时会因为成本原因引入人为误差，机器人在应用时需要消除误差，由于这种误差是实时随机的，因此需要在位置精确测定的已知点上配备一台 GPS 接收机作为基准站，当基准站收到 GPS 测量的结果时，将其与基准站坐标进行比较，求解出实时差分修正值，以广播或数据链传输方式将修正值发送给附近的 GPS 用户，用户收到这个修正值，将其加到测量值上进行校正，这种方式称为差分全球定位系统（DGPS），可以将实时单点定位精度提高到米级。

GPS 在应用时存在两个问题：一个是遮挡问题，树木、建筑都会遮挡电磁信号，造成用户端不能接收到 GPS 信号，这也就是 GPS 难以在园区和室内使用的原因；另一个是多路径问题，这主要是由于建筑物光滑墙面引起的信号反射，根据反射后的信号计算出的距离会出现偏差，从而导致难以确定用户端位置，只能确定在一定区域内。

8.2.2　基于本体观测信息的定位

基于本体观测信息的定位主要通过自身携带的传感器来实现。传感器的类型较多，本小节主要选择四种传感器进行定位原理介绍。

1. 里程计定位

里程计是一种常用的位置传感器，机器人的驱动轮上安装有位置编码盘，可以通过编码盘获取机器人的距离信息及速度信息，根据返回的里程值和速度值推算位置。除此之外，机器人的机械臂关节处也装有编码盘，可以实现对机械臂的定位和目标物的抓取。

下面将介绍里程计定位的原理。

假设设置的采样周期足够小，可以认为移动机器人左边和右边两个轮的移动速度为常数。在第 i 个周期内，左、右光电码盘输出的增量脉冲为 $N_L(i)$ 和 $N_R(i)$，且转换因子表示为

$$c_m = \frac{\pi D_n}{n C_e} \tag{8-41}$$

式中，c_m 表示转换因子；D_n 表示驱动轮的标称直径；C_e 表示码盘的分辨率；n 表示齿轮减速比。

则在这一采样时间内，机器人左、右轮行走的长度 $\Delta U_L(i)$ 和 $\Delta U_R(i)$ 分别为

$$\Delta U_{\mathrm{L}}(i) = c_{\mathrm{m}} N_{\mathrm{L}}(i) \tag{8-42}$$

$$\Delta U_{\mathrm{R}}(i) = c_{\mathrm{m}} N_{\mathrm{R}}(i) \tag{8-43}$$

因此，机器人行走的长度 $\Delta U(i)$ 为

$$\Delta U(i) = \frac{\Delta U_{\mathrm{L}}(i) + \Delta U_{\mathrm{R}}(i)}{2} \tag{8-44}$$

机器人转过的角度 $\Delta \theta(i)$ 为

$$\Delta \theta(i) = \frac{\Delta U_{\mathrm{R}}(i) - \Delta U_{\mathrm{L}}(i)}{L} \tag{8-45}$$

式中，L 为两轮之间的长度。

记第 i 个采样时间时，移动小车在绝对坐标系下的位姿为 $(x(i)，y(i)，\theta(i))$，则在 i 时刻的位姿计算式为

$$\begin{cases} \theta(i) = \theta(i-1) + \Delta \theta(i) \\ x(i) = x(i-1) + \Delta U(i)\cos(\theta(i)) \\ y(i) = y(i-1) + \Delta U(i)\sin(\theta(i)) \end{cases} \tag{8-46}$$

机器人的运动可分为直线运动、旋转运动和圆弧运动三种方式。下面分别阐述在这三种运动情况下，机器人位姿推算的原理。

（1）直线运动　当移动机器人的左右驱动轮的前进方向、前进速度都相等时，移动机器人的行进轨迹为直线，设机器人在 i 时刻的位姿为 $(x(i)，y(i)，\theta(i))$，$i+1$ 时刻的位姿为 $(x(i+1)，y(i+1)，\theta(i+1))$，机器人从 $P_i(x_i，y_i，\theta_i)$ 运动到 $P_{i+1}(x_{i+1}，y_{i+1}，\theta_{i+1})$，如图 8-12 所示。因为是直线运动，所以航向角 θ 保持不变，小车运动的距离为线段 $P_i P_{i+1}$ 的长度，$\overline{P_i P_{i+1}} = d_i$，即里程计测量得到的距离。因此机器人在直线运动下的位姿计算式为

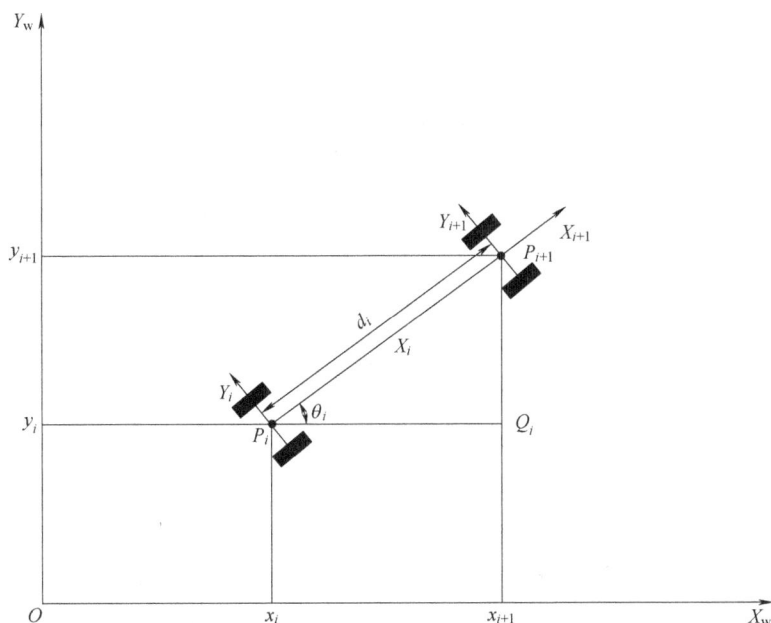

图 8-12　直线运动定位原理图

$$\begin{cases} x_{i+1} = x_i + d_i\cos\theta_i \\ y_{i+1} = y_i + d_i\sin\theta_i \\ \theta_{i+1} = \theta_i \end{cases} \tag{8-47}$$

（2）旋转运动　当移动机器人左、右轮的运动速度大小一样、方向相反时，此时，移动机器人在原点上进行自转运动，$(x，y)$ 的坐标维持不变，只需要考虑 θ 角的变化，在某个时间内，从 $P_i(x_i，y_i，\theta_i)$ 运动到 $P_{i+1}(x_{i+1}，y_{i+1}，\theta_{i+1})$，如图 8-13 所示。

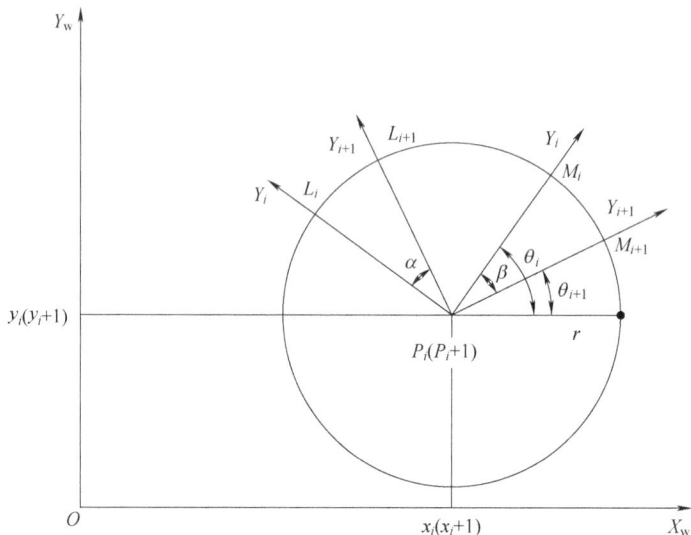

图 8-13　旋转运动

在 t 时间内旋转过的角度 α 为

$$\alpha = \frac{1}{L}\int_0^t [v_r(t) - v_1(t)]\mathrm{d}t = \frac{1}{L}(v_r - v_1)t = \frac{2v_r t}{L} \tag{8-48}$$

式中，L 为两轮之间的长度；v_1、v_r 为左、右轮的速度，其绝对值相等且为常量。

而 $v_r t = d_{Ri}$，即从 i 时刻到 $i+1$ 时刻编码盘测得的里程，代入式（8-48）得到

$$\alpha = \frac{2v_r t}{L} = \frac{2d_{Ri}}{L} \tag{8-49}$$

在图 8-13 中，显然 $\theta_{i+1} = \theta_i - \beta$，而 $\beta = \alpha$，因此

$$\theta_{i+1} = \theta_i - \beta = \theta_i - \alpha = \theta_i - \frac{2d_{Ri}}{L} \tag{8-50}$$

综上，当两轮的转速大小一样、方向相反时，其位姿计算式为

$$\begin{cases} x_{i+1} = x_i \\ y_{i+1} = y_i \\ \theta_{i+1} = \theta_i - \dfrac{2d_{Ri}}{L} \end{cases} \tag{8-51}$$

（3）圆弧运动　大部分情况下，移动机器人的运动曲线是由一段小圆弧组成的，也就是说左、右两驱动轮的速度大小和方向可能都不一样，因此此时移动机器人的运动轨迹就是圆弧。假设在某段时间 t 内，移动小车从 P_i 运动到 P_{i+1}，左、右轮经过的位移分别为 $\widehat{L_iL_{i+1}}$ 和

$\widehat{R_iR_{i+1}}$，转过的角度为 ω_i，如图 8-14 所示。

当移动机器人处于圆弧轨迹时，位姿均发生变化，推导式较多，在此只给出最后的结果。在 t 时间内，从 (x_i,y_i,θ_i) 运动到 $(x_{i+1},y_{i+1},\theta_{i+1})$ 的位姿计算式为

$$\begin{cases} x_{i+1}=x_i+\dfrac{(2v_1+\Delta v)L}{2\Delta v}\cos\left(\theta_i-\dfrac{\Delta v(d_{Li}+d_{Ri})}{2(2v_1+\Delta v)L}\right) \\ \qquad\sqrt{2-2\cos\dfrac{\Delta v(d_{Li}+d_{Ri})}{(2v_1+\Delta v)L}} \\ y_{i+1}=y_i+\dfrac{(2v_1+\Delta v)L}{2\Delta v}\sin\left(\theta_i-\dfrac{\Delta v(d_{Li}+d_{Ri})}{2(2v_1+\Delta v)L}\right) \\ \qquad\sqrt{2-2\cos\dfrac{\Delta v(d_{Li}+d_{Ri})}{(2v_1+\Delta v)L}} \\ \theta_{i+1}=\theta_i-\dfrac{\Delta v(d_{Li}+d_{Ri})}{2(v_1+\Delta v)L} \end{cases}$$

$$(8\text{-}52)$$

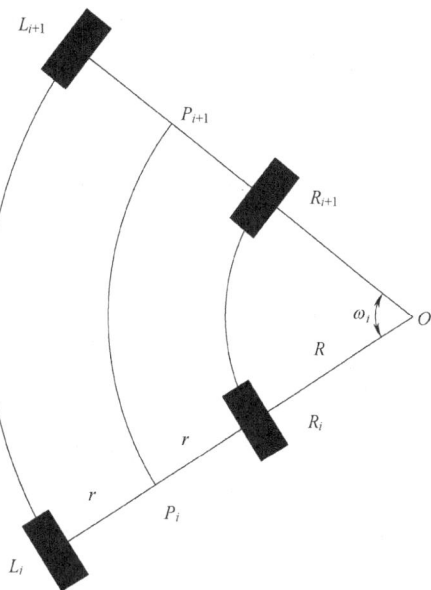

图 8-14　圆弧运动下机器人运动变化

式中，d_{Li} 为左轮编码器测得的里程；d_{Ri} 为右轮编码器测得的里程；Δv 为左、右两轮的速度差；v_1 为左驱动轮的速度。

该方法由于是对机器人运动的增量在时间上进行积分，因此不可避免地会产生累积误差，容易产生轮子打滑的问题。

2. 激光雷达定位

激光雷达可以对障碍物进行定位，其工作原理是通过高速旋转镜向外发射激光束，遇到物体后光束原路返回，并被接收系统接收的过程。扫描的过程是在扫描平面上按一定的角度分辨率 $\Delta\alpha$ 进行的，因此在扫描过程中可以准确判断物体与激光雷达的角度 α。

根据发射与接收同一束激光中间所耗的时间 T 和激光的速度 c，可以推算出物体与激光雷达之间的距离 ρ，即

$$\rho=\frac{cT}{2} \qquad (8\text{-}53)$$

将此看作在极坐标系下的模型，需要将其转化到直角坐标系，转化式为

$$\begin{cases} x_i=\rho_i\cos\alpha_i \\ y_i=\rho_i\sin\alpha_i \end{cases} \qquad (8\text{-}54)$$

图 8-15 所示为激光雷达模型。记激光雷达所扫描的点为

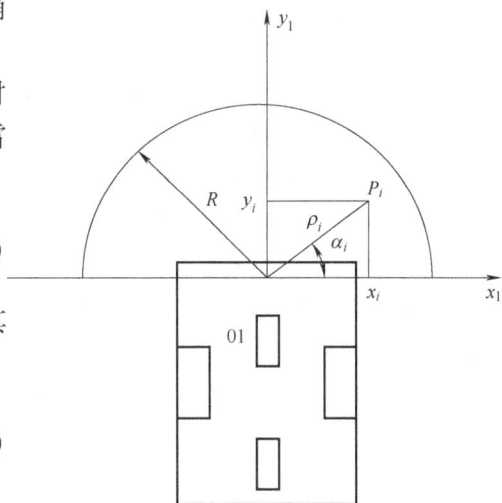

图 8-15　激光雷达模型

$$s_n = (\rho_i, \ \alpha_i)^T, \quad i = 0, \ 1, \ 2, \ \cdots, \ n \tag{8-55}$$

全部转化到激光雷达坐标系中，得

$$s_n = (x_i, \ y_i)^T, \quad i = 0, \ 1, \ 2, \ \cdots, \ n \tag{8-56}$$

激光雷达通过快速旋转镜头，将扫描出的障碍物信息点呈现在屏幕上，随着采集时间的不断增加，所采集到的信息点的数目也会增加，最终趋向于实际环境情况，实现对障碍物的定位。

3. 超声波定位

超声波也可以实现对障碍物的定位。在自然界中，蝙蝠可以通过嘴巴发出超声波，耳朵接收回声来避开障碍物，根据同一物体的回声到达两耳朵时间的细微差别来判断物体的方位。科学家从蝙蝠身上得到启示，设计出超声波模块，该模块可以用于测距定位。超声波测距的原理是基于测量渡越时间，即从发射器能发出响应频率的超声波，超声波经过目标反射后，沿原路返回到接收换能器，计算这一过程的时间就是渡越时间 t。其计算式为

$$L = \frac{vt}{2} \tag{8-57}$$

式中，L 为机器人与被测物之间的距离；v 为超声波波速。

超声波在传播的过程中，受环境温度影响较大，因此需要考虑温度变化带来的影响，可添加温度补偿。一般情况下，在超声波的控制器中配备有测量温度的传感器，因此在计算实际的距离之前，先测量环境的温度，假设测量得到的温度为 T，然后将温度结果乘以一个系数再加上一个常数，得到超声波实际的运动速度，从而抵消温度对测距的影响。

4. 视觉传感器定位

视觉传感器一般通过获取深度信息来实现定位。下面通过介绍两种摄像机获取深度的方法来理解视觉传感器的定位。

（1）双目摄像机　测量像素距离（或深度）的方式有很多种，像人眼就可以根据左、右眼看到的景物差异（或称视差）来判断物体与我们的距离。双目摄像机的原理也是如此。通过同步采集左、右摄像机的图像，计算图像间视差，来估计每一个像素的深度。

双目摄像机的定位步骤如下：

1）利用 6.4.1 节的知识进行摄像头的标定，然后根据标定和立体匹配获取目标点 P 在两个摄像头中的像素坐标 $p_1(u_1, \ v_1)$ 和 $p_r(u_r, \ v_r)$。

2）根据摄像机成像模型，利用式（6-48）、式（6-49）得到像素坐标 $p_1(u_1, \ v_1)$、$p_r(u_r, \ v_r)$ 与摄像头的投影矩阵 M_1、M_r 中元素的关系，见式（6-50）。

3）根据 $AP = b$ 的关系，利用式（6-51）～式（6-53）得到空间坐标 $P = (A'A)^{-1}A^Tb$。

（2）RGB-D 摄像机　相比于双目摄像机通过视差计算深度的方式，RGB-D 摄像机的做法更为"主动"一些，它能够主动测量每个像素的深度。在测量深度之后，RGB-D 摄像机通常按照生产时各个摄像机的摆放位置，自己完成深度与彩色图像素之间的配对，输出一一对应的彩色图和深度图，然后在同一个图像位置，读取到色彩信息和距离信息，计算像素的三维摄像机坐标。

5. 定位实例

以上内容对四种本体传感器的定位原理进行了介绍，但在具体环境中它们如何进行定位

呢？下面通过一个实际场景来进行说明。图 8-16 所示为机器人在实验室某一处的位置，该如何来确定机器人、机器人手臂末端、苹果及苹果树的位置呢？

下面，分别对部分定位进行说明。

对于机器人本体的位置，可以利用里程计定位来获取。当机器人从初始位置出发时，里程计就开始记录，直到当前位置时，里程计的数据就不断进行累加，此刻的值就是机器人的位置。

图 8-16 彩图

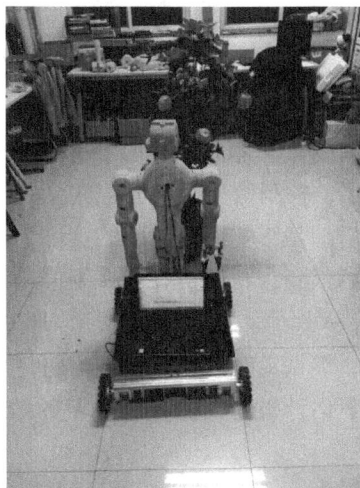

图 8-16 定位实例

对于机械臂末端的位置，当机械臂开始运动时，装在机械臂上的编码器会对其进行记录，直到当前位置，它的数据会不断累加，此刻获得的数据就是机械臂末端相对于机器人的位置，用这个值加上机器人的位置就可以得到机械臂在地图中的位置。但机械臂末端的值是在机器人坐标系下，可以利用正运动学的知识计算出机器人机械臂末端在地图中的位置。

对于苹果树的位置，把苹果树看作障碍物，利用超声波和激光雷达可以获得苹果树的深度信息，该位置是机器人坐标系下的位置，同样可以利用正运动学的知识进行坐标转换，计算出苹果树在地图中的位置。

对于苹果的位置，先识别出图中的苹果，利用双目摄像机可以获得苹果相对于摄像机的位置，该位置是在机器人坐标系下的位置，同样可以利用正运动学的知识进行坐标转换，计算出苹果在地图中的位置。

8.2.3 控制与观测相融合的自主定位

基于观测控制信息定位是把控制信息和观测信息相融合来进行机器人位置估计，也是一般意义上所讲的自定位问题。它的完整定义是在给定环境地图的条件下，根据传感器的感知数据和机器人的运动控制，来估计机器人相对于环境地图的坐标，其中环境地图是对环境的已有认识，而传感器的感知数据和机器人的运动控制是机器人的当前认知。

这类问题在研究时，按照初始和运行时机器人对自己位置的了解情况可分为三种：

1）机器人初始位置已知，只需要解决对里程估计误差累积进行校正或者补偿，称为位置跟踪问题。

2）机器人初始位置未知，需要估计机器人在整个地图中的位置，称为全局定位问题。

3）机器人定位良好，知道自己在哪里，突然因为故障或者其他原因被人移到了另外一个未被告知的地方，称为绑架问题。

绑架问题看起来与全局定位相似，但实际不同。绑架问题与全局定位问题的差异在于，全局定位中机器人知道自己不确定在哪里；而绑架问题中，当机器人被绑架时，机器人可能已经对自己所在的位置非常确信了，它会按照它所确定的位置去附近搜索。这个问题一方面在现实应用中确实会发生，另外一方面也用于检测定位算法发现错误，并且具有从错误中恢复的能力。

1. 基本概念及数学描述

经过多年的探索，在 20 世纪 90 年代自定位问题被确定为采用概率的架构来求解，下面从概念上描述一下这个问题。

首先定位问题可以定义为最优估计问题，最优估计在概率上的一个体现就是估计的方差应该很小，而贝叶斯估计器就是一种最小方差估计器，因此可以把定位问题描述为贝叶斯估计问题。具体的描述如下：记地图为 $\boldsymbol{m}$，t 时刻机器人的位姿 $\boldsymbol{x}_t = (x_t, y_t, \theta_t)^{\mathrm{T}}$，观测信息为 $\boldsymbol{z}_t$，控制信息为 $\boldsymbol{u}_t$。上角标定义的是从 0 时刻到所定义的时刻，这里机器人在 t 时刻的控制信息是影响下一时刻的定位，因此控制信息序列是 0~t-1 时刻而不是 0~t 时刻。由此可以得到位姿、观测信息和控制信息的序列为

$$\boldsymbol{X}^t = (\boldsymbol{x}_0, \boldsymbol{x}_1, \cdots, \boldsymbol{x}_t), \quad \boldsymbol{Z}^t = (\boldsymbol{z}_0, \boldsymbol{z}_1, \cdots, \boldsymbol{z}_t), \quad \boldsymbol{U}^{t-1} = (\boldsymbol{u}_0, \boldsymbol{u}_1, \cdots, \boldsymbol{u}_{t-1}) \qquad (8\text{-}58)$$

根据贝叶斯估计，该问题转化为求在地图 $\boldsymbol{m}$、观测信息序列 $\boldsymbol{Z}^t$、控制信息序列 $\boldsymbol{U}^{t-1}$ 的条件下估计机器人位姿序列 $\boldsymbol{X}^t$ 的数学期望，即

$$\hat{\boldsymbol{X}}^t \stackrel{\mathrm{def}}{=\!=} E(\boldsymbol{x}_t \mid \boldsymbol{Z}^t, \boldsymbol{U}^{t-1}, \boldsymbol{m}) \qquad (8\text{-}59)$$

相应的方差表示估计的不确定性。

要求这个数学期望，需要先求解它的概率密度函数。利用乘法规则、贝叶斯规则和马尔可夫特性，可以得到一个递归的计算式

$$p(\boldsymbol{x}_t \mid \boldsymbol{Z}^t, \boldsymbol{U}^{t-1}, \boldsymbol{m})$$

$$= \eta p(\boldsymbol{z}_t \mid \boldsymbol{X}^t, \boldsymbol{Z}^{t-1}, \boldsymbol{U}^{t-1}, \boldsymbol{m}) p(\boldsymbol{x}_t \mid \boldsymbol{x}_{t-1}, \boldsymbol{u}_{t-1}, \boldsymbol{m}) p(\boldsymbol{x}_{t-1} \mid \boldsymbol{Z}^{t-1}, \boldsymbol{U}^{t-2}, \boldsymbol{m}) \qquad (8\text{-}60)$$

式中，$p(\boldsymbol{x}_{t-1} \mid \boldsymbol{Z}^{t-1}, \boldsymbol{U}^{t-2}, \boldsymbol{m})$ 为上一时刻根据地图 $\boldsymbol{m}$，0~t-1 时刻的观测序列和 0~t-2 时刻的控制序列得到的 0~t-1 时刻机器人轨迹概率密度函数；$p(\boldsymbol{x}_t \mid \boldsymbol{x}_{t-1}, \boldsymbol{u}_{t-1}, \boldsymbol{m})$ 为根据上一时刻机器人的位姿控制指令和地图来估计当前时刻机器人位置的概率密度函数，因为这里涉及运动控制指令，因此该部分称为运动模型；$p(\boldsymbol{z}_t \mid \boldsymbol{X}^t, \boldsymbol{Z}^{t-1}, \boldsymbol{U}^{t-1}, \boldsymbol{m})$ 为以地图 $\boldsymbol{m}$ 和当前时刻机器人位姿为条件来观测当前位姿时刻 $\boldsymbol{z}_t$ 的可行性，就是机器人在 $\boldsymbol{x}_t$ 的位姿上观测得到的 $\boldsymbol{z}_t$ 的概率，这个部分称为观测模型；η 为利用贝叶斯公式展开时产生的归一化因子。要注意的是，这里估计的是整条机器人轨迹，即从 0~t 时刻的机器人轨迹。

在实际应用中，通常把自定位问题简化为只估计当前时刻（即 t 时刻）的机器人的位姿。这时候推导得到的递推公式就是实时自定位计算公式，见式（8-61）。由于在推导时，利用了马尔可夫规则，这个定位公式也经常称为马尔可夫定位，有

$$p(\boldsymbol{x}_t \mid \boldsymbol{Z}^t, \boldsymbol{U}^{t-1}, \boldsymbol{m})$$

$$= \eta p(\boldsymbol{z}_t \mid \boldsymbol{X}^t, \boldsymbol{m}) \int p(\boldsymbol{x}_t \mid \boldsymbol{X}^{t-1}, \boldsymbol{Z}^{t-1}, \boldsymbol{U}^{t-1}, \boldsymbol{m}) p(\boldsymbol{x}_{t-1} \mid \boldsymbol{Z}^{t-1}, \boldsymbol{U}^{t-2}, \boldsymbol{m}) \mathrm{d} \boldsymbol{x}_{t-1} \qquad (8\text{-}61)$$

与式（8-60）相比，式（8-61）有积分运算，表示对上一时刻所估计的所有可能的位姿 $\boldsymbol{x}_{t-1}$，根据运动模型来计算 t 时刻机器人位姿 $\boldsymbol{x}_t$ 的先验概率分布。

2. 运动模型分析

由上文可知，运动模型为 $p(\boldsymbol{x}_t \mid \boldsymbol{x}_{t-1}, \boldsymbol{u}_{t-1}, \boldsymbol{m})$，表示在 t-1 时刻机器人位姿估计 $\boldsymbol{x}_{t-1}$ 的基础上，结合 t-1 时刻发给机器人的控制指令 $\boldsymbol{u}_{t-1}$，以及已知地图 $\boldsymbol{m}$，以这三个量为条件来计算 t 时刻机器人位姿的概率分布，即

$$p(\boldsymbol{x}_t \mid \boldsymbol{x}_{t-1}, \boldsymbol{u}_{t-1}, \boldsymbol{m}) = \eta p(\boldsymbol{x}_t \mid \boldsymbol{x}_{t-1}, \boldsymbol{u}_{t-1}) p(\boldsymbol{m} \mid \boldsymbol{x}_t, \boldsymbol{x}_{t-1}, \boldsymbol{u}_{t-1}) \qquad (8\text{-}62)$$

利用贝叶斯规则可以把这个概率分布计算分为两项：一项是不考虑地图 $\boldsymbol{m}$，仅仅在给定上一时刻位姿 $\boldsymbol{x}_{t-1}$ 和控制指令 $\boldsymbol{u}_{t-1}$ 的条件下，计算当前位姿 $\boldsymbol{x}_t$ 的概率分布，即 $p(\boldsymbol{x}_t \mid \boldsymbol{x}_{t-1}, \boldsymbol{u}_{t-1})$；另一项是在 $\boldsymbol{x}_{t-1}$、$\boldsymbol{u}_{t-1}$、$\boldsymbol{x}_t$ 条件下估计得到 $\boldsymbol{m}$ 的可能性，即 $p(\boldsymbol{m} \mid \boldsymbol{x}_t, \boldsymbol{x}_{t-1}, \boldsymbol{u}_{t-1})$。

对于 $p(\boldsymbol{x}_t \mid \boldsymbol{x}_{t-1}, \boldsymbol{u}_{t-1})$，如图 8-17 所示，这里给出了机器人在二维平面上 $\boldsymbol{x}_t$ 的概率分布图，整个二维平面上的概率值构成了 $\boldsymbol{x}_t$ 的概率分布，颜色越深表示概率越高，白色表示概率为零。从同一个 $\boldsymbol{x}_{t-1}$ 位姿出发，不同的控制指令得到的概率分布是不同的。图 8-17a 所示为直线运动，直线末端是理论到达位姿，但是由于存在执行误差，机器人可能位于这个位姿的附近，可使用概率分布描述机器人在各个位姿上的可能性。一般来讲，机器人直线运动准确率较高，如果打滑只会影响方向，因此 $\boldsymbol{x}_t$ 的概率分布在直线方向上的不确定性较低，在理论到达位姿两侧则存在较大的不确定性，其他位姿处概率为零。图 8-17b 所示为复杂运动，包括多次转弯和直线运动，因此它在理论到达位姿的距离和方向上都会出现较大的不确定性。

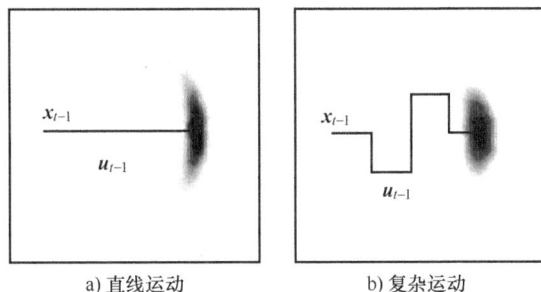

a) 直线运动　　　　　　　b) 复杂运动

图 8-17　机器人在二维平面上 $\boldsymbol{x}_t$ 的概率分布图

在这里，由于不同的控制指令会形成不同的概率运动模型，因此接下来以小车为例分两种情况进行介绍。

（1）速度运动模型　该模型对应于直线运动的情况，$\boldsymbol{u}_{t-1}$ 为发送给机器人的控制机器人运动的指令。在无噪声情况下的理想速度运动模型为

$$
\begin{pmatrix} x' \\ y' \\ \theta' \end{pmatrix} = \begin{pmatrix} x - \dfrac{v}{\omega}\sin\theta + \dfrac{v}{\omega}\sin(\theta+\omega\Delta t) \\ x + \dfrac{v}{\omega}\cos\theta - \dfrac{v}{\omega}\cos(\theta+\omega\Delta t) \\ \theta+\omega\Delta t \end{pmatrix} \tag{8-63}
$$

式中，v、ω 为发送给机器人的参考点控制指令；x、y、θ 为上一时刻机器人的位姿；x'、y'、θ' 为机器人的新位姿。但这个模型没有考虑机器人执行误差，也就是实际执行控制指令和发送控制指令是存在偏差的。通常认为实际控制值等于指令控制值加误差，如果用 $\hat{v}$、$\hat{\omega}$ 表示机器人实际执行的控制指令，则有 $\hat{v}=v+\tilde{v}$，$\hat{\omega}=\omega+\tilde{\omega}$。因此，实际速度运动模型为

$$
\begin{pmatrix} x' \\ y' \\ \theta' \end{pmatrix} = \begin{pmatrix} x - \dfrac{\hat{v}}{\hat{\omega}}\sin\theta + \dfrac{\hat{v}}{\hat{\omega}}\sin(\theta+\hat{\omega}\Delta t) \\ x - \dfrac{\hat{v}}{\hat{\omega}}\cos\theta - \dfrac{\hat{v}}{\hat{\omega}}\cos(\theta+\hat{\omega}\Delta t) \\ \theta+\hat{\omega}\Delta t \end{pmatrix} \tag{8-64}
$$

利用这个模型的逆模型，可以根据要评估的新位姿 $\boldsymbol{x}_t$ 和原有位姿 $\boldsymbol{x}_{t-1}$ 来计算得到实际控制指令。实际控制指令和发送指令之间是存在误差的，这个误差具有随机性，也就是说机器人执行这个实际控制指令到达所评估的位姿 $\boldsymbol{x}_t$ 这里也是有随机性的，这两个随机性是一致的，因此，可以根据实际控制指令和发送指令之间的误差分布来估计到达 $\boldsymbol{x}_t$ 的概率。对机器

人位姿空间的每个 x_t 做这样的运算，就得到了新时刻 x_t 的概率分布，这种计算求解方法称为闭式求解。

上述过程中有两个问题需要解决，分别是速度控制模型的逆模型及执行误差建模问题，下面对这两个问题进行说明。

1) 速度控制模型的逆模型。速度运动模型是假设机器人在一段小时间片内做匀速运动，形成圆弧运动。这个假设会引起退化问题，因为状态量是三维的，控制量是二维的，所以逆向求解会产生分歧，为此可以增加一个控制量。假设机器人到达末位姿后执行转动，转动角度为 $\hat{\gamma}$，这样求解逆模型就可以得到唯一的解。至此，可以得到速度控制模型的逆模型表达式为

$$\begin{pmatrix} x' \\ y' \\ \theta' \end{pmatrix} = \begin{pmatrix} x - \dfrac{\hat{v}}{\hat{\omega}}\sin\theta + \dfrac{\hat{v}}{\hat{\omega}}\sin(\theta + \hat{\omega}\Delta t) \\ x - \dfrac{\hat{v}}{\hat{\omega}}\cos\theta - \dfrac{\hat{v}}{\hat{\omega}}\cos(\theta + \hat{\omega}\Delta t) \\ \theta + \hat{\omega}\Delta t + \hat{\gamma}\Delta t \end{pmatrix} \tag{8-65}$$

2) 执行误差建模问题。误差分布涉及平移速度误差 b_v、旋转速度误差 b_ω、末位姿转动角度误差 b_γ 三个控制量的误差，由于这三个量独立，因此它们的联合概率分布就是每个控制量误差概率相乘。对每个控制量误差可以建模为均值为 0，标准差为 b 的正态(高斯)分布或三角分布，如图 8-18 所示。

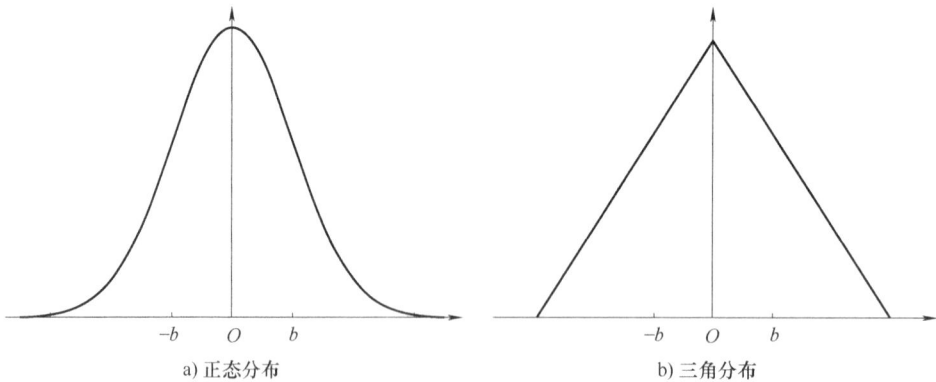

图 8-18　正态(高斯)分布或者三角分布的函数图

标准差与控制量有关，例如速度越大，误差越大，因此这三个控制量误差的偏差可以建模为

$$\begin{cases} b_v = \alpha_1 |v| + \alpha_2 |\omega| \\ b_\omega = \alpha_3 |v| + \alpha_4 |\omega| \\ b_\gamma = \alpha_5 |v| + \alpha_6 |\omega| \end{cases} \tag{8-66}$$

不同的系数会得到不同的分布。例如，图 8-19 所示为利用前述方法得到的在不同参数下得到的 x_t 的概率分布示意图，具体应用时可以根据机器人的运动特性调节或者学习得到相应参数。

(2) 里程计模型　如图 8-20 所示，里程计模型针对的是复杂运动情况，在该模型中 u_{t-1} 是机器人运动后根据传感器信号得到的机器人位姿变化信息。与之前的速度运动模型不同，

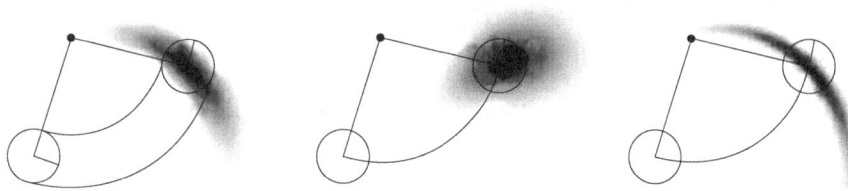

图 8-19　不同参数下得到的 x_t 的概率分布示意图

该模型的控制量是：里程计得到的机器人运动变化量 δ_{trans}，开始时刻的角度调整量 δ_{rot1}，结束时刻的角度调整量 δ_{rot2}。把运动变化量叠加到 x_{t-1} 得到 x_t 的计算式为

$$\begin{pmatrix} x' \\ y' \\ \theta' \end{pmatrix} = \begin{pmatrix} x+\delta_{trans}\cos(\theta+\delta_{rot1}) \\ y+\delta_{trans}\sin(\theta+\delta_{rot1}) \\ \theta+\delta_{rot1}+\delta_{rot2} \end{pmatrix} \tag{8-67}$$

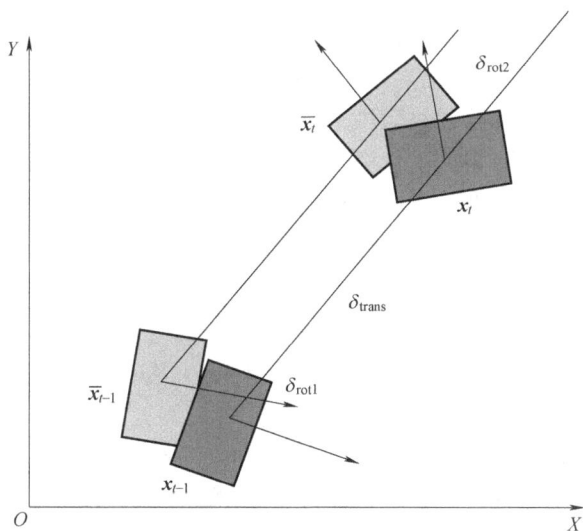

图 8-20　里程计模型

里程计模型用的是机器人实际位姿发生变化的量，是根据传感器测量得到的，比速度控制模型要准确，因为发送给机器人指令的执行时刻和执行误差都存在很大的不确定性。即便如此，传感器测量也是有误差的，而真实值就是测量值减去误差值，即

$$\begin{cases} \hat{\delta}_{trans} = \delta_{trans} - \tilde{\delta}_{trans} \\ \hat{\delta}_{rot1} = \delta_{rot1} - \tilde{\delta}_{rot1} \\ \hat{\delta}_{rot2} = \delta_{rot2} - \tilde{\delta}_{rot2} \end{cases} \tag{8-68}$$

因此，根据真实变化量构建的里程计运动模型为

$$\begin{pmatrix} x' \\ y' \\ \theta' \end{pmatrix} = \begin{pmatrix} x+\hat{\delta}_{trans}\cos(\theta+\hat{\delta}_{rot1}) \\ y+\hat{\delta}_{trans}\sin(\theta+\hat{\delta}_{rot1}) \\ \theta+\hat{\delta}_{rot1}+\hat{\delta}_{rot2} \end{pmatrix} \tag{8-69}$$

接下来利用闭式求解方法来求解 x_t 的概率分布。

根据里程计数据 u_{t-1} 计算运动变化量 $\boldsymbol{\delta} = (\delta_{rot1}, \delta_{trans}, \delta_{rot2})^T$，作为测量控制值。

根据 x_{t-1} 和 x_t 计算机器人的实际运动变化量 $\hat{\boldsymbol{\delta}} = (\hat{\delta}_{rot1}, \hat{\delta}_{trans}, \hat{\delta}_{rot2})^T$，作为真实控制值。

根据真实值与测量值之间误差 $\tilde{\boldsymbol{\delta}} = \hat{\boldsymbol{\delta}} - \boldsymbol{\delta}$ 的分布来估计 x_t 的概率分布

$$p(x_t \mid x_{t-1}, u_{t-1}) = p(\tilde{\delta}_{rot1})p(\tilde{\delta}_{trans})p(\tilde{\delta}_{rot2}) \tag{8-70}$$

这三个误差量见式(8-69)，由于它们是相互独立的，因此它们的联合概率分布就是每个误差量概率分布相乘，对每个误差量可以建模为均值为 0、标准偏差为 b 的正态分布，其中偏差值与移动距离和旋转角度大小有关，有

$$\begin{cases} p(\tilde{\delta}_{rot1}) = N(\tilde{\delta}_{rot1}; 0, \alpha_1 \mid \delta_{rot1} \mid + \alpha_2 \mid \delta_{trans} \mid) \\ p(\tilde{\delta}_{trans}) = N(\tilde{\delta}_{trans}; 0, \alpha_3 \mid \delta_{trans} \mid + \alpha_4 \mid \delta_{rot1} + \delta_{rot2} \mid) \\ p(\tilde{\delta}_{rot2}) = N(\tilde{\delta}_{rot2}; 0, \alpha_1 \mid \delta_{rot2} \mid + \alpha_2 \mid \delta_{trans} \mid) \end{cases} \tag{8-71}$$

运动模型的第二项 $p(m \mid x_t, x_{t-1}, u_{t-1})$ 的作用是利用地图信息降低运动模型的不确定性。因为地图分为空闲区域和障碍物区域，只有 $x_{t-1} \sim x_t$ 的路径和端点都在空闲区域时，x_t 才能够具有可能性。这里需要融合两次位姿之间路径不被占用的可能性和机器人根据控制跟随该路径的可能性，计算非常复杂，难以计算闭式解。因此，实际应用时通常进行以下简化：

1）完全忽略地图信息的作用，得到 x_t 存在的概率

$$p(x_t \mid x_{t-1}, u_{t-1}, m) \approx p(x_t \mid x_{t-1}, u_{t-1}) \tag{8-72}$$

2）仅仅根据地图判断 x_t 存在的概率

$$p(x_t \mid x_{t-1}, u_{t-1}, m) \approx \eta p(x_t \mid x_{t-1}, u_{t-1})p(x_t \mid m) \tag{8-73}$$

3. 观测模型分析

观测模型的数学表达为 $p(z_t \mid X^t, Z^{t-1}, U^{t-1}, m)$，表示在地图 m 和机器人位姿 x_t 条件下对得到该观测信息的概率描述，是在机器人位姿空间上的概率分布。下面将介绍两种观测模型，分别是基于激光传感器的观测模型和基于特征地图的观测模型。

（1）基于激光传感器的观测模型

该模型是对激光测距仪的物理过程进行建模得到的模型。因为激光传感器的每次测量都是独立地发射激光脉冲，所以只要为一次激光测量建立模型，有

$$p(z_t \mid x_t, m) = \prod_{K=1}^{k} p(z_t^k \mid x_t, m) \tag{8-74}$$

式中，z_t 为在 t 时刻所得到的激光测量数据；上角标 k 表示激光测量数据的序号。这种独立假设是根据理想情况设定的，在实际情况中，移动的物体及模型的误差会使得多次测量数据实际是有关联的。

通过分析激光测距仪的物理过程来构建它的传感器模型。激光测距仪是通过发出一个激光束，激光束碰到障碍物反射，根据时间或者相位差来计算与障碍物的距离。激光测量中包含的主要误差：①时间或者相位的计算误差而产生误差；②物体反射率等问题未能检测到物体；③有临时障碍物遮挡而没有检测到正确的障碍物数据；④随机误差带来的影响。

基于这一分析，可用一个数学表达式表达

$$p(z_t \mid x_t, m) = \alpha_{hit}p_{hit}(z_t^k \mid x_t, m) + \alpha_{short}p_{short}(z_t^k \mid x_t, m) +$$

$$\alpha_{\max}p_{\max}(z_t^k \mid \boldsymbol{x}_t,\ \boldsymbol{m})+\alpha_{\mathrm{rand}}p_{\mathrm{rand}}(z_t^k \mid \boldsymbol{x}_t,\ \boldsymbol{m}) \tag{8-75}$$

它包括了四种数据产生机制：①正确测量，带有少量的测量噪声，用下角标 hit 表示；②测量到临时障碍物，用下角标 short 表示；③没有测量到正确障碍物，获得了最大距离的测量数据，用下角标 max 表示；④随机误差，用下角标 rand 表示。

四个 α 系数分别表示了这四种数据产生机制发生的概率，是数据机制这个随机变量的概率分布，有

$$\alpha_{\mathrm{hit}}+\alpha_{\mathrm{short}}+\alpha_{\max}+\alpha_{\mathrm{rand}}=1 \tag{8-76}$$

1）带少量噪声的正确测量数据的概率模型。可以建模为真实距离的正态分布，其中真实距离可以通过光线追踪算法获得。就是说确定障碍物后可以沿着发出的激光束光线来确定障碍物的距离。以这个距离为均值构建正态模型，正态模型的方差是需要确定的一个参数，但每个激光束的参数是一样的。由于激光测量受距离制约，因此在概率模型表示时要采用分段函数，见式(8-77)，其中 η 为归一化因子，确保整个测量值范围内，概率分布积分值为1。

$$p_{\mathrm{hit}}(z_t^k \mid \boldsymbol{x}_t,\ \boldsymbol{m})=\begin{cases}\eta N(z_t^k;\ z_t^{k*},\ \sigma_{\mathrm{hit}}^2) & 0\leqslant z_t^k\leqslant z_{\max}\\ 0 & 其他\end{cases} \tag{8-77}$$

2）临时障碍物的测量数据的概率模型。由于临时障碍物往往导致激光测距仪得到非常短的数据，且随着距离的增大概率降低，因此可以建模为截断的指数分布。从数学描述上，可以建模为以真实距离为截断点的分段概率分布描述，有

$$p_{\mathrm{short}}(z_t^k \mid \boldsymbol{x}_t,\ \boldsymbol{m})=\begin{cases}\eta\lambda_{\mathrm{short}}e^{-\lambda_{\mathrm{short}}z_t^k} & 0\leqslant z_t^k\leqslant z_t^{k*}\\ 0 & 其他\end{cases} \tag{8-78}$$

3）达到最大距离的测量数据的概率模型。因为数据只存在一个值，因此建模为在这个值上概率为1，其他为0，即

$$p_{\max}(z_t^k \mid \boldsymbol{x}_t,\ \boldsymbol{m})=\begin{cases}1 & z_t^k=z_{\max}\\ 0 & 其他\end{cases} \tag{8-79}$$

4）随机误差的测量数据的概率模型。可以建模为均匀分布，即

$$p_{\mathrm{rand}}(z_t^k \mid \boldsymbol{x}_t,\ \boldsymbol{m})=\begin{cases}\dfrac{1}{z_{\max}} & 0\leqslant z_t^k\leqslant z_{\max}\\ 0 & 其他\end{cases} \tag{8-80}$$

这四种机制合成后的概率分布示意图如图 8-21 所示。

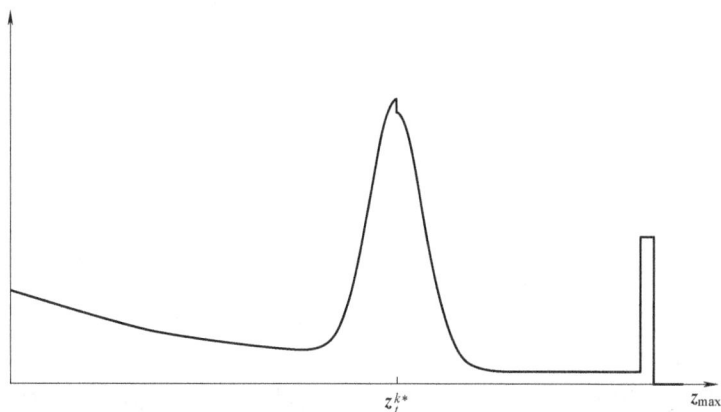

图 8-21　合成后的概率分布示意图

但是要得到准确的概率分布，需要测定的六个参数包括：正确测量机制中的激光束测量方差 σ_{hit}^2、临时障碍机制中的 λ_{short}，以及四种机制产生的概率 α_{hit}、α_{short}、α_{max}、α_{rand}。

参数确定的方法：在正常环境下，确定机器人的位姿，给定一个与机器人已知的目标，然后利用激光测距仪测量目标，得到测量值，反复多次得到大量数据样本。根据样本，基于最大化样本集概率分布思想，进行统计和学习。

记采集到的激光束样本集合为 $Z = \{z_t\}$，相关联的观测位姿集合为 $X = \{x_t\}$，地图为 m，z_t 为在位姿 x_t 处得到的激光束测量，$\theta = \{\sigma_{hit}^2, \lambda_{short}, \alpha_{hit}, \alpha_{short}, \alpha_{max}, \alpha_{rand}\}$ 为待估计参数。

采用最大化样本集概率分布的思想，就是待估计参数应使得在观测位姿集合 X、地图 m 和所估计参数条件下得到测量 Z 的可能性最大，即求 $p(Z \mid X, m, \theta)$ 最大。记 c_i 为每个测量数据 z_i 的产生机制，取值为 hit、short、max、rand 之一。如果每个测量数据的产生机制 c_i 已知，那么 Z 可以分解为四个子集，分别对应四个不同机制的数据集合，即

$$Z = Z_{hit} \cup Z_{short} \cup Z_{max} \cup Z_{rand} \tag{8-81}$$

每个机制的数据集合的大小比上整个测量数据的大小，就得到了每个机制产生的概率统计值，即

$$\begin{cases} \alpha_{hit} = \dfrac{|Z_{hit}|}{|Z|} \\[2mm] \alpha_{short} = \dfrac{|Z_{short}|}{|Z|} \\[2mm] \alpha_{max} = \dfrac{|Z_{max}|}{|Z|} \\[2mm] \alpha_{rand} = \dfrac{|Z_{rand}|}{|Z|} \end{cases} \tag{8-82}$$

那么只需确定正态分布方差 σ_{hit}^2 和指数分布系数 λ_{short}，利用带有少量测量噪声的正确测量数据集，采用最大化样本观测可能性的思想来确定正态分布方差系数。对 hit 数据集来说，就是最大化得到 Z_{hit} 这个数据集的可能性，由于每次数据测量是独立的，因此这个概率可能性可以表示为各个数据概率数据相乘，用高斯分布公式代入后得

$$p(Z_{hit} \mid X, m, \theta) = \prod_{z_i \in Z_{hit}} p_{hit}(z_i \mid x_i, m, \theta) = \prod_{z_i \in Z_{hit}} \frac{1}{\sqrt{2\pi\sigma_{hit}^2}} exp\left(-\frac{1}{2}\frac{(z_i - z_i^*)^2}{\sigma_{hit}^2}\right)$$

$$\tag{8-83}$$

要求的方差应该使得这个模型最大化，可以通过极大值方式计算，求这个方差的概率模型的偏导数，当偏导数为 0 时，得到的值就是要求的值，即

$$\frac{\partial lg p(Z_{hit} \mid X, m, \theta)}{\partial \sigma_{hit}^2} = 0 \tag{8-84}$$

对于临时障碍物模型概率中的系数 λ_{short}，可以采用相同的方法求得。在 c_i 未知的情况下，可以采用期望值最大化的方法来进行求解。

首先，预先确定正确测量和短距离测量这两个机制内概率模型参数 σ_{hit}^2 和 λ_{short} 的值。然后，在求解概率分布的期望值步骤中确定四个数据机制概率分布 α_{hit}、α_{short}、α_{max}、α_{rand}，再采用前面提到的最大化样本观测可能性的方法来计算机制内概率模型的参数，如此反复迭代直到收敛。

如图 8-22 所示，粗实线是利用 10 万个激光数据，采用前面的方法得到的激光束模型图，各矩形框是对数据进行直方图统计得到的结果，可以看到两者匹配度很高。

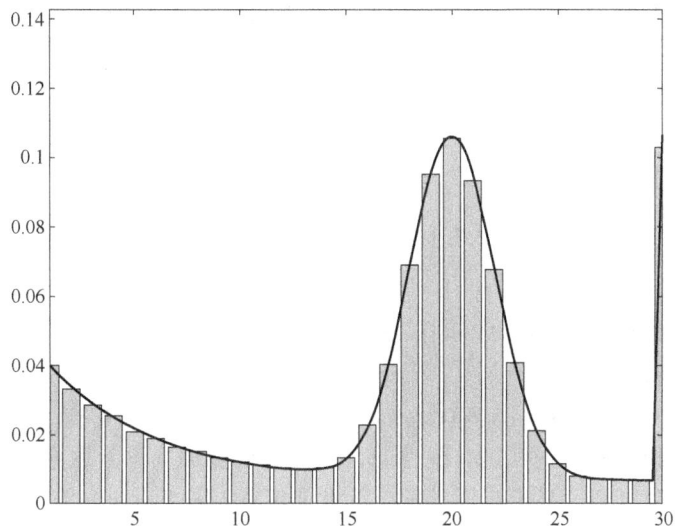

图 8-22 激光束模型图

利用得到的激光束模型，对机器人位姿空间中的每个位姿，可以计算在这个位姿上得到当前传感器观测的可能性。再评估在该位姿上模拟激光测距仪发出激光束得到真实测量距离，确定这个位姿上的激光束模型，然后根据实际测量数据，在这个激光束模型中的概率，来评估在这个位姿上得到观测的可能性。

这种基于物理建模的激光束模型具有物理意义明确及地图形式无要求的优点。它存在的问题有：计算耗时，光线追寻算法耗时较长；光滑性差，当地图中有很多小障碍物时，概率分布连续性很差，使得定位算法难以收敛。

（2）基于特征地图的观测模型

特征地图表示特征的集合，特征地图表示为 $\boldsymbol{m} = \{\boldsymbol{m}_1, \boldsymbol{m}_2, \cdots, \boldsymbol{m}_N\}$，$\boldsymbol{m}_i$ 在地图中的坐标为 $(m_{ix}, m_{iy})^\mathrm{T}$。在 t 时刻得到的特征观测为

$$\boldsymbol{f}_t^i = (r_t^i, \varphi_t^i, s_t^i)^\mathrm{T} \tag{8-85}$$

式中，r_t^i 为特征与机器人之间的距离；φ_t^i 为特征相对于机器人的方位；s_t^i 为特征标识。

由于特征观测是条件独立的，因此它的观测模型也可以表示为每个特征观测模型的乘积，即

$$p(\boldsymbol{f}(\boldsymbol{z}_t) \mid \boldsymbol{x}_t, \boldsymbol{m}) = \Pi p(\boldsymbol{f}_t^i \mid \boldsymbol{x}_t) \tag{8-86}$$

考虑到每个观测到的特征应该是在对应地图特征的领域内产生的，因此每个特征的观测模型构建方法是把地图中的对应特征转换到机器人坐标系下作为真值。式（8-87）就是把观测特征 $\boldsymbol{f}_t^i$ 对应的地图特征 $\boldsymbol{m}_j$ 转换到机器人坐标系下的方程，有

$$\hat{\boldsymbol{f}}_t^i = \begin{pmatrix} \sqrt{(m_{jx}-x)^2 + (m_{jy}-y)^2} \\ \mathrm{Arctan2}(m_{jy}-y, m_{jx}-x) - \theta \\ s_j \end{pmatrix} \tag{8-87}$$

考虑到存在误差，则有 $\boldsymbol{f}_t^i = \hat{\boldsymbol{f}}_t^i + \tilde{\boldsymbol{\delta}}_f$。对于观测误差，可以采用正态分布建模，这样得到的

f_i^t 的观测模型就是一个以真实特征在机器人坐标系下的值为均值的正态分布，方差可以人工根据传感器设定，或者通过多次采样，采用最优化计算得到。

4. 定位算法优化

前文中引入了马尔可夫定位公式，从该公式中可以看到，定位问题可以分为两个步骤。

第一步是位姿预估（Prediction），即在上一次位姿估计的基础上，利用运动模型进行当前位姿的估计，这时候没有观测信息，相当于是对当前位姿的先验估计。

位姿预估的表达式为

$$\bar{p}(\boldsymbol{x}_t \mid \boldsymbol{Z}^{t-1}, \ \boldsymbol{U}^{t-1}, \ \boldsymbol{m}) = \int p(\boldsymbol{x}_t \mid \boldsymbol{x}_{t-1}, \ \boldsymbol{u}_{t-1}, \ \boldsymbol{m}) p(\boldsymbol{x}_{t-1} \mid \boldsymbol{Z}^{t-1}, \ \boldsymbol{U}^{t-2}, \ \boldsymbol{m}) \mathrm{d}\boldsymbol{x}_{t-1}$$

$$(8\text{-}88)$$

第二步是观测更新（Updating），即在预估的基础上，结合观测模型实现对当前位姿的后验估计。观测更新的表达式为

$$p(\boldsymbol{x}_t \mid \boldsymbol{Z}^t, \ \boldsymbol{U}^{t-1}, \ \boldsymbol{m}) = \eta p(\boldsymbol{z}_t \mid \boldsymbol{x}_t, \ \boldsymbol{m}) \bar{p}(\boldsymbol{x}_t \mid \boldsymbol{Z}^{t-1}, \ \boldsymbol{U}^{t-1}, \ \boldsymbol{m}) \qquad (8\text{-}89)$$

由于运动模型和观测模型都是非线性的，这种非线性加上积分运算会导致整个定位公式的解析求解变得非常复杂，甚至难以求解，为此研究人员提出了不同的假设和近似方法形成了扩展卡尔曼滤波（Extended Kalman Filter，EKF）定位法和粒子滤波（Particle Filter，PF）定位法。

（1）扩展卡尔曼滤波定位法

卡尔曼滤波定位法是由 Kalman 在 20 世纪 60 年代提出的一种递推滤波算法，它不需要保留使用过的测量数据，当系统检测到新的测量数据后，可以利用递推公式获得新的系统状态估计。扩展卡尔曼滤波定位法是在卡尔曼滤波定位法的基础上针对非线性系统输出估计提出的一种改进方法。在扩展卡尔曼滤波定位法中，对非线性系统首先采用一级泰勒展开进行线性化近似，然后利用最小均方误差准则对非线性系统状态方程和测量方程的输出进行估计。

在应用卡尔曼滤波定位法之前，需要先满足假设条件，即认为 k 时刻的状态只与 $k\text{-}1$ 时刻有关，该假设称为马尔可夫假设，卡尔曼滤波定位法除了马尔可夫假设之外，还做了以下三个假设：

1）运动方程可表示为

$$\boldsymbol{x}_t = g(\boldsymbol{x}_{t-1}, \ \boldsymbol{u}_{t-1}) + v_t, \ v_t \sim N(0, \ \boldsymbol{R}_t) \qquad (8\text{-}90)$$

2）观测方程可表示为

$$\boldsymbol{z}_t = h(\boldsymbol{x}_t) + \boldsymbol{\omega}_t, \ \boldsymbol{\omega}_t \sim N(0, \ \boldsymbol{Q}_t) \qquad (8\text{-}91)$$

3）初始位姿概率服从正态分布，即

$$p(\boldsymbol{x}_0) = \eta(\boldsymbol{x}_0; \ \boldsymbol{\mu}_0, \ \boldsymbol{\Sigma}_0) \qquad (8\text{-}92)$$

在卡尔曼滤波定位法中初始位姿是已知的，只是带有一个小的噪声，在这三个假设下，所估计的状态后验概率满足正态分布，即

$$p(\boldsymbol{x}_t) = \eta(\boldsymbol{x}_t; \ \boldsymbol{\mu}_t, \ \boldsymbol{\Sigma}_t) \qquad (8\text{-}93)$$

只需要递归地计算正态分布的均值矢量 $\boldsymbol{\mu}_t$ 和协方差矩阵 $\boldsymbol{\Sigma}_t$，就可以得到 t 时刻的位姿 $\boldsymbol{x}_t$。

在理解扩展卡尔曼滤波定位法之前，先来了解一下卡尔曼滤波定位法的原理。在卡尔曼滤波定位法中，理想运动方程和观测方程都是线性方程。

运动方程表示为

$$x_t = A_t x_{t-1} + B_t u_{t-1} + v_t$$

式中，x_{t-1} 为 n 维矢量；$x_{t-1} \sim \eta(\mu_{t-1}, \Sigma_{t-1})$；$u_{t-1}$ 为 m 维矢量；v_t 为 n 维矢量；A_t 为 $n \times n$ 维矩阵；B_t 为 $n \times m$ 维矩阵。

根据这个运动方程可以得到在 x_{t-1}、u_{t-1} 的条件下，即上一时刻位姿和所发送的运动控制指令条件下，当前时刻机器人位姿的概率分布函数，即

$$p(x_t \mid x_{t-1}, u_{t-1}) = \eta(x_t; A_t x_{t-1} + B_t u_{t-1}, R_t)$$

由于 x_{t-1} 是一个正态分布，均值就是理想运动方程中代入上一时刻位姿和所发出运动控制指令计算得到的状态值 $A_t x_{t-1} + B_t u_{t-1}$，$R_t$ 就是运动噪声协方差。

观测方程表示为 $z_t = C_t x_t + \omega_t$，根据以上观测方程，可以得到在当前预估位姿条件下，获得观测 z_t 的概率分布函数，即观测模型，即 $p(z_t \mid x_t) = \eta(z_t; C_t x_t, Q_t)$。它是一个正态分布，$C_t x_t$ 表示理想观测均值，Q_t 表示观测噪声协方差。

将得到的运动模型和观测模型代入马尔可夫定位公式中进行计算。

首先进行状态预估，如式（8-88），由于 x_{t-1} 的概率分布是一个正态分布，均值为 μ_{t-1}，方差为 Σ_{t-1}。运动模型也是一个正态分布，两者卷积可以得到一个新的正态分布，有

$$\overline{p}(x_t \mid Z^{t-1}, U^{t-1}) = \eta(x_t; \overline{\mu}_t, \overline{\Sigma}_t) \tag{8-94}$$

式中，$\overline{\mu}_t = A_t \mu_{t-1} + B_t u_{t-1}$；$\overline{\Sigma}_t = A_t \overline{\Sigma}_{t-1} A_t^{\mathrm{T}} + R_t$。

$\overline{\mu}_t$ 是对 $t-1$ 时刻位姿估计的均值做运动转换，$\overline{\Sigma}_t$ 是原来协方差 $\overline{\Sigma}_{t-1}$ 转换后加上当前时刻的噪声方差 R_t，这个与只靠控制指令进行运动估计方差会逐渐变大是一致的，因为新的误差会不断被累积。

然后利用观测模型更新状态估计概率分布，如式（8-89），预估状态是一个均值为 $\overline{\mu}_t$、方差为 $\overline{\Sigma}_t$ 的正态分布，观测模型是一个均值为 $C_t x_t$、方差为 Q_t 的正态分布，两者相乘可以得到一个新的正态分布，即

$$p(x_t \mid Z^t, U^{t-1}) = \eta(x_t; \overline{\mu}_t, \Sigma_t) \tag{8-95}$$

式中，$\mu_t = \overline{\mu}_t + K_t(z_t - C_t \overline{\mu}_t)$；$\Sigma_t = [I - K_t C_t] \overline{\Sigma}_t$；$K_t = \overline{\Sigma}_t C_t^{\mathrm{T}} (C_t \overline{\Sigma}_t C_t^{\mathrm{T}} + Q_t)^{-1}$。

从公式来看也体现了物理意义，均值 μ_t 是对预估位姿均值 $\overline{\mu}_t$ 加上一个校正值，这个校正值是实际观测值 z_t 与根据预估位姿获得的位姿观测值 $C_t \overline{\mu}_t$ 之间的差值再乘上滤波增益矩阵 K_t。K_t 是通过衡量预估位置协方差与观测噪声之间的关系来调节校正量的作用，如果观测噪声大，也就是观测信息并非太可信，K_t 就小，那么校正量所起的作用就小；如果观测噪声小，就是说观测更可信，K_t 就大，校正量所起的作用就大。协方差则是预估协方差乘上 $(I - K_t C_t)$。其中，I 为单位矩阵。当观测可信，使得 K_t 大时，状态估计的协方差可以大大减小。至此，可以得到卡尔曼滤波定位法的伪代码为

$$\mu_t = g(\mu_{t-1}, \Sigma_{t-1}, u_{t-1}, z_t)$$

$$\overline{\mu}_t = A_t \mu_{t-1} + B_t u_{t-1}$$

$$\overline{\Sigma}_t = A_t \Sigma_{t-1} A_t^{\mathrm{T}} + R_t$$

$$K_t = \overline{\Sigma}_t C_t^{\mathrm{T}} (C_t \overline{\Sigma}_t C_t^{\mathrm{T}} + Q_t)^{-1}$$

$$\mu_t = \overline{\mu}_t + K_t(z_t - C_t \overline{\mu}_t)$$

$$\Sigma_t = [I - K_t C_t] \overline{\Sigma}_t$$

$$\text{return } \boldsymbol{\mu}_t, \ \boldsymbol{\Sigma}_t$$

不难发现，利用卡尔曼滤波定位法只需要进行均值和协方差的计算。卡尔曼滤波定位法的优点是对线性系统可以进行正态分布参数的封闭求解，但实际中大多数问题都是非线性的，该方法就失去了它的作用。为了在非线性运动方程和观测方程的情况下继续利用卡尔曼滤波定位法这种线性情况下高效计算的特性，研究人员提出采用正态分布来近似非线性转化后的实际概率分布的方法，即扩展卡尔曼滤波（EKF）定位法。相比卡尔曼滤波定位法计算精确的后验概率，扩展卡尔曼滤波定位法只是有效估计后验概率的均值和方差。在该方法中，运动方程和观测方程表示为

$$\begin{cases} \boldsymbol{x}_t = g(\boldsymbol{x}_{t-1}, \ \boldsymbol{u}_{t-1}) + \boldsymbol{v}_t, & \boldsymbol{v}_t \sim N(0, \ \boldsymbol{R}_t) \\ \boldsymbol{z}_t = h(\boldsymbol{x}_t) + \boldsymbol{\omega}_t, & \boldsymbol{\omega}_t \sim N(0, \ \boldsymbol{Q}_t) \end{cases} \tag{8-96}$$

因为运动方程和观测方程是非线性的，因此需要对方程做线性化近似，利用一阶泰勒展开来实现，在状态量的均值处做泰勒展开，得到近似线性方程为

$$g(x) = g(a) + g'(a)(x-a) \tag{8-97}$$

利用这一思想，运动方程可以用原来的非线性函数，就是在上一时刻位姿估计均值 $\boldsymbol{\mu}_{t-1}$ 处做泰勒展开。做泰勒展开后近似得到的运动方程为

$$g(\boldsymbol{x}_{t-1}, \ \boldsymbol{u}_{t-1}) \approx g(\boldsymbol{\mu}_{t-1}, \ \boldsymbol{u}_{t-1}) + \boldsymbol{G}_t(\boldsymbol{x}_{t-1} - \boldsymbol{\mu}_{t-1}) \tag{8-98}$$

式中，$\boldsymbol{G}_t = \dfrac{\partial g(\boldsymbol{x}_{t-1}, \ \boldsymbol{u}_{t-1})}{\partial \boldsymbol{x}_{t-1}} \bigg|_{\boldsymbol{x}_{t-1} = \boldsymbol{\mu}_{t-1}}$，可得

$$p(\boldsymbol{x}_t \mid \boldsymbol{x}_{t-1}, \ \boldsymbol{u}_{t-1}) \approx \eta(\boldsymbol{x}_t; \ g(\boldsymbol{\mu}_{t-1}, \ \boldsymbol{\mu}_{t-1}) + \boldsymbol{G}_t(\boldsymbol{x}_{t-1} - \boldsymbol{\mu}_{t-1}), \ \boldsymbol{R}_t) \tag{8-99}$$

同样地对于非线性的观测方程，就是在预估位姿值 $\overline{\boldsymbol{\mu}}_t$ 处做泰勒展开，可以得到近似后的线性观测方程为

$$h(\boldsymbol{x}_t) \approx h(\overline{\boldsymbol{\mu}}_t) + \boldsymbol{H}_t(x_t - \overline{\boldsymbol{\mu}}_t) \tag{8-100}$$

式中，$\boldsymbol{H}_t = \dfrac{\partial h(\boldsymbol{x}_t)}{\partial \boldsymbol{x}_t} \bigg|_{\boldsymbol{x}_t = \overline{\boldsymbol{\mu}}_t}$，可得

$$p(\boldsymbol{z}_t \mid \boldsymbol{x}_t) \approx \eta(\boldsymbol{z}_t; \ h(\overline{\boldsymbol{\mu}}_t) + \boldsymbol{H}_t(\boldsymbol{x}_t - \overline{\boldsymbol{\mu}}_t), \ \boldsymbol{Q}_t) \tag{8-101}$$

把新的运动模型和观测模型代入马尔可夫定位方程，得到的预估位姿概率分布还是正态分布，方程为

$$\overline{p}(\boldsymbol{x}_t \mid \boldsymbol{Z}^{t-1}, \ \boldsymbol{U}^{t-1}) = \eta(\boldsymbol{x}_t; \ \overline{\boldsymbol{u}}_t, \ \overline{\boldsymbol{\Sigma}}_t) \tag{8-102}$$

式中，$\overline{\boldsymbol{u}}_t = g(\boldsymbol{\mu}_{t-1}, \ \boldsymbol{u}_{t-1})$；$\overline{\boldsymbol{\Sigma}}_t = \boldsymbol{G}_t \overline{\boldsymbol{\Sigma}}_t \boldsymbol{G}_t^{\mathrm{T}} + \boldsymbol{R}_t$。

它的均值是非线性运动方程中代入位姿估计的均值 $\boldsymbol{\mu}_{t-1}$ 和控制指令 $\boldsymbol{u}_{t-1}$ 后得到的值。协方差和卡尔曼滤波的形式一样，只不过由原来的线性转换矩阵变为了运动方程的雅克比矩阵。观测更新后得到的位姿估计概率分布也是正态分布，它的均值计算中，用非线性观测方程代入预估位姿来计算预估观测。在滤波增益矩阵 $\boldsymbol{K}_t$ 和协方差 $\boldsymbol{\Sigma}_t$ 计算中，观测方程的雅克比矩阵替代了原来的线性转换矩阵 $\boldsymbol{K}_t$，有

$$p(\boldsymbol{x}_t \mid \boldsymbol{Z}^t, \ \boldsymbol{U}^{t-1}) = \eta(\boldsymbol{x}_t; \ \boldsymbol{u}_t, \ \boldsymbol{\Sigma}_t) \tag{8-103}$$

式中，$\boldsymbol{u}_t = \overline{\boldsymbol{u}}_t + \boldsymbol{K}_t[\boldsymbol{z}_t - h(\overline{\boldsymbol{u}}_t)]$；$\boldsymbol{\Sigma}_t = (\boldsymbol{I} - \boldsymbol{K}_t \boldsymbol{H}_t)\overline{\boldsymbol{\Sigma}}_t$；$\boldsymbol{K}_t = \overline{\boldsymbol{\Sigma}}_t \boldsymbol{H}_t^{\mathrm{T}}(\boldsymbol{H}_t \overline{\boldsymbol{\Sigma}}_t \boldsymbol{H}_t^{\mathrm{T}} + \boldsymbol{Q}_t)^{-1}$。

至此，可以得到扩展卡尔曼滤波定位法的伪代码为

$$\overline{\boldsymbol{\mu}}_t = g(\boldsymbol{\mu}_{t-1}, \ \boldsymbol{u}_{t-1})$$

$$\overline{\boldsymbol{\Sigma}}_t = \boldsymbol{G}_t \boldsymbol{\Sigma}_{t-1} \boldsymbol{G}_t^{\mathrm{T}} + \boldsymbol{R}_t$$

$$K_t = \overline{\Sigma}_t H_t^{\mathrm{T}} (H_t \overline{\Sigma}_t H_t^{\mathrm{T}} + Q_t)^{-1}$$

$$\mu_t = \overline{\mu}_t + K_t [z_t - h(\overline{\mu}_t)]$$

$$\Sigma_t = (I - K_t H_t) \overline{\Sigma}_t$$

$$\text{return } \mu_t, \ \Sigma_t$$

可以看到，扩展卡尔曼滤波定位法继承了卡尔曼滤波定位法的优点，可以进行简单高效的计算。它的不足在于只适用于高斯噪声模型，对于非线性的模型表现非常差。采用正态分布表示估计的概率分布，这种单概率分布表示不适用于存在多个假设的情况。其次，该方法为了继承卡尔曼滤波定位法的优点，对运动方程和观测方程进行了近似，这种近似导致估计存在误差，误差的大小依赖于线性近似的好坏，而自变量的不确定程度和被近似函数的局部非线性程度，都会影响这种线性近似的好坏，也会影响误差。当自变量的不确定程度低时，近似误差会较小。而自变量的不确定程度大时，近似误差也会大。当被近似函数在自变量均值点处的局部线性好的时候，即使误差会较小，而局部线性差时，近似误差也会大。

（2）粒子滤波定位法

粒子滤波定位法也称为蒙特卡罗定位法。粒子滤波定位法的思想是通过大统计量的统计试验方法或随机模拟方法来求解某些计算量或者随机变量的概率模型。

例如求圆周率 π，除了用微积分等方法来求取，也可以用蒙特卡罗定位法进行求取。首先建立圆和外切正方形面积之间的关系模型，1/4 圆和它的外切正方形的面积比等于 $\pi/4$，然后在整个区域内随机撒点，统计圆内的点数和外切正方形内的点数。当总点数趋于无穷时，它们之比近似为圆和外切正方形面积之比，从而可以根据随机统计得到的面积比来求得 π。

因此，蒙特卡罗定位法有时候也被称为撒点法，通过大量随机分布的样本来进行计算、求解。粒子滤波的基本思想就是由一组样本（或者称为一组粒子）的分布来近似表示概率分布。某个区域内粒子分布越密集，真实状态落在这个区域内的可能性就越大。这是两个不同的概率分布，粒子的分布图如图 8-23 所示。这种表示方法的好处是任意概率分布都可以通过样本分布来描述，不管概率分布多复杂，如果概率分布函数已知，就可以通过随机采样和排除的方法来获得描述这个概率分布的样本集合。某个区域内粒子分布越密集，真实状态落在这个区域内的可能性就越大。

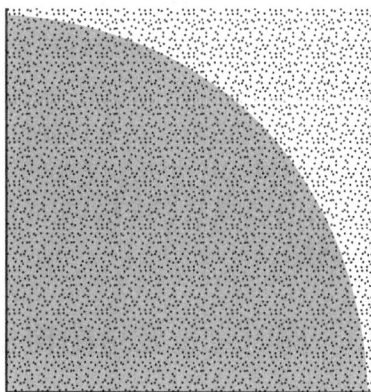

图 8-23 粒子的分布图

现在来看粒子滤波定位方法，先取一个粒子集合 $x_t = x_t^{[1]}, \ x_t^{[2]}, \ \cdots, \ x_t^{[M]}$，集合中一共有 M 个粒子，每个粒子的上角标为粒子的索引，下角标为时间标记，每个粒子是对 t 时刻机器人位置的一个假设，它应该符合在观测集合 Z_t，控制指令 U_t 条件下，x_t 的概率分布，即

$$x_t^{[M]} \sim p(x_t \mid Z^t, \ U^{t-1}) \tag{8-104}$$

如果取一个粒子，从零时刻到当前时刻的序列，那么这个序列表示了对机器人移动路径的一个假设。因此粒子滤波实际上是计算所有状态序列的后验概率，即

$$\boldsymbol{x}_{0:t}^{[m]} = \boldsymbol{x}_0^{[m]}, \ \boldsymbol{x}_1^{[m]}, \ \cdots, \ \boldsymbol{x}_t^{[m]} \tag{8-105}$$

粒子滤波定位法的具体流程是以上一个时刻概率分布的粒子为起点,利用运动模型对粒子进行更新并采样,利用观测模型来计算粒子的权重,根据权重重新采样生成表示当前时刻可信度的粒子集合,即

$$p(\boldsymbol{x}_t | \boldsymbol{Z}^t, \ \boldsymbol{U}^{t-1}) = \eta p(\boldsymbol{z}_t | \boldsymbol{x}_t) \int p(\boldsymbol{x}_t | \boldsymbol{x}_{t-1}, \ \boldsymbol{u}_{t-1}) p(\boldsymbol{x}_{t-1} | \boldsymbol{Z}^{t-1}, \ \boldsymbol{U}^{t-2}) \mathrm{d}\boldsymbol{x}_{t-1} \tag{8-106}$$

对应公式就是首先根据上一时刻的概率分布进行采样,得到符合上一时刻机器人位置估计概率分布的样本集合。实际执行时,会直接用上一时刻得到的粒子集合,然后对样本集合中的样本利用运动模型进行更新。接下来进行重要性评估,重要性评估就是观测模型在样本处得到观测的可能性。注意得到的样本集合,如果仅仅是样本位置的集合,那么它服从预估概率分布,而结合重要性的样本集合才是服从观测更新后的概率分布。

以里程计的运动增量更新来说明粒子滤波定位法通俗的原理,如图 8-24 所示。

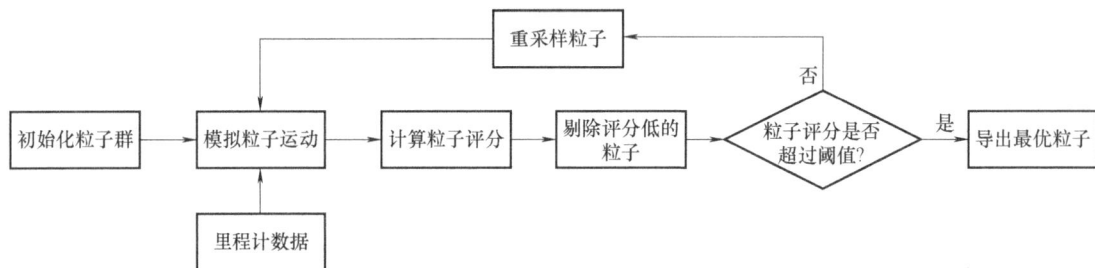

图 8-24　粒子滤波定位法流程图

在该方法下,认为在没有任何参考下,机器人在空间内所有可能存在的位置概率都是一样的,那么可以在空间内均匀设置一系列粒子,每个粒子代表机器人可能的状态参数;然后根据里程计获得的机器人运动增量,模拟粒子运动,通过对粒子样本的评估,比较机器人在该粒子状态下,观测数据与已知的环境数据(地图)的匹配程度,进而给这些粒子一个评分值,这个评分值代表机器人在该位置的可能性;进一步地,通过筛选剔除评分低的粒子,并按正态概率分布,在剩下的粒子周围生成新的粒子。而后不断重复上述过程,最终当某一粒子匹配度超过设定的阈值,就可以得到最优的粒子,即机器人最有可能的位置。

8.3　同时定位及地图构建(SLAM)

同时定位及地图构建(Simultaneous Localization And Mapping,SLAM)通常是指在机器人或者其他载体上,通过对各种传感器数据进行采集和计算,生成对其自身位姿的定位和场景地图信息的系统。SLAM 技术对于机器人或其他智能体的行动和交互能力至为关键,因为它代表了这种能力的基础:知道自己在哪里,知道周围环境如何,进而知道下一步该如何自主行动。它在自动驾驶、服务型机器人、无人机、AR/VR 等领域有着广泛的应用,可以说凡是拥有一定行动能力的智能体都拥有某种形式的 SLAM 系统。一般来讲,SLAM 系统通常都包含多种传感器和多种功能模块。而按照核心的功能模块来区分,目前常见的机器人 SLAM 系统一般具有两种形式:基

8-2　同时定位及地图构建

于激光雷达的 SLAM(激光 SLAM)和基于视觉的 SLAM(视觉 SLAM)。

8.3.1　经典的 SLAM 框架

SLAM 的目标是通过传感器获取的数据进行定位和地图构建，但它并不是某种算法，只要输入数据，就可以不断地输出定位和地图信息。SLAM 需要一个完善的算法框架，经过研究者长期的努力，已经发展出了一套比较成熟的框架。经典的 SLAM 框架如图 8-25 所示。

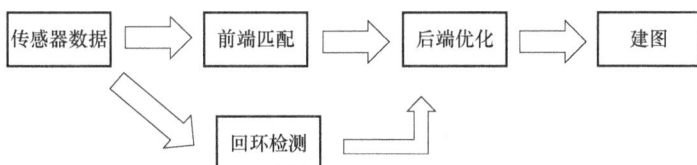

图 8-25　经典的 SLAM 框架

经典的 SLAM 框架主要由以下五部分构成：

1）传感器数据。主要是指机器人中里程计、激光雷达、双目摄像机等传感器信息的读取和同步。

2）前端匹配。前端主要的任务是对特征进行处理，估算相邻图像间相对位姿，继而得到局部地图。

3）后端优化(Optimization)。后端接收不同时刻前端测量的相对位姿，以及回环检测的信息，对它们进行优化，得到全局一致的轨迹和地图。

4）回环检测(Loop Closing)。回环检测判断机器人是否曾经到达过先前的位姿。如果检测到回环，它会把信息提供给后端进行处理。

5）建图(Mapping)。它根据估计的轨迹，建立与任务要求对应的地图。

经典的 SLAM 框架是过去十几年内，研究者们总结的成果。这个框架本身及它所包含的算法已经基本定型，并且许多视觉程序库和机器人程序库已经提供这个框架。依靠这些算法，能够构建一个 SLAM 系统，使其在正常的工作环境里实时进行定位与建图。因此，如果把工作环境限定在静态、刚体、光照变化不明显、没有人为干扰的场景，那么这个 SLAM 系统就是相当成熟的了。

8.3.2　SLAM 算法介绍

SLAM 发展至今，产生了许多种相关的算法，但主流的算法有三种：EKF-SLAM、FAST-SLAM 及图优化 SLAM。下面将对这三种算法的原理及优缺点进行介绍。

1. EKF-SLAM

EKF-SLAM 算法主要面向特征地图，特别是路标特征地图，在两次观测之间采用最大化可能性方法进行数据关联。为了确保数据关联的准确性，要求特征之间彼此清晰可分，为了确保满足扩展卡尔曼滤波的要求，机器人运动和观测噪声满足高斯分布噪声。为了简化计算，SLAM 方法通常是以机器人初始位姿为地图坐标系原点，避免出现全局定位这样的难题。EKF-SLAM 架构和 EKF 定位架构基本一致，但问题估计维度大大增加，EKF 定位问题中待估计状态为机器人位姿，以移动机器人为例，有

$$\boldsymbol{u}_t = \begin{pmatrix} x_t \\ y_t \\ \theta_t \end{pmatrix}, \quad \boldsymbol{\Sigma}_t = \begin{pmatrix} \sigma_x^2 & \sigma_{xy} & \sigma_{x\theta} \\ \sigma_{yx} & \sigma_y^2 & \sigma_{y\theta} \\ \sigma_{\theta x} & \sigma_{\theta y} & \sigma_\theta^2 \end{pmatrix} \qquad (8\text{-}107)$$

机器人位姿只有三维，要估计的均值矢量 $\boldsymbol{u}_t$ 为 3×1 维，协方差矩阵 $\boldsymbol{\Sigma}_t$ 为 3×3 阶。

SLAM 的待估计状态包括机器人位姿 $\boldsymbol{X}$ 和所有路标 $\boldsymbol{m}$，有

$$\boldsymbol{u}_t = \begin{pmatrix} m_1 \\ m_2 \\ m_3 \\ \vdots \\ m_n \end{pmatrix}, \quad \boldsymbol{\Sigma}_t = \begin{pmatrix} \boldsymbol{\Sigma}_{X_R} & \boldsymbol{\Sigma}_{X_R m_1} & \boldsymbol{\Sigma}_{X_R m_2} & \cdots & \boldsymbol{\Sigma}_{X_R m_n} \\ \boldsymbol{\Sigma}_{m_1 X_R} & \boldsymbol{\Sigma}_{m_1} & \boldsymbol{\Sigma}_{m_1 m_2} & \cdots & \boldsymbol{\Sigma}_{X_R} \\ \boldsymbol{\Sigma}_{m_2 X_R} & \boldsymbol{\Sigma}_{m_2 m_1} & \boldsymbol{\Sigma}_{m_2} & \cdots & \boldsymbol{\Sigma}_{X_R} \\ \vdots & \vdots & \vdots & & \vdots \\ \boldsymbol{\Sigma}_{m_n X_R} & \boldsymbol{\Sigma}_{m_n m_1} & \boldsymbol{\Sigma}_{m_n m_2} & \cdots & \boldsymbol{\Sigma}_{m_n} \end{pmatrix}_t \qquad (8\text{-}108)$$

如果特征为路标，则要估计的均值矢量为 $3+2\times n$ 维矢量，协方差矩阵为 $(3+2n)\times(3+2n)$ 阶矩阵。

在步骤上，EKF-SLAM 和 EKF 定位一样，首先基于运动模型进行状态预估，然后基于预估位姿观测模型进行观测预估，预估构建的不完整地图中，会获得地图特征，然后建立预估观测与本次观测的数据关联，进而利用卡尔曼（Kalman）增益进行状态更新，最后如果有新观测到的特征，那么将新特征加入地图中。

图 8-26 所示为 EKF-SLAM 的流程图，与 EKF 定位基本一致，只是增加了地图构建和维护模块。增加的模块分三种情况：第一种是前面已经观测到过的特征，且已经被加入地图中，本次又被观测到，那么就对特征参数进行更新，增强其可信度；第二种是以前没有被观测到的特征，本次被观测到，那么就将该特征加入地图中；第三种是以前被观测到，这次从观测预估中来看，应该再次被观测到，但事实上却没有被观测到，那么就需要进行一定的分析，是不是需要将原来地图中的特征删除或降低其可信度。

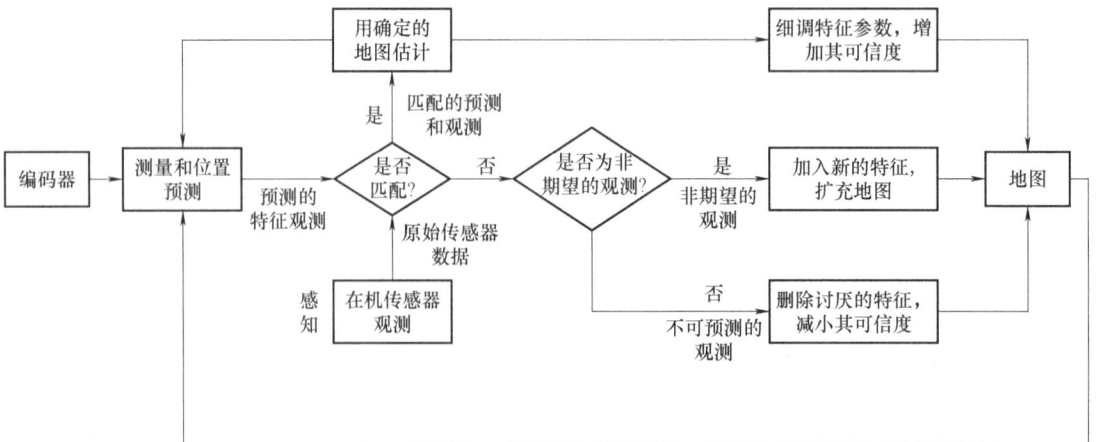

图 8-26　EKF-SLAM 流程图

EKF-SLAM 由于采用单正态分布假设，该假设对数据关联要求极高，在定位问题中一旦出现数据关联错误，就会无法定位，对于 SLAM 问题更加显著，一旦关联错误，就会导致估计发散。为了保证正确的数据关联，早期的研究和应用时，都需要在环境中放置人为的路

标，确保路标之间有很好的可区分性和辨识性，此外该方法只适用于特征地图，无法构建栅格地图。

2. FAST-SLAM

FAST-SLAM 是基于粒子滤波（PF）和扩展卡尔曼滤波（EKF）提出的一种 SLAM 方法。之前介绍了采用粒子滤波的定位方法，可以看到用粒子滤波定位法可以近似任意的概率分布函数，而不用像扩展卡尔曼滤波定位法那样近似为正态分布，因此可以做多种数据的关联假设，具有更好的鲁棒性。对于 SLAM 来讲，粒子滤波的多假设方式能够解决数据关联不确定带来的问题。

在粒子滤波定位方法中估计机器人的位姿 $x = (x, y, \theta)$，需要几百或上千个粒子；在 FAST-SLAM 中，需要估计机器人的位姿和地图 $x = (x, y, \theta, m)$，且对于路标地图 $m = (m_1, m_2, \cdots, m_N)$，对于栅格地图 $m = (c_{11}, c_{12}, \cdots, c_{1n}, c_{21}, \cdots, c_{mn})$，表示状态空间分布所需粒子数会随着状态空间的维度指数级增加。因此，如何控制粒子数显得尤为重要。

在粒子滤波定位中，一个粒子是对机器人位姿的一个假设，这个粒子从起始位姿到当前位姿的序列是对机器人路径的一个假设，因此，粒子滤波定位估计的是整个机器人路径的后验概率。对于 FAST-SLAM 来讲，仍具备这样的属性，它是一个全路径后验概率 SLAM 方法。如果知道机器人真实路径，就可以条件独立地估计各个特征的位姿。这些估计仅通过机器人位姿的不确定性发生关联。也就是说，可以仅对机器人的位姿进行假设，然后根据位姿假设的路径去构建地图，不同的位姿假设形成不同的路径，进而产生不同的地图假设。

从数学上分析，是在观测序列和控制序列条件下计算机器人位姿序列和地图的联合概率分布，即 $p(X^t, m \mid Z^t, U^{t-1})$。

由乘法规则可得

$$p(X^t, m \mid Z^t, U^{t-1}) = p(X^t \mid Z^t, U^{t-1}) p(m \mid X^t, Z^t, U^{t-1}) \tag{8-109}$$

考虑到机器人位姿信息已经包含了控制序列信息，由此可得

$$p(X^t, m \mid Z^t, U^{t-1}) = p(X^t \mid Z^t, U^{t-1}) p(m \mid X^t, Z^t) \tag{8-110}$$

按照之前的假设，地图的特征相互独立，通过机器人的位姿发生关联，由此可得

$$p(X^t, m \mid Z^t, U^{t-1}) = p(X^t \mid Z^t, U^{t-1}) \prod_i p(m_i \mid X^t, Z^t) \tag{8-111}$$

式中，$p(X^t \mid Z^t, U^{t-1})$ 表示机器人路径估计的定位问题；$\prod_i p(m_i \mid X^t, Z^t)$ 表示在路径已知条件下的路标位姿估计问题。为了降低粒子数目，可以将 $p(X^t \mid Z^t, U^{t-1})$ 采用粒子分布表示，将 $p(X^t \mid Z^t, U^{t-1})$ 采用正态分布表示。基于这一思想，提出了 FAST-SLAM。FAST-SLAM 的基本思想是采用粒子分布表示机器人路径的后验概率，采用正态分布表示路标特征的后验概率，在粒子内对每个路标特征应用一个 EKF 进行估计。

具体过程如下：首先在 $t-1$ 时刻粒子分布表示位姿概率分布的基础上，根据 $t-1$ 时刻机器人的位姿控制指令 u_{t-1} 来计算每个粒子的新位姿，并根据噪声进行采样，得到 t 时刻粒子的位姿，记为 x_t。如图 8-27 所示，每个噪声中灰色圆表示每个 $t-1$ 时刻所估计的位姿；黑色圆表示 t 时刻根据运动控制加噪声采样预估得到的位姿；有色十字椭圆表示根据该粒子位姿预估序列所构建的路标特征地图，十字表示路标位姿均值，椭圆表示这个特征所估计的方差。由于 $t-1$ 时刻各个粒子所估计位姿不同和本次更新噪声采样不同，各个粒子中维护的路标特征地图和预估的 t 时刻的机器人的位姿是不同的。

然后每个粒子根据预估位姿进行观测预估，并建立观测预估和当前观测之间的数据关

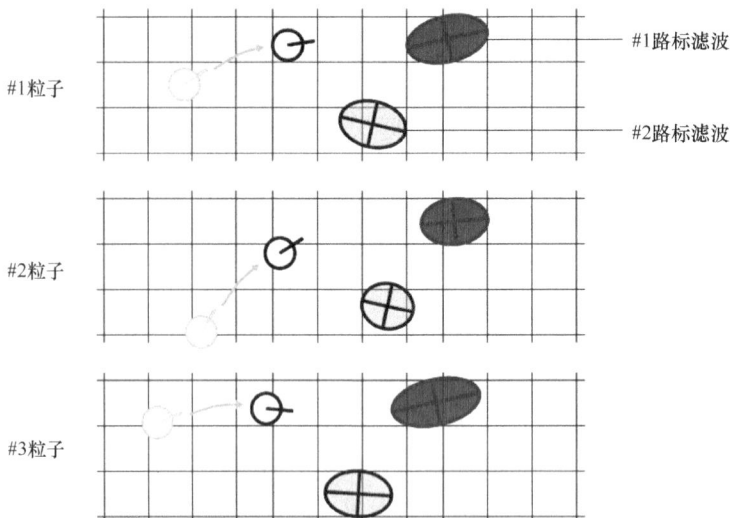

图 8-27　粒子位姿示意图

联，如图 8-28 所示，最小的圆表示当前观测，各个粒子中当前观测和机器人之间的相对关系是一致的，只是因为机器人位姿估计的不同，而在地图中的位姿不同。

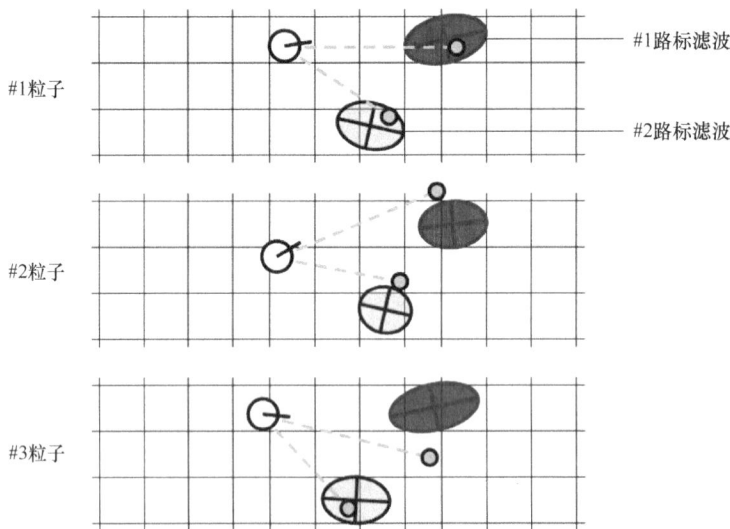

图 8-28　观测预估示意图

根据预估观测和实际观测之间的数据关联，可以利用 EKF 更新每个特征的估计，即每个特征的均值和方差，如图 8-29 所示。

根据卡尔曼滤波所估计方差的大小对粒子的重要性进行评估，即利用观测模型进行粒子重要性的评估，然后根据重要性进行重采样，如图 8-30 所示。

通过这样的方法，既可以解决 EKF-SLAM 由于单峰假设问题而导致的数据关联一旦错误就整个失败的问题，也解决了因为维度增加而需要大大增加粒子数的问题，而且该方法也可以进行栅格地图的构建，存在问题是每个粒子维持一张栅格地图过于耗费存储资源，需要尽量减少粒子数目，但又要避免粒子枯竭。总地来说，FAST-SLAM 通过粒子分

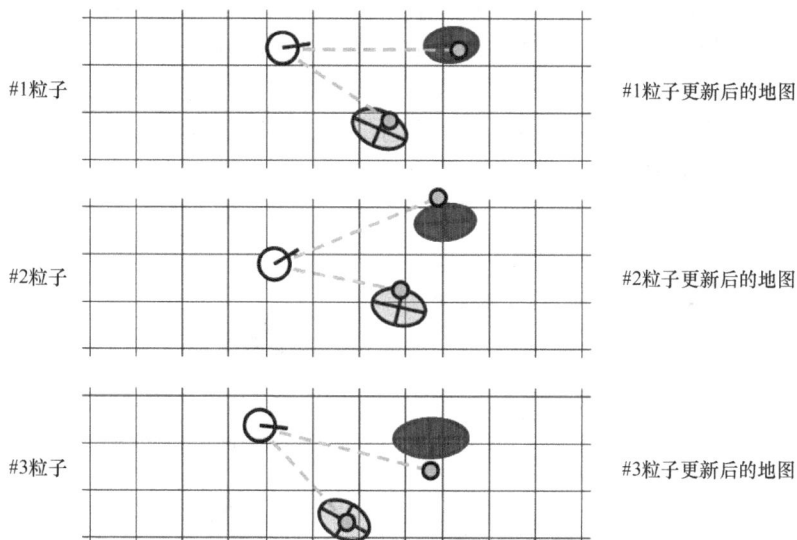

图 8-29　EKF 更新后的特征估计示意图

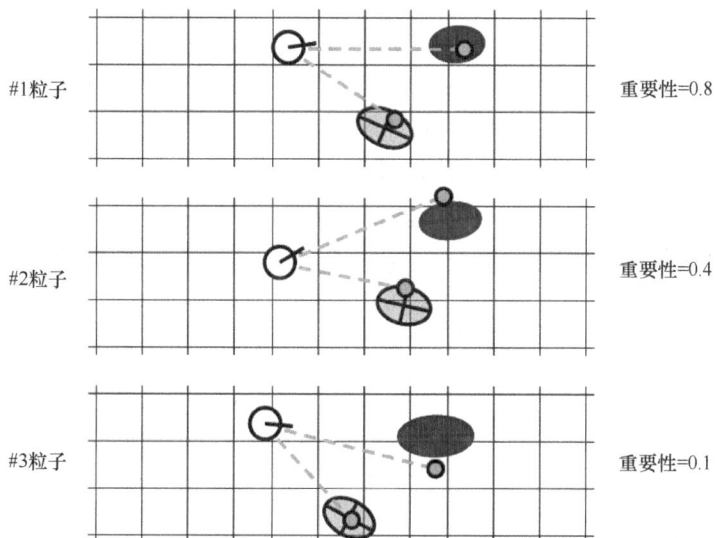

图 8-30　重要性评估示意图

布拟合复杂概率分布较好地解决了数据关联不确定带来的问题，但在实际应用中对内存提出了很高的要求，并且容易因为粒子不足，以及粒子容易失去多样性的问题，导致地图构建的失败。

3. 图优化 SLAM

图优化 SLAM 方法的基本思想是用图形表示 SLAM 问题，具体是将图中的一个节点表示为待估计的一个随机变量，这个随机变量可以是位姿或者特征。两个节点之间的边表示节点之间的空间位姿约束，约束存在不确定性。这样，就将 SLAM 问题转换为求解满足约束的最优估计，即寻找一个最优化的节点配置，使得约束一致性最大，就可以保证由约束产生的误差最小。

从图的形式来看，图优化 SLAM 有两种：位姿特征图（Pose Feature Graph）和位姿图（Pose Graph）。如图 8-31 所示，位姿特征图中的节点可以用待估计位姿或者特征表示，而位姿与位姿节点之间的边表示运动约束，位姿与特征节点之间的边则表示观测约束，如图 8-31 所示。可以看出，图中有五个位姿节点、两个特征节点、四个观测约束和四个运动约束。对位姿特征图求最优化可以直接得到机器人的完整运动路径和整个环境地图，即可以得到对机器人路径和地图的最优化求解。

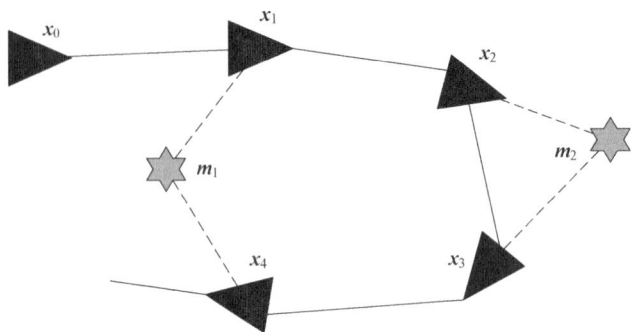

图 8-31   位姿特征图示意图

图 8-32 所示为位姿图示意图，图中节点仅表示待估计位姿，节点之间的边表示位姿之间的约束，该约束由运动约束和观测约束得到。在图 8-32 中，x_0 和 x_1 之间的边通过运动约束得到，x_1 和 x_4 之间的边则通过它们共同观测到特征 m_1，根据观测约束来建立边的这种约束。利用位姿图进行最优化得到的是机器人整个的运动路径，根据路径可以生成地图，但得到的是地图的边缘概率分布，不是整个地图的后验概率分布。

图优化 SLAM 的求解流程如图 8-33 所示，分为两个部分：一个是前端，根据运动或者感知数据进行图的构建，形成一张由节点和节点约束边构成的图；一个是后端，对前端形成的图做优化。如果在线执行，则随着新数据的输入，迭代执行前端和后端的操作，将后端优化后得到的具有较好一致性的图再发送回前端，进一步增加节点和约束的基础，以助于减少搜索空间来帮助确定新约束；如果离线执行，就只能构建一次图并对其进行优化，不存在迭代循环。

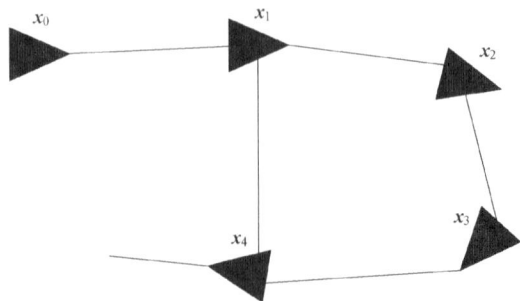

图 8-32   位姿图示意图

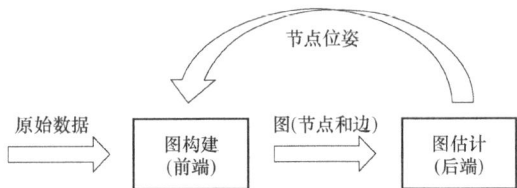

图 8-33   图优化 SLAM 的求解流程

图优化 SLAM 是一个非线性最小二乘状态估计问题，因此对于初值有较高的要求，初值选取不当容易陷入局部最优。此外数据关联错误，特别是闭环检测错误，也会导致图优化错误。环境的相似性和动态变化都容易导致数据关联错误。这些问题目前还在进一步研究中。

8.3.3 视觉 SLAM

眼睛是人类获取外界信息的主要来源。视觉 SLAM 也具有类似特点，它可以从环境中获取海量的、富于冗余的纹理信息，拥有超强的场景辨识能力。早期的视觉 SLAM 基于滤波理论，其非线性的误差模型和巨大的计算量成为其实用落地的障碍。近年来，随着具有稀疏性的非线性优化理论（Bundle Adjustment，光束法平差），以及相机技术、计算性能的进步，视觉 SLAM 技术也逐渐成熟。视觉 SLAM 的优点在于它所利用的丰富纹理信息。例如两块尺寸相同内容却不同的广告牌，基于点云的激光 SLAM 算法无法区别它们，而视觉 SLAM 则可以轻易分辨。这带来了重定位、场景分类上无可比拟的巨大优势。同时，视觉信息可以较为容易地被用于跟踪和预测场景中的动态目标，如行人、车辆等，这对于在复杂动态场景中的应用是至关重要的。

目前，常用的视觉 SLAM 算法有 Mono-SLAM、PTAM 和 ORB-SLAM。

Mono-SLAM 是第一个实时的单目视觉 SLAM 系统。Mono-SLAM 以 EKF（扩展卡尔曼滤波）为后端，追踪前端稀疏的特征点，以摄像机的当前状态和所有路标点为状态量，更新其均值和协方差。该方法的缺点包括场景窄、路标数有限、稀疏特征点易丢失等。

PTAM（Parallel Tracking And Mapping，并行跟踪与映射）提出并实现了跟踪和构建地图的并行化，首次区分出前、后端（跟踪需要实时响应图像数据，地图优化放在后端进行），后续许多视觉 SLAM 系统设计也采取了类似的方法。PTAM 是第一个使用非线性优化作为后端的方案，而不是滤波器的后端方案，并提出了关键帧机制，即不用精细处理每一幅图像，而是把几个关键图像串起来优化其轨迹和地图。该方法的缺点是场景窄、跟踪容易丢失。

ORB-SLAM 围绕 ORB（Oriented FAST and Rotated BRIEF，定向快速旋转）特征计算，包括视觉里程计与回环检测的 ORB 字典。ORB 特征计算效率比 SIFT（Scale-Inva riant Feature Transform，尺度不变特征变换）或 SURF（Speeded Up Robust Features，加速鲁棒性特征）高，又具有良好的旋转和缩放不变性。ORB-SLAM 创新地使用了三个线程来完成 SLAM：实时跟踪特征点的跟踪线程、局部光束法平差的优化线程和全局位姿图的回环检测与优化线程。该方法的缺点是每幅图像都计算一遍 ORB 特征非常耗时，三线程结构给 CPU 带来了较重负担；稀疏特征点地图只能满足定位需求，无法提供导航、避障等功能。

如图 8-34 所示，视觉 SLAM 框架与经典 SLAM 框架基本一致，只不过它的应用更加具体。它的传感器数据部分主要是进行摄像机图像信息的读取和预处理，前端部分则通过视觉里程计来实现，后端部分则采用非线性优化方法进行优化。由于前面对传感器数据的获取已经进行介绍，下面将对其他四个模块进行详细介绍。

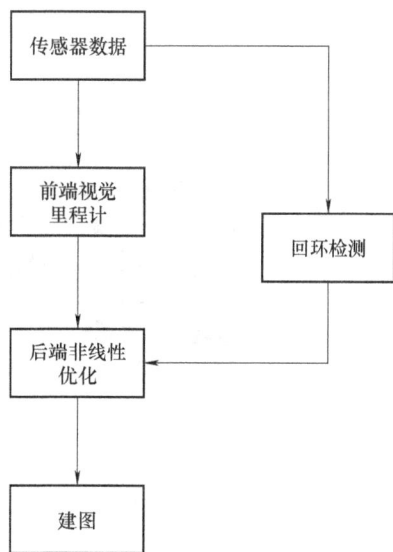

图 8-34 视觉 SLAM 框架

1. 前端视觉里程计

该模块的作用是根据相邻图像的信息，估计出粗略的摄像机运动，给后端提供较好的初

189

始值。视觉里程计的主要算法有两类：特征点法和直接法。基于特征点法的前端，长久以来（直到现在）被认为是视觉里程计的主流方法。它具有运行稳定，对光照、动态物体不敏感的优势，是目前比较成熟的解决方案。一般利用特征点法来实现，先提取特征点，再进行图像特征点的匹配，最后估计出两帧之间摄像机的运动。具体过程如下：

（1）提取特征点

在目前众多的提取特征中，ORB 特征是非常具有代表性的实时图像特征，其性能较好。因此，以 ORB 为代表介绍提取特征的过程。ORB 特征也由关键点和描述子两部分组成。它的关键点称为"Oriented FAST"，是一种改进的 FAST 角点。它的描述子称为 BRIEF（Binary Robust Independent Elementary Features，二进制鲁棒性独立基本特征）。因此，提取 ORB 特征分为两个步骤：

第一步，FAST 角点提取。找出图像中的"角点"。相较于原版的 FAST，ORB 中计算了特征点的主方向，为后续的 BRIEF 描述子增加了旋转不变特性。

第二步，BRIEF 描述子描述。对前一步提取出特征点的周围图像区域进行描述。

1）FAST 关键点。FAST 是一种角点，主要用于检测局部像素灰度变化明显的地方，以速度快著称。其思想是：如果一个像素与它邻域的像素差别较大（过亮或过暗），那它更可能是角点。相比于其他角点检测算法，FAST 只需比较像素亮度的大小，十分快捷。它的检测过程如下（图 8-35）：

第一步，在图像中选取像素 p，假设它的亮度为 I_p。

第二步，设置一个阈值 T（比如 I_p 的 20%）。

第三步，以像素 p 为中心，选取半径为 3 个像素的圆上的 16 个像素点。

第四步，假如选取的圆上有 N 个点的亮度大于 I_p+T 或小于 I_p-T，那么像素 p 可以称为特征点。N 通常取 12，即为 FAST-12。其他常用的 N 取值为 9 和 11，它们分别称为 FAST-9、FAST-11。

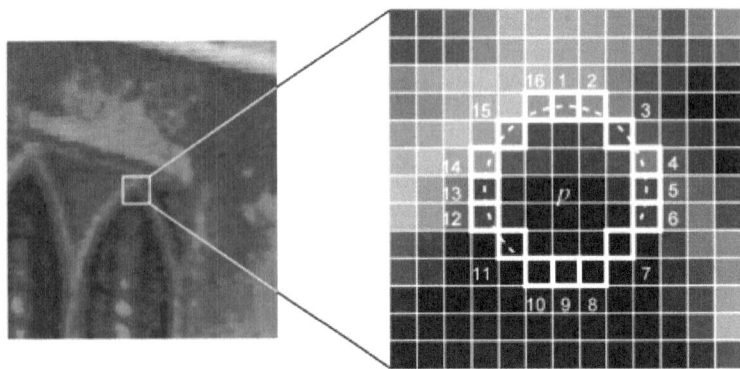

图 8-35 FAST 特征点

第五步，循环以上四步，对每一个像素执行相同的操作。

在 FAST-12 算法中，为了更高效，可以添加一项预测试操作，以快速地排除绝大多数不是角点的像素。具体操作为：对于每个像素，直接检测邻域圆上的第 1、5、9、13 个像素的亮度。只有当这四个像素中有三个同时大于 I_p+T 或小于 I_p-T 时，当前像素才有可能是一个角点，否则应该直接排除。这样的预测试操作大大加速了角点检测。此外，原始 FAST 角点经常出现"扎堆"的现象。因此，在第一遍检测之后，还需要用非极大值抑制（Non-Maximal

Suppression），在一定区域内仅保留响应极大值的角点，避免角点集中的问题。

FAST 特征点的计算仅仅是比较像素间亮度的差异，速度非常快，但它也有一些问题。首先，FAST 特征点数量很大且不确定，而人们往往希望对图像提取固定数量的特征。因此，在 ORB 中，对原始的 FAST 算法进行了改进。可以指定最终要提取的角点数量 N，对原始 FAST 角点分别计算 Harris 响应值，然后选取 N 个具有最大响应值的角点，作为最终的角点集合。

其次，FAST 角点不具有方向信息。而且，由于它固定取半径为 3 个像素的圆，存在尺度问题——远处看像是角点的地方，接近后看可能就不是角点了。针对 FAST 角点不具有方向性和尺度的弱点，ORB 添加了尺度和旋转的描述。尺度不变性由构建图像金字塔，并在金字塔的每一层上检测角点来实现。而特征的旋转是由灰度质心法实现的。下面简单介绍一下灰度质心法。

质心是指以图像块灰度值作为权重的中心。其具体操作步骤如下：

第一步，在一个小的图像块 B 中，定义图像块的矩为

$$m_{pq} = \sum_{x, y \in B} x^p y^q I(x, y), \quad p, \quad q = \{0, 1\}$$

第二步，通过矩可以找到图像块的质心

$$C = \left(\frac{m_{10}}{m_{00}}, \frac{m_{01}}{m_{00}} \right)$$

第三步，连接图像块的几何中心 O 与质心 C，得到一个方向矢量 $\overrightarrow{OC}$，于是特征点的方向可以定义为

$$\theta = \arctan(m_{01}/m_{10})$$

通过以上方法，FAST 角点便具有了尺度与旋转的描述，大大提升了它们在不同图像之间表述的鲁棒性。所以在 ORB 中，把这种改进后的 FAST 称为"Oriented FAST"。

2）BRIEF 描述子。BRIEF 是一种二进制描述子，它的描述矢量由许多个 0 和 1 组成，这里的 0 和 1 编码了关键点附近两个像素（比如 p 和 q）的大小关系：如果 p 比 q 大，则取 1；反之就取 0。如果取了 128 个这样的 p、q，最后就得到 128 维由 0、1 组成的矢量。BRIEF 使用了随机选点的比较，速度非常快，而且由于使用了二进制表达，存储起来也十分方便，适用于实时的图像匹配。原始的 BRIEF 描述子是不具有旋转不变性的，因此在图像发生旋转时容易丢失。而 ORB 在 FAST 特征点提取阶段计算了关键点的方向，所以可以利用方向信息，计算了旋转之后的"Steer BRIEF"特征，使 ORB 的描述子具有较好的旋转不变性。

由于考虑了旋转和缩放，ORB 在平移、旋转、缩放的变换下仍有良好的表现。同时，FAST 和 BRIEF 的组合也非常高效，使得 ORB 特征在实时 SLAM 中非常受欢迎。例如，图 8-36 所示为对实验室环境进行 ORB 特征提取的结果。

（2）特征匹配

提取出特征点之后，就需要对特征点进行匹配（图 8-37），建立 SLAM 中的数据关联，即确定当前看到的路标与之前看到的路标之间的对应关系。通过对图像与图像，或者图像与地图之间的描述子进行准确的匹配，可以为后续的位姿估计、优化等操作减轻大量负担。然而，由于图像特征的局部特性，误匹配的情况广泛存在。

然而，当特征点数量很大时，暴力匹配法的运算量将变得很大，特别是当想要匹配一个帧与一张地图的时候。这不符合在 SLAM 中的实时性需求。此时快速近似最近邻（FLANN）算法更加适用于匹配点数量极多的情况，以上匹配算法理论已经相当成熟，在 OpenCV 上已

图 8-36 彩图

图 8-36 ORB 特征提取结果(扫码见彩图)

图 8-37 彩图

图 8-37 两帧图像间的特征匹配(扫码见彩图)

实现集成。

(3)计算相机运动

接下来,人们希望根据匹配的点对,估计摄像机的运动。这里由于摄像机的原理不同,情况发生了变化:

1)当摄像机为单目时,只知道二维的像素坐标,因而问题是根据两组二维点估计运动。该问题用对极几何来解决。

2)当摄像机为双目、RGB-D 时,或者通过某种方法得到了距离信息,那问题就是根据两组三维点估计运动。该问题通常用 ICP 来解决。

3)如果有三维点和它们在摄像机的投影位置,也能估计摄像机的运动。该问题通过 PnP 求解。

2. 后端非线性优化

前端视觉里程计能给出一个短时间内的轨迹和地图,但由于不可避免的误差累积,这个地图在长时间内是不准确的,因此在此基础上,需要进行后端非线性优化,以保证长时间内最优的轨迹和地图。

后端非线性优化一般有两种方法实现。一种是假设马尔可夫性,即 t 时刻状态只与 $t-1$ 时刻状态有关,而与再之前的状态无关。如果做出这样的假设,就会得到以扩展卡尔曼滤波(EKF)为代表的滤波方法。在滤波方法中,会从某时刻的状态估计,推导到下一个时刻。另外一种方法是依然考虑 t 时刻状态与之前所有状态的关系，此时将得到非线性优化为主体的优化框架，在这种优化框架下，图优化的方法应运而生。这两种方法，在前面已经详细介绍，在此不再赘述。

3. 回环检测

由前文可知，前端提供特征点的提取和轨迹、地图的初值，而后端负责对这所有的数据进行优化。然而，如果像视觉里程计那样仅考虑相邻时间上的关联，那么之前产生的误差将不可避免地累积到下一个时刻，使得整个 SLAM 出现累积误差。长期估计的结果将不可靠，或者说无法构建全局一致的轨迹和地图。

举例来说，假设在前端提取了特征，然后忽略掉特征点，在后端优化整个轨迹，如图 8-38a 所示。由于前端给出的只是局部的位姿间约束，例如，可能是 x_1 与 x_2，x_2 与 x_3 等。但是，由于相邻帧之间的估计存在误差，而 x_2 是由 x_1 决定的，x_3 又是由 x_2 决定的。以此类推，误差就会被累积，使得后端优化的结果如图 8-38b 所示，慢慢地趋向不准确。

a) 真实轨迹　　　b) 由于前端只给出相邻帧　　　c) 添加回环检测后的优化
之间的估计，优化后出现漂移　　　可以消除累积误差

图 8-38　漂移示意图

虽然后端能够估计最大后验误差，只有相邻关键帧数据时，能做的事情并不很多，也无法消除累积误差。但是，回环检测模块能够给出除了相邻帧之外的、一些时间间隔更加久远的约束，例如 x_1 与 x_{100} 之间的位姿变换。回环检测的关键就是如何有效地检测出摄像机经过同一个地方这件事。如果能够成功地检测这件事，就可以为后端的优化提供更多的有效数据，使其得到更好的估计，特别是得到一个全局一致的估计。由于位姿图可以看作一个质点-弹簧系统，因此回环检测相当于在图像中加入了额外的弹簧，提高了系统稳定性。

回环检测对于 SLAM 系统意义重大。一方面，它关系到估计的轨迹和地图在长时间下的正确性；另一方面，由于回环检测提供了当前数据与所有历史数据的关联，在跟踪算法丢失之后，还可以利用回环检测进行重定位。因此，回环检测对整个 SLAM 系统精度和鲁棒性的提升作用是非常明显的。甚至在某些时候，把仅有前端和局部后端的系统称为 VO，而把带有回环检测和全局后端的称为 SLAM。

回环检测一般用词袋模型来实现。创建词袋，可以理解为一个袋子，这个袋子里装着每一帧图像中的特征元素。利用词袋比较每两帧图像的相似度，当相似度大于某一个阈值的时候，就认为这两幅图像是在同一点观测到的，摄像机回到了曾经到达过的位置。

4. 建图

在经典的 SLAM 模型中，所谓的地图，即所有路标点的集合。一旦确定了路标点的位置，就可以认为完成了建图。建图可以实现对未知环境的描述，以满足移动机器人的定位、导航、避障及三维构建的功能。

利用 RGB-D 进行稠密建图是相对容易的。不过，根据地图形式不同，也存在着若干种不同的主流建图方式。最直观最简单的方法，就是根据估算的摄像机位姿，将 RGB-D 数据转化为点云，然后进行拼接，最后得到一个由离散的点组成的点云地图。在此基础上，如果对外观有进一步的要求，希望估计物体的表面，可以使用三角网格、面片进行建图。另外，如果希望知道地图的障碍物信息并在地图上导航，也可通过体素建立占据栅格地图。

首先介绍最简单的点云地图。所谓点云，就是由一组离散的点表示的地图。最基本的点包含 x、y、z 三维坐标，也可以带有 R（红）、G（绿）、B（蓝）的彩色信息。由于 RGB-D 摄像机提供了彩色图和深度图，很容易根据摄像机内参数来计算 RGB-D 点云。如果通过某种手段，得到了摄像机的位姿，那么只要直接把点云进行加和，就可以获得全局的点云，从而得到点云地图。利用上述方法完成对实验室环境的点云地图构建，如图 8-39 所示。

图 8-39　根据实验室环境构建的点云地图

点云地图提供了比较基本的可视化地图，通过点云地图能够大致了解环境的样子，但纯粹的点云无法表示"是否有障碍物"的信息，因此无法满足导航和避障的基本需要。针对上述问题，可以从点云出发，构建占据栅格地图。图 8-40 所示为根据实验室环境的点云地图构建的占据栅格地图。

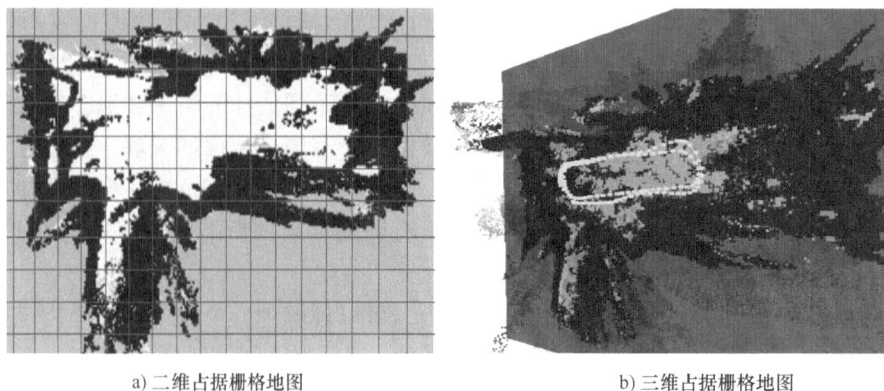

a) 二维占据栅格地图　　　　　　　　　　b) 三维占据栅格地图

图 8-40　占据栅格地图

视觉 SLAM 结构简单，安装方式多元化，且不受传感器探测距离限制，成本低，可提取语义信息；其缺点是受环境光影响大、暗处（无纹理区域）无法工作，运算负荷大，构建的地图本身难以直接用于路径规划与导航，地图构建时会存在累积误差。

8.3.4 激光 SLAM

　　激光 SLAM 来自早期的基于测距的定位方法(如超声和红外单点测距)。激光雷达的出现和普及使得测量更快、更准，信息更丰富。激光雷达采集到的物体信息呈现出一系列分散的、具有准确角度和距离信息的点，称为点云。通常，激光 SLAM 系统通过对不同时刻两片点云的匹配和比对，计算激光雷达相对运动的距离和姿态的改变，也就完成了对机器人自身的定位。激光雷达距离测量比较准确，误差模型简单，在强光直射以外的环境中运行稳定，点云的处理也比较容易。同时，点云信息本身包含直接的几何关系，使得机器人的路径规划和导航变得直观。

　　目前，常用的激光雷达 SLAM 算法有 Hector-SLAM 算法、Gmapping 算法和 Cartographer 算法。

　　Hector-SLAM 算法需要使用高更新频率、小测量噪声的激光扫描仪，不需要里程计，可以应用于空中无人机和地面小车，能在不平坦的区域中高精度扫描。该算法核心思路是利用已经获得的地图对激光束点阵进行优化，估计激光点在地图上的表示和占据栅格的概率。其中扫描匹配利用的是高斯-牛顿方法，导航中的状态估计使用惯性测量，并进行 EKF 定位。

　　Gmapping 算法是一种基于粒子滤波理论的当前使用最广泛的激光二维 SLAM 算法，使用粒子滤波重采样的方式进行地图匹配。粒子滤波需要使用到大量的粒子来获取较好的采样结果，但这会大大增加计算的复杂程度。Gmapping 算法的一个核心工作是降低计算工作量，但效果并不显著。

　　Cartographer 算法是一种基于图优化理论的激光雷达 SLAM 算法，主要适用于室内场景，也适用于室外较大场景，其精度可达 5cm。该算法对传感器精度要求不高，但对处理器性能要求较高，其传感器系统由一个激光雷达和一个慢性测量元件构成。该算法核心思路是将每一帧激光雷达扫描数据匹配到子图中，每生成一个子图就进行一次回环检测，利用分支上界法和预先计算的栅格，在所有子图完成后进行　次全局回环构建全局地图。

　　激光 SLAM 框架也与经典 SLAM 框架保持一致，它的流程图如图 8-41 所示。

　　激光 SLAM 过程中使用的传感器主要有轮式里程计和激光雷达。其中，轮式里程计的机械标称值并不代表真实值，实际误差可能较大，需要标定后才能使用。而激光雷达采集每一帧激光数据需要时间，在采集期间机器人的运动会使测量值产生畸变，这种畸变会让获取的数据严重失真，影响匹配精度。因此，首先需要对传感器的数据进行处理，即里程计的标定和激光雷达运动畸变的去除；然后进行前端匹配，即进行激光帧之间的匹配，计算出两帧之间的相对位姿；接着进行回环检测，识别是否到达过访问的位置，若检测到回环，就将地图信息发送给后端；之后进行后端优化，采用图优化的方法，建立位姿图进行最优化，可以得到机器人的整个运动路径；最后根据路径可以完成地图构建。

　　激光 SLAM 发展时间较长，技术比较成熟，可靠性高，所构建的地图直观、精度高、不存在累积误差，并且地图可用于路径规划。但其缺点也很显著，其过程受雷达探测范围限制，安装有结构要求，且地图缺乏语义信息。

195

图 8-41 激光 SLAM 流程图

习　题

8.1　简述地图的表示方法。

8.2　简述栅格地图的构建方法。

8.3　简述线段特征地图的构建方法。

8.4　简述拓扑地图的构建方法。

8.5　简述基于外部观测信息的定位方法。

8.6　简述基于本体观测信息的定位方法。

8.7　简述控制与观测相融合的自主定位方法。

8.8　简述视觉 SLAM。

8.9　简述激光 SLAM。

第 9 章

机器人路径规划与避障

9.1 引言

本章将讨论机器人路径规划与避障，通过机器人传感器、地图构建技术及定位技术，论述机器人的认知。在执行时，路径规划生成轨迹，促使机器人到达目标位置；而根据检测到的实时传感器信息，避障机制促使机器人自主避开障碍物，并调整其路径。在 9.2 节中，先讨论机器人导航所要求的两个关键的辅助能力，给定一张地图和一个目标位置，路径规划涉及辨识轨迹。在 9.3 节中，讨论机器人的轨迹生成方法，并将概述其中几种常见的方法。图 9-1 所示为机器人水果采摘路径规划与避障示意图。

图 9-1　机器人水果采摘路径规划与避障示意图（扫码见彩图）

图 9-1 彩图

9.2 路径规划与避障

机器人导航的一大难点在于为达到它的目标，需给出执行规划的方案。在执行期间，机器人必须对一些不可预见的事件（如障碍物）以某种方式做出响应，使其仍然达到目标。如果没有响应，那么规划也将是徒劳的，因为机器人在物理上将永远不会达到目标；如果没有规划，响应的结果不能指导整个机器人的行为以达到它长远的目标，则机器人还是无法达到它的目标。

例如，假设机器人 M 在 i 时刻有一张地图 M_i 和一个初始的状态 b_i。机器人的目标是到

9-1　具有避障技术的路径规划

达位置点 p，同时应满足某些时间约束：$loc_g(R)=p$；$g \leqslant n$。因此机器人必须在时间步 n 或之前到达目标位置点 p。尽管机器人要到达的目标在物理上是清楚的，但机器人只是真实感知其可信度状态，而不是它的物理位置。因此将到达位置点 p 的目标映射成达到的可信度 b_g，相当于 $loc_g(R)=p$ 的可信度。利用这个方程，规划 q 无非是从 b_i 到 b_g 的一条或多条轨迹。换言之，如果规划 q 的执行是从与 b_i 和 M_i 两者一致的环境状态开始，则该规划 q 会促使机器人可信度状态从 b_i 到 b_g 的转变。

上述假设中的问题是后者的条件可能不满足。机器人的位姿与目标可能不相符，甚至不完备或者不正确。退一步，即使某一时刻单个对象是正确的，但由于现实环境是动态的，有关机器人 M 如何随时间变化的规划器模型仍有可能是不理想的。

由于环境不断发生变化，为实现目标，在规划执行期间机器人需要不断检测新的环境信息以适应环境变化。这正是响应的重要之处。在最佳状态，为了校正规划好的轨迹，响应会实时调整机器人的行为使机器人依然到达目标。

理想规划器用于实时采集机器人内、外部的新信息，并即时产生响应新信息的规划命令，即规划概念和响应概念合并，称为集成的规划与执行。

机器人中一个更重要的概念是机器人的完备性。所谓完备性是指一个机器人系统是完备的，当且仅当对于所有可能的情况（例如初始信任度状态、地图和目标），若存在一条到达目标可信度状态的轨迹，则系统会到达目标可信度状态。实现系统的完备性是一个富有挑战性的目标。在表示与推理层次上，因计算的复杂性，常常牺牲完备性。在分析层次上，要了解各特定系统如何兼顾完备性。

在下面的各节中，本书将描述当规划与响应用于机器人路径规划和避障时存在的几个关键问题，并阐述具有代表性的决策如何影响整个系统潜在的完备性。

9.2.1 路径规划

由于机器人在工业机械手领域中的应用，甚至在可供应的机器人出现之前，已经有大量的路径规划研究工作出现。有趣的是，拥有 6 个自由度的机械手的路径规划问题，远比在平坦环境中运行的移动机器人复杂。因此，尽管可以从机械手路径规划中获得启发，但移动机器人所用的路径规划算法，由于其自由度的降低，路径规划变得简单了。在工业现场，由于工厂生产线上高生产力的经济影响，工业机器人通常以尽可能快的速度运行，其运动学及动力学显得尤为重要，从而导致路径规划与执行变得复杂化。相反，在低速下运行的机器人，在路径规划时较少考虑动力学，从而简化了机器人的瞬态问题。

1. 配置空间

机械手机器人和大多数其他机器人的路径规划，一般是在配置空间中完成的。假设机器人手臂有 k 个自由度，则机器人的每个配置可用 k 个实值 q_1，$\cdots$，q_k 进行描述。这 k 个值可看作机器人配置空间 C 的 k 维空间中的一个点 p。

现在考虑一个在环境中运动的机器人手臂。环境中的工作空间包含已知的障碍物。路径规划的目标是在工作空间中找到一条从起点位姿到终点位姿的路径，避免与所有障碍物碰撞。这是一个在工作空间中，尤其是当维数增大时，很难想象和解决的问题。如果将配置空间障碍物 O 定义为 C 的子集，在 C 中机器人手臂撞击某物体，可计算机器人能安全移动的自由空间 $F = C - O$。

图 9-2 所示为两连杆平面机器人的物理空间和配置空间。机器人的目标是从起点位置到

终点位置，移动其末端执行器。图 9-2 所示的配置空间是二维的，因为各关节可以是 $0 \sim \pi$ 的任何位置。容易看出，在 $\boldsymbol{C}$ 空间中的解，是一条始终保持在机器人手臂自由空间内，从起点到终点的直线。

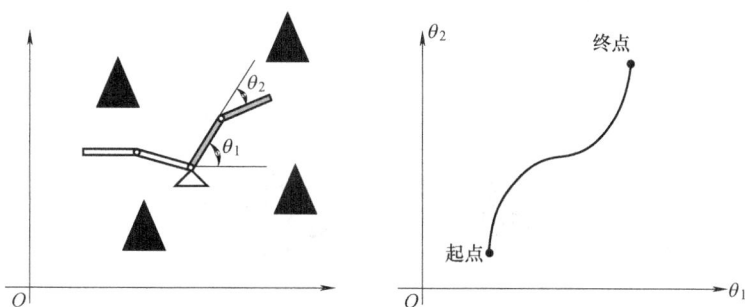

图 9-2 两连杆平面机器人的物理空间和配置空间

对于在平地上移动的机器人，一般用三个变量表示机器人位姿 (x, y, θ)，但大多移动机器人使用差动驱动或阿克曼驱动，而该类驱动是非完全的。对这种机器人，非完全约束限制了各配置空间 (x, y, θ) 内机器人的速度 $(\dot{x}, \dot{y}, \dot{\theta})$。

在机器人学中，为方便进行路径规划，一般假设机器人是完全的，这大大简化了规划过程。这对差动驱动机器人更为普遍。因此，如果移动机器人的转动姿态不是关键的，则可将其等效为完全路径。

在机器人规划中，还可以做如下假设：将机器人看作一个质点进行规划。这样，移动机器人路径规划的配置空间简化为只有 x 轴和 y 轴的二维表示。即配置空间基本与平面二维形式的工作空间一样。其主要区别是：由于已将机器人简化为一个点，在规划时需要将各个障碍物按机器人的半径尺寸进行膨胀。在机器人的路径规划过程中，基于这个新的、简化的配置空间，下文将介绍机器人路径规划的通用技术。

2. 路径规划概述

机器人的环境表示可从连续的几何描述变到基于分解的几何图，甚至变到拓扑结构图。任何路径规划系统的第一步，都是将这个可能的连续环境模型转换成适用于所选的路径规划算法的离散图。至于路径规划器如何影响离散分解，则各不相同。可以确认分解的三种通用策略如下：

1）道路图。在自由空间内辨识一组路径。

2）单元分解。区别空闲单元和被占用单元。

3）势场。在空间中加入数学函数。

3. 道路图路径规划

道路图方法是在被称为路线图的一维曲线或直线的网络中，获取机器人自由空间的连接性，一旦构造了路线图，它就被用作机器人运动规划的路径段网络。因此，路径规划被缩简为把机器人的初始和目标位置连接到路径段网络，然后搜索从初始位置到目标位置的一系列路径。

路线图方法是根据障碍物的几何形状对机器人配置空间进行分解的。其难点是要构建一组路径，它们合在一起能使机器人在其自由空间中行走到任何地方，同时使总路径的数目最小。一般而言，只要获取到机器人的真正自由度，则在这种分解中就取得了完备性。下面描述两种路线图方法，即沃罗诺伊(Voronoi)图和可视性图。在沃罗诺伊图中，路径尽可能地远离障碍物；在可视性图中，路径尽可能地靠近障碍物，且最终路径是极小长度解。

（1）沃罗诺伊图　沃罗诺伊图是一种全路线图的方法，它倾向于使图中机器人与障碍物之间的距离最大化。对自由空间中的各点，计算它到最近障碍物的距离。如图9-2所示，把距离画成离页面的高度(图9-3)，当离开障碍物而移动时，高度值增加。

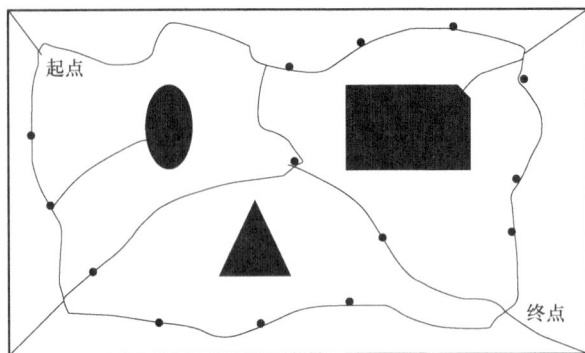

图9-3　沃罗诺伊图

在离两个或多个障碍物等距离的点上，这种距离图就是陡的山脊。沃罗诺伊图就是由这些陡的山脊点所形成的边缘组成。当配置空间障碍物都是多边形时，沃罗诺伊图由直线和抛物线段组成。在沃罗诺伊路径图上寻找路径的算法是完备的。因为自由空间中路径的存在意味着在沃罗诺伊图上也存在一条路径。在总长度的意义上，与可视性图相比，沃罗诺伊图常常远非最优。

沃罗诺伊图的缺点：在有限距离的定位传感器情况下，由于该路径规划算法使环境中机器人与物体之间的距离最大化，在机器人上的任何短距传感器，可能会感知不到周围环境的风险。如果这种短距传感器用于定位，则从定位的观点看，所选的路径会很差；另外，可以设计可视性图，使机器人尽可能像人们所期望的那样靠近地图中的障碍物。

沃罗诺伊图的优点：具有超越其他大多数避障技术的可执行性。通过沃罗诺伊图规划，给定一个特殊的已规划路径，配备有距离传感器(如激光测距仪或超声波传感器)的机器人可以使用简单的控制规则，跟踪在工作空间中沃罗诺伊图的边缘。这些规则与创建沃罗诺伊图的规则相匹配，即机器人使其传感器值的局部极小值最大化。这种控制系统会自然地使机器人保持在沃罗诺伊边缘上，因此基于沃罗诺伊的运动减少了编码器的不准确性。沃罗诺伊图的这种通过在未知的沃罗诺伊边缘上寻找和移动的性质，已经被应用于引导环境的自动作图，然后构建与环境一致的沃罗诺伊图。

（2）可视性图　多边形配置空间的可视性图，是由连接彼此可见的全部顶点对的连线组成，如图9-4所示。显然，连接这些无阻挡的顶点是它们之间的最短距离。因此，路径规划器的任务就是沿着由可视性图定义的路径，寻找从初始位置到目标位置的最短路径。

可视性图在机器人学的路径规划中比较普遍，因为其实现比较简单。特别是在连续的或离散的空间中，当环境的表示是将环境中的物体描述成多边形时，其搜索较易使用障碍物的多边形描述方法。

但是，在使用可视性图进行搜索时，有两个重要的关注点：一是表示的规模和节点及边缘的数目会随障碍物多边形的数目而增长，致使该方法在稀疏环境中极其迅速和有效，但当

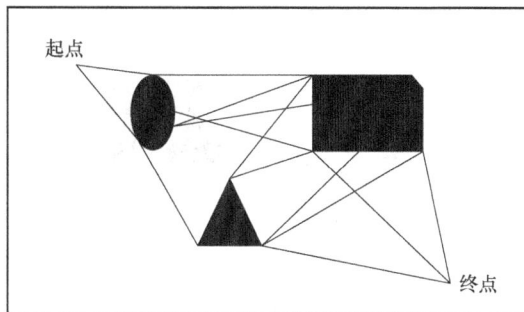

图 9-4 可视性图

用于密集的障碍物环境中，与其他技术相比，该方法的效率将大打折扣；二是由可视性图规划所找到的路径倾向于在走向目标的途中，使机器人尽可能地接近障碍物，导致碰撞危险性升高。一般采用把障碍物增大到比机器人半径大得多，或者在完成路径规划后修改路径与障碍物的距离。

4. 单元分解路径规划

支持单元分解的思想是区分几何区或单元之间的差别，即把单元分为自由的区间和被物体占用的区间。基本的单元分解路径规划算法可概括如下：

1）将图分为"单元"的连接区。

2）确定哪些开放单元是相邻的，并构建一个"连接图"。

3）找出初始和目标配置所在的单元，并在连接图中搜索一条连接初始和目标单元的路径。

4）用合适的搜索算法，从找到的单元序列中计算各单元内的路径，例如，穿过单元边界的中点的距离或沿直线随墙的运动或移动的序列。

单元分解方法是单元之间边界的配置。如果边界配置是环境结构的函数，使得分解是无损的，则该方法称为精确单元分解；如果分解形成实际地图的近似，则系统称为近似单元分解。具体描述如下：

1）精确单元分解。例如，图 9-5 所示为精确单元分解举例。这里，单元的边界建立在几何临界性的基础上。最后得到的单元格是完全自由的或被完全占用的。因此，在网络中路径规划与上述基于路线图的方法一样是完备的。支持这种分解的基本抽象概念是：在自由空间的各单元内，机器人的特殊位置无关紧要，重要的是机器人从各自由空间单元走向其相邻自由单元的能力。精确单元分解的主要缺点在于单元的数目，正如基于道路图的系统一样，整个路径规划的计算效率取决于环境中物体的密度和复杂性。精确单元分解的主要优点是这个相关性相同的结果。在极稀疏的环境中，尽管环境的几何尺寸很大，单元的数目仍然很少。因此在大的稀疏环境中，这种表示方法将是有效的。由于实现环境的复杂性，精确的单元分解技术在机器人中应用较少。

2）近似单元分解。相比较而言，近似单元分解是机器人路径规划中最普遍的技术之一，这是由于基于栅格环境表示的普遍性。这些基于栅格的表示方法本身是栅格尺寸固定的分解，因此它们与环境的近似单元分解相同。这种方法中最常用的形式是固定尺寸的单元分解。单元的尺寸不依赖于环境中的特殊物体。因此，由于栅格不精确的性质，可能会丢失狭窄的通路。

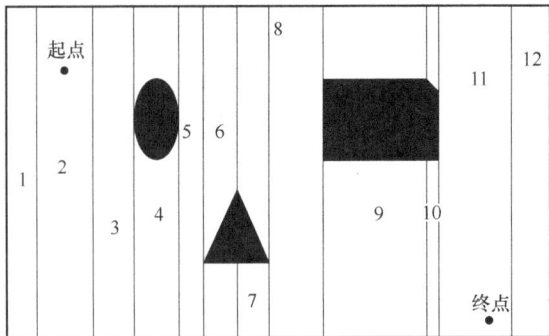

图 9-5　精确单元分解举例

5. 势场路径规划

势场路径规划为机器人地图建立一个场或梯度，引导机器人从多个先验位置到达目标位置。这种方法最初是为机器人手臂的路径规划而创建的，并常用于多个变量下的机器人领域。势场法把机器人处理成在人工势场 $U(q)$ 影响下的一个点。像物体沿重力场下降一样，机器人跟随着场进行移动。目标为对机器人的引力，障碍物为斥力，而所有这些力的叠加，施加于机器人。如图 9-6 所示，一般情况下，机器人被假定为配置空间中的一个点。这样一种人工势场平滑地引导机器人趋向目标，同时避免碰撞已知的障碍物。

值得注意的是，势场路径规划既是路径规划，又是机器人的控制律。假定机器人能够相对于地图和势场定位自身的位置，那么根据势场，它也可经常地确定其下一个所要求的动作。

支持所有势场法的基本思想是：机器人被吸引向目标，同时被先前已知的障碍物所排斥。如果在机器人移动中出现新的障碍物，为了集成这个新的信息，应更新势场。在最简单的情况下，假设机器人是一个点，因此忽略机器人的方向 θ，最后所得的势场只是二维的 (x, y)。假定一个可微的势场函数 $U(q)$，则可得到作用于位置 $q=(x, y)$ 的相关人工力 $F(q)$

$$F(q) = -\nabla U(q) \tag{9-1}$$

式中，$\nabla U(q)$ 表示在位置点 q 处 U 的梯度矢量，有

$$\nabla U = \begin{pmatrix} \dfrac{\partial U}{\partial x} \\ \dfrac{\partial U}{\partial y} \end{pmatrix} \tag{9-2}$$

作用在机器人的势场计算成目标的引力场和障碍物的斥力场之和，即

$$U(q) = U_{att}(q) + U_{rep}(q) \tag{9-3}$$

相似地，力也可被分离成吸引力和排斥力两部分，即

$$F(q) = F_{att}(q) - F_{rep}(q) = -\nabla U_{att}(q) + \nabla U_{rep}(q) \tag{9-4}$$

（1）吸引势位　例如，一个吸引势位可以定义为抛物线函数

$$U_{att}(q) = \frac{1}{2} k_{att} \rho_{goal}^2(q) \tag{9-5}$$

式中，k_{att} 是一个正的比例因子；$\rho_{goal}(q)$ 表示欧氏距离 $\|q - q_{goal}\|$。

吸引势位是可微的，形成吸引力 $\boldsymbol{F}_{att}$

$$\boldsymbol{F}_{att}(\boldsymbol{q}) = -\nabla U_{att}(\boldsymbol{q}) = -k_{att}\rho_{goal}(\boldsymbol{q})\ \nabla\rho_{goal}(\boldsymbol{q}) = -k_{att}(\boldsymbol{q}-\boldsymbol{q}_{goal}) \tag{9-6}$$

当机器人到达目标点时，该力线性地收敛至0。

（2）排斥势位　支持排斥势位的思想是产生一个离开所有已知障碍物的力。当机器人越靠近物体，排斥势位越强。当机器人远离物体时，它不应影响机器人的运动。例如

$$U_{rep}(\boldsymbol{q}) - \begin{cases} \dfrac{1}{2}k_{rep}\left(\dfrac{1}{\rho(\boldsymbol{q})}-\dfrac{1}{\rho_0}\right)^2, & \rho(\boldsymbol{q}) \leqslant \rho_0 \\ 0 & \rho(\boldsymbol{q}) \geqslant \rho_0 \end{cases} \tag{9-7}$$

式中，k_{rep} 是一个比例因子；$\rho(\boldsymbol{q})$ 是从点 $\boldsymbol{q}$ 到物体的最小距离；ρ_0 是物体的影响距离。排斥势位函数 $U_{rep}(\boldsymbol{q})$ 是正的或零，当点 $\boldsymbol{q}$ 越接近物体，排斥势位越大。

如果物体的边界是凸的，且分段可微，$\rho(\boldsymbol{q})$ 在自由配置空间中处处可微，则产生斥力 $\boldsymbol{F}_{rep}$

$$\boldsymbol{F}_{rep}(\boldsymbol{q}) = -\nabla U_{rep}(\boldsymbol{q}) = \begin{cases} k_{rep}\left(\dfrac{1}{\rho(\boldsymbol{q})}-\dfrac{1}{\rho_0}\right)\dfrac{1}{\rho^2(\boldsymbol{q})}\dfrac{\boldsymbol{q}-\boldsymbol{q}_{obstacle}}{\rho(\boldsymbol{q})}, & \rho(\boldsymbol{q}) \leqslant \rho_0 \\ 0 & \rho(\boldsymbol{q}) \geqslant \rho_0 \end{cases} \tag{9-8}$$

作用在一个承受引力和斥力的点机器人，其合力为 $\boldsymbol{F}(\boldsymbol{q}) = \boldsymbol{F}_{att}(\boldsymbol{q}) + \boldsymbol{F}_{rep}(\boldsymbol{q})$，如图9-6所示，它使机器人离开障碍物趋向目标。在理想条件下，通过设置一个正比于场力矢量的机器人速度矢量，与球绕过障碍物并向山下滚动一样，可平滑地引导机器人趋向目标。

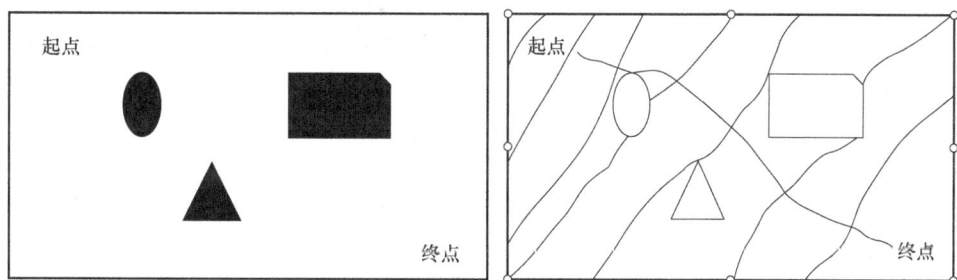

图9-6　势场法

但这种方法有很多局限性。根据障碍物形状和大小，会出现局部极小；如果物体是凹的，就会出现另一个问题，它可能产生同时存在几个最小距离值 $\rho(\boldsymbol{q})$ 的情况，导致离物体最近的两个点来回震荡，损失了完备性。

（3）扩展的势场法　Khatib 和 Chatila 提出了扩展的势场法。与所有的势场法相似，这个方法利用了人工势场的引力和斥力思想，但在基本势场上附加了两个场：转动势场和任务势场。

1）转动势场。假定斥力是关于与障碍物的距离和机器人相对于障碍物的方向的函数，这是通过一个增益系数实现的。当障碍物与机器人行走方向平行时，该系数减小斥力，这样一个物体不会对机器人的轨迹造成任何即时的安全问题，反而增强了沿障碍物跟踪的能力。

2）任务势场。考虑到当前的机器人速度，并由此排除了那些根据近期势能对机器人速度无影响的障碍物。当机器人前方扇形区（称为 Z）无障碍物时，再次做比例调整，将所有的障碍物势能加倍。扇形区 Z 可被定义为下一次移动时，机器人快速通过的区域。结果可

能是穿过空间更平滑的轨迹。图9-7所示为经典势场法与扩展势场法对比的实例。

人们提出了势场法的许多改进方法，并已由移动机器人研究者予以实现。在大多数情况下，这些改进旨在改善机器人在局部极小中的行为。同时，当机器人必须通过狭窄空间（如门口）时，降低震荡和不稳定性的可能性。

至此，简短概述了机器人学中最普通的路径规划技术。但是，路径规划器可以只考虑环境中机器人已提前知道的障碍物。在路径执行期间，由于地图不精确或动态障碍物的出现，机器人的实际传感器值可能与期望值不符，因此，根据实际的传感器值，机器人可以实时地修改它的路径是非常关键的。这就是下面将要讨论的机器人避障能力。

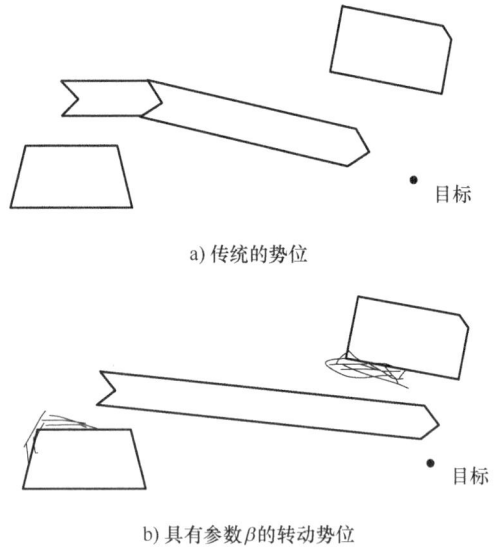

a) 传统的势位

b) 具有参数β的转动势位

图9-7 经典势场法与扩展势场法的比较

9.2.2 避障

在机器人移动过程中，考虑避障问题，即机器人根据接收到的传感器给出的障碍物信息，改变其运动轨迹。机器人运动既是机器人当前的或最近传感器读数的函数，又是机器人目标位置及距目标的相对位置的函数。下面介绍的避障算法，主要依赖于全局地图的存在性和机器人定位的精确性。尽管这些算法各不相同，但机器人运动还是主要依赖于传感器的精确信息。下面的所有算法都可以称为避障算法。

1. Bug 算法

Bug算法是最简单的避障算法之一。其具体思路是在机器人运动过程中，跟踪各障碍物的轮廓，从而绕开它。Bug算法又有Bug1、Bug2等改进算法。

用Bug1算法时，如图9-8所示，机器人首先完全地绕物体运动，然后从与目标距离最短的点离开。当然这种方法效率很低，但能够保证机器人可以到达任何可到达的地方。

用Bug2算法时，机器人开始跟踪物体的轮廓，但当它能直接移动至目标时，就立即分离。一般而言，这个改进的Bug算法，如图9-9所示，具有非常短的机器人行走总路径。但人们仍可构造出使Bug2算法无效的情况（即非最优）。

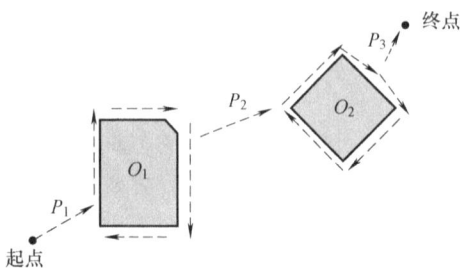

图9-8 Bug1 算法
O_1、O_2—障碍物中心点 P_1、P_2、P_3—路径

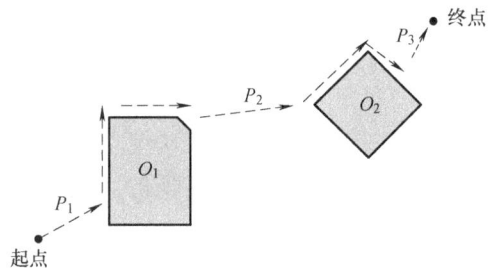

图9-9 Bug2 算法
O_1、O_2—障碍物中心点 P_1、P_2、P_3—路径

Bug 算法还存在多种改进算法。如正切 Bug 算法，该方法增加了距离感知和称为局部正切图的局部环境表示。使用局部正切图时，机器人不仅能更有效地移向目标点，而且当顺着障碍轮廓并切换回到以前目标搜索时，机器人也可以沿捷径行走。在很多简单的环境中，正切 Bug 算法可得到全局最优的路径。

尽管这些避障算法经常应用于简单的机器人中，但它们仍有许多缺点。例如，Bug2 算法中没有考虑机器人的动力学，而这一点对于非完全机器人来说特别重要。而且，因为只使用最近的传感器数据，传感器噪声对实际环境的性能指标有严重的影响。下面介绍其他以克服这些限制的避障技术。

2. 矢量场直方图

Borenstein 和 Koren 一起创造了矢量场直方图（Vector Field Histogram，VFH）。他们的早期工作主要集中于势场，由于势场方法不稳定且没有能力通过狭窄的通道，因此放弃了该方法。后来，Borenstein 和 Ulrich 一起，扩展了 VFH 算法，提出了 VFH+算法和 VFH∗算法。

对 Bug 类型算法的主要批评之一是：机器人在每一时刻的行为一般只是它最近的传感器读数的函数。在机器人的瞬时传感器读数，对机器人避障没有提供足够信息，它可以导致不希望但不可避免的问题。VFH 技术通过创建围绕机器人环境的局部地图，克服了这些限制。这个局部地图是一个小的占有栅格，只被较新近的传感器距离数据所占用。为了避障，VFH 产生一个极坐标直方图，如图 9-10 所示，x 轴表示发现障碍物的角度 α；y 轴表示根据占有栅格的单元值，在那个方向确实存在障碍物的概率 p。

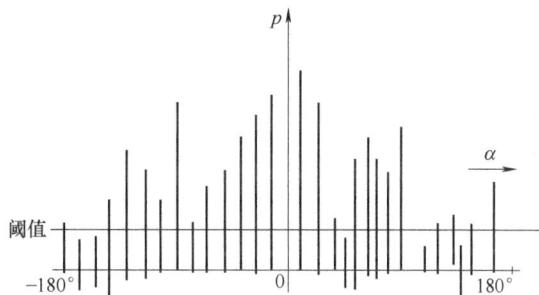

图 9-10　极坐标直方图

由这个直方图，可以计算操纵方向。首先确定使移动机器人通过的足够大的所有开放通路，然后对每一个这样的候选通路计算其费用函数，选择具有最低费用的通路。费用函数 G 有三项，即

$$G = a \times 目标方向 + b \times 轮子方向 + c \times 以前方向 \tag{9-9}$$

式中，目标方向为与目标一致的机器人路径；轮子方向为新方向和当前轮子方向之差；以前方向为以前所选方向和新方向之差。

计算这些项使得离目标方向大的偏离，导致在"目标方向"项产生大的花费。费用函数 G 中的参数 a、b、c 可调整机器人的行为，如大的目标偏移由大的值来表达。

在 VFH+改进中，基于机器人运动学的限制，如四轮移动机器人，简化进程之一就是考虑了机器人可能轨迹的简化模型。将机器人建模成在圆弧或直线中运动。因此，如图 9-11 所示，障碍物阻挡了穿过该障碍物的所有可允许的机器人轨迹，于是形成了被屏蔽的极坐标直方图，在该图中，障碍物被放大，从而可以考虑所有运动学上被阻塞的轨迹。

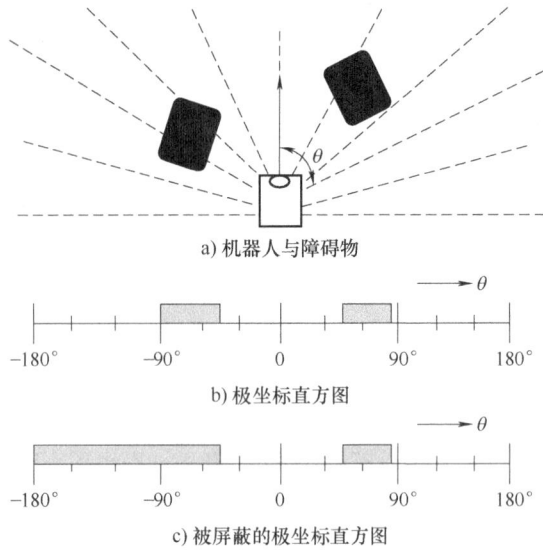

a) 机器人与障碍物

b) 极坐标直方图

c) 被屏蔽的极坐标直方图

图 9-11　矢量场直方图

3. 气泡带技术

这种思想是对 Khatib 和 Quinlan 提出的弹性带概念中非完全移动机器人的扩展。最初的弹性带概念只用于完全车辆，因此这里把重点放在由 Khatib、Jaouni、Chatila 和 Laumod 提出的气泡带扩展技术上。

气泡被定义为围绕给定的机器人配置空间，其自由空间的最大局部子集，即机器人可在该局部空间任意方向行走而无碰撞的范围。利用机器人的简化模型，连同机器人地图中可用的信息可以产生气泡。在计算气泡大小时，如图 9-12 所示，即使用简化的机器人几何特性模型，也有可能考虑到机器人的实际形状。给定这样的气泡，如图 9-13 所示，可以用气泡带或一条沿着从机器人的初始位置到目标位置的轨迹，展示机器人贯穿其路径的期望自由空间。

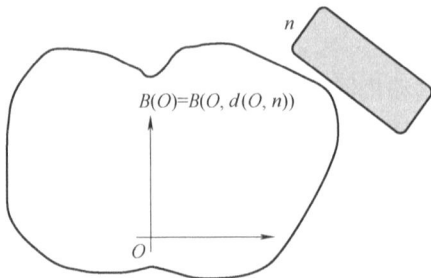

图 9-12　围绕车辆的气泡形状

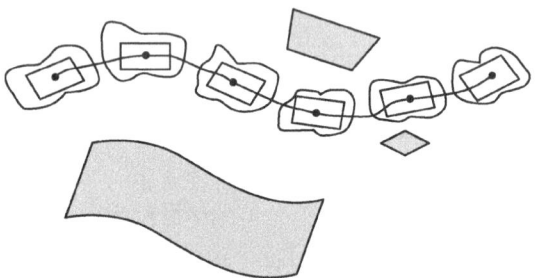

图 9-13　典型的气泡带

显然，计算气泡带需要全局地图和全局路径规划器。一旦确定了路径规划器的初始轨迹并计算出气泡带，接着就可以对已规划的轨迹做修改。气泡带考虑了已建模物体产生的力和内部的力，这些内部力力图使相邻气泡之间的"缓冲"（能量）最小。在路径执行期间，在使机器人自由空间尽可能地平滑变化这个意义上，上述过程加上最后的平滑操作使得轨迹变得平滑。

当然，到目前为止，这更类似于路径优化而不是避障。气泡带策略的避障在机器人运动期间起作用。当机器人得知非预见的传感器值时，利用气泡带模型以一种使气泡带张力最小的方法，控制机器人偏转原先的意向路径。

气泡带技术的一个优点是，人们可以考虑机器人的实际尺寸。但正如用离线路径规划技术一样，这种方法最适合应用于环境配置事先已知的情况。

4. 曲率速度方法

基本的曲率速度方法是由 Simmons 提出的，它能在避障期间考虑机器人的运动学约束，甚至考虑到某些动力学约束，这是胜过其他方法的优点。曲率速度方法开始就将机器人和环境中的物理约束加到速度空间中。速度空间由转动速度 ω 和平移速度 v 组成。因此假定机器人只沿着曲率 $c=\omega/v$ 的圆弧行走。

人们确认两种类型的约束：一是由机器人速度和加速度限制造成的约束，具体地说有 $-v_{max}<v<v_{max}$，$-\omega_{max}<\omega<\omega_{max}$；二是障碍物造成的约束。由于障碍物的位置约束，它们不允许有某些 v 和 ω 的值。障碍物开始作为笛卡儿栅格中的物体，但随后通过计算机器人位置到障碍物的距离，如图 9-14 所示，变换到速度空间。只考虑处于 c_{min} 和 c_{max} 以内的曲率，因为那个曲率空间包含了所有合法的轨迹。为达到实时控制的特性指标，障碍物可以由圆形物体近似，并将物体的轮廓划分成几个区段。计算区段端点到机器人的距离，且假定端点之间以内的距离函数是恒定的。

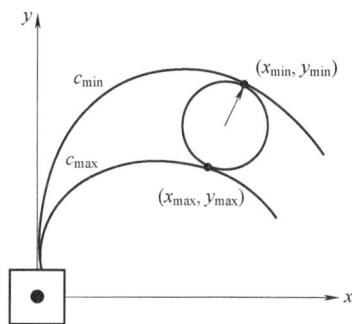

图 9-14　障碍物的切线曲率

目标函数做出最终新速度(v 和 ω)的决策。该目标函数只对履行运动和动力学约束及障碍约束的速度空间部分进行评估。如果机器人装有多种类型的距离传感器，用笛卡儿栅格作为初始障碍的表示，就能直接进行传感器融合。

曲率速度方法以实用的方式，考虑了移动机器人的动力学。但这个方法的局限性是障碍物的圆形简化，在某些环境下是可以接受的。然而，在其他环境中，这种简化可能会导致一系列问题。因为系统没有使用先验知识，曲率速度方法还可能产生局部极小。

曲率速度方法具有一些缺点，Ko 和 Simmons 提出了曲率速度方法的改进方法，称为道路曲率法。曲率速度方法引导机器人通过走廊交叉口有困难。问题来源于机器人只沿着固定的弧线运动的近似性，而在实际中，机器人碰到障碍前可多次改变方向。

道路曲率法计算一组期望的道路，将到达最近障碍物的道路长度与宽度进行折中，并根据目标函数选择最佳特性的道路，从而使得还不在最佳道路上的机器人也能转向最佳道路。试验结果已经展示，它比曲率速度方法有更好的性能。需要注意的是，必须仔细选择目标函数的参数以优化系统的行为。

5. 动态窗口法

考虑机器人运动学约束的另一种技术是动态窗口避障法，它是一种简单但有效的动态模型方法。

(1) 局部动态窗口法　在局部动态窗口法中，通过搜索一个经过细心选择的速度空间，考虑了机器人的运动学。速度空间是所有可能组元(v, ω)的集合，其中 v 是速度，ω 是角速度。该方法假定，至少在一个时间戳内，机器人只在代表各个组元的圆弧中运动。

给定机器人当前的速度,考虑机器人的加速度能力和时间周期,动态窗口法首先选择能在下一个采样周期内到达的所有组元(v, ω)的动态窗口。下一步是缩小动态窗口,只保留那些保证机器人在碰到障碍之前能够停止的组元。保留的速度称为容许速度。图9-15所示为一个典型的动态窗口。注意到,动态窗口的形状是矩形,它遵循平移和转动的动态能力是独立的这种近似。

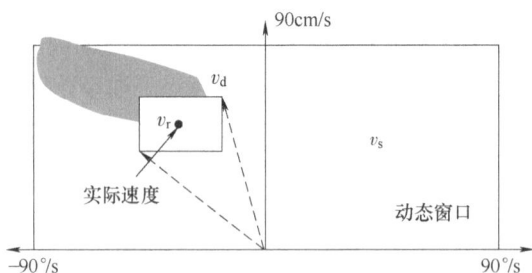

图9-15 典型的动态窗口

将目标函数施加于动态窗口中所有的可容许速度组元,就可选择新的运动方向。目标函数趋向快速向前运动,与障碍物保持大的距离,且目标朝向一致。目标函数O有以下形式

$$O = a \times \text{heading}(v, w) + b \times \text{velocity}(v, w) + c \times \text{dist}(v, w) \tag{9-10}$$

式中,heading为向目标位置前进的测量值;velocity为机器人向前的速度→鼓励快速运动;dist为轨迹中距最近障碍物的距离。

(2)全局动态窗口法 全局动态窗口法是全局思考上面提出的方法。如图9-16所示,这可以由目标函数O加上NF1算法或野火算法来实现。NF1算法在占用栅格中,用到目标点的总距离值L来标记单元。为了使运算更快,全局动态窗口法只在所选择的矩形区域计算,该区域指引机器人朝向它的目标。如果在这个所选区域的约束内不能达到目标,则扩大区域的宽度继续计算。

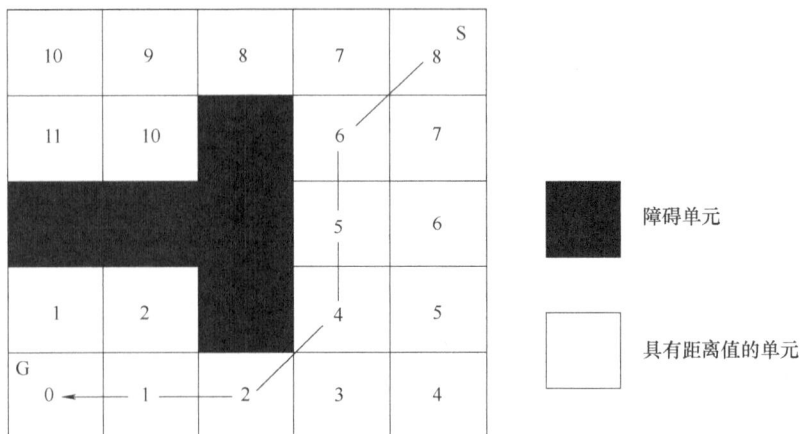

图9-16 NF1函数产生的最终路径和距离转换的例子

这就允许全局动态窗口法能获得全局路径规划的优点,而不需完整的先验知识。当机器人在环境中移动时,占用的栅格用距离测量值进行更新,且对每一个更新版本计算NF1。

如果由于机器人被障碍物包围不能计算 NF1，则该方法将退化为动态窗口法。由此保持机器人运动，使之找到一条可行的出路，且可恢复 NF1。

全局动态窗口法可以保证实时、动态约束、全局思考和高速的最小自由避障。

6. Schlegel 避障方法

Schlegel 提出了一个考虑动力学及机器人实际形状的方法。该方法采用笛卡儿栅格表示环境中的障碍物，对原始的激光数据测量和传感器进行融合。利用预先计算的查找表，获得实时性能指标。

如前面已描述的方法一样，基本假设是：机器人在由圆弧构成的轨迹中移动，圆弧定义为曲率 i_c。给定某曲率 i_c，Schlegel 计算机器人与单个障碍点 (x, y) 之间碰撞的距离 l_i，如图 9-17 所示。因为允许机器人具有任何式样，计算过程需要耗时，所以结果是预先计算的，并存储在查找表中。

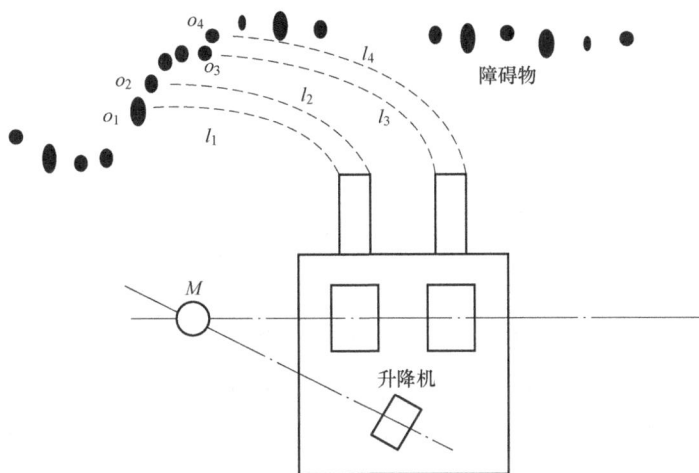

图 9-17 当机器人围绕 M 旋转时，由曲率得到的距离

例如，对一个差动机器人，搜索空间窗口 V，定义为左、右轮所有可能的速度 v_r 和 v_1。给定当前机器人的运动，把 v_s 细化成只在下一时间步内能达到的那些值，就可考虑机器人的动态约束。最后，通过将目标方向、速度、碰撞前的距离进行折中，目标函数选择最佳的速度和方向。

7. ASL 避障算法

瑞士联邦理工大学自主系统实验室为大型展览会开发了一个自适应交换学习（Adaptive Switching Learning，ASL）避障算法，要求机器人穿过密集人群而移动，还要保证一定的参观人流。为了得到一个平滑移动而不断地再规划，且在安全情况下能小心地用肘轻轻开拓通路的系统，算法合并了三种方法。这是一个局部的路径规划和避障算法，以从高层取得中途点的形式接收它的输入。图 9-18 所示为 ASL 避障算法的流程图。

NF1 执行局部路径规划，利用展览会上所用的八角形机器人在大多时间内能立即旋转的事实，产生的路径被转换成不考虑运动学的弹性带。这样尽可能简单地保持路径的更新。然后，用增强的动态窗口照顾机器人沿着路径移动。

8. 接近图

在避障算法中，力图填充模型保真度的空隙。可以认为接近图（Nearness Diagram，ND）

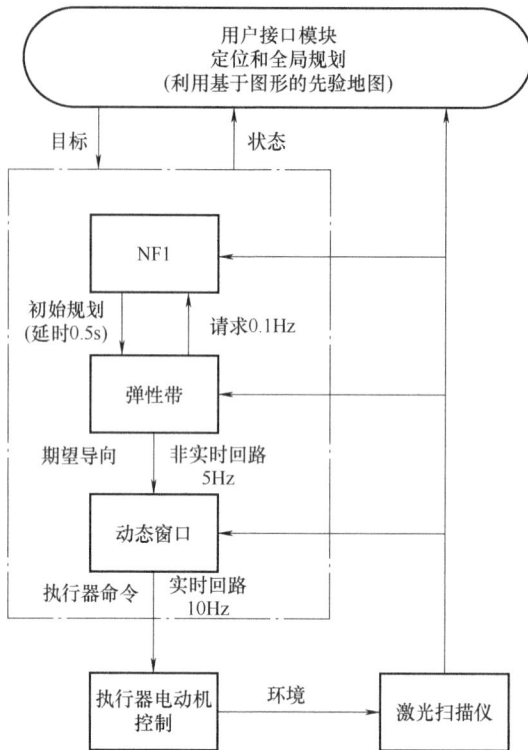

图 9-18　ASL 避障算法流程图

与 VFH 具有某些相似性，但化解了它的几个缺点，特别是在非常杂乱的空间中。它同样考虑了更精密的几何特性、运动学和动力学约束。实现 ND 的办法是：把问题分解，产生具有单一约束最有希望的行走方向的一个圆形机器人；然后，使该机器人与它的运动学和动力学约束相适应；如果不是圆形，接着就修正机器人形式。该方法进一步发展为加入了全局推理，称为全局接近图（Global Nearness Diagram，GND）。GND 基于工作空间表示，而不是配置空间；且除了障碍物信息外，还更新自由空间。

9. 梯度法

认识到当前的计算机技术能对波前传播方法进行快速重复计算，于是梯度法将基于栅格的全局路径规划方程化。它考虑了与障碍物的接近度，并允许在栅格任何给定点上产生梯度方向的连续插补。NF1 方法是所提出算法的一个特殊情况，它在每一时间步计算导航函数，并用得到的梯度信息驱动机器人在平滑路径上走向目标。并且，除非需要，机器人不会擦碰障碍物。

10. 加上动态约束

在上述讨论的大多数避障方法中，力图解决缺乏动态模型问题。Minguez、Montano 和 Khatib 提出了一种新的空间表示法。自-动态空间（Ego-Dynamic Space）同样可应用于工作空间和配置空间方法中，它将障碍物变换成距离，而该距离依赖于基本避障方法的制动约束和采样时间。结合已提出的空间窗口法（PF）来描述加速能力，连同 ND 和 PF 法一起测试了 Minguez 等方法，对圆形的完全机器人给出了满意的结果，并计划把它扩展到非完全、非圆形的体系结构中。

11. 其他方法

上面描述的方法是一些最普通的参考避障系统。然而，在移动机器人学范畴，还有众多其他的避障技术。例如，由 Tzafestas 对模糊和神经模糊避障的方法提出了综述。受自然界的启发，Chen 和 Quinn 提出了一种生物学方法。在该方法中，它们复制了蟑螂的神经网络，然后该网络被应用于四轮车辆模型中。

李雅普诺夫函数(Liapunov Functions)形成了一个著名的理论，它可以用于证明非线性系统的稳定性。在 Vanualailai、Nakagiri 和 Ha 的论文中，李雅普诺夫函数被用于在已知环境中移动的两点质量的控制策略。所有的障碍物均被定义为具有精确位置和圆形的反目标。当建立系统的控制规律时，就使用反目标。然而，这个复杂的数学模型还未在现实环境的机器人上做过测试。

12. 不同避障方法综述

表 9-1～表 9-4 从模型保真度、地图构建、路径规划及传感器等方面，综述对比了机器人不同类型避障方法里当前常用算法的性能，给出了其在不同受试机器人下，各种算法的特性指标参数，并评述了不同方法当前存在的问题。这些算法特性参数表可为读者选择适当的避障算法提供参考。

表 9-1 最常用的避障算法综述（一）

方法		Bug		
		正切 Bug	Bug2	Bug1
模型保真度	形式	点	点	点
	运动学			
	动力学			
视图		局部	局部	局部
其他要求	局部地图	局部正切图		
	全局地图			
	路径规划器			
传感器		距离	触觉	触觉
受试机器人				
特性指标	周期时间			
	体系结构			
评注		很多情况下有效，鲁棒	低效率，鲁棒	很低效率，鲁棒

表 9-2 最常用的避障算法综述（二）

方法		气泡带		矢量场直方图（VFH）		
		气泡带	弹性带	VFH *	VFH+	VFH
模型保真度	形式	C 空间	C 空间	圆	圆	过分简单化
	运动学	精确		基本	基本	
	动力学			过分简单化	过分简单化	
视图		局部	全局	基本上局部	局部	局部
其他要求	局部地图			直方图栅格	直方图栅格	直方图栅格
	全局地图	多角形	多角形			
	路径规划器	必需	必需			

（续）

方法		气泡带		矢量场直方图（VFH）		
		气泡带	弹性带	VFH∗	VFH+	VFH
传感器				声呐	声呐	距离
受试机器人		各种	各种	非完全	非完全	同步驱动
特性指标	周期时间			6～242ms	6ms	27ms
	体系结构			66MHz，486PC	66MHz，486PC	20MHz，386AT
评注				较少，局部最小	局部最小	局部最小，震荡轨迹

表 9-3　最常用的避障算法综述（三）

方法		动态窗口		曲率速度	
		全局动态窗口	动态窗口法	道路曲率法	曲率速度法
模型保真度	形式	圆	圆	圆	圆
	运动学	完全	精确	精确	精确
	动力学	基本	基本	基本	基本
视图		全局	局部	局部	局部
其他要求	局部地图		障碍线场	直方图栅格	直方图栅格
	全局地图	C 空间栅格			
	路径规划器	NF1			
传感器		180°FOV SCK 激光扫描器	24 个声呐环，56 个红外环 立体摄像机	24 个声呐环，30°FOV 激光器	24 个声呐环，30°FOV 激光器
受试机器人		完全	同步驱动	同步驱动	同步驱动
特性指标	周期时间	6.7ms	250ms	125ms	125ms
	体系结构	450MHz，PC	486PC	200MHz，奔腾	66MHz，486PC
评注		转入走廊	局部最小		局部最小

表 9-4　最常用的避障算法综述（四）

方法		其他				
		梯度法	全局接近图	接近图	ALS 法	Schlegel 法
模型保真度	形式	圆周	圆周	圆周	多边形	多边形
	运动学	精确	完全	完全	精确	精确
	动力学	基本			基本	基本
视图		全局	全局	局部	局部	局部
其他要求	局部地图		栅格		栅格	
	全局地图	局部感知空间	NF1			栅格
	路径规划器	融合			图形（拓扑的）NF1	前波
传感器		180°FOV 距离传感器	180°FOV SCK 激光扫描器	180°FOV SCK 激光扫描器	2×180° FOV SCK 激光扫描器	360°FOV 激光扫描器

（续）

方法	其他				
	梯度法	全局接近图	接近图	ALS 法	Schlegel 法
受试机器人	非完全	完全	完全	差动驱动	同步驱动
特性指标 周期时间	100ms（核心算法：10ms）			100ms（核心算法：22ms）	
特性指标 体系结构	266MHz，奔腾			380MHz，G3	
评注			局部最小	转入走廊	允许改变形式

9.3 机器人轨迹生成

9.3.1 路径和轨迹

机器人的轨迹指操作臂在运动过程中的位移、速度和加速度。路径是机器人位姿的一定序列，而不考虑机器人位姿参数随时间变化的因素。如图 9-19 所示，如果有关机器人从 A 点运动到 B 点，再到 C 点，那么这中间位姿序列就构成了一条路径。而轨迹则与何时到达路径中的每个部分有关，强调的是时间。因此，图中无论机器人何时到达 B 点和 C 点，其路径是一样的，而轨迹则依赖于速度和加速度，如果机器人到达 B 点和 C 点的时间不同，则相应的轨迹也不同。人们的研究不仅要涉及机器人的运动路径，而且还要关注其速度和加速度。

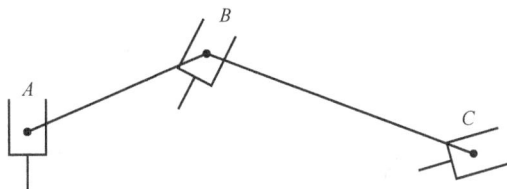

图 9-19 机器人在路径上的依次运动

9.3.2 轨迹规划

轨迹规划是指根据作业任务要求确定轨迹参数并实时计算和生成运动轨迹。轨迹规划的一般问题有三个：

1）对机器人的任务进行描述，即运动轨迹的描述。

2）根据已经确定的轨迹参数，在计算机上模拟所要求的轨迹。

3）对轨迹进行实际计算，即在运行时间内按一定的速度计算出位置、速度和加速度，从而生成运动轨迹。

9-2 机器人的
轨迹规划

在规划中，不仅要规定机器人的起始点和终止点，而且要给出中间点（路径点）的位姿及路径点之间的时间分配，即给出两个路径点之间的运动时间。

轨迹规划既可在关节空间中进行，即将所有的关节变量表示为时间的函数，用其一阶、二阶导数描述机器人的预期动作，也可在直角坐标空间中进行，即将手部位姿参数表示为时间的函数，而相应的关节位置、速度和加速度由手部信息导出。

以 2 自由度平面关节机器人为例解释轨迹规划的基本原理。如图 9-20 所示，要求机器人从 A 点运动到 B 点。机器人在 A 点时的形位角 $\alpha=20°$，$\beta=30°$；到达 B 点时的形位角 $\alpha=40°$，$\beta=80°$。两关节运动的最大速度均为 $10°/s$。当机器人的所有关节均以最大速度运动时，下方的连杆将用 2s 到达，而上方的连杆还需再运动 3s，可见路径是不规则的，手部掠过的距离点也是不均匀的。

设机器人手臂两个关节的运动用有关公共因子做归一化处理，使手臂运动范围较小的关节运动成比例的减慢，这样，两个关节就能够同步开始和结束运动，即两个关节以不同速度一起连续运动，速率分别为 4°/s 和 10°/s。图 9-21 所示为该机器人两关节运动轨迹，与前面的不同，其运动更加均衡，且实现了关节速度归一化。

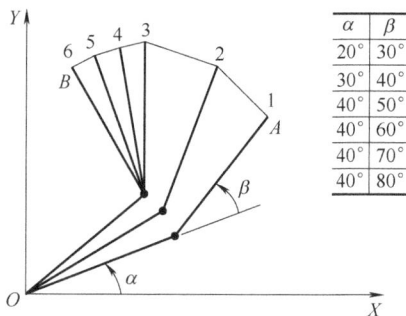

图 9-20　2 自由度机器人关节空间的非归一化运动

如果希望机器人的手部可以沿 AB 这条直线运动，最简单的方法是将该直线等分为几部分（图 9-22 中分成 5 部分），然后计算出各个点所需的形位角 α 和 β 的值，这一过程称为两点间的插值。可以看出，这时路径是一条直线，而形位角变化并不均匀。很显然，如果路径点过少，将不能保证机器人在每一小段内的严格直线轨迹，因此，为获得良好的沿循精度，应对路径进行更加细致的分割。由于对机器人轨迹的所有运动段的计算均基于直角坐标系，因此该方法属于直角坐标空间的轨迹规划。

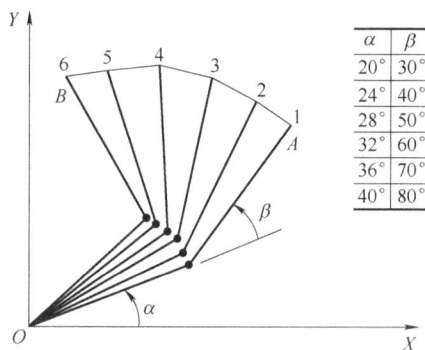

图 9-21　2 自由度机器人关节空间的归一化运动

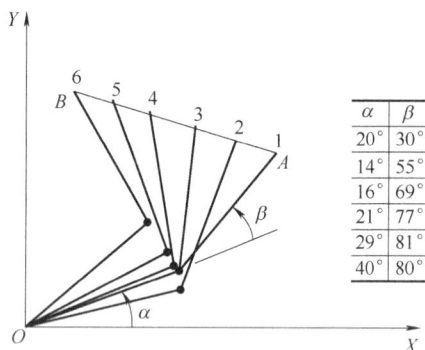

图 9-22　2 自由度机器人直角坐标空间的运动

9.3.3　关节空间的轨迹规划

1. 三次多项式轨迹规划

假设机器人的初始位姿是已知的，通过求解逆运动学方程可以求得机器人期望的手部位姿对应的形位角。若考虑其中某一关节的运动开始时刻 t_i 的角度为 θ_i，希望该关节在时刻 t_f 运动到新的角度 θ_f。轨迹规划的一种方法是使用多项式函数，以使得初始和末端的边界条件与已知条件相匹配，这些已知条件为 θ_i 和 θ_f 及机器人在运动开始和结束时的速度，这些速度通常为 0 或其他已知值。这四个已知信息可用于求解下列三次多项式方程中的四个未知量，有

这里初始和末端条件为

$$\theta(t) = c_0 + c_1 t + c_2 t^2 + c_3 t^3 \tag{9-11}$$

$$\begin{cases} \theta(t_i) = \theta_i \\ \theta(t_f) = \theta_f \\ \dot{\theta}(t_i) = 0 \\ \dot{\theta}(t_f) = 0 \end{cases} \tag{9-12}$$

对式(9-11)求一阶导数得

$$\dot{\theta}(t) = c_1 + 2c_2 t + 3c_3 t^2 \tag{9-13}$$

将初始和末端条件代入式(9-11)和式(9-13)得

$$\begin{cases} \theta(t_i) = c_0 = \theta_i \\ \theta(t_f) = c_0 + c_1 t_f + c_2 t_f^2 + c_3 t_f^3 = \theta_f \\ \dot{\theta}(t_i) = c_1 = 0 \\ \dot{\theta}(t_f) = c_1 + 2c_2 t_f + 3c_3 t_f^2 = 0 \end{cases} \tag{9-14}$$

通过联立求解这四个方程，得到方程中的四个未知的数值，便可算出任意时刻的关节位置，控制器则据此驱动关节到目标位置。尽管每个关节都是用同样步骤分别进行轨迹规划的，但是所有关节从始至终都是同步驱动。如果机器人初始和末端的速度不为零，则同样可以通过给定数据得到未知的数值。

2. 抛物线过渡的线性运动轨迹

在关节空间进行轨迹规划的另一种方法是让机器人关节以恒定速度在起点和终点位置之间运动，轨迹方程相当于一次多项式，其速度是常数，加速度为零。这表示在运动段的起点和终点的加速度必须为无穷大，才能在边界点瞬间产生所需的速度。为避免这一现象出现，线性运动段在起点和终点处可以用抛物线来进行过渡，从而产生连续位置和速度，如图9-23所示。

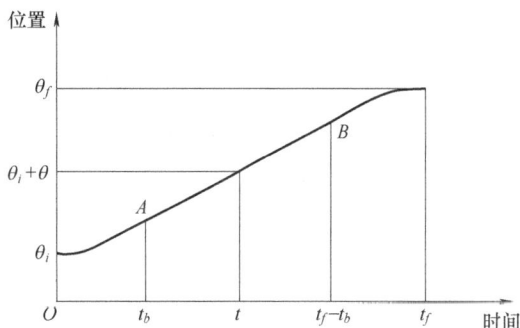

图9-23　抛物线过渡的线性段规划方法

假设 $t_i = 0$ 和 t_f 时刻对应的起点和终点位置为 θ_i 和 θ_f，抛物线与直线部分的过渡段在时间 t_b 和 $t_f - t_b$ 处是对称的，得到

$$\begin{cases} \theta(t) = c_0 + c_1 t + \dfrac{1}{2} c_2 t^2 \\ \dot{\theta}(t) = c_1 + c_2 t \\ \ddot{\theta}(t) = c_2 \end{cases} \tag{9-15}$$

显然，这时抛物线运动段的加速度是一个常数，并在公共点 A 和 B（这些点称为节点）上产生连续的速度。

将边界条件代入抛物线段的方程得

$$\begin{cases} \theta(0) = \theta_i = c_0 \\ \dot{\theta}(0) = 0 = c_1 \\ \ddot{\theta}(t) = c_2 \end{cases} \tag{9-16}$$

整理得

$$\begin{cases} c_0 = \theta_i \\ c_1 = 0 \\ c_2 = \ddot{\theta} \end{cases}$$ (9-17)

从而简化抛物线段的方程为

$$\begin{cases} \theta(t) = \theta_i + \dfrac{1}{2}c_2 t^2 \\ \dot{\theta}(t) = c_2 t \\ \ddot{\theta}(t) = c_2 \end{cases}$$ (9-18)

显然，对于直线段，速度将保持为常数，可以根据驱动器的物理性能来加以选择。将零初速度、线性段常量速度 ω 及零末端速度代入式(9-18)中，可得 A 点、B 点及终点的关节位置和速度为

$$\begin{cases} \theta_A = \theta_i + \dfrac{1}{2}c_2 t_b^2 \\ \dot{\theta}_A = c_2 t_b = \omega \\ \theta_B = \theta_A + \omega\big[(t_f - t_b) - t_b\big] = \theta_A + \omega(t_f - 2t_b) \\ \dot{\theta}_B = \dot{\theta}_A = \omega \\ \theta_f = \theta_B + (\theta_A - \theta_i) \\ \dot{\theta}_f = 0 \end{cases}$$ (9-19)

由式(9-19)可以求得

$$\begin{cases} c_2 = \dfrac{\omega}{t_b} \\ \theta_f = \theta_i + c_2 t_b^2 + \omega(t_f - 2t_b) \end{cases}$$ (9-20)

把 c_2 代入得

$$\theta_f = \theta_i + \left(\dfrac{\omega}{t_b}\right)t_b^2 + \omega(t_f - 2t_b)$$ (9-21)

进而求出过渡时间

$$t_b = \dfrac{\theta_i - \theta_f + \omega t_f}{\omega}$$ (9-22)

t_b 不能大于总时间 t_f 的一半，否则，在整个过程中将没有直线运动段，而只有抛物线加速段和抛物线减速段。由 t_b 的表达式可以计算出对应的最大速度

$$\omega_{\max} = \dfrac{2(\theta_f - \theta_i)}{t_f}$$ (9-23)

如果初始时间不是零，则可采用平移时间轴的方法使初始时间为零。终点的抛物线段和起点的抛物线段是对称的，只不过加速度为负，因此可以表示为

$$\theta(t) = \theta_f - \dfrac{1}{2}c_2(t_f - t)^2$$ (9-24)

从而得

$$\begin{cases} \theta(t) = \theta_f - \dfrac{\omega}{2t_b}(t_f - t)^2 \\[2mm] \dot{\theta}(t) = \dfrac{\omega}{t_b}(t_f - t) \\[2mm] \ddot{\theta}(t) = -\dfrac{\omega}{t_b} \end{cases} \tag{9-25}$$

9.3.4　工作空间的轨迹规划

如同 9.3.3 节中所述，在关节空间中计算出的路径可保证操作臂能够到达中间点和目标点，即使这些路径点是用笛卡儿坐标系来规定的。不过，末端执行器在空间的路径不是直线，而且其路径的复杂程度取决于操作臂特定的运动学特性。本小节讨论的路径生成方法是用笛卡儿位姿关于时间的函数来描述路径形状。此方法可以确定路径点之间的空间路径形状，最常见的路径形状是直线，不过也会使用圆、正弦或其他路径形状。

每个路径点通常由工具坐标系相对于工作台坐标系的期望位姿来确定。在基于笛卡儿空间的路径规划方法中，形成轨迹的样条函数是描述笛卡儿变量随时间变化的函数。这些路径可直接根据用户指定的路径点进行规划，这些路径点是由工具坐标系$\{T\}$相对于工作台坐标系$\{S\}$来描述的，不需要事先进行逆运动学求解。可是，执行笛卡儿规划的计算量很大，因为在运行时必须以实时更新路径的速度求出运动学逆解，即在笛卡儿空间生成路径后，最后一步要通过求解逆运动学计算出期望的关节角度。

工业机器人研究协会已提出了几种生成笛卡儿路径的规划方法。作为示例，下文将介绍其中一种方法。在这种规划方法中，将用到前面介绍过的关节空间的直线/抛物线样条函数方法。

通常，希望能够简单地确定空间路径，使工具的末端在空间做直线运动。显然，如果在一条直线上密集地指定许多分离的中间点，那么不管在中间点之间使用何种光滑函数进行连接，工具末端都走直线。但是，如果能让工具在相隔较远的中间点之间走直线路径，则会更为方便一些。这种定义和执行路径的模式称为笛卡儿直线运动。使用直线来定义运动是更为一般意义上的笛卡儿运动的子集。在笛卡儿运动中，可以使用笛卡儿变量关于时间的任意函数来定义路径。能完成一般笛卡儿运动的系统，可以执行诸如椭圆或正弦的路径形状。

在规划和生成笛卡儿直线路径时，最好使用带有抛物线拟合的直线样条函数。在每段的直线部分，位置的三个分量都以线性方式发生变化，所以末端执行器会沿着直线路径在空间运动。然而，如果在每个中间点将姿态定义成旋转矩阵，则无法对其分量进行线性插值，因为这样做不一定总能得到有效的旋转矩阵。一个旋转矩阵必须由正交列矢量组成，而在两个有效的矩阵之间对矩阵元素进行线性插值并不能保证满足这个条件。因此，可以使用另一种姿态的表示方法。

1. 机器人工作空间的坐标系表示

因为旋转既可被看作算子又可被看作是对姿态的描述，因此毋庸置疑对于不同的用途就有不同的表示法。旋转矩阵可作为算子，当乘以矢量时，旋转矩阵就起到旋转运算的作用。但是，用旋转矩阵来确定姿态有些不便。一个计算机终端操作员在输入一个机械手的期望姿态时，需要烦琐地输入一个九个元素的正交矩阵。而一种只需三个数的表示法就显得简便些。下文将介绍这些表示法。

下面介绍描述坐标系$\{B\}$姿态的一种方法。

如图 9-24 所示，首先将坐标系 $\{B\}$ 和一个已知参考坐标系 $\{A\}$ 重合。先将 $\{B\}$ 绕 $\hat{X}_A$ 轴旋转 γ 角，再绕 $\hat{Y}_A$ 轴旋转 β 角，最后绕 $\hat{Z}_A$ 轴旋转 α 角。

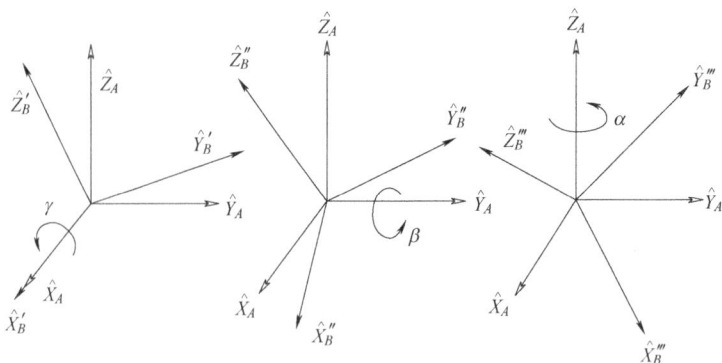

图 9-24　XYZ 固定角坐标系

可直接推导等价旋转矩阵 ${}_B^A\boldsymbol{R}_{XYZ}(\gamma,\ \beta,\ \alpha)$，因为所有的旋转都是绕着参考坐标系各轴的，即

$$
{}_B^A\boldsymbol{R}_{XYZ}(\gamma,\ \beta,\ \alpha) = \boldsymbol{R}_Z(\alpha)\boldsymbol{R}_Y(\beta)\boldsymbol{R}_X(\gamma) = \begin{pmatrix} c\alpha & s\alpha & 0 \\ s\alpha & c\alpha & 0 \\ 0 & 0 & 1 \end{pmatrix} \begin{pmatrix} c\beta & 0 & s\beta \\ 0 & 1 & 0 \\ -s\beta & 0 & c\beta \end{pmatrix} \begin{pmatrix} 1 & 0 & 0 \\ 0 & c\gamma & -s\gamma \\ 0 & s\gamma & c\gamma \end{pmatrix}
$$

$$(9-26)$$

式中，$c\alpha$ 是 $\cos\alpha$ 的简写；$s\alpha$ 是 $\sin\alpha$ 的简写；其余同理。最重要的是要搞清楚式(9-26)中的旋转顺序。

将旋转看作算子依次进行旋转(从右开始)，先做旋转 $\boldsymbol{R}_X(\gamma)$，再做旋转 $\boldsymbol{R}_Y(\beta)$，最后做旋转 $\boldsymbol{R}_Z(\alpha)$。由式(9-23)的乘积得

$$
{}_B^A\boldsymbol{R}_{XYZ}(\gamma,\ \beta,\ \alpha) = \begin{pmatrix} c\alpha c\beta & c\alpha s\beta s\gamma - s\alpha c\gamma & c\alpha s\beta c\gamma + s\alpha s\gamma \\ s\alpha c\beta & s\alpha s\beta s\gamma + c\alpha c\gamma & s\alpha s\beta c\gamma - c\alpha s\gamma \\ -s\beta & c\beta s\gamma & c\beta c\gamma \end{pmatrix}
$$

$$(9-27)$$

要记住这里给定的三个旋转顺序，仅当旋转是按照这个顺序进行时，式(9-27)才是正确的。

常使人感兴趣的是逆解问题，即从一个旋转矩阵等价推出 XYZ 固定角坐标系。逆解取决于求解一组超越方程：如果式(9-27)相当于一个已知的旋转矩阵，那么就有九个方程和三个未知量。在这九个方程中有六个方程是相关的。因此实际上只有三个方程和三个未知量。

令

$$
{}_B^A\boldsymbol{R}_{XYZ}(\gamma,\ \beta,\ \alpha) = \begin{pmatrix} r_{11} & r_{12} & r_{13} \\ r_{21} & r_{22} & r_{23} \\ r_{31} & r_{32} & r_{33} \end{pmatrix}
$$

$$(9-28)$$

由式(9-27)，通过计算 r_{11} 和 r_{21} 的平方和的平方根，可求得 $\cos\beta$。然后用 $-r_{31}$ 除以 $\cos\beta$，再求其反正切可求得 β。那么，只要 $\cos\beta \neq 0$，就可以用 $(r_{21}/\cos\beta)$ 除以 $(r_{11}/\cos\beta)$ 得到 α 角，用 $(r_{32}/\cos\beta)$ 除以 $(r_{33}/\cos\beta)$ 得到 γ 角。即

$$\begin{cases} \beta = \mathrm{Atan2}(-r_{31},\ \sqrt{r_{11}^2 + r_{21}^2}) \\ \alpha = \mathrm{Atan2}(r_{21}/c\beta,\ r_{11}/c\beta) \\ \gamma = \mathrm{Atan2}(r_{32}/c\beta,\ r_{33}/c\beta) \end{cases} \tag{9-29}$$

式中，$\mathrm{Atan2}(y,\ x)$ 是一个双参变量的反正切函数。

虽然存在第二个解，但在式（9-29）中取 β 的正根以得到单解，满足 $-90° < \beta < 90°$。这样就可以在各种姿态表示法之间定义——对应的映射函数。但是在某些情况下，有必要求出所有的解。如果 $\beta \pm 90°$，式（9-29）的解就退化了。在这种情况下，仅能求出 α 和 γ 的和或差。在这种情况下一般取 $\alpha = 0.0°$，结果如下：

如 $\beta = 90.0°$，解得

$$\begin{cases} \beta = 90.0° \\ \alpha = 0.0 \\ \gamma = \mathrm{Atan2}(r_{12},\ r_{22}) \end{cases} \tag{9-30}$$

如 $\beta = -90.0°$，解得

$$\begin{cases} \beta = -90.0° \\ \alpha = 0.0 \\ \gamma = -\mathrm{Atan2}(r_{12},\ r_{22}) \end{cases} \tag{9-31}$$

每个旋转都是绕着固定参考坐标系 $\{A\}$ 的轴。规定这种姿态的表示法为 XYZ 固定角坐标系。"固定"一词是指旋转是在固定（即不运动的）参考坐标系中确定的。有时把它们定义为回转角、俯仰角和偏转角。但是使用中应注意，因为这个定义经常与其他定义不同的问题相关。

因此，使用轴角坐标系表示方法可以只需三个参数来定义姿态。如果把这种姿态的表示方法与笛卡儿位置表示方法相结合，就可得到 6×1 的笛卡儿位置与姿态的表示方法。考虑一个中间点，其相对于工作台坐标系 $\{S\}$ 的定义为 $\{T\}$。坐标系 $\{A\}$ 定义了一个中间点，在该点处末端执行器的位置由 $^S P_{AORG}$ 给定，姿态由 $^S_A R$ 给定。该旋转矩阵可被转换成轴角坐标系的表示 ROT（$^S \hat{K}_A$，θ_{SA}）或简写成 $^S \hat{K}_A$。这里使用符号 χ 代表该 6×1 的笛卡儿位置与姿态矢量。于是，得到

$$^S \chi_A = \begin{pmatrix} ^S P_{AORG} \\ ^S K_A \end{pmatrix} \tag{9-32}$$

式中，$^S K_A$ 为转动量 θ_{SA} 与单位矢量 $^S \hat{K}_A$ 相乘。如果每个路径点均使用这种方法来表示，那么就可以选择适当的样条函数，使这六个分量随时间从一个路径点平滑地移动到下一个路径点。

如果采用带有抛物线拟合的直线函数，那么中间点之间的路径则为直线。当通过中间点时，末端执行器的线速度与角速度将做平滑地变化。

注意，此法与其他笛卡儿运动规划方法不同，当从一点运动到另一点时，此法不能保证只绕一个"等效轴"旋转。相反，该方法只是能够得到姿态的平滑变化及可以应用前面介绍过的同样的关节空间轨迹规划的插值方法。

另外需要说明的是，姿态的轴角坐标系表示方法并不唯一，即

$$(^S \hat{K}_A,\ \theta_{SA}) = (^S \hat{K}_A,\ \theta_{SA},\ n \times 360°) \tag{9-33}$$

式中，n 为任意的正整数或负整数。当操作臂从 $\{A\}$ 定义的中间点运动到 $\{B\}$ 定义的中间点时，总的转动量应取最小值。如果 $^S K_A$ 的姿态由 $^S K_B$ 给出，则必须选择特定的 $^S K_B$ 使得 $|^S K_B - ^S K_A|$ 最小。例如，图 9-25 所示为四个可能的 $^S K_B$ 及其与给定的 $^S K_A$ 之间的关系。通过对矢量（虚线）长

度的差别进行比较，从而判断哪个$^S\boldsymbol{K}_B$会使转动量最小，而在此例中是$^S\boldsymbol{K}_{B(-1)}$。

一旦对每个中间点选定了$\boldsymbol{\chi}$的六个值，就可使用前面介绍的用直线和抛物线组合的样条函数进行路径规划。但是要附加一个约束条件：每个自由度的拟合时间必须是相同的，这样才能保证各自由度形成的复合运动在空间是一条直线。因为各自由度的拟合时间相同，所以在拟合区段的加速度便不相同。可以通过选择适当的拟合时间以使加速度不超过上限。

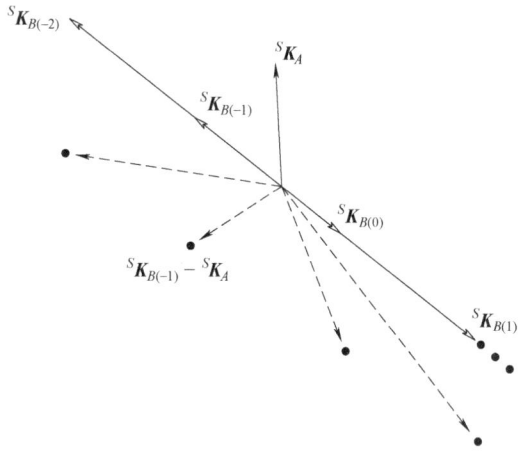

图 9-25　选用轴角坐标系表示法使转动量最小

2. 机器人工作空间的轨迹生成

在实时运行时，路径生成器不断生成用θ、$\dot{\theta}$和$\ddot{\theta}$构造的轨迹，并且将此信息传送至操作臂的控制系统。路径生成器以一定的路径更新率进行轨迹计算。

（1）关节空间路径的生成

按照前文介绍的几种样条拟合方法生成的路径，其结果都是有关各个路径段的一组数据。这些数据被路径生成器用来实时计算θ、$\dot{\theta}$和$\ddot{\theta}$。

对于三次样条曲线，路径生成器只需随t的变化不断计算式（9-11）。当到达路径段的终点时，调用新路径段的三次样条系数，把t重置成零，继续生成路径。

对于带抛物线拟合的直线样条曲线，每次更新轨迹时，应首先检测时间t的值，以判断当前是处在路径段的直线区段还是抛物线拟合区段。在直线区段，对每个关节的轨迹计算公式为

$$\begin{cases} \theta = \theta_j + \dot{\theta}_{jk}t \\ \dot{\theta} = \dot{\theta}_{jk} \\ \ddot{\theta} = 0 \end{cases} \tag{9-34}$$

式中，t是自第j个中间点算起的时间；$\dot{\theta}_{jk}$的值在路径规划时计算。

在拟合区段，对各关节的轨迹计算公式为

$$\begin{cases} t_{inb} = t - \left(\dfrac{1}{2}t_j + t_{jk}\right) \\ \theta = \theta_j + \dot{\theta}_{jk}(t - t_{inb}) + \dfrac{1}{2}\ddot{\theta}_k t_{inb}^2 \\ \dot{\theta} = \dot{\theta}_{jk} + \ddot{\theta}_k t_{inb} \\ \ddot{\theta} = \ddot{\theta}_k \end{cases} \tag{9-35}$$

式中，$\dot{\theta}_{jk}$、$\ddot{\theta}_k$、t_j和t_{jk}在路径规划时计算。当进入一个新的直线区段将t重置成$\dfrac{1}{2}t_k$继续计算，直到计算出所有表示路径段的数据集合。

（2）笛卡儿空间路径的生成

在前文中已经介绍了笛卡儿空间路径规划方法，使用路径生成器生成带有抛物线拟合的

直线样条曲线。但是，计算得到的数值表示的是笛卡儿空间的位置和姿态而不是关节变量值，所以这里使用符号 $\boldsymbol{\chi}$ 来表示笛卡儿位姿矢量的一个分量，并重写式(9-34)和式(9-35)。

在曲线的直线区段，$\boldsymbol{\chi}$ 中的每个自由度的计算公式为

$$\begin{cases} \boldsymbol{\chi} = \boldsymbol{\chi}_j + \dot{x}_{jk}t \\ \dot{\boldsymbol{\chi}} = \dot{x}_{jk} \\ \ddot{\boldsymbol{\chi}} = 0 \end{cases} \tag{9-36}$$

式中，t 是自第 j 个中间点算起的时间；$\dot{\boldsymbol{\chi}}_{jk}$ 是在路径规划时求出的。

在拟合区段中，每个自由度的轨迹计算公式为

$$\begin{cases} t_{inb} = t - \left(\dfrac{1}{2} t_j + t_{jk} \right) \\ \boldsymbol{\chi} = \boldsymbol{\chi}_j + \dot{\boldsymbol{\chi}}_{jk}(t - t_{inb}) + \dfrac{1}{2} \ddot{\boldsymbol{\chi}}_k t_{inb}^2 \\ \dot{\boldsymbol{\chi}} = \dot{\boldsymbol{\chi}}_{jk} + \ddot{\boldsymbol{\chi}}_k t_{inb} \\ \ddot{\boldsymbol{\chi}} = \ddot{\boldsymbol{\chi}}_k \end{cases} \tag{9-37}$$

式中，$\dot{\boldsymbol{\chi}}_{jk}$、$\ddot{\boldsymbol{\chi}}_k$、$t_j$ 和 t_{jk} 在路径规划时计算，与关节空间的情况完全相同。

最后，这些笛卡儿空间的轨迹($\boldsymbol{\chi}$, $\dot{\boldsymbol{\chi}}$, $\ddot{\boldsymbol{\chi}}$)必须变换为等效的关节空间的变量。此问题的完整解析解应使用逆运动学计算关节的位置，用逆雅克比矩阵计算关节速度，用逆雅克比矩阵及其导数计算角加速度。在实际中经常使用的简单方法为：根据路径更新率，将 $\boldsymbol{\chi}$ 变换为等效的坐标系 $_G^S\boldsymbol{T}$ 表示。使用 SOLVE 算法求出所需的关节角矢量 $\boldsymbol{\varTheta}$。然后用数值微分计算出 $\dot{\boldsymbol{\varTheta}}$ 和 $\ddot{\boldsymbol{\varTheta}}$。于是，计算公式为

$$\begin{cases} \boldsymbol{\chi} \longrightarrow {}_G^S\boldsymbol{T} \\ \boldsymbol{\varTheta}(t) = \text{SOLVE}({}_G^S\boldsymbol{T}) \\ \dot{\boldsymbol{\varTheta}}(t) = \dfrac{\boldsymbol{\varTheta}(t) - \boldsymbol{\varTheta}(t - \delta t)}{\delta t} \\ \ddot{\boldsymbol{\varTheta}}(t) = \dfrac{\dot{\boldsymbol{\varTheta}}(t) - \dot{\boldsymbol{\varTheta}}(t - \delta t)}{\delta t} \end{cases} \tag{9-38}$$

然后把 $\boldsymbol{\varTheta}$、$\dot{\boldsymbol{\varTheta}}$、$\ddot{\boldsymbol{\varTheta}}$ 输入给操作臂的控制系统。

习　题

9.1　为以下各项考虑完备性：可视性图、沃罗诺伊图、精确单元分解、近似单元分解。

9.2　针对一个四轮车，采用不同的避障技术，对每种选择，阐述它的优点和缺点。

9.3　考虑一个水果采摘机器人，给出其路径规划算法和避障算法。

第 **10** 章

机器人控制

本章分析机器人的控制特点和控制技术，讨论机器人关节空间控制、工作空间控制和力控制。10.1 节讨论了机器人的控制特点和控制技术。线性控制技术仅适用于能够用线性微分方程进行数学建模的系统。对于操作臂的控制，这种线性方法实质上是一种近似方法，因为在第 5 章中已看到，操作臂的动力学方程一般都是由非线性微分方程来描述的。但是，通常进行这种近似是可行的，而且这些线性方法是当前工程实际中最常用的方法，同时也介绍了关节空间的非线性控制方法。10.2 节讨论了机器人关节空间控制。10.3 节讨论了机器人工作空间控制，介绍了笛卡儿空间的直接控制方法和解耦控制方法，以及自适应控制方法。10.4 节讨论了机器人力控制，即当机器人在空间中跟踪轨迹运动时，可采用位姿控制，但当末端执行器与工作环境发生碰撞时，如磨削机器人，不仅要考虑位姿控制，而且要考虑力控制。

10.1 机器人的控制特点和控制技术

基于前面各章节的知识，本章将论述机器人的控制问题，就是通过对关节的控制，使得末端执行器"稳""准""快"地到达期望目标位姿。

10.1.1 机器人的控制特点

机器人结构是一个空间开链机构，其各个关节的运动是独立的，为了实现末端点的运动轨迹，需要多关节的运动协调。例如，图 10-1 所示为多关节智能采摘机器人；图 10-2 所示为机器人采摘过程。因此，机器人的控制系统与普通的控制系统相比要复杂得多，具体如下：

10-1 机器人的
控制特点

1）机器人的控制与机构运动学及动力学密切相关。机器人手足的状态可以在各种坐标系下进行描述，应当根据需要选择不同的参考坐标系，并做适当的坐标变换。经常要求运动学和反运动学的解，除此之外还要考虑惯性力、外力（包括重力）、科氏力及向心力的影响。

2）一个简单的机器人至少要有 3~5 个自由度，比较复杂的机器人有十几个甚至几十个自由度。每个自由度一般包含一个伺服机构，它们必须协调起来，组成一个多变量控制系统。

3）把多个独立的伺服系统有机地协调起来，使其按照人的意志行动，甚至赋予机器人一定的"智能"，这个任务只能由计算机来完成；因此，机器人控制系统必须是一个计算机

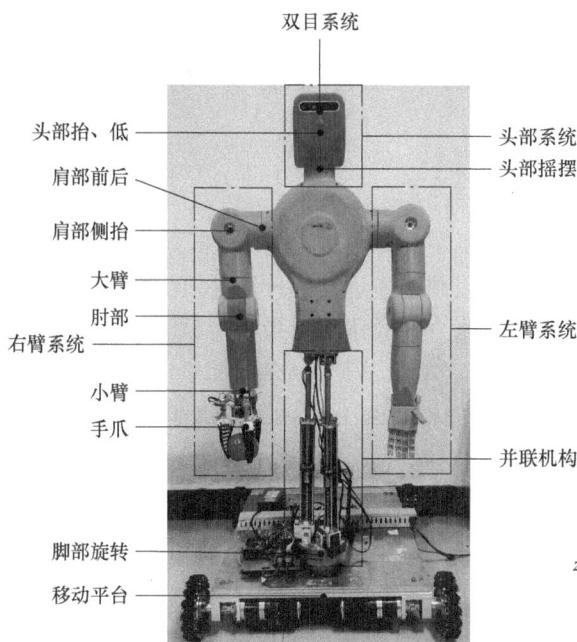

图 10-1 多关节智能采摘机器人(扫码见彩图)

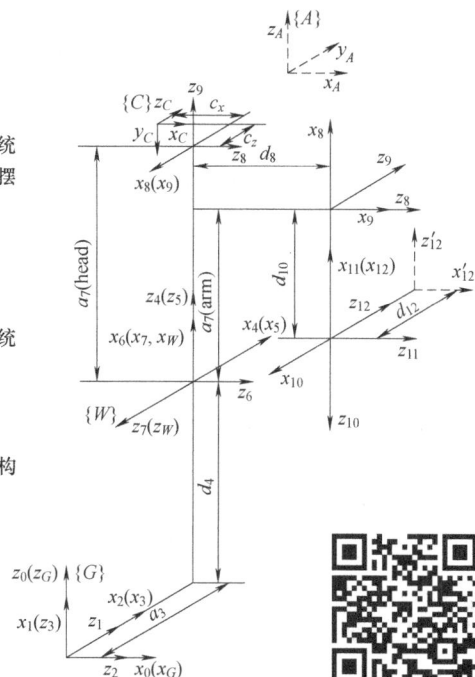

图 10-1 彩图

图 10-2 机器人采摘过程(扫码见彩图)

图 10-2 彩图

10-2 采摘机器人的抓取控制

控制系统;同时,计算机软件担负着艰巨的任务。

4) 描述机器人状态和运动的数学模型是一个非线性模型,随着状态的不同和外力的变化,其参数也在变化,各变量之间还存在耦合。因此,仅仅利用位置闭环是不够的,还要利用速度甚至加速度闭环。系统中经常使用重力补偿、前馈、解耦或自适应控制等方法。

5)机器人的动作往往可以通过不同的方式和路径来完成,因此存在一个"最优"的问题。较高级的机器人可以用人工智能的方法,用计算机建立起庞大的信息库,借助信息库进行控制、决策、管理和操作。根据传感器和模式识别的方法获得对象及环境的工况,按照给定的指标要求,自动地选择最佳的控制规律。

10.1.2 机器人的控制技术

1. 控制技术的定义

对于机器人末端执行器所期望的几何路径,可以利用逆运动学计算关节运动。将关节运动代入运动方程则可得知执行器的指令。应用所得指令将驱动机器人沿着所期望的路径理想地移动末端执行器。然而,因为存在干扰和未建模现象,机器人将不会按照期望的路径移动,使偏差最小化或消除的技术称为控制技术。

10-3 采摘机器人的整体控制

2. 开环控制

由于驱动器可以安装在关节轴上,也可以安装在关节轴外,如移动小车、并联机器人等(见3.5节),从而形成驱动器空间(见3.5节)。机器人在驱动器空间中总有执行器的机械结构,该执行器通过驱动器空间与关节空间的相互转换方法(见3.5节)将用力或力矩驱动关节空间的连杆运动,如图10-3所示。

图 10-3 机器人高阶开环控制系统框图

为了使机器人的每个关节都能服从期望的运动,必须提供所要求的转矩。应用机器人的动力学方程(见第5章)和路径规划(见第9章)生成一条特定轨迹并确定所需的转矩。由轨迹生成器给定$\boldsymbol{\theta}_d$、$\dot{\boldsymbol{\theta}}_d$和$\ddot{\boldsymbol{\theta}}_d$,通过控制系统对机器人进行控制,$\boldsymbol{\theta}_d=\boldsymbol{\theta}(t)$的期望路径是时间的函数,那么使机器人服从期望的运动所要求的转矩τ可通过式(10-1)计算,有

$$\tau = M(\boldsymbol{\theta}_d)\ddot{\boldsymbol{\theta}}_d + V(\boldsymbol{\theta}_d, \dot{\boldsymbol{\theta}}_d) + G(\boldsymbol{\theta}_d) \tag{10-1}$$

机器人基于式(10-1)能够稳定地工作,执行器控制转矩τ可以产生期望路径$\boldsymbol{\theta}_d$,这就是开环控制算法,即基于一个已知的期望路径和运动方程计算控制指令,然后控制指令作用于系统则会产生期望的路径。

如果动力学模型是完备和精确的,且没有"噪声"或者其他干扰存在,沿着期望轨迹连续应用式(10-1)即可实现期望轨迹。

然而在实际情况中,动力学模型的不完备及不可避免的干扰使得这个方式并不实用。因为这种控制方式没有利用关节传感器的反馈。换言之,式(10-1)是期望轨迹θ_d和$\dot{\theta}_d$的函数,而不是实际轨迹θ的函数。

3. 闭环控制

机器人可以利用位置传感器、速度传感器及可能的加速度传感器或力传感器直接或间接测量关节变量的运动或力,这里间接测量是指传感器没有安装在关节轴上,需要将传感器空间转换到关节空间,在3.5节中详细介绍了变换过程。变换在关节空间后的测量值通常提供连杆相对于坐标系的关节运动或力信息。

图 10-4 所示为轨迹生成器和机器人的关系。依据 9.3 节生成的轨迹，机器人从控制系统接收到一个关节转矩矢量 $\boldsymbol{\tau}$，传感器允许控制器读取关节位置矢量和关节速度矢量，然后实施控制。图 10-4 中所有信号线中的信号均为 $N \times 1$ 维矢量（N 为机器人的关节数）。

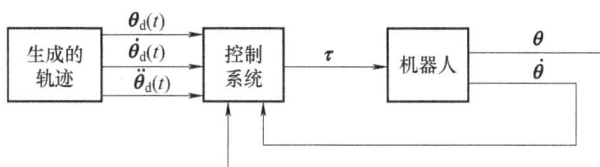

图 10-4　机器人高阶闭环控制系统框图

总之，建立一个高性能机器人控制系统的唯一方法就是利用机器人传感器的反馈。这个反馈一般是通过比较期望位置 $\boldsymbol{\theta}_\mathrm{d}$ 与实际位置 $\boldsymbol{\theta}$ 之差，以及期望速度 $\dot{\boldsymbol{\theta}}_\mathrm{d}$ 与实际速度 $\dot{\boldsymbol{\theta}}$ 之差来计算伺服误差，即

$$E = \boldsymbol{\theta}_\mathrm{d} - \boldsymbol{\theta}, \quad \dot{E} = \dot{\boldsymbol{\theta}}_\mathrm{d} - \dot{\boldsymbol{\theta}} \tag{10-2}$$

这样控制系统就能够根据伺服误差函数计算驱动器需要的转矩。显然，这个基本思想是通过计算驱动器的转矩来减少伺服误差。这种利用反馈的控制系统称为闭环系统。从图 10-4 中可以清楚地看出机器人的控制系统形成了一个封闭的"环"。

设计一个机器人控制系统的核心问题是保证设计的闭环系统满足特定的性能要求，即最基本的标准是系统要保持稳定。为此，一个稳定系统的定义是机器人在一些"中度"干扰下按照各种期望轨迹运动时系统的误差始终保持"较小"。因此，设计一个机器人控制系统的首要任务是要证明所设计的系统是一个稳定的系统；其次要保证这个闭环系统的性能满足要求。实际上，这些"证明"包括了那些基于某些假设和模型的数学证明，以及从仿真或试验中得到的经验结果。

图 10-4 中，所有信号线中的信号表示 $N \times 1$ 维矢量，因此，机器人的控制问题是一个多输入多输出（MIMO）控制问题。在本章中，采用一种简单的方法建立一个控制系统，即把每个关节作为一个独立系统进行控制。因此，对于 N 个关节的机器人来说，要设计 N 个独立的单输入单输出（SISO）控制系统。这是目前为大部分机器人所采用的设计方法。这种独立关节控制方法是一种近似方法，这个系统的运动方程（见第 5 章）不是独立的，而是高度耦合的。

4. 机器人控制方法

机器人系统是非线性动态系统，在每项任务中没有一个通用的方法用于设计适用于每个机器人的非线性控制器。然而，有多种可选择并且相互补充的方法，对于特殊的任务每种方法都有其所应用的特定机器人种类。最重要的控制方法如下：

（1）反馈线性化或者计算机转矩控制技术　在反馈线性化技术中，定义控制规律以获得一个用于偏差指令的线性微分方程，然后使用线性控制设计技术。虽然反馈线性化技术已成功地应用于机器人，然而由于参数不确定性或存在干扰，并不能保证鲁棒性。

这种技术是一种基于模型的控制方法，因为所设计的控制规律是建立在机器人标称模型的基础之上的。

（2）线性控制技术　控制机器人最简单的技术就是基于操作点运动方程线性化而设计一个线性控制器。线性化技术局部地决定机器人的稳定性。比例、积分、微分或者它们的任何综合都是最常用的线性控制技术。

（3）自适应控制技术　自适应控制是一种用于控制不确定性或者时变机器人的技术。自适应控制技术对于少自由度机器人比较有效。

（4）鲁棒自适应控制技术　鲁棒控制方法是基于标称模型加一些不确定性而设计的。不确定性可以出现在任何参数中，如末端执行器承载的载荷。

（5）增益调度控制技术　增益调度是一种将线性控制技术应用于机器人非线性动力学之中的技术。在增益调度中，选择大量的控制点以覆盖机器人操作范围。这时在每个控制点，对机器人动力学进行线性时变近似，并且设计一个线性控制器，然后在控制点之间插入或者调度控制器参数。

机器人控制可以施加于关节空间中，也可以施加于工作空间中。下文将从关节空间控制和工作空间控制两个方面展开。

10.2　关节空间控制

10.2.1　机器人单关节建模

本节将为机器人单一旋转关节建立一个简单模型。

许多机器人常用的驱动器是直流（DC）力矩电动机。电动机中不转动的部分（定子）由机座、轴承、永久磁铁或电磁铁组成。定子中的磁极产生一个穿过电动机转动部件（转子）的磁场。转子由电动机轴和线圈绕组组成，电流通过线圈绕组产生电动机转动的能量。电流经与换向器接触的电刷流入线圈绕组。换向器与变化的线圈绕组（也称为电枢）以某种方式相连接便产生指定方向的转矩。当电流通过线圈绕组时电动机会产生转矩的物理现象可以表示为

$$F = qvB \tag{10-3}$$

式中，电荷 q 以速度 v 通过磁感应强度为 B 的区域时将产生一个力 F。电荷为通过线圈绕组的电子，磁场由定子磁极产生。一般来说，电动机产生转矩的能力用电动机转矩常数 k_m 表示，电枢电流 I_a 与输出转矩 τ 的关系可表示为

$$\tau = k_m I_a \tag{10-4}$$

当电动机转动时，则成为一个发电机，在电枢上产生一个电压。电动机的另一个常数，反电动势常数 k_e，表示给定转速 $\dot{\theta}_m$ 时产生的电压 U，它们之间的关系为

$$U = k_e \dot{\theta}_m \tag{10-5}$$

一般来讲，换向器实际上是一个开关，它使电流通过变化的线圈绕组产生转矩，并产生一定的转矩波动。尽管有时这个影响很重要，但通常这种影响可忽略不计（在任何情况下，建立这个模型都是相当困难的，即使建立了模型，误差补偿也是相当困难的）。

图 10-5 所示为电枢电路。主要的构成部分是电源电压 U_a、电枢绕组的感抗 L_a、电枢绕组的电阻 R_a 及产生的反电势 E_a。

电枢电路可由如下一阶微分方程描述

$$L_a \dot{I}_a + R_a I_a = U_a - k_e \dot{\theta}_m \tag{10-6}$$

一般用电动机驱动器控制电动机的转

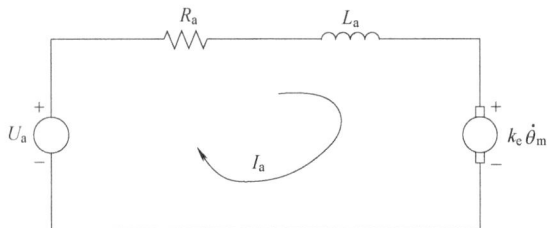

图 10-5　电枢电路

矩(而不是速度)。驱动电路通过检测电枢电流不断调节电源电压 U_a 以使通过电枢的电流为期望电流。这个电路称为电流放大器式电动机驱动器电路。在电流驱动系统中，由电动机感抗 L_a 和电源电压的上限 U_a 控制电枢电流变化的速率。实际上相当于在工作电流和输出转矩之间存在一个低通滤波器。

为简化分析，首先假设电动机的感抗可以忽略。当闭环控制系统的固有频率远低于由于感抗引起的电流驱动器中隐含的低通滤波器的截止频率时，这个假设便是合理的。这个假设和转矩波动假设一样都可忽略不计，这表明电动机转矩可以直接控制。虽然存在某个比例因子(例如 k_m)，但仍可以将驱动器看作可以直接控制的纯力矩源。

图 10-6 所示为通过齿轮减速器与惯性负载相连的直流力矩电动机转子的力学模型。式(10-4)表示作用于转子的转矩 τ_m 是电枢电流 I_a 的函数。传动比 η 可提高驱动负载的力矩 τ、降低负载的转速 $\dot{\theta}$，可表示为

$$\tau = \eta^2 \tau_m, \quad \dot{\theta} = \frac{1}{\eta^2}\dot{\theta}_m \qquad (10-7)$$

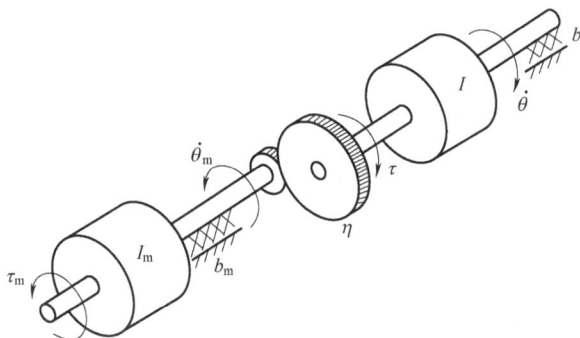

图 10-6 直流力矩电动机减速器及负载的力学模型

按照转子力矩写出系统的力矩平衡方程为

$$\tau_m = I_m \ddot{\theta}_m + b_m \dot{\theta}_m + \frac{1}{\eta^2}(I\ddot{\theta} + b\dot{\theta}) \qquad (10-8)$$

式中，I_m 和 I 分别为电动机转子惯量和负载惯量；b_m 和 b 分别为电动机转子轴承和负载轴承的黏滞摩擦系数。由式(10-7)，将式(10-8)按照电动机变量改写为

$$\tau_m = \left(I_m + \frac{I}{\eta^2}\right)\ddot{\theta}_m + \left(b_m + \frac{b}{\eta^2}\right)\dot{\theta}_m \qquad (10-9)$$

或根据负载变量改写为

$$\tau = (I + \eta^2 I_m)\ddot{\theta} + (b + \eta^2 b_m)\dot{\theta}_m \qquad (10-10)$$

$I + \eta^2 I_m$ 有时称为减速器输出端(连杆侧)的有效惯量；同样，$b + \eta^2 b_m$ 称为有效阻尼。注意，在大传动比(即 $\eta \gg 1$)的情况下，电动机转子惯量是有效组合惯量中的主要部分。正是由于这个原因才能够假设有效惯量是一个常数。机器人关节的惯量实际上是随着机器人关节位形和负载变化的。然而在大传动比的机器人中，这种变化的比例小于直接驱动操作臂(即 $\eta = 1$)。为确保机器人连杆的运动永远不为欠阻尼，I 值应为取值范围内的最大值，即 I_{max}。这样可保证系统在任何情况下均为临界阻尼或过阻尼。

例 10-1 如果连杆惯量 I 在 $2 \sim 6 \mathrm{kg \cdot m^2}$ 之间变化，转子惯量 $I_m = 0.01 \mathrm{kg \cdot m^2}$，传动比

$\eta = 30$，求有效惯量的最大值和最小值。

有效惯量的最小值为

$$I_{min} + \eta^2 I_m = (2.0 + 900 \times 0.01) \text{kg} \cdot \text{m}^2 = 11.0 \text{kg} \cdot \text{m}^2 \tag{10-11}$$

有效惯量的最大值为

$$I_{max} + \eta^2 I_m = (6.0 + 900 \times 0.01) \text{kg} \cdot \text{m}^2 = 15.0 \text{kg} \cdot \text{m}^2 \tag{10-12}$$

因此可以看出，相对于总有效惯量的比例，通过减速器，惯量的变化减小了。

10.2.2 机器人线性控制

由式（10-10）可以看出，在假设机器人关节系统近似于或简化处理后可近似于二阶线性系统。

其传递函数为

$$G(s) = \frac{C(s)}{R(s)} = \frac{1}{Is^2 + Bs + K} = \frac{\omega_n^2}{s^2 + 2\zeta\omega_n s + \omega_n^2} \tag{10-13}$$

式中，ω_n 为无阻尼自然振荡频率，$\omega_n = \sqrt{\dfrac{K}{I}}$；$\zeta$ 为阻尼比，$\zeta = \dfrac{B}{2\sqrt{KI}}$。

1. 分析 ζ 与系统相应的关系

设输入信号 $r(t) = 1(t)$，$1(t)$ 为幅值为 1 的阶跃输入函数，则 $R(s) = \dfrac{1}{s}$，则由式（10-13）可得

$$C(s) = \frac{\omega_n^2}{s(s^2 + 2\zeta\omega_n s + \omega_n^2)} = \frac{1}{s} - \frac{s + 2\zeta\omega_n}{s^2 + 2\zeta\omega_n s + \omega_n^2} = \frac{1}{s} - \frac{s + \zeta\omega_n}{(s + \zeta\omega_n)^2 + \omega_d^2} - \frac{\zeta\omega_n}{(s + \zeta\omega_n)^2 + \omega_d^2} \tag{10-14}$$

式中，ω_d 为有阻尼自然振荡频率，$\omega_d = \omega_n \sqrt{1 - \xi^2}$。

式（10-14）的拉普拉斯反变换为

$$c(t) = 1 - \frac{e^{-\zeta\omega_n t}}{\sqrt{1 - \zeta^2}} \sin\left[\omega_d(t) + \arctan\frac{\sqrt{1 - \zeta^2}}{\zeta}\right] \tag{10-15}$$

由式（10-15）得到的一簇以 ζ 为参变量的曲线如图 10-7 所示。由图 10-7 可见，二阶系统的单位阶跃响应是有阻尼的正弦振荡曲线。振荡程度与阻尼比有关，ζ 值越小，则振荡越强。当 $\zeta = 0$ 时，出现等幅振荡。这时的振荡频率 ω_n 称为无阻尼自然振荡频率。反之，阻尼系数 ζ 越大，则振荡衰减越快，当 $\zeta > 1$ 时，$c(t)$ 为单调上升曲线，这时已不是振荡环节了。

2. 分析闭环极点与系统相应的关系

由式（10-13）不难求得闭环系统的极点为

$$s_1, \ s_2 = -\zeta\omega_n \pm \omega_n\sqrt{\zeta^2 - 1} = -\zeta\omega_n \pm j\omega_n\sqrt{1 - \zeta^2} = \sigma \pm j\omega \tag{10-16}$$

若将式（10-13）所示系统传递函数的分子与分母多项式分别表示为

$$N(s) = \omega_n^2$$

$$D(s) = s^2 + 2\zeta\omega_n s + \omega_n^2$$

则有

$$C(s) = \frac{N(s)}{D(s)} R(s)$$

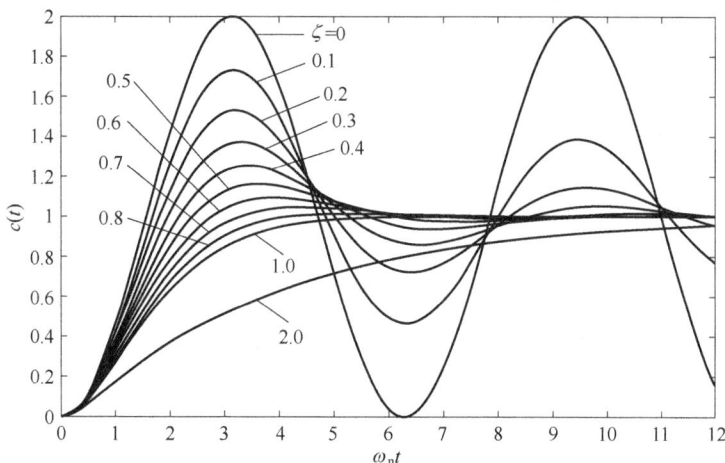

图 10-7　二阶系统的单位阶跃响应

如果输入为单位阶跃函数，$R(s) = \dfrac{1}{s}$，则

$$C(s) = \frac{N(s)}{sD(s)} \tag{10-17}$$

根据拉普拉斯反变换，可求得系统的单位阶跃响应

$$h(t) = c(t) = 1 + \sum_{i=1}^{2} \frac{N(s_i)}{s_i D'(s_i)} e^{s_i t} \quad (t \geq 0) \tag{10-18}$$

式中，s_i 为系统的极点，见式（10-16）。

式（10-18）展现了二阶系统阶跃响应与系统极点的关系。

由式（10-16）可见，系统极点的实部为 σ，它在式（10-18）指数项里与时间 t（单位为 s）相乘，故 σ 的量纲应是 s^{-1}，它控制着时间响应的暂态分量是发散还是衰减，以及暂态分量随时间的变化率。可以看到，当 $\sigma > 0$ 时，暂态响应随时间增长而发散；当 $\sigma < 0$ 时，暂态响应随时间增长而衰减。由于 $\sigma = -\zeta \omega_n$，且 ω_n 不可能为负值，因此又可以看出，当 $\zeta < 0$ 时，系统暂态响应将随时间增长而发散；而当 $\zeta > 0$ 时，系统暂态响应才能随时间增长而衰减。

由式（10-16）可见，当阻尼比 $\zeta = 1$ 时，系统具有两重负实极点，于是系统暂态响应中没有周期分量，暂态响应将随时间按指数函数规律而单调衰减。此时称系统处于临界阻尼状态。

当 $\zeta > 1$ 时，系统具有不相等的两个负实极点，系统的暂态响应还是随时间按指数函数规律而单调衰减，只是衰减的快慢主要由靠近虚轴的那个实极点决定，此时称系统处于过阻尼状态。

当 $\zeta = 0$ 时，系统将具有一对纯虚数极点，其值为

$$s_1, \quad s_2 = \pm j\omega_n$$

此时，称系统处于无阻尼状态，系统的暂态响应是恒定振幅的周期函数，并且将 ω_n 称为无阻尼振荡角频率，或简称为无阻尼自然振荡频率。

当 $0 < \zeta < 1$ 时，系统具有一对实部为负的复数极点，系统的暂态响应是振幅随时间按指数函数规律衰减的周期函数，此时称系统处于欠阻尼状态。

图 10-8 所示为当 ζ 为不同值时，响应系统极点的分布与单位阶跃响应的图像。图 10-9 说明系统极点的位置与 ζ、ω_n、σ、ω_d 之间的关系。对于标出的一对共轭复极点，ω_n 是从极点到 s 平面原点的径向距离，σ 是极点的实部，ω_d 是极点的虚部，而阻尼比 ζ 等于极点到 s 平面原点间径向线与负实轴之间夹角的余弦，即

$$\zeta = \cos\theta \qquad\qquad (10\text{-}19)$$

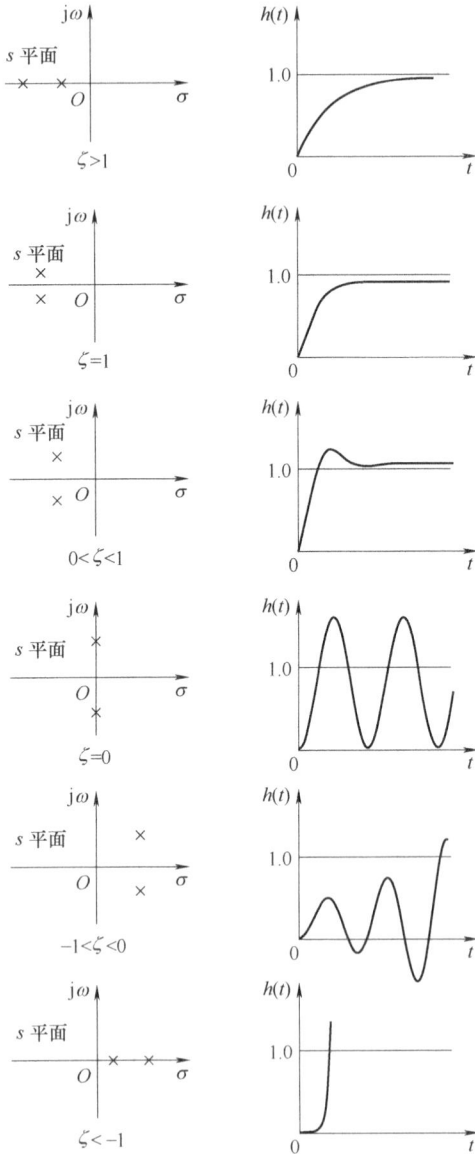

图 10-8　极点分布不同时的单位阶跃响应

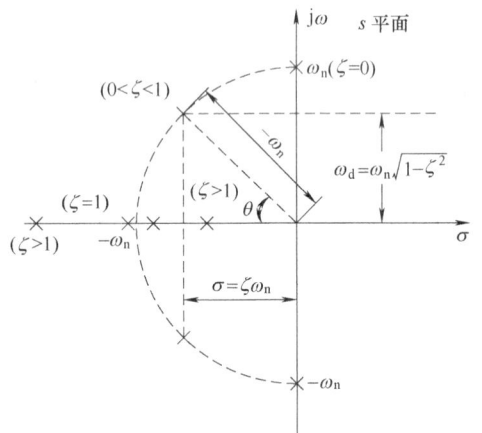

图 10-9　系统极点与参量间的关系

阻尼比 ζ 是二阶系统的重要特征参量。

由于二阶系统在其阻尼比 $\zeta \leqslant 0$ 时，响应呈等幅甚至发散幅值的振荡过程，故其在实际中根本无法使用。

在下一小节中，可看到控制系统的作用实际上就是改变这些系数中的一个或多个值。为

此必须考虑设计的系统是否稳定。

10. 2. 3 基于模型的关节系统线性控制

1. 模型与伺服集成控制方法

如果二阶机器人关节系统的响应并不满足要求，例如求得的系统是欠阻尼系统或振荡系统，而需要的是临界阻尼系统或者系统的弹性完全消失（$k=0$），因此当受到扰动，系统永远也不能返回到期望的位置。那么通过使用传感器、驱动器和控制系统，便可以按照要求改变系统的特性。

图 10-10 所示为一个带有动力的有阻尼惯量-弹簧系统，动力给质量块施加一个力 f。由受力分析可得出如下运动方程

$$m\ddot{x}+b\dot{x}+kx=f \tag{10-20}$$

假如可以通过传感器测定质量块的位置和速度。现在给出一种控制律，它可以计算出驱动器应当施加给质量块的力，这个力是传感器反馈的函数，即

$$f=-k_{p}x-k_{v}\dot{x} \tag{10-21}$$

图 10-11 所示为闭环系统的框图，图中虚线左边的部分为控制系统（通常通过计算机实现），虚线右边的部分为受力系统，图中没有表示出控制计算机与驱动器输出指令以及传感器输入信息之间的接口。

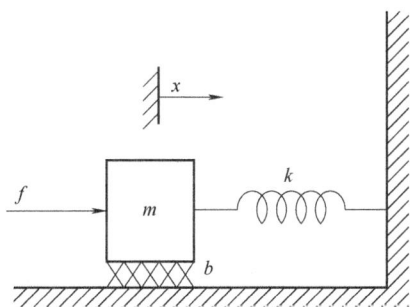

图 10-10 带有动力的有阻尼惯量-弹簧系统

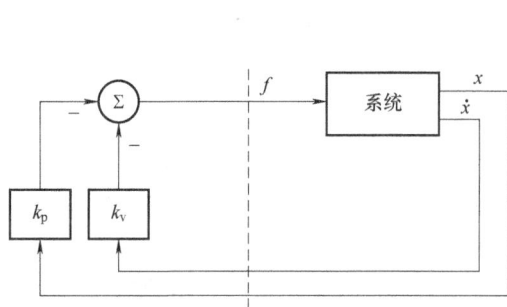

图 10-11 闭环系统的框图

该控制系统是一个位置校正系统，这种系统只是试图保持质量块在一个固定的位置，而不考虑质量块受到的干扰力。在下文中将要构造一个轨迹跟踪控制系统，使质量块能跟随期望的位置轨迹运动。

联立开环动力学方程式（10-20）和控制律式（10-21），就可以得到闭环系统动力学方程为

$$m\ddot{x}+b\dot{x}+kx=-k_{p}x-k_{v}\dot{x} \tag{10-22}$$

或

$$M\ddot{x}+(b+k_{v})\dot{x}+(k+k_{p})x=0 \tag{10-23}$$

或

$$m\ddot{x}+b'\dot{x}+k'x=0 \tag{10-24}$$

式中，$b'=b+k_{v}$；$k'=k+k_{p}$。

由式（10-23）和式（10-24）可以清楚地看出，通过设定控制增益 k_{v} 和 k_{p} 可以使闭环系统呈现任何期望的二阶系统特性。经常通过选择增益获得临界阻尼（即 $b'=2\sqrt{mk'}$）和某种直接由 k' 给出的期望闭环刚度。

k_v 和 k_p 可正可负，这是由原系统的参数决定的。而当 b' 或 k' 为负数时，控制系统将是不稳定的。由二阶微分方程的解可以明显看出这种不稳定性。同样可以直接看出，如果 b' 或 k' 为负数时，伺服误差趋向增大而不是减小。

例 10-2 如图 10-11 所示的系统，各参数分别为 $m=1$，$b=1$，$k=1$，求使闭环刚度 $k'=16.0$ 时的临界阻尼系统的位置校正控制律的增益 k_v 和 k_p。

如果 $k'=16.0$，那么为了达到临界阻尼，则需要 $b'=2\sqrt{mk'}=8.0$。现在有 $k=1$，$b=1$，于是有

$$k_p=15.0, \quad k_v=7.0 \tag{10-25}$$

2. 模型与伺服分离控制方法

为了设计更为复杂的系统的控制律，对图 10-11 所示的控制系统结构稍做一些变化。把控制器分为基于模型的控制部分和伺服控制部分。这样系统的参数(即 m、b、k)仅出现在基于模型的控制部分，而与伺服控制部分是完全独立的。在线性系统中，这个区别显得并不重要；但对于非线性系统来说，这种区别就显得非常重要了。本书中主要采用这种控制方法。

将式(10-20)这个系统的控制器分为两个部分。此时，控制器中基于模型的控制部分应用给定的参数 m、b 和 k 可以将系统简化成一个单位质量，例 10-2 说明了这个问题。控制器的第二部分利用反馈来改变系统的特性。控制器中基于模型的控制部分将系统简化成一个单位质量，因此伺服控制部分的设计就非常简单了，仅需选择增益，控制一个仅由单位质量构成的系统(即没有摩擦和刚度)。

在控制器中，基于模型的控制部分的表达式为

$$f=\alpha f'+\beta \tag{10-26}$$

式中，α 和 β 是函数或常数，如果将 f' 作为新的系统输入，那么可选择 α 和 β 使系统简化为单位质量。对于这种控制器结构，系统方程[联立式(10-20)和式(10-26)]为

$$m\ddot{x}+b\dot{x}+kx=\alpha f'+\beta \tag{10-27}$$

显然，为了在输入 f' 时将系统简化为单位质量，这个系统中的 α 和 β 选择为

$$\alpha=m, \quad \beta=b\dot{x}+kx \tag{10-28}$$

将这些假设条件代入式(10-27)，得到系统方程

$$\ddot{x}=f' \tag{10-29}$$

这就是单位质量的运动方程。式(10-29)可作为被控系统的开环动力学方程。与前面的方法一样，设计一个控制律去计算 f'，有

$$f'=-k_p x-k_v \dot{x} \tag{10-30}$$

将式(10-30)与式(10-29)联立得

$$\ddot{x}+k_v \dot{x}+k_p x=0 \tag{10-31}$$

在这种方法中，控制增益的设定非常简单，而且与系统参数独立，即

$$k_v=2\sqrt{k_p} \tag{10-32}$$

这时系统处于临界阻尼状态。图 10-12 所示为图 10-10 所示系统的分解控制器框图。

例 10-3 图 10-10 所示系统的参数分别为 $m=1$，$b=1$，$k=1$。按照位置校正控制器，求在闭环刚度 $k'=16.0$，系统为临界阻尼状态时的 α 和 β，以及增益 k_v 和 k_p。

选择

$$\alpha=1, \quad \beta=\dot{x}+x \tag{10-33}$$

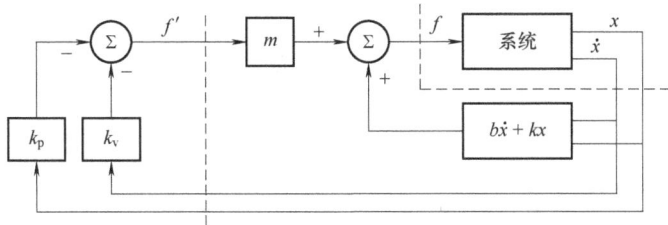

图 10-12　分解闭环控制系统

假定输入 f' 时系统简化为一单位质量。设定 k_p 为期望闭环刚度的增益，并设定系统为临界阻尼，$k_v = 2\sqrt{k_p}$。可得

$$k_p = 16.0, \quad k_v = 8.0 \tag{10-34}$$

3. 轨迹跟踪控制方法

不仅要求质量块能够保持在期望位置，而且希望扩展控制器的功能，使质量块能够跟踪一条轨迹。已知轨迹 $x_d(t)$ 是时间的函数，求质量块的期望位置。假设轨迹是光滑的（即一阶导数存在），并且所产生的轨迹在任一时间 t 始终给出一组 $x_d(t)$ 及其一阶导数和二阶导数。定义伺服误差 $e = x_d - x$ 为期望轨迹 x_d 与实际轨迹 x 之差。由伺服控制律得出的轨迹为

$$f' = \ddot{x}_d + k_v \dot{e} + k_p e \tag{10-35}$$

一个适当的选择是将式（10-35）与单位质量运动方程式（10-29）联立，得

$$\ddot{x} = \ddot{x}_d + k_v \dot{e} + k_p e \tag{10-36}$$

或者

$$\ddot{e} + k_v \dot{e} + k_p e = 0 \tag{10-37}$$

可由这个二阶微分方程选择系数，由此可以设计任何期望的响应（通常选择临界阻尼）。有时称这种方程为误差空间方程，因为它描述了相对于期望轨迹的误差估计。图 10-13 所示为轨迹跟踪控制器的框图。

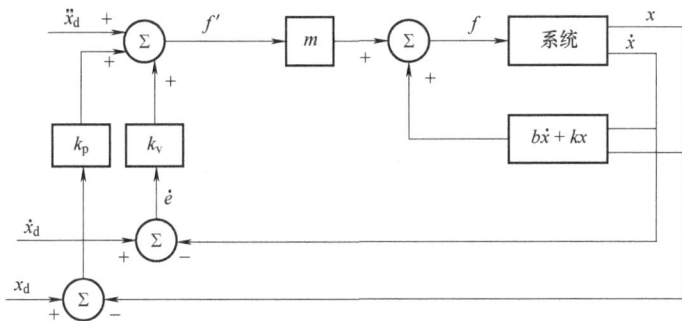

图 10-13　轨迹跟踪控制器的框图

如果模型（即关于 m、b 和 k 的值）是正确的，并且没有噪声和初始误差，质量块将准确跟随期望轨迹运动。如果存在初始误差，这个误差将受到抑制[见式（10-37）]，而后这个系统将准确跟踪期望轨迹。

4. 抗干扰控制方法

控制系统的一个作用就是提供抗干扰能力，即存在外部干扰或者噪声的时候，仍能保持良好的性能（即减小误差）。图 10-14 所示为具有附加输入干扰力矩的轨迹跟踪控制系统。通

过对闭环系统进行分析，得出误差方程为

$$\ddot{e}+k_{v}\dot{e}+k_{p}e=f_{dist} \tag{10-38}$$

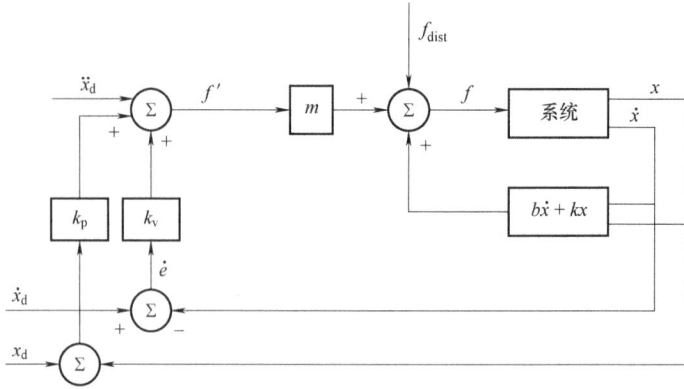

图 10-14　具有干扰作用的轨迹跟踪控制系统

式（10-38）是一个由力函数驱动的微分方程。如果已知 f_{dist} 是有界的，即存在常数 a 使得

$$\max(f_{dist}(t))<a \tag{10-39}$$

这样微分方程的解也是有界的。这个结果是由一个称为有界输入-有界输出（即 BIBO）稳态线性系统的稳定性特性得出的，这个基本结论说明，在大范围的干扰下，至少能够保持系统是稳定的。

（1）稳态误差

以一种最简单的干扰为例，即 f_{dist} 为常数的情况。这种情况下，通过对静态时不变系统的分析，即所有系统变量的导数都为 0 进行稳态分析。设式（10-38）中的导数为 0，得稳态方程为

$$k_{p}e=f_{dist} \tag{10-40}$$

或者

$$e=\frac{f_{dist}}{k_{p}} \tag{10-41}$$

由式（10-41）可求出稳态误差 e。显然，位置增益越大，稳态误差就越小。

（2）附加积分项

为消除稳态误差，有时采用一种修正的控制器。这种修正是在控制器中附加一个积分项，即

$$f'=\ddot{x}_{d}+k_{v}\ddot{e}+k_{p}e+k_{i}\int edt \tag{10-42}$$

则误差方程变为

$$\ddot{e}+k_{v}\dot{e}+k_{p}e+k_{i}\int edt=f_{dist} \tag{10-43}$$

增加这一项可使系统在恒定干扰情况下，不出现稳态误差。如果 $t<0$ 时，$e(t)=0$；那么当 $t>0$ 时，式（10-43）可写成

$$\dddot{e}+k_{v}\ddot{e}+k_{p}\dot{e}+k_{i}e=\dot{f}_{dist} \tag{10-44}$$

稳态（对于恒定干扰）时，式（10-44）变为

$$k_{i}e=0 \tag{10-45}$$

因此

$$e = 0 \tag{10-46}$$

对于这种控制器，系统变成了一个三阶系统，求解相应的三阶微分方程，可以求出初始条件下系统的响应。通常 k_i 非常小，使得这个三阶系统没有积分项而"近似于"一个二阶系统（即仅需进行主极点分析）。式（10-42）确定的控制器称为 PID 控制器，即"比例-积分-微分"控制器。

5. 连续时间控制与离散时间控制

在前面讨论的控制系统中，都假设控制计算机完成控制律计算的时间为 0（即无限快）。所以驱动力 f 的值是时间的连续函数。当然在实际情况中，计算都需要一定的时间，因此输出的力指令是一个离散的"阶梯"函数。本书中将认为计算机的计算速度极快。如果 f 的更新计算速度比受控系统的固有频率快很多，那么这个近似就是合适的。而在离散时间控制或数字控制领域，进行系统分析时，并不进行这种近似，而是考虑控制系统的伺服速度。

通常假设计算速度足够快以至于时间连续性假设是有效的。由此产生了一个问题：计算到底需要多快？若使选择的伺服（或采样）速度足够快则需要考虑以下几点：

（1）跟踪参考输入　期望输入或参考输入的频率范围给定了采样速度的绝对下限。采样频率至少为参考输入带宽的 2 倍。但这通常并不是限制因素。

（2）抗干扰　对于抗干扰问题，时间连续系统给定了系统性能的上限。如果采样周期比干扰作用（假设为随机干扰的统计形式）的持续时间长，那么这些干扰将不会被抑制。一种有效的方法是使采样周期小于噪声持续时间的 1/10。

（3）抗混叠　只要在离散控制系统中使用模拟传感器，就会出现混叠现象，除非传感器的输出严格限制在带宽范围内。大多数情况下，传感器没有输出带宽的限制，因此应选择采样频率使混叠信号的能量较小。

（4）结构共振　在机器人的动力学特性中未包括弯曲变形。实际上所有机构的刚度都是有限的，因此会出现多种形式的振动。如果必须抑制这些振动（经常需要），那么必须使采样频率至少为固有共振频率的 2 倍。

对于机器人单关节控制，概括来说，建立了下列三个主要假设：

1）电动机的感抗可以忽略。

2）考虑大传动比的情况，将有效惯量看作一个常数，即 $I_{max} + \eta^2 I_m$。

3）结构柔性可以忽略，最低结构共振频率 ω_{res} 用于设定伺服增益的情况除外。

应用这些假设，可以用下列公式给出的分解运动对一个单关节机器人进行控制，即

$$\alpha = I_{max} + \eta^2 I_m, \quad \beta = (b + \eta^2 b_m)\dot{\theta} \tag{10-47}$$

$$\tau' = \ddot{\theta}_d + k_v \dot{e} + k_p e \tag{10-48}$$

系统的闭环动力学方程为

$$\ddot{e} + k_v \dot{e} + k_p e = \tau_{dist} \tag{10-49}$$

式中，增益 k_p、k_v 取

$$k_p = \omega_n^2 = \frac{1}{4}\omega_{res}^2, \quad k_v = 2\sqrt{k_p} = \omega_{res} \tag{10-50}$$

10.2.4　基于模型的关节系统非线性控制

1. 非线性控制必要性分析

在 10.2.3 节中，为了用线性方法对操作臂控制问题进行分析，给出了几个近似假设。

其中最重要的近似假设是认为每个关节都是独立的，而且每个关节驱动器的惯量被"认为"是恒定的。10.2.3 节中的线性控制器在实际工作时，由于这种近似会导致整个工作空间内系统阻尼不一致，以及出现其他意想不到的结果。在本小节中，将介绍不需要这些假设的更高级的控制技术。

2. 非线性系统和时变系统

（1）惯量时变系统

惯量是由电动机输出轴承担的负载惯量。机器人系统中关节电动机输出轴的惯量在关节运动过程中常常发生变化。这种变换有两个来源：或者是质量的变化，或者是机械连接改变了惯量。质量的变换是明确的，在计算机控制系统中，机器人关节的惯量随着质量的增加而成正比例增加。机械连接改变转动惯量，但质量不变。例如，在图 10-15 所示多关节机器人的机械臂中，相对于肩关节电动机的转动惯量随着肘电动机的角度而改变。如果肘角小，则物块靠近肩部，因此转动惯量小。如果肘角接近 180°，则物块离肩部远，从而使惯量增加。把惯量精确描述成角度的函数，依赖于机械臂装置的尺寸，对于本例，它可以是 $J(\theta)$。

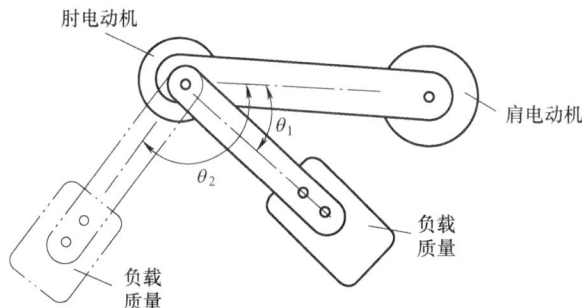

图 10-15　关节惯量变化示意图

惯量变化的影响可能很大，同一个小物块，放在伸展的机器人手臂上时相对于基座的惯量可能会把它拉到靠近基座时惯量的 10 倍。在这样的情况下，这种变化在控制回路中必须用增益调度来补偿，如图 10-16 所示。注意，由于信息不完备，图 10-16 中标示的转动惯量 J^* 通常有别于实际的转动惯量 J。

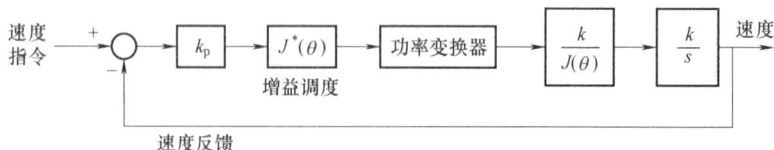

图 10-16　增益调度补偿结构

如果惯量增长太大，系统将由于机械谐振而受到诸多限制。在这种情况下，再用增益调度来完全补偿惯量的变化将不太现实。

（2）弹簧时变系统

在前面的推导中，求解的是一个线性常数微分方程。采用这种数学形式是因为图 10-10 中的有阻尼惯量-弹簧系统的模型是一个线性时不变系统。而对于参数随时间变化的系统，即具有非线性特性的系统，方程的求解将更加困难。

如果非线性特性不明显，可以用局部线性化导出线性模型，在操作点的邻域内，用它近似代表非线性方程。然而，这种方法并不适用于机器人的控制问题，因为机器人经常在工作空间内做大范围运动，因此无法找到一个适用于所有工作区域的线性化模型。

另一种方法是让操作点随机器人的移动而变化，始终在机器人的期望位置附近进行线性化。这种运动线性化的结果是使系统成为一个线性的时变系统。虽然对原系统的准静态线性化在某些分析和设计中是有用的，但是并不采用这种方法对控制律进行综合，而是直接研究非线性运动方程，且不借助线性化方法设计控制器。

如果图 10-10 中的弹簧不是线性的而具有某种非线性特性，这时可以把系统看作准静态系统，并在每个瞬时计算出系统极点的位置。当质量块运动时，这些极点随之在复平面上移动，它是质量块位置的函数。因而，无法选择固定的增益使极点保持在期望的位置（例如临界阻尼状态）。为此，需要寻找更复杂的控制律，其中选择的增益是时变的（实际上是按照质量块位置的函数变化），从而使得系统总是处于临界阻尼状态。实际上可以通过计算 k_p，使控制律中的非线性项正好抵消弹簧的非线性效应，从而使系统的总刚度始终保持不变。这种控制方式称为线性控制方法，因为它采用非线性控制项去"抵消"被控系统的非线性，使得整个闭环系统是线性的。

运用前述的控制律分解方法，可以实现线性化的功能。在控制律分解方法中，伺服控制律始终保持不变，而基于模型的部分将包含非线性模型。因而，基于模型的控制部分对系统进行了线性化处理。通过下面的例子可以得到具体说明。

例 10-4 如果图 10-10 中所示系统的弹簧是图 10-17 所示的非线性弹簧。与普通线性弹簧的特性曲线 $f=kx$ 不同，非线性弹簧的特性曲线可用 $f=qx^3$ 描述。试建立一个控制律，使得系统工作在刚度为 k_{cl} 的临界阻尼状态下。

系统的开环方程为

$$m\ddot{x}+b\dot{x}+qx^3=f \tag{10-51}$$

基于模型的单元为

$$f=\alpha f'+\beta$$

式中

$$\alpha=m，\quad \beta=b\dot{x}+qx^3 \tag{10-52}$$

伺服控制部分同前所述为

$$f'=\ddot{x}_d+k_v\dot{e}+k_p e \tag{10-53}$$

式中的增益值可由期望的性能指标计算得出。图 10-18 所示为该系统的框图。这个闭环系统将极点保持在固定位置。

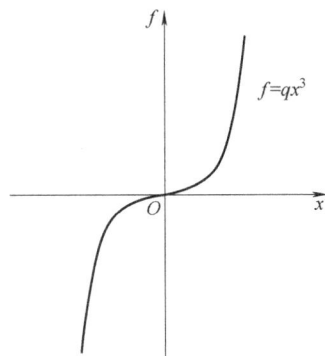

图 10-17 非线性弹簧的力-
伸长量特性曲线

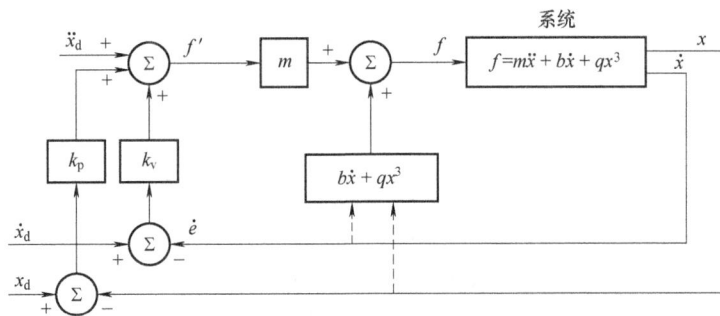

图 10-18 用于非线性弹簧系统的非线性控制系统

（3）非线性摩擦系统

图 10-19 所示为非线性摩擦特性。线性摩擦的表达式为 $f=b\dot{x}$。而本例中的库伦摩擦特性 $f=b_c\mathrm{sgn}(\dot{x})$。目前大部分操作臂中，用这种非线性特性描述关节轴承（无论是转动关节还是移动关节）的摩擦比用简单的线性模型更精确。如果图 10-10 所示系统中的摩擦是这种摩擦，试设计一个控制系统，利用非线性的基于模型的控制部分使系统总是处于临界阻尼状态。

系统的开环方程为

$$m\ddot{x}+b_c\mathrm{sgn}(\dot{x})+kx=f \tag{10-54}$$

分解运动控制律为

$$f=\alpha f'+\beta$$

式中 $\qquad\qquad \alpha=m, \quad \beta=b_c\mathrm{sgn}(\dot{x})+kx, \quad f'=\ddot{x}_d+k_v\dot{e}+k_p e \qquad\qquad (10\text{-}55)$

式中的增益值可由期望的性能指标计算得出。

例 10-5 图 10-20 所示为一单连杆操作臂，有一个转动关节，假定质量集中于连杆末端，则转动惯量为 ml^2。关节上作用有库伦摩擦和黏性摩擦，以及重力负载。

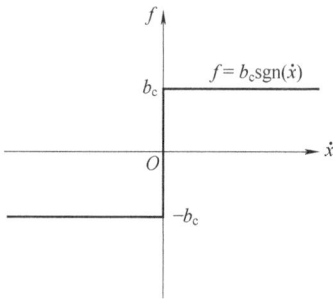

图 10-19　库伦摩擦的力-速度特性曲线

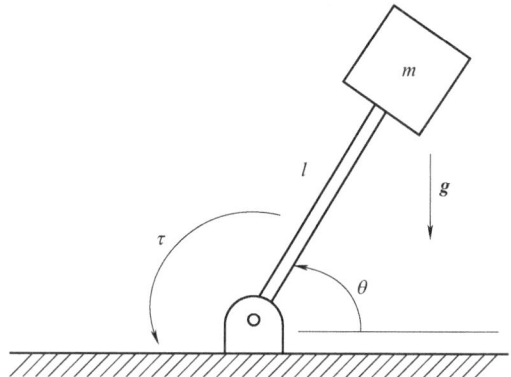

图 10-20　一个倒立摆或一个单连杆操作臂

这个操作臂的模型为

$$\tau=ml^2\ddot{\theta}+v\dot{\theta}+c\,\mathrm{sgn}(\dot{\theta})+mlg\cos\theta \tag{10-56}$$

同前所述，控制系统分解为两部分，线性化的模型控制部分和伺服控制部分。

基于模型的控制部分为

$$f=\alpha f'+\beta$$

式中 $\qquad\qquad \alpha=ml^2, \quad \beta=v\dot{\theta}+c\,\mathrm{sgn}(\dot{\theta})+mlg\cos\theta \qquad\qquad (10\text{-}57)$

伺服控制部分同前所述，有

$$f'=\ddot{\theta}_d+k_v\dot{e}+k_p e \tag{10-58}$$

式中的增益值可由期望的性能指标计算得出。

可以看到，在某些简单的情况下，设计一个非线性控制器并不困难。前面的简单例子中用到的一般方法同样可用于操作臂的控制问题中：

1）计算一个非线性的基于模型的控制律，用于"抵消"被控系统的非线性。

2）将系统简化为线性系统，用对应于单位质量系统的简单线性伺服控制律进行控制。

在某种意义上，线性化控制律给出了被控系统的逆向模型。被控系统中的非线性与逆向模型中的非线性相抵消，这样，它与伺服控制律一起构成了一个线性闭环系统。显然，为了抵消系统的非线性作用，必须知道非线性系统的参数和结构。这是该方法在实际应用中经常遇到的问题。

10.2.5 非模型关节空间控制方法

有些机器人关节较为复杂，建立模型较为困难，因此，需要一种不需要模型的控制方法，而 PID 控制器正好能解决这个问题。

PID 控制器是指按反馈控制系统偏差的比例（Proportional）、积分（Integral）和微分（Differential）规律进行控制的调节器，也称为 PID 调节器。PID 调节器的控制律微分方程为

$$P(t) = K_P\left[e(t) + \frac{1}{T_I}\int e(t)\,\mathrm{d}t + T_D\frac{\mathrm{d}e(t)}{\mathrm{d}t}\right] \tag{10-59}$$

式中，$P(t)$ 为 PID 调节器的输出；$e(t)$ 为给定值与实际输出值的偏差；K_P 为比例系数；T_I 为积分时间常数；T_D 为微分时间常数。

PID 参数的整定就是合理地选择 PID 调节器的参数 K_P、T_I 和 T_D。从系统的稳定性、响应速度，超调量和稳态精度等各方面考虑问题，PID 调节器三个参数的作用如下：

1）比例系数 K_P 的作用是加快系统的响应速度，提高系统的调节精度。随着 K_P 的增大，系统的响应速度加快，系统的调节精度提高，但是系统易产生超调，系统的稳定性变差，甚至会导致系统不稳定。K_P 取值过小，调节精度降低，响应速度变慢，调节时间加长，导致系统的动静态性能变坏。

2）积分时间常数 T_I 最主要的作用是消除系统的稳态误差。T_I 越大，系统的稳态误差消除得越快，但 T_I 也不能过大，否则在响应过程的初期会产生积分饱和现象。若 T_I 过小，系统的稳态误差将难以消除，会影响系统的调节精度。另外，在控制系统的前向通道中只要有积分环节总能做到稳态无静差。从相位的角度来看一个积分环节就有 90° 的相位延迟，也许会破坏系统的稳定性。

3）微分时间常数 T_D 的作用是改善系统的动态性能，其主要作用是在响应过程中抑制偏差向任何方向的变化，对偏差变化进行提前预报。但 T_D 不能过大，否则会使响应过程提前制动，延长调节时间，并且会降低系统的抗干扰性能。

下面介绍数字 PID 控制器的两种控制算法。

1）数字 PID 位置型控制算法

$$\int_0^n e(t)\,\mathrm{d}t = \sum_{j=0}^n E(j)\Delta t = T\sum_{j=0}^n E(j) \tag{10-60}$$

$$\frac{\mathrm{d}e(t)}{\mathrm{d}t} \approx \frac{E(k)-E(k-1)}{\Delta t} = \frac{E(k)-E(k-1)}{T} \tag{10-61}$$

$$P(k) = K_P\left\{E(k) + \frac{T}{T_I}\sum_{j=0}^k E(j) + \frac{T_D}{T}[E(k)-E(k-1)]\right\} \tag{10-62}$$

2）数字 PID 增量型控制算法。

$$P(k-1) = K_P\left\{E(k-1) + \frac{T}{T_I}\sum_{j=0}^{k-1} E(j) + \frac{T_D}{T}[E(k-1)-E(k-2)]\right\} \tag{10-63}$$

$$P(k) = P(k-1)+K_P[E(k)-E(k-1)]+K_I E(k)+K_D[E(k)-2E(k-1)+E(k-2)] \tag{10-64}$$

$$\Delta P(k) = P(k) - P(k-1) = K_{\mathrm{P}}\big[E(k) - E(k-1)\big] + K_{\mathrm{I}}E(k) + K_{\mathrm{D}}\big[E(k) - 2E(k-1) + E(k-2)\big] \tag{10-65}$$

还有些 PID 控制器的改进算法，如积分改进、微分改进等，由于篇幅关系，这里不再赘述，有兴趣的读者可以参考计算机控制系统等相关书籍进行学习。

10.2.6 关节空间控制系统

1. 基于模型的关节空间控制方法

与前面讨论的单关节不同，机器人的多关节控制是一个多输入-多输出（MIMO）问题。也就是说，需用矢量表示关节位置、速度和加速度，控制器所计算的是各关节驱动信号矢量。把控制器分解成为基于模型的控制部分和伺服控制部分的方法在这里仍然适用，只是以矩阵-矢量的形式出现。

在第 5 章中曾建立了操作臂的模型和相应的运动方程。可以看到，这些方程是很复杂的。刚体动力学方程的形式为

$$\boldsymbol{\tau} = \boldsymbol{M}(\boldsymbol{\Theta})\ddot{\boldsymbol{\Theta}} + \boldsymbol{V}(\boldsymbol{\Theta},\ \dot{\boldsymbol{\Theta}}) + \boldsymbol{G}(\boldsymbol{\Theta}) \tag{10-66}$$

式中，$\boldsymbol{M}(\boldsymbol{\Theta})$ 是操作臂的 $n \times n$ 惯量矩阵；$\boldsymbol{V}(\boldsymbol{\Theta},\ \dot{\boldsymbol{\Theta}})$ 是 $n \times 1$ 的离心力和科氏力矢量；$\boldsymbol{G}(\boldsymbol{\Theta})$ 是 $n \times 1$ 的重力矢量。$\boldsymbol{M}(\boldsymbol{\Theta})$ 和 $\boldsymbol{G}(\boldsymbol{\Theta})$ 中的每一项都是操作臂所有关节位置矢量的复杂函数，$\boldsymbol{V}(\boldsymbol{\Theta},\ \dot{\boldsymbol{\Theta}})$ 中的每一项都是 $\boldsymbol{\Theta}$ 和 $\dot{\boldsymbol{\Theta}}$ 的复杂函数。

另外，还可以加进一个摩擦模型（或者其他非刚体效应）。假设这个摩擦模型是关节位置和速度的函数，在式（10-66）中加上一项得到

$$\boldsymbol{\tau} = \boldsymbol{M}(\boldsymbol{\Theta})\ddot{\boldsymbol{\Theta}} + \boldsymbol{V}(\boldsymbol{\Theta},\ \dot{\boldsymbol{\Theta}}) + \boldsymbol{G}(\boldsymbol{\Theta}) + \boldsymbol{F}(\boldsymbol{\Theta},\ \dot{\boldsymbol{\Theta}}) \tag{10-67}$$

对于式（10-67）描述的这种复杂系统的控制问题，可以用本章介绍过的控制器分解方法来求解。这时有

$$\boldsymbol{\tau} = \boldsymbol{\alpha}\,\boldsymbol{\tau}' + \boldsymbol{\beta} \tag{10-68}$$

式中，$\boldsymbol{\tau}$ 是 $n \times 1$ 关节力矩矢量。选择

$$\boldsymbol{\alpha} = \boldsymbol{M}(\boldsymbol{\Theta}), \quad \boldsymbol{\beta} = \boldsymbol{V}(\boldsymbol{\Theta},\ \dot{\boldsymbol{\Theta}}) + \boldsymbol{G}(\boldsymbol{\Theta}) + \boldsymbol{F}(\boldsymbol{\Theta},\ \dot{\boldsymbol{\Theta}}) \tag{10-69}$$

以及伺服控制器

$$\boldsymbol{\tau}' = \ddot{\boldsymbol{\Theta}}_{\mathrm{d}} + K_{\mathrm{v}}\dot{\boldsymbol{E}} + K_{\mathrm{p}}\boldsymbol{E} \tag{10-70}$$

式中

$$\boldsymbol{E} = \boldsymbol{\Theta}_{\mathrm{d}} - \boldsymbol{\Theta} \tag{10-71}$$

求得的控制系统如图 10-21 所示。

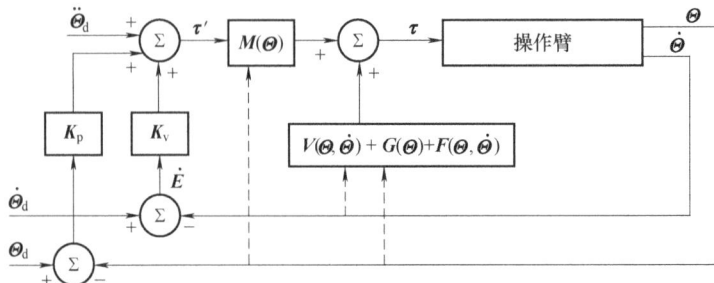

图 10-21　基于模型的机器人控制系统

利用式(10-67)~式(10-70)，很容易得到系统闭环特性的误差方程为

$$\ddot{E} + K_v \dot{E} + K_p E = 0 \qquad (10\text{-}72)$$

注意，这个矢量方程是解耦的：矩阵 K_v 和 K_p 是对角阵，因而式(10-72)可以写成各关节独立的形式

$$\ddot{e}_i + k_{vi} \dot{e}_i + k_{pi} e_i = 0 \qquad (10\text{-}73)$$

式(10-72)描述的理想特性在实际中是无法获得的，在上述诸多因素中最重要的有以下两点：

1）数字计算机的特性是离散的，而不是式(10-69)和式(10-70)中表示的那种理想的连续时间空置率。

2）机器人模型的不精确，必须计算式(10-69)。

2. 基于模型的前馈控制

前馈控制方法已被应用于非线性动力学模型，在这种控制律中不需要以伺服速度进行复杂的耗时计算。在图10-21中，控制律中基于模型的控制部分是在"伺服回路之中"的，在每个伺服时钟脉冲时这个回路中的信号是"流"过黑箱的。如果选择采样频率为200Hz，那么操作臂的动力学模型必须以此速度计算。另一种控制系统如图10-22所示。在这个系统中，基于模型的控制部分在伺服环的"外面"。因而，可以有一个快速的内伺服环，此时只需将误差与增益相乘。而基于模型的力矩计算则在一个较低的速率下附加在内伺服环的计算之上。

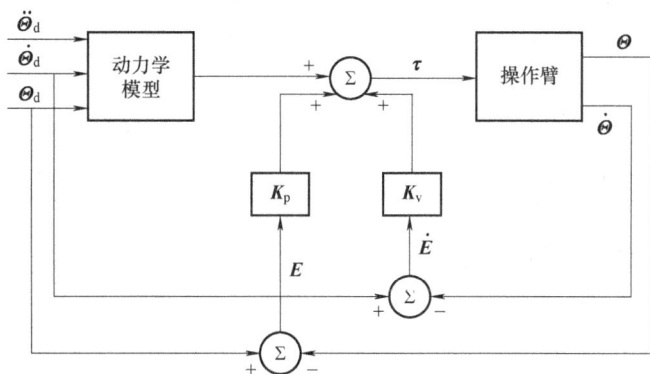

图10-22 基于模型的控制部分在伺服回路之外的控制方式

但是，图10-22所示的前馈控制方式并不能完全解耦。如果写出系统方程，则系统的误差方程为

$$\ddot{E} + M^{-1}(\Theta) K_v \dot{E} + M^{-1}(\Theta) K_p E = 0 \qquad (10\text{-}74)$$

显然，随着操作臂位形的变化，有效的闭环增益将会改变，准静态极点也会在复平面上移动。然而，可以根据式(10-74)设计鲁棒控制器的起始点，即找到一组合适的常数增益，尽管存在极点"运动"，仍然可以使它们保持在有利位置。另一种方法是随着操作臂位形的变化，事先计算出可变增益的值，从而使系统的准静态极点保持在固定位置。

注意，在图10-22所示系统中，动力学模型仅是期望轨迹的函数，因此当事先已知期望轨迹时，可以在运动开始前"离线"计算出需要的数值。在运行时，则从存储器中读出预先计算好的力矩函数。同样，如果需要计算时变增益，同样可以事先将它计算并存储下来。因此，这种控制方式运行时计算量较小，从而可达到很高的伺服速度。

图 10-23 所示是一种实际的解耦及线性化的位置控制系统原理框图。动力学模型以形位空间的形式描述，因此操作臂的动力学参数只是操作臂位置的函数。这些函数可以在后台进行计算，或者在另一台控制计算机上计算，或者查阅预先计算的表格。按照这种控制结构，可以以低于闭环伺服速度的速度更新动力学参数。例如，当闭环伺服频率为 250Hz 时，可以以 60Hz 的频率进行后台计算。

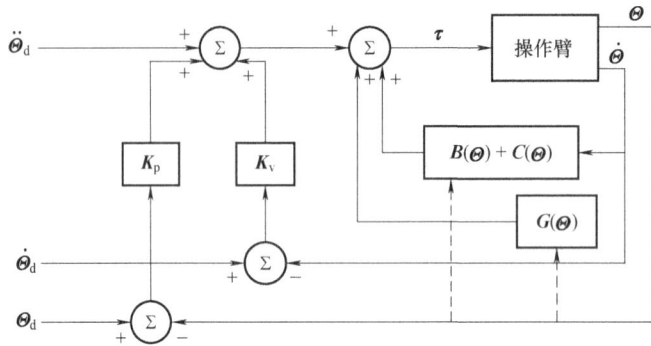

图 10-23　基于模型的操作臂控制系统的实现方法

3. 模型不精确的控制

应用计算力矩控制算法的第二个潜在困难是难以精确地得到机器人的动力学模型。对于动力学模型的某些参数尤其如此，例如摩擦效应。实际上，通常很难确定摩擦模型的结构，更不用说参数的值。此外，如果机器人的某些动力学参数不具有重复性，例如，由于机器人不可避免地逐渐老化，则难以得到任何时候都适用于这个动力学模型的参数值。

自然，大部分机器人总是要抓持各种工件和工具。当机器人抓握着工具时，工具的惯量和重量改变了操作臂的动力学特性。在工程应用中，工具的质量分布可能是已知的，这时，可以用它计算控制律中基于模型的部分。当抓持工具时，操作臂末端连杆的惯量矩阵、总质量及质心可以按照末端连杆和工具合成后的值重新修正。然而，在许多应用中，操作臂抓持物体的质量分布一般不是已知的，因此要保证动力学模型的精确性是很困难的。

对于一个最简单的非理想情况，假定模型是精确的，且以连续时间运行，只有外部噪声作用在系统上。图 10-24 所示为作用在关节上的干扰力矩矢量。包含这些未知干扰的系统误差方程为

$$\ddot{E} + K_v \dot{E} + K_p E = M^{-1}(\boldsymbol{\Theta}) \boldsymbol{\tau}_d \tag{10-75}$$

式中，$\boldsymbol{\tau}_d$ 是作用在关节上的干扰力矩矢量。式（10-75）的左边是解耦的，但是，从右边可以看出，在任意一个关节上的干扰都将给其他关节造成误差，因为 $M(\boldsymbol{\Theta})$ 一般不是对角阵。

基于式（10-75）可以做一些简单分析。例如，很容易计算出一个恒定干扰产生的稳态伺服误差为

$$E = K_p^{-1} M^{-1}(\boldsymbol{\Theta}) \boldsymbol{\tau}_d \tag{10-76}$$

如果操作臂的动力学模型不完善，则对得到的闭环系统进行分析就变得更加困难。为此定义符号如下：$\hat{M}(\boldsymbol{\Theta})$ 是操作臂惯量矩阵 $\hat{M}(\boldsymbol{\Theta})$ 的模型参数；同样，$\hat{V}(\boldsymbol{\Theta}, \dot{\boldsymbol{\Theta}})$、$\hat{G}(\boldsymbol{\Theta})$、$\hat{F}(\boldsymbol{\Theta}, \dot{\boldsymbol{\Theta}})$ 分别是实际机构的速度项、重力项和摩擦力项的模型参数。完全精确的模型是指

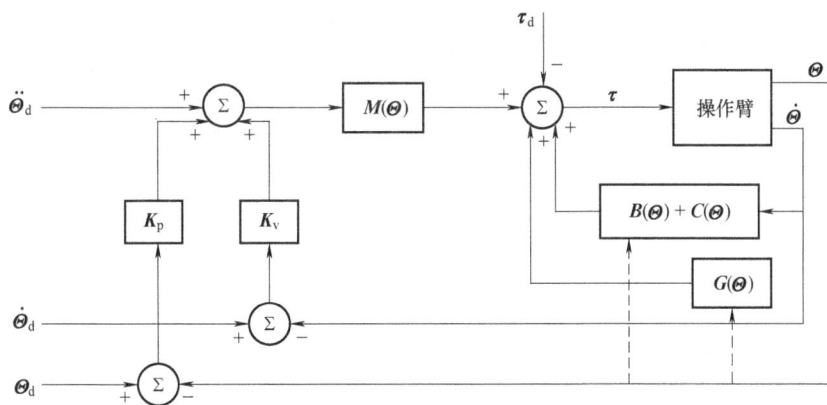

图 10-24　有外部干扰的基于模型的控制器

$$\hat{M}(\boldsymbol{\Theta})=M(\boldsymbol{\Theta})\,,\quad \hat{V}(\boldsymbol{\Theta},\,\dot{\boldsymbol{\Theta}})=V(\boldsymbol{\Theta},\,\dot{\boldsymbol{\Theta}})\,,\quad \hat{G}(\boldsymbol{\Theta})=G(\boldsymbol{\Theta})\,,\quad \hat{F}(\boldsymbol{\Theta},\,\dot{\boldsymbol{\Theta}})=F(\boldsymbol{\Theta},\,\dot{\boldsymbol{\Theta}})$$
（10-77）

因而，虽然已知操作臂的动力学方程为

$$\boldsymbol{\tau}=M(\boldsymbol{\Theta})\ddot{\boldsymbol{\Theta}}+V(\boldsymbol{\Theta},\,\dot{\boldsymbol{\Theta}})+G(\boldsymbol{\Theta})+F(\boldsymbol{\Theta},\,\dot{\boldsymbol{\Theta}})$$
（10-78）

而采用的控制律计算却是

$$\boldsymbol{\tau}=\boldsymbol{\alpha}\,\boldsymbol{\tau}'+\boldsymbol{\beta}\,,\quad \boldsymbol{\alpha}=\hat{M}(\boldsymbol{\Theta})\,,\quad \boldsymbol{\beta}=\hat{V}(\boldsymbol{\Theta},\,\dot{\boldsymbol{\Theta}})+\hat{G}(\boldsymbol{\Theta})+\hat{F}(\boldsymbol{\Theta},\,\dot{\boldsymbol{\Theta}})$$
（10-79）

因而，当已知参数不精确时，解耦和线性化就无法很好地完成。所得到的系统闭环方程为

$$\ddot{\boldsymbol{E}}+K_{v}\dot{\boldsymbol{E}}+K_{p}\boldsymbol{E}=M^{-1}\big[\,(\boldsymbol{M}-\hat{\boldsymbol{M}})\ddot{\boldsymbol{\Theta}}+(\boldsymbol{V}-\hat{\boldsymbol{V}})+(\boldsymbol{G}-\hat{\boldsymbol{G}})+(\boldsymbol{F}-\hat{\boldsymbol{F}})\,\big]$$
（10-80）

为使表述简明，式（10-80）中没有写出动力学函数的自变量。注意，如果模型是精确的，则式（10-77）成立，从而式（10-80）的右边为零，误差消失。当参数不能精确知道时，实际参数与模型参数不一致，则根据十分复杂的式（10-80）计算，将会引起伺服误差，甚至可能导致系统失稳。

10.3　工作空间控制

10.3.1　与基于关节空间控制方法的比较

在此之前所讨论过的所有关节空间的控制方法中，都假定期望轨迹可以用关节位置、速度和加速度的时间历程来表达。已知这些期望输入是有效的，设计了基于关节空间的控制方法，这种方法是通过计算关节空间的期望值与实际值之差，从而得到轨迹误差。经常希望机器人的末端执行器沿直线或其他在笛卡儿坐标系中描述的路径运动。如第 3 章和第 9 章所述，可以计算与笛卡儿坐标下的直线路径相对应的关节空间轨迹的时间历程。图 10-25 所示为这种机器人轨迹控制方法的示意图。这种方法主要是一个轨迹变换过程，用于计算关节轨迹。然后通过某种基于关节坐标的伺服控制实现轨迹跟踪，这是前面讨论过的。

如果用解析方法完成轨迹变换过程，那是相当困难的（按照计算费用来说），需要计算

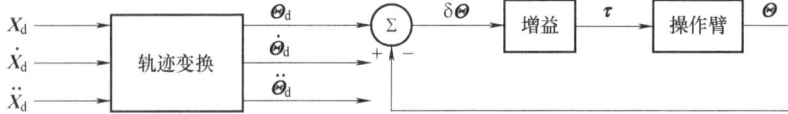

图 10-25 具有笛卡儿路径输入的基于关节空间的控制方法

$$\Theta_d = \text{INVKIN}(X_d), \quad \dot{\Theta}_d = J^{-1}(\Theta)\tau\dot{X}_d, \quad \ddot{\Theta}_d = J^{-1}(\Theta)\dot{X}_d + J^{-1}(\Theta)\tau\ddot{X}_d \quad (10\text{-}81)$$

在当前的系统中完成这种计算,通常应用逆运动学方法求解,然后用一阶和二阶差分的数值计算方法求出关节速度和加速度。但是,数值差分容易将噪声放大并引起延迟,除非采用一个专门的滤波器。因此,希望找到计算式(10-81)时计算量较小的方法,或者给出一种不需要这些信息的控制方法。

另一种方案如图 10-26 所示。在这里,检测到的操作臂位置立即由运动学方程变换成笛卡儿坐标下的位置,将它与期望的笛卡儿坐标位置进行比较,得到笛卡儿空间下的误差。这种基于笛卡儿空间误差的控制方法称为基于笛卡儿空间的控制方法。为使表述简明,在图 10-26 中未表示速度反馈,但它在任何情况下都是存在的。

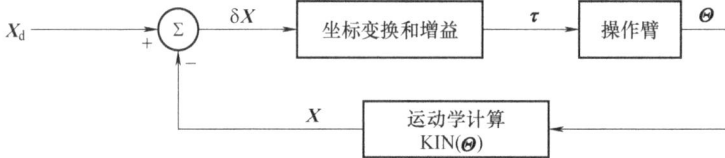

图 10-26 基于笛卡儿空间的控制方法示意图

轨迹变换过程可被伺服环中的坐标变换所代替。注意,基于笛卡儿坐标控制器的许多计算必须在反馈环内部进行,即运动学计算和其他变换现在都是在"反馈环内部"进行的。这是基于笛卡儿坐标方法的一个缺点;这种系统与基于关节空间系统相比,运行时的采样频率较低(当计算机容量相同时)。通常情况下这会降低系统的稳定性和抗干扰性能。

10.3.2　笛卡儿空间的直接控制方法

人们很容易得出一种相当直观的控制方法,如图 10-27 所示。这种方法是将笛卡儿空间位置与期望位置比较,得到笛卡儿空间下的误差。当控制系统正常工作时,这个误差可以被认为很小,并可以用逆雅可比方法映射成关节空间内的小位移。将得到的关节空间误差乘以增益来计算使误差减小的转矩。注意,为使表述简明,图 10-27 所示的简化控制器中省略了速度反馈部分。速度反馈可以直接附加到图中。这种方法称为逆雅可比控制器。

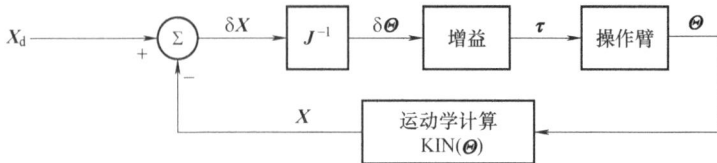

图 10-27 逆雅可比笛卡儿空间控制方法

另一种容易想到的方法如图 10-28 所示。这种方法是将笛卡儿空间误差矢量乘以增益来计算笛卡儿坐标系下的力矢量。可以将这个力矢量看作施加在机器人末端执行器上的一个笛卡儿空间的力，它使末端执行器向着笛卡儿空间误差减小的方向运动。将这个笛卡儿坐标系下的力矢量（实际上是一个力-力矩矢量）通过雅可比转置矩阵映射成当量关节力矩，这样可以减小观测到的误差。这种方法称为转置雅可比控制器。

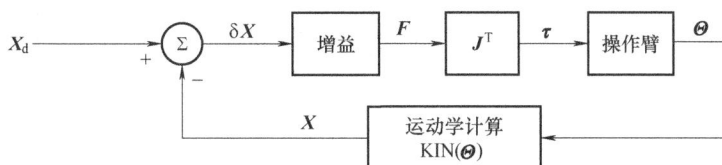

图 10-28　转置雅可比笛卡儿空间控制方法

逆雅可比控制器和转置雅可比控制器都是一种直观的控制方法，因此难以确定这些方法是稳定的，更不用说它的性能了。然而这两个控制器是如此相似，区别只在于一个是逆雅可比，另一个是转置雅可比。切记，一般雅可比逆矩阵和雅可比转置矩阵是不相等的（只有严格限制在笛卡儿空间的操作臂才有 $\boldsymbol{J}^{\mathrm{T}} = \boldsymbol{J}^{-1}$）。这些系统的精确的动力学特性（比如用二阶误差空间方程表示的系统）是很复杂的。事实是，这两种控制方法都能够工作（即都是稳定的），但工作性能不太好（即在整个工作空间的性能不是很好），都可以通过选择适当的增益使系统工作稳定，包括某种形式的速度反馈（在图 10-27 和图 10-28 中未画出）。然而它们都不是精确的控制方法，即无法选择固定的增益来得到固定的闭环极点。这两种控制器的动力学响应都会随着操作臂位形的变化而变化。

10.3.3　笛卡儿空间的解耦控制方法

与基于关节空间的控制器一样，基于笛卡儿空间的控制器也应该使操作臂在所有位形下的动力学误差均为常量。而在基于笛卡儿空间的控制方法中，误差是在笛卡儿空间表示的，这表明对于所设计的系统，应使其在所有可能的位形下，都可将笛卡儿空间误差限制在临界阻尼状态。

正如基于关节空间的控制器一样，一个性能优良的笛卡儿空间控制器的前提条件是操作臂的线性化和解耦模型。因此，必须用笛卡儿坐标的变量写出操作臂的动力学方程。这可以用第 5 章中讨论过的方法实现，得到的运动方程形式与关节空间的运动方程十分相似。刚体动力学方程可以写为

$$\boldsymbol{F} = \boldsymbol{M}_x(\boldsymbol{\Theta})\ddot{\boldsymbol{X}} + \boldsymbol{V}_x(\boldsymbol{\Theta}, \dot{\boldsymbol{\Theta}}) + \boldsymbol{G}_x(\boldsymbol{\Theta}) \tag{10-82}$$

式中，$\boldsymbol{F}$ 为作用在机器人末端执行器上的虚拟操作力-力矩矢量；$\boldsymbol{X}$ 是一个适当表示末端执行器位置和姿态的笛卡儿坐标矢量。与关节空间的参数类似；$\boldsymbol{M}_x(\boldsymbol{\Theta})$ 是笛卡儿空间的质量矩阵；$\boldsymbol{V}_x(\boldsymbol{\Theta}, \dot{\boldsymbol{\Theta}})$ 是笛卡儿空间的速度项矢量；$\boldsymbol{G}_x(\boldsymbol{\Theta})$ 是笛卡儿空间的重力项矢量。

与以前处理基于关节坐标的控制问题一样，可以在一个解耦和线性化控制器中应用动力学方程。因为已由式（10-82）计算出作用在机器人末端执行器上的虚拟笛卡儿力矢量 $\boldsymbol{F}$，那么就可以使用雅可比转置矩阵来实现这个控制，也就是说，由式（10-82）计算出 $\boldsymbol{F}$ 之后，实际上已无法将一个笛卡儿空间的力施加到末端执行器上，相反，如果应用式（10-83）就可计算出能够有效平衡系统的关节力矩 $\boldsymbol{\tau}$，有

$$\boldsymbol{\tau} = \boldsymbol{J}^{\mathrm{T}}(\boldsymbol{\Theta})\boldsymbol{F} \tag{10-83}$$

图 10-29 所示为完全动力学解耦的笛卡儿空间操作臂控制系统。注意转置雅可比是在操

作臂之前。可以看出，图 10-29 所示的控制器可以直接描述笛卡儿路径而不需要进行轨迹变换。

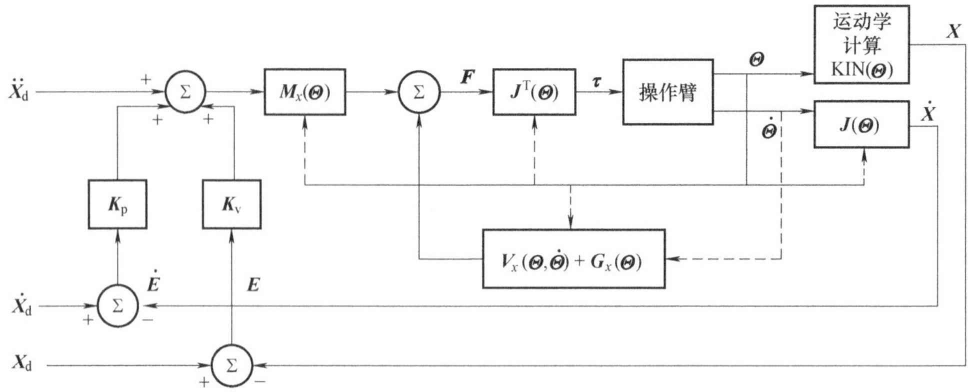

图 10-29　基于模型的笛卡儿空间控制方法

与关节空间的情况相同，在实际应用中最好使用双速度控制系统。图 10-30 所示为基于笛卡儿坐标系的解耦和线性化控制器示意图，其中的动力学参数只是操作臂位置的函数。这些动力学参数由后台或另一台控制计算机在一个低于伺服速率的频率下更新。这个方案是比较合理的，因为人们希望伺服速度尽量快（频率可能为 500Hz 或更高），以便最大限度地抑制干扰和保持稳定性。由于动力学参数只是操作臂位置的函数，因此只需在一个能够跟得上操作臂位形变化的速度下更新它们的值。参数更新频率可能不需要高于 100Hz。

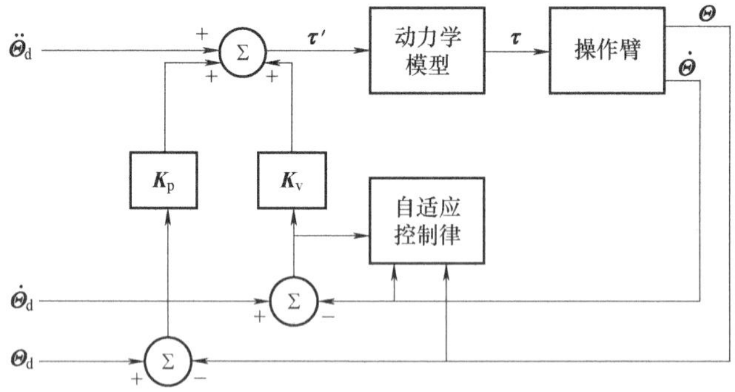

图 10-30　基于模型的笛卡儿空间控制的实现方法

10.3.4　自适应控制

在基于模型的控制方法的讨论中，经常发现操作臂的参数不能精确获知。当模型中的参数与实际系统中的参数不符时，会产生伺服误差。可以利用伺服误差，驱动某种自适应控制方法去更新模型参数的值，直到这些伺服误差消失。目前已经提出了几种自适应方法。

一种理想的自适应方法如图 10-31 所示。这里使用了在本章中推导的基于模型的控制律。自适应控制过程如下：已知操作臂的状态和伺服误差，系统将调整非线性模型中的参数值，直到误差消失。这种系统会学习系统本身的动力学特性。然而自适应控制方法的设计和分析已超出了本书的范围，在此不再赘述。

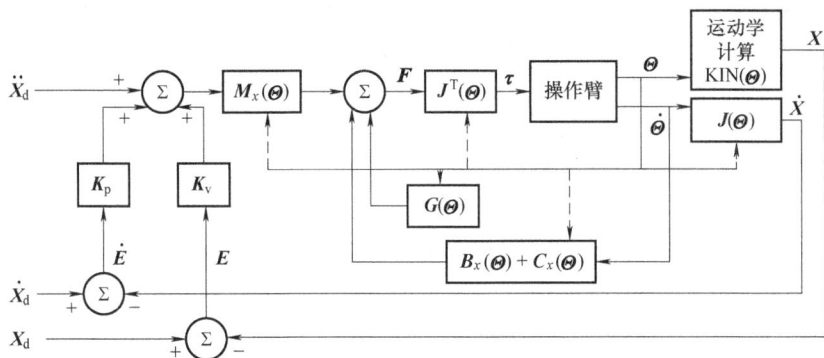

图 10-31 自适应机器人控制器示意图

10.4 力控制

10.4.1 力/位混合控制的应用

大多数机器人都应用于相对简单的应用场合，如抓取、放置和喷涂操作。力控制已经在一些场合得到应用，例如，一些机器人已经能够实现简单的力控制，如机器人手部的水果抓取。显然机器人的下一个大量应用领域将会是在不同的领域展开。在这种领域的任务中，如水果采摘领域，接触力的监控非常重要。

面对工作环境的不确定性和变化，机器人的精确控制是将机器人应用于采摘等领域操作中的先决条件。给机械手装上传感器，以给出操作任务的状态信息，这样就可以使机器人完成采摘等任务，这似乎是机器人应用的重要进展。然而，目前机器人的灵巧性仍较低，从而限制了它们在多个领域中的应用。

使用操作臂完成采摘任务(特别柔软的水果)要求力和位置控制精度较高。目前工业机器人一般不能胜任如此精确的任务，因此制造这种机器人可能没有意义。高精度机器人只能以尺寸、重量、成本为代价来实现。然而，测量和控制手部产生的接触力为提高机器人的精度提供了一种有效的方法。由于使用相对测量方法，操作臂和被操作对象的绝对位置误差不像它们在纯位置控制系统中那样重要了。当机器人速度较大时，相对位置的微小变化会产生很大的接触力，因此，了解并控制这些力可以极大地提高有效位置精度和实现精确无损的抓取。

10.4.2 局部约束任务中的控制坐标系

本章中提出的方法是基于操作环境的控制坐标系的，在这个环境中，操作臂的运动受到一个或多个接触面的约束。描述部分约束的坐标系是基于操作臂的末端执行器和环境之间相互作用的简化模型。因为仅需要描述接触和自由状态，因此只考虑由于接触产生的力。这相当于进行准静态分析并忽略了其他静态力。

每一操作任务可以分解为多个子任务，这些子任务都是由操作臂末端执行器(即工具)和工作环境之间特定的接触状态定义的。对于每一个与这种子任务相关的约束，称为自然约束，这些自然约束由操作位形特定的机械和几何特征形成。例如，一个与静态刚性表面接触的手臂不能自由穿过该表面。因此，存在自然位置约束。如果表面是无摩擦的，则手臂不能任意施加与表面相切的力。这样就存在自然力约束。

在与环境接触的模型中，对于每一个子任务的位形，可以定义一个广义表面，它具有垂直于该表面的位置约束和正切于该表面的力约束。这两种类型的约束（力约束和位置约束）将末端执行器可能的运动自由度数划分成两个正交集，必须根据不同的规则对这两组集合进行控制。

附加约束，又称为人工约束，是按照自然约束确定的期望运动或施加的力来定义的，即每当用户给定了一个位置或力的期望轨迹，就定义一个人工约束。这些约束也会出现在广义约束表面的切向或法向，但是，与自然约束不同，人工力约束定义为沿表面的法向，人工位置约束定义为沿表面的切向，这样就保证了与自然约束的一致性。

10.4.3 力/位混合控制问题

图 10-32 所示为接触状态的两个极端情况。如图 10-32a 所示，操作臂在自由空间移动。在这种情况下，自然约束都是力约束——没有相互作用力，因此所有的约束力都为零。具有 6 个自由度的操作臂可以在 6 个自由度方向上运动，但是不能在任何方向上施加力。图 10-32b 所示为操作臂末端执行器紧贴墙面运动的极端情况。在这种情况下，因为操作臂不能自由改变位置，所以它有 6 个自然位置约束。然而，操作臂可以在这 6 个自由度上对目标自由施加力和力矩。

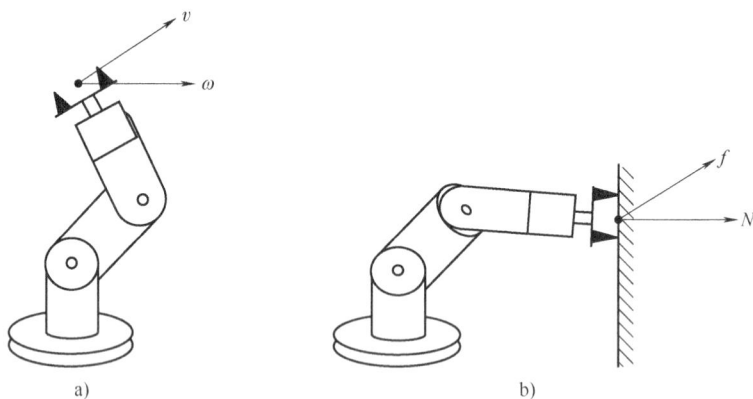

图 10-32 接触状态的两个极端情况

图 10-32b 中的情况在实际中并不经常出现，多数情况是需要在部分约束任务环境中进行力控制，即对系统的某些自由度需要进行位置控制，而对另一些自由度需要进行力控制。这样，在本章中主要讨论力/位混合控制方法。

对于力/位混合控制器必须解决以下三个问题：

1）沿有自然力约束的方向进行操作臂的位置控制。

2）沿有自然位置约束的方向进行操作臂的力控制。

3）沿任意坐系的正交自由度方向进行任意位置和力的混合控制。

10.4.4 质量-弹簧系统的力控制

在 10.2 节中，从非常简单的单一质量块控制问题开始研究位置控制问题。在 10.3 节中，将这种方法应用于一个操作臂模型，即控制整个操作臂的问题等价于控制 n 个独立的集中质量（对于具有 n 个关节的操作臂来说）。同样，通过控制施加到简单的单一自由度系统的力来研究力控制。

考虑存在接触力的情况，必须建立某种环境作用模型。为了建立这个概念，使用一种非常简单的被控物体和环境之间的相互作用模型。将与环境接触的模型看作是一个弹簧（即假设系统是刚性的），而环境具有刚度 k_e。

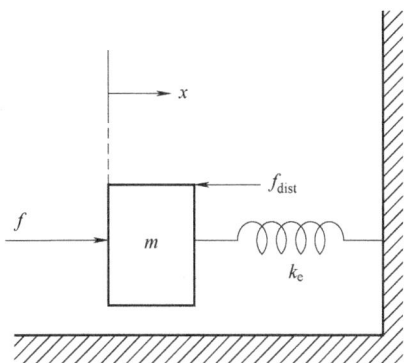

考虑图 10-33 所示的质量-弹簧系统的控制问题。同时将未知干扰力考虑在内，它可能是未知模型的摩擦力，即操作臂传动齿轮的啮合损耗。要控制的变量为作用于环境的力，它是施加在弹簧上的力

$$f_e = k_e x \tag{10-84}$$

描述这个物理系统的方程为

图 10-33　质量-弹簧系统

$$f = m\ddot{x} + k_e x + f_{dist} \tag{10-85}$$

或者写成需要控制的变量的形式

$$f = mk_e^{-1}\ddot{f}_e + f_{dist} \tag{10-86}$$

采用控制器分解方法，取

$$\alpha = mk_e^{-1}$$

和

$$\beta = f_e + f_{dist}$$

得到控制律

$$f = mk_e^{-1}(\ddot{f}_d + k_{vf}\dot{e}_f + k_{pf}e_f) + f_e + f_{dist} \tag{10-87}$$

式中，$e = f_d - f_e$，为期望力 f_d 与检测到的作用在环境上的力 f_e 之间的误差。如果能计算式（10-87），则可以得到闭环系统

$$\ddot{e}_f + k_{vf}\dot{e}_f + k_{pf}e_f = 0 \tag{10-88}$$

然而，在控制律中 f_{dist} 是未知的，因此式（10-87）不可解。可以在控制律中舍去这一项，但是由稳态分析表明，还有更好的解决方法，尤其是当环境刚性 k_e 很高时（通常情况下）。

如果选择在控制律中舍去 f_{dist} 这一项，则令式（10-86）与式（10-87）相等，并且在稳态分析中令对时间的各阶导数为零，可得

$$e_f = \frac{f_{dist}}{\alpha} \tag{10-88}$$

式中，$\alpha = mk_e^{-1}k_{pf}$，为有效力反馈增益。然而，在式（10-87）中 f_d 代 $f_d + f_{dist}$，则稳态误差为

$$e_f = \frac{f_{dist}}{1+\alpha} \tag{10-89}$$

一般情况下，环境是刚性的，α 可能很小，因此由式（10-89）计算稳态误差远优于式（10-88）。因此，推荐控制律为

$$f = mk_e^{-1}(\ddot{f}_d + k_{vf}\dot{e}_f + k_{pf}e_f) + f_d \tag{10-90}$$

图 10-34 所示为采用式（10-90）所示控制律的闭环系统示意图。

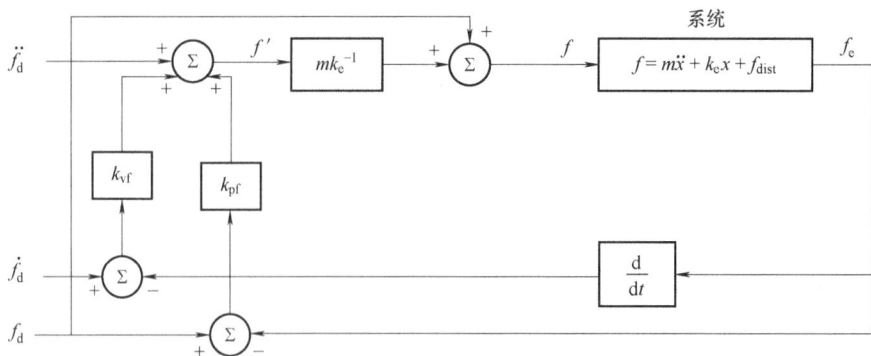

图 10-34　弹簧-质量系统的力控制系统

通常，对于力伺服控制来说，实际情况与图 10-34 中描述的理想情况有些不同。首先，力轨迹通常为常数，即通常希望将接触力控制为某一常数值，而很少把它设置为任意的时间函数。因此，控制系统的输入 $\dot{f}_d$ 和 $\ddot{f}_d$ 通常恒设为零。另一种实际情况是检测到的力"噪声"很大，因此用数值微分计算 $\dot{f}_d$ 是不可行的。然而，$f_e = k_e x$，因此可以求作用于环境上的力的微分 $\dot{f}_e = k_e \dot{x}$。这样做非常实际，因为大多数操作臂都可以测量速度，技术是成熟的。做出这两个实际选择之后，可以将控制律写为

$$f = m(k_{pf}k_e^{-1}e_f - k_{vf}\dot{x}) + f_d \qquad (10\text{-}91)$$

对应的原理图如图 10-35 所示。

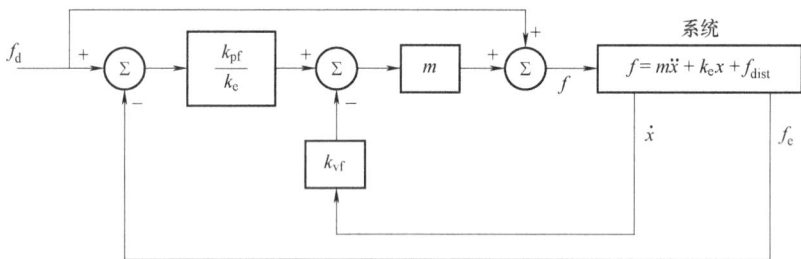

图 10-35　实际的弹簧-质量系统的力控制系统

注意，图 10-35 所示系统表明，对于具有增益的内部速度环，力误差生成了一个点集。某些力控制律也包含积分项，以提高系统的稳态性能。

最后一个重要问题就是控制律中的环境刚度 k_e 通常是未知的和时变的。然而，由于装配机器人经常装配刚性零件，因此，可以认为 k_e 很大。通常进行这种假设，并选择增益，以使得相对 k_e 的变化系统是鲁棒的。

构造控制接触力的控制律，目的是提出一个假设结构，并从中发现一些问题。本小节的最后，将简单假设这样的力控制伺服系统是成立的，并将其抽象为图 10-36 所示的黑箱。实际上，建立一个高性能的力伺服系统是不容易的。

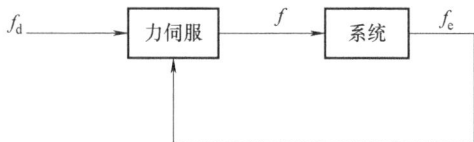

图 10-36　黑箱形式的力控制伺服系统

10.4.5 力/位混合控制方法

在本小节中，将介绍力/位混合控制器的控制系统结构。

1. 坐标系{C}中的笛卡儿操作臂

首先考虑具有移动关节的 3 自由度笛卡儿操作臂的简单情况，关节轴线沿 $\hat{Z}$、$\hat{Y}$ 和 $\hat{X}$ 方向。为使分析简单，假设每一连杆的质量很小，滑动摩擦力为零。假设关节运动方向与约束坐标系{C}的轴线方向完全一致。末端执行器与刚度为 k_e 的表面接触，$^c\hat{Y}$ 轴垂直于接触表面。因此，在该方向需要进行力控制，而在 $^c\hat{X}$、$^c\hat{Z}$ 方向进行位置控制（图 10-37）。

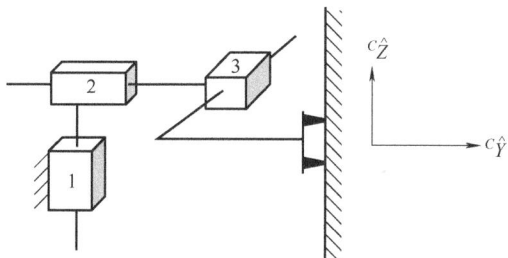

图 10-37 与表面接触的 3 自由度笛卡儿操作臂

在这种情况下，力/位混合控制问题的解比较清楚，使用 10.2 节中提出的单位质量位置控制器来控制关节 1 和 3。关节 2（作用于 $\hat{Y}$ 方向）应使用 10.4.3 节中介绍的力控制器进行控制，于是可以在 $^c\hat{X}$、$^c\hat{Z}$ 方向设定位置轨迹，同时在 $^c\hat{Y}$ 方向独立设定力轨迹（可能只是一个常数）。

如果希望将约束表面的法线方向转变为沿 $\hat{X}$ 向或 $\hat{Z}$ 向，则可以按如下方法对笛卡儿操作臂控制系统稍加扩展：构建一个控制器，使它可以确定 3 个自由度的全部位置轨迹，同时也可以确定 3 个自由度的力轨迹。当然，不能同时满足这 6 个约束的控制。因而，需要设定一些工作模式来指明在任一给定时刻应控制哪条轨迹的哪个分量。

在图 10-38 所示的控制器中，用一个位置控制器和一个力控制器，控制简单笛卡儿操作臂的 3 个关节。引入矩阵 S 和 S' 来确定应采用哪种控制模式（位置或力）去控制笛卡儿操作臂的每一个关节。S 矩阵为对角阵，对角线上的元素为 1 和 0。对于位置控制，S 中元素为 1 的位置在 S' 中对应的元素为 0；对于力控制，S 中元素为 0 的位置在 S' 中对应的元素为 1。因此，矩阵 S 和 S' 相当于一个互锁开关，用于设定{C}中每一个自由度的控制模式。按照 S 的规定，系统中总有 3 个轨迹分量受到控制，而位置控制和力控制之间的组合是任意的。另外 3 个期望轨迹分量和相应的伺服误差应被忽略。也就是说，当一个给定的自由度受到力控制时，那么这个自由度上的位置误差就应该被忽略。

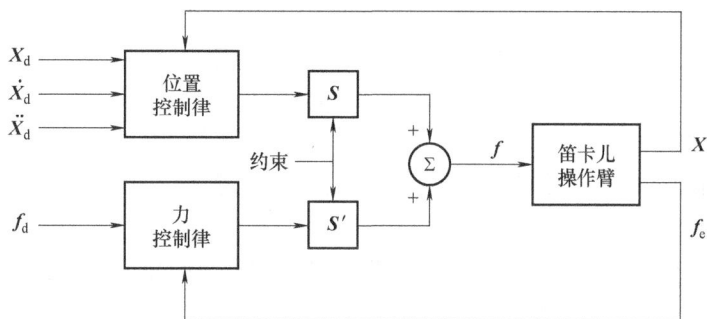

图 10-38 3 自由度笛卡儿操作臂的混合控制器

例 10-6 如图 10-37 所示，$^{C}\hat{Y}$ 方向的运动受到作用表面的约束，求矩阵 S 和 S'。

由于 $\hat{X}$ 和 $\hat{Y}$ 方向的分量受到位置控制，因此在矩阵 S 对角线上对应于这两个分量的位置上输入 1。在这两个方向上具有位置伺服，可以跟踪输入轨迹。$\hat{Y}$ 方向输入的任何位置轨迹都将被忽略。矩阵 S' 对角线方向上的 0 和 1 元素与矩阵 S 相反。因此，有

$$S = \begin{pmatrix} 1 & 0 & 0 \\ 0 & 0 & 0 \\ 0 & 0 & 1 \end{pmatrix}$$

$$S' = \begin{pmatrix} 0 & 0 & 0 \\ 0 & 1 & 0 \\ 0 & 0 & 0 \end{pmatrix}$$

图 10-38 所示的混合控制器是关节轴线与约束坐标系 $\{C\}$ 完全一致的特殊情况。在下文中，将前面章节研究的方法推广到一般操作臂的控制器中，且对于任意的 $\{C\}$ 都适用。然而，在理想情况下，操作臂好像有一个与 $\{C\}$ 中的每个自由度都一致的驱动器。

2. 一般操作臂的控制

将图 10-38 所示的混合控制器推广到一般操作臂，可以得到直接应用基于笛卡儿坐标系的控制方法。第 5 章讨论了如何根据末端执行器的笛卡儿运动写出操作臂的运动方程，10.3 节给出了如何对操作臂应用数学方法进行解耦的笛卡儿位置控制。这个基本思想是通过使用笛卡儿空间的动力学模型，把实际操作臂的组合系统和计算模型变换为一系列独立的、解耦的单位质量系统。一旦完成解耦和线性化，就可以应用 10.4 节中介绍的简单伺服方法。

图 10-39 所示为在笛卡儿空间中基于操作臂动力学公式的计算方法，使操作臂呈现为一系列解耦的单位质量系统。为了用于混合控制方案，笛卡儿动力学方程和雅可比矩阵都应在约束坐标系 $\{C\}$ 中描述。同样，运动学方程也应相对于约束坐标系 $\{C\}$ 进行计算。

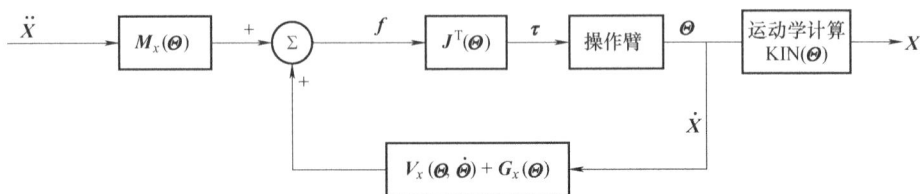

图 10-39　笛卡儿解耦方案

由于已经设计了与约束坐标系一致的笛卡儿操作臂的混合控制器，并且因为用笛卡儿解耦方法建立的系统具有相同的输入-输出特性，因此只需要将这两个条件结合，就可以生成一般的力/位混合控制器。

图 10-40 所示为一个一般操作臂的混合控制器框图。注意，动力学方程及雅可比矩阵均在约束坐标系中描述。

描述运动学方程时应将坐标变换到约束坐标系，同样，检测的力也要变换到约束坐标系 $\{C\}$ 中。伺服误差应在 $\{C\}$ 中计算。

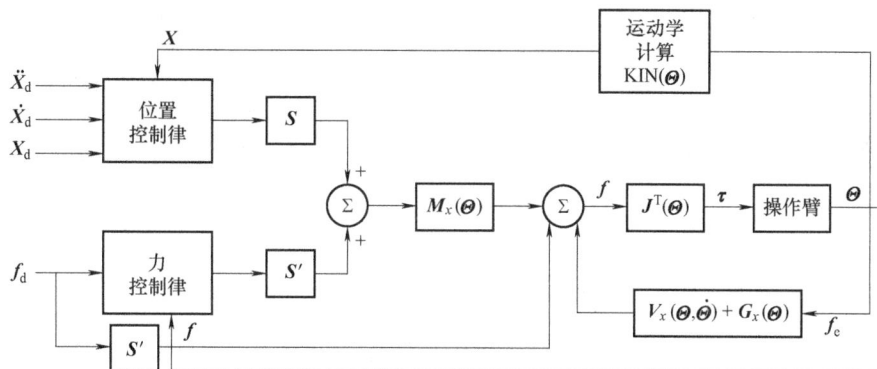

图 10-40　一般操作臂的力/位混合控制器

习　题

10.1 一个二阶微分方程有复根

$$s_1 = \lambda + \mu i$$
$$s_2 = \lambda - \mu i$$

证明它的通解为

$$x(t) = c_1 e^{s_1 t} + c_2 e^{s_2 t}$$

可写成

$$x(t) = c_1 e^{\lambda t} \cos(\mu t) + c_2 e^{\lambda t} \sin(\mu t)$$

10.2 计算图 10-10 所示系统的运动，设参数值分别为 $m=2$，$b=6$ 和 $k=4$，并且质量块（初始时静止）从 $x=1$ 位置释放。

10.3 计算图 10-10 所示系统的运动，设参数值分别为 $m=1$，$b=2$ 和 $k=1$，并且质量块（初始时静止）从 $x=4$ 位置释放。

10.4 计算图 10-10 所示系统的运动，设参数值分别为 $m=1$，$b=4$ 和 $k=5$，并且质量块（初始时静止）从 $x=2$ 位置释放。

10.5 计算图 10-10 所示系统的运动，设参数值分别为 $m=1$，$b=7$ 和 $k=10$，并且质量块（初始时静止）从 $x=2$ 位置释放。

10.6 某直接驱动机器人的设计者，怀疑由连杆本身的柔性引起的共振是产生最低阶未建模共振的原因。如果将连杆近似看作正方形横截面的梁，尺寸为 5cm×5cm×50cm，壁厚为 1cm，总质量为 5kg，估算 ω_{res}。

第 11 章

机器人的驱动执行系统与编程

11.1 机器人的驱动执行系统

这里机器人驱动是机电液一体化系统中的执行装置。执行装置就是按照电信号的指令，将来自电、液压和气压等各种能源的能量，转换成旋转运动、直线运动等方式的机械能的装置。按利用的能源来分类，主要可分为电动执行装置、液压执行装置、气动执行装置和新型执行装置等。其中，新型执行装置又分为压电执行装置、形状记忆合金执行装置。压电执行装置是利用在压电陶瓷等材料上施加电压而产生变形的压电效应；而形状记忆合金执行装置是利用镍钛合金等材料的形状随温度变化，温度恢复时形状也恢复的效应。本节主要介绍电动执行装置、液压执行装置和气动执行装置。

11-1 采摘机器人的驱动执行系统

11.1.1 直流电动机

1. 直流电动机的工作原理

直流电动机通过换向器将直流转换成电枢绕组中的交流，从而使电枢产生一个恒定方向的电磁转矩，其工作原理如图 11-1 所示。

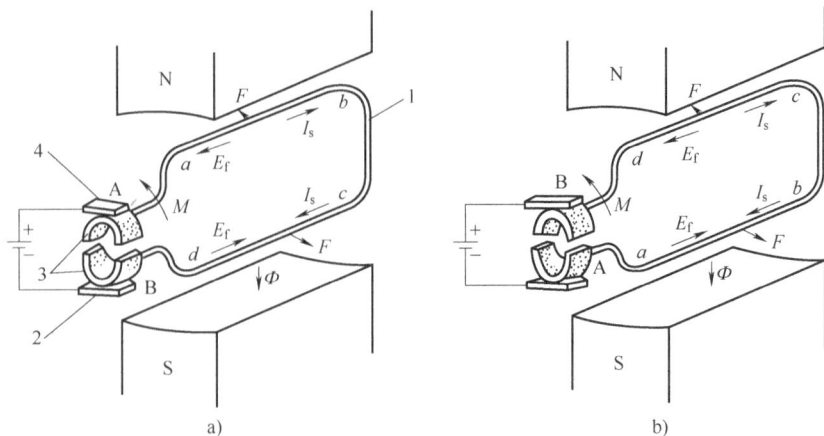

图 11-1 直流电动机的工作原理

1—电枢绕组 2—负电刷 3—换向器 4—正电刷

电动机通电后，磁极产生的磁场方向如图 11-1 所示，并通过电刷和换向片将直流电引入绕组。当换向片 A 与正电刷接触，换向片 B 与负电刷接触时，绕组中的电流 I_s 从 $a \to d$，此时按左手定则判定绕组匝边 ab、cd 受到的磁场力 F 方向如图 11-1a 所示，形成了一个逆时针方向的电磁转矩 M 而使电枢转动。当电枢转动至换向片 A 与负电刷接触，换向片 B 与正电刷接触时，电流改为从 $d \to a$，如图 11-1b 所示，电磁转矩 M 的方向不变，电枢仍按逆时针方向继续转动。

2. 直流电动机的矩频特性曲线

直流电动机的电流控制曲线和电压控制曲线如图 11-2 所示。

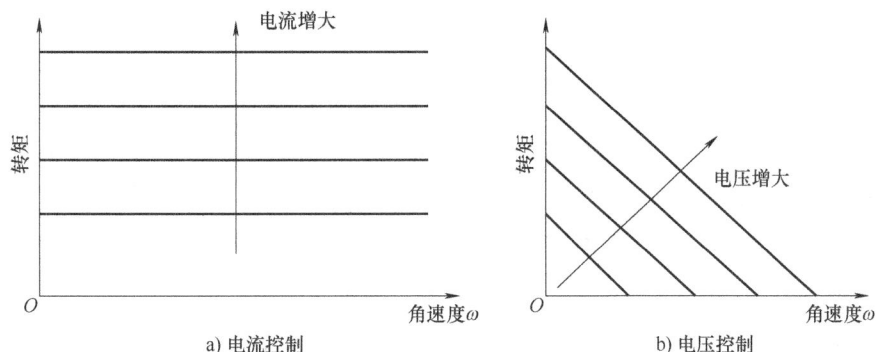

图 11-2　电流控制曲线和电压控制曲线

3. 直流电动机的控制方式

直流电动机主要通过改变电压或电流控制转速和转矩。

脉冲宽度调制(Pulse Width Modulation，PWM)控制是利用脉宽调制器对大功率晶体管开关放大器的开关时间进行控制，将直流电压转换成某一频率的矩形波电压，加到直流电动机的电枢两端，通过对矩形波脉冲宽度的控制，改变电枢两端的平均电压以达到调节电动机转速的目的。

4. 直流电动机的特点

优点：调速方便(可无级调速)，调速范围宽；低速性能好(起动转矩大，起动电流小)；运行平稳，转矩和转速容易控制。

缺点：换向器需经常维护；电刷极易磨损，必须经常更换；噪声比交流电动机大。

11.1.2　交流电动机

1. 交流电动机的工作原理

交流电动机又分为同步电动机和异步电动机。其中，同步电动机中，定子是永磁体，所谓同步是指转子速度与定子磁场速度相同；异步电动机中，转子和定子上都有绕组，所谓异步是指转子磁场和定子间存在速度差(不是角度差)。

2. 交流电动机的矩频特性曲线

交流电动机的转矩-转速特性如图 11-3 所示。交流电动机的实物图如图 11-4 所示。

3. 交流电动机的特点

交流电动机无电刷和换向器，无产生火花的危险；比直流电动机的驱动电路复杂、价格高。

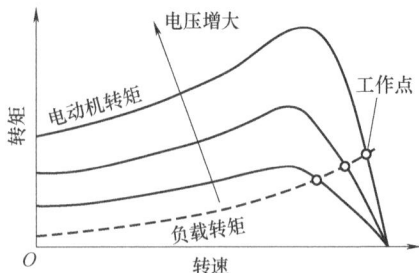

图 11-3　交流电动机的转矩-转速特性

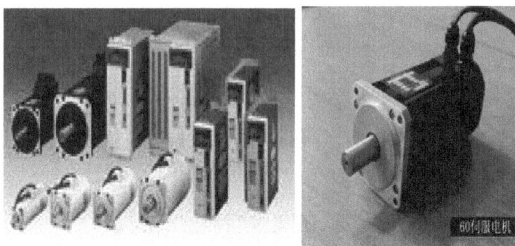

图 11-4　交流电动机的实物图

同步电动机的特点是体积小；用于要求响应速度快的中等速度以下的工业机器人，以及机床领域。

异步电动机的特点是转子惯量很小，响应速度很快；用于中等功率以上的伺服系统。

4. 交流电动机的控制方式

改变定子绕组上的电压或频率，即电压控制或频率控制方式。伺服电动机的精度由编码器的精度决定。

11.1.3　步进电动机

步进电动机驱动系统主要用于开环位置控制系统。其优点是控制较容易，维修也较方便，而且控制为全数字化；缺点是采用开环控制，所以精度不高。

1. 步进电动机的工作原理

步进电动机是一种将电脉冲转化为角位移的执行机构。简单来说，当步进驱动器接收到一个脉冲信号，它就驱动步进电动机按设定的方向转动一个固定的角度（即步进角）。可以通过控制脉冲个数来控制角位移，从而达到准确定位的目的；同时可以通过控制脉冲频率来控制电动机转动的速度和加速度，从而达到调速的目的。

步进电动机有三种：永磁式（Permanent Magnet，PM）步进电动机；反应式（也称可变磁阻式）（Variable Reluctance，VR）步进电动机，在欧美等发达国家于 20 世纪 80 年代已被淘汰；混合式（Hybrid，HB）步进电动机，混合式步进电动机混合了永磁式步进电动机和反应式步进电动机的优点，混合式步进电动机的应用最为广泛。

永磁式步进电动机转子是永磁体，定子是绕组，在定子电磁铁和转子永磁体之间的排斥力和吸引力的作用下转动，步距角一般为 7.5°~90°。

反应式步进电动机用齿轮状的铁心作为转子，定子是电磁铁。在定子磁场中，转子始终转向磁阻最小的位置。其步距角一般为 0.9°~15°。

混合式步进电动机在永磁体转子和电磁铁定子的表面上加工出许多轴向齿槽，产生转矩的原理与永磁式步进电动机相同，转子和定子的形状与反应式步进电动机相似，步距角一般为 0.9°~15°。

2. 步进电动机的相关术语

相数：产生不同 N、S 对磁场的励磁线圈对数。

拍数：完成一个磁场周期性变化所需脉冲数或导电状态。四相四拍运行方式为 AB-BC-CD-DA-AB；四相八拍运行方式为 A-AB-B-BC-C-CD-D-DA-A。

步距角：对应一个脉冲信号，电动机转子转过的角位移用 θ 表示。一般步进电动机的精度为步距角的 3%~5%，且不累积。

失步：电动机运转时运转的步数不等于理论上的步数。

保持转矩(或静转矩)：指电动机各相绕组通额定电流且处于静态锁定状态时，电动机所能输出的最大转矩。它是电动机选型时最重要的参数之一。通常步进电动机在低速时的力矩接近保持转矩。比如，当说 2N·m 的步进电动机时，在没有特殊说明的情况下一般是指保持转矩为 2N·m 的步进电动机。

定位转矩：指电动机各相绕组不通电且处于开路状态时，由于混合式电动机转子上有永磁材料产生磁场，从而产生的转矩。一般定位转矩远小于保持转矩。是否存在定位转矩是混合式步进电动机区别于反应式步进电动机的重要标志。

细分驱动器的原理：通过改变相邻(A、B)电流的大小，以改变合成磁场的夹角来控制步进电动机运转。

驱动器细分后的主要优点：①完全消除了电动机的低频振荡；②提高了电动机的输出转矩；③提高了电动机的分辨率。

3. 步进电动机的特点

步进电动机的控制系统简单可靠，成本低；控制精度受步距角限制，高负载或高速度时易失步，低速运行时会产生步进运行现象。

11.1.4 超声波电动机

超声波电动机是一种很有发展前景的电动机。

1. 超声波电动机的工作原理

当给压电陶瓷施加一定方向的电压时，各部分产生的应变方向相反(在正电压作用下，+的部分伸长，-的部分压缩)，+、-部分交替相接。在交流电压的作用下，压电陶瓷就会沿圆周方向产生交替的伸缩变形，定子弹性体的上下运动产生驻波。此外，由于重叠在一起的两片压电陶瓷的相位差为 90°，因此在形成驻波的同时也会在水平方向形成行波。这样，在驻波和行波的合成波的作用下，使定子做椭圆运动轨迹的振动。这样，装在定子上的转子在摩擦力的作用下就会产生旋转。同样也有直线运动的超声波电动机。

2. 超声波电动机的特点

超声波电动机具有体积小，重量轻，不用制动器，速度和位置控制灵敏度高，转子惯性小，响应性能好，没有电磁噪声等普通电动机不具备的优点。

11.1.5 液压驱动

液压驱动装置分为液压缸、液压马达等。

1. 液压驱动的主要优点

1) 容易获得比较大的转矩和功率。

2) 功率-重量比大，可以减小执行装置的体积。

3) 刚度高，能够实现高速、高精度的位置控制。

4) 通过流量控制可以实现无级变速。

2. 液压驱动的主要缺点

1) 必须对油的温度和污染进行控制，稳定性较差。

2）有因漏油而导致火灾的危险。

3）液压油源和进油、回油管路等附属设备占空间较大。

11.1.6　气动驱动

气动驱动装置有气缸、气马达等。

1. 气动驱动的优点

1）利用气缸可以实现高速直线运动。

2）利用空气的可压缩性容易实现力控制和缓冲控制。

3）无火灾风险和环境污染。

4）系统结构简单，价格低。

2. 气动驱动的缺点

1）由于空气的可压缩性，高精度的位置控制和速度控制都比较困难，驱动刚性比较差。

2）虽然撞停等简单动作速度较高，但在任意位置上停止的动作速度很慢。

3）噪声大。

11.1.7　机械传动机构

机械传动机构是构成工业机器人的重要部件。工业机器人的传动装置与一般机械的传动装置的选用和计算大致相同。但工业机器人的传动系统要求结构紧凑、重量轻、转动惯量小和体积小，要求消除传动间隙，提高其运动和位置精度。工业机器人传动装置除齿轮传动、蜗杆传动、链传动和行星齿轮传动外，还常用谐波齿轮与传动带等长距离传递运动的机构。

1. 谐波齿轮

目前，机器人的旋转关节有60%~70%都使用谐波齿轮。谐波齿轮由刚性齿轮、谐波发生器和柔性齿轮组成。假设刚性齿轮由100个齿，柔性齿轮比它少2个齿，则当谐波发生器转50圈时，柔性齿轮转1圈，这样只占用了很小的空间就可得到1∶50的减速比。

2. 长距离传递运动的机构

同步带、V形带、平带、链、绳索（钢丝绳）、连杆等机构都是长距离传递运动的机构。四连杆机构刚度好、精度高，经常应用于机械手等系统。

11.2　机器人编程

11.2.1　编程方式介绍

1. 顺序控制的编程

在顺序控制的机器中所有的控制都是由机械或电气的顺序控制器实现的。按照定义，这里没有程序设计的要求。顺序控制的灵活性小，这是因为所有的工作过程都已编好，每个过程或由机械挡块或由其他确定的办法所控制。大量的自动机都是在顺序控制下操作的。这种方法的主要优点是成本低，易于控制和操作。

2. 示教方式编程（手把手示教）

目前大多数机器人还是采用示教方式编程。示教方式是一项成熟的技术，易于被熟悉工作任务的人员所掌握，而且用简单的设备和控

258

11-2　示教方式编程

制装置即可进行。示教过程进行得很快,示教过后,马上即可应用。在对机器人进行示教时,将机器人的轨迹和各种操作存入其控制系统的存储器。如果需要,该过程还可以重复多次。在某些系统中,还可以用与示教时不同的速度再现。

如果能够从一个运输装置获得,使机器人的操作与搬运装置同步的信号,就可以用示教的方法来解决机器人与搬运装置配合的问题。

示教方式编程也有一些缺点:

1)只能在人所能达到的速度下工作。

2)很难与传感器的信息相配合。

3)不能用于某些危险的情况。

4)在操作大型机器人时,这种方法不实用。

5)很难获得高速度和直线运动。

6)难以与其他操作同步。

3. 示教盒示教

利用装在控制盒上的按钮可以驱动机器人按需要的顺序进行操作。在示教盒中,每一个关节都有一对按钮,分别控制该关节在两个方向上的运动;有时还提供附加的最大允许速度控制。虽然为了获得最高的运行效率,人们一直希望机器人能实现多关节合成运动,但在示教盒示教的方式下,却难以同时移动多个关节。电视游戏机上的游戏操纵杆虽可用来提供几个方向上的关节速度,但它也有缺点。这种游戏操纵杆通过移动控制盒中的编码器或电位器,来控制各关节的速度和方向,但难以实现精确控制。现在已经有了能实现多关节合成运动的示教机器人。

示教盒一般用于对大型机器人或危险作业条件下的机器人进行示教。但这种方法仍然难以获得较高的控制精度,也难以与其他设备同步,且不易与传感器信息相配合。

4. 脱机编程或预编程

脱机编程和预编程的含义相同,是指用机器人程序语言预先进行程序设计,而不是用示教的方法编程。脱机编程有以下优点:

1)编程时可以不使用机器人,以腾出机器人去做其他工作。

2)可预先优化操作方案和运行周期。

3)以前完成的过程或子程序可结合到待编的程序中去。

4)可用传感器探测外部信息,从而使机器人做出相应的响应。这种响应使机器人可以工作在自适应的方式下。

11-3 脱机编程

5)控制功能中可以包含现有的计算机辅助设计(CAD)和计算机辅助制造(CAM)的信息。

6)可以预先运行程序来模拟实际运动,从而不会出现危险。利用图形仿真技术,可以在屏幕上模拟机器人的运动来辅助编程。

7)对不同的工作目的,只需替换一部分待定的程序。

在非自适应系统中,没有外界环境的反馈,仅有的输入是各关节传感器的测量值,因此可以使用简单的程序设计手段。

11.2.2 机器人编程语言的基本要求和类别

从描述操作命令的角度来看,机器人编程语言的水平可以分为动作级、对象级和任务级。

(1)动作级语言

动作级语言以机器人末端操作器的动作为中心来描述各种操作,要在程序中说明每个动作。这是一种最基本的描述方式。

（2）对象级语言

对象级语言允许较粗略地描述操作对象的动作、操作对象之间的关系等。使用这种语言时，必须明确地描述操作对象之间的关系，以及机器人与操作对象之间的关系。它特别适用于组装作业。

（3）任务级语言

任务级语言则只要直接指定操作内容就可以了，为此，机器人必须一边思考一边工作。这是一种水平很高的机器人程序语言。

现在还有人在开发一种系统，它能按某种原则给出最初的环境状态和最终的工作状态，然后让机器人自动进行推理、计算，最后自动生成机器人的动作。这种系统现在仍处于基础研究阶段，还没有形成机器人语言。本节主要介绍动作级语言和对象级语言。

到现在为止，已经有多种机器人语言问世，其中有的是研究室里的实验语言，有的是实用的机器人语言。前者中比较有名的有美国斯坦福大学开发的 AL 语言、IBM 公司开发的 AUTOPASS 语言、英国爱丁堡大学开发的 RAFT 语言等；后者中比较有名的有由 AL 语言演变而来的 VAL 语言、日本九州大学开发的 IML 语言、IBM 公司开发的 AMI 语言等。

11. 2. 3　编程语言的应用

1. AL 语言

（1）变量的表达及特征

AL 语言中变量的基本类型有标量（SCALAR）、矢量（VECTOR）、旋转（ROT）、坐标系（FRAME）和变换（TRANS）。

1）标量。标量与计算机语言中的实数一样，是浮点数，可以进行加、减、乘、除和指数五种运算，也可以进行三角函数和自然对数的变换。AL 中的标量可以表示时间（TIME）、距离（DISTANCE）、角度（ANGLE）、力（FORCE）或者它们的组合，并可以处理这些变量的量纲，即秒（sec）、英寸（inch）、度（deg）或盎司（ounce）等。AL 中有几个事先定义的标量，例如 PI = 3. 14159，TRUE = 1，FALSE = 0。

2）矢量。矢量由一个三元实数（x，y，z）构成，表示对应于某坐标系的平移和位置之类的量。与标量一样，它们可以是有量纲的。利用 VECTOR 函数，可以由三个标量表达式来构造矢量。在 AL 中有几个事先定义过的矢量，例如：

```
xhat<-VECTOR(1,0,0);
yhat<-VECTOR(0,1,0);
zhat<-VECTOR(0,0,1);
nilvect<-VECTOR(0,0,0)。
```

矢量可以进行加、减、内积、叉积，以及与标量相乘、相除等运算。

3）旋转。旋转表示绕一个轴旋转，用于表示姿态。旋转用函数 ROT 来构造，ROT 函数有两个参数：一个代表旋转轴，用矢量表示；另一个是旋转角度。旋转规则按右手法则进行。此外，函数 AXIS(x) 表示求取 x 的旋转轴，而 $|x|$ 表示求取 x 的旋转角。AL 中有一个称为 nilrot 的事先说明过的旋转，定义为 ROT(zhat，0 * deg)。

4）坐标系。坐标系可通过调用函数 FRAME 来构成。该函数有两个参数：一个表示姿态的旋转；另一个表示位置的距离矢量。AL 中定义 STATION 代表工作空间的基准坐标系。

图 11-5 所示为机器人插螺钉作业的示意图，可以建立起图中的基坐标系(base)、立柱坐标系(beam)和料槽坐标系(feeder)，程序如下：

```
FRAME  base  beam  feeder;        坐标系变量说明
base<-FRAME(nilrot,VECTOR(20,0,15) * inches);
                    base 坐标系的原点位于全局坐标系中点
                    (20,0,15)in 处,Z 轴平行于全局坐标系的
                    Z 轴
beam<-FRAME(ROT(Z,90 * deg),VECTOR(20,15,0) * inches);
                    beam 坐标系的原点位于全局坐标系中点
                    (20,15,0)in 处,并绕全局坐标系Z 轴旋
                    转 90°
feeder<-FRAME(nilrot,VECTOR(25,20,0) * inches);
                    feeder 坐标系的原点位于全局坐标系中点
                    (25,20,0)in 处,且Z 轴平行于全局坐标系
                    的Z 轴
```

对于在某一坐标系中描述的矢量，可以用矢量 WRT 坐标系的形式来表示(WRT：with respect to)，如"xhat WRT beam"，表示在全局坐标系中构造一个与 beam 坐标系中的 xhat 具有相同方向的矢量。

5) 变换。TRANS 型变量用于进行坐标系间的变换。与 FRAME 一样，TRANS 包括两部分：一个旋转角度和一个矢量。执行时，先与相对于作业空间的基坐标系旋转部分相乘，然后加上矢量部分。当算术运算符"<-"作用于两个坐标系时，是指把第一个坐标系的原点移到第二个坐标系的原点，再经过旋转使其轴重合。

因此可以看出，描述第一个坐标系相对于基坐标系的过程，可通过对基坐标系右乘一个 TRANS 来实现。如图 11-5 所示，可以建立起各坐标系之间的关系，程序如下：

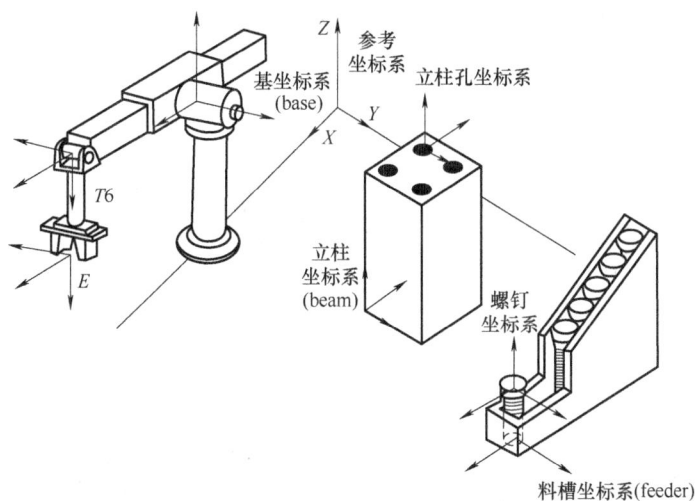

图 11-5　机器人插螺钉作业

```
T6<-base * TRANS(ROT(x,180 * deg),VECTOR(15,0,0) * inches);
```
建立坐标系 T6,其 Z 轴绕 base 坐标系的 X 轴旋转 180°,
原点在 base 坐标系中点(15,0,0)in 处

```
E<-T6 * TRANS(nilrot,VECTOR(0,0,5) * inches);
```
建立坐标系 E,其 Z 轴平行于 T6 坐标系的 Z 轴,原点在
T6 坐标系中点(0,0,5)in 处

```
bolt-tip<-feeder * TRANS(nilrot,VECTOR(0,0,1) * inches);
beam-bore<-beam * TRANS(nilrot,VECTOR(0,2,3) * inches);
```

(2) 主要语句及其功能

1) 运动(MOVE)语句。MOVE 语句用于表示机器人由初始位姿到目标位姿的运动。在 AL 语言中,定义了 barm 为蓝色机械手,yarm 为黄色机械手,为了保证两台机械手在不使用时能处于平衡状态,AL 语言定义了相应的停放位置 bpark 和 ypark。

假定机械手在任意位置,可把它运动到停放位置,所用指令如下:

```
MOVE  barm  TO  bpark;
```

如果要求在 4s 内把机械手移动到停放位置,所用指令如下:

```
MOVE  barm  TO  bpark  WITH  DURATION = 4 * seconds;
```

符号"@"可用在语句中,表示当前位置,如:

```
MOVE  barm TO @-2 * zhat * inches;
```

该指令表示机械手从当前位置向下移动 2in。

由此可以看出,基本的 MOVE 语句具有如下形式:

```
MOVE(机械手)TO(目的地)(修饰子句);
```

例如:

```
MOVE  barm  TO  <destination>VIA f1 f2 f3;
```

表示机械手经过中间点 f1、f2、f3 移动到目标坐标系<destination>。

```
MOVE  barm  TO  block  WITH APPROACH = 3 * zhat * inches;
```

表示把机械手移动到在 Z 轴方向上离 block 3in 的地方;如果用 DEPARTURE 代替 APPROACH,则表示离开 block。

关于接近/退避点可以用设定坐标系的一个矢量来表示,如:

```
WITH  APPROACH = <表达式>;
WITH  DEPARTURE = <表达式>;
```

如图 11-6 所示,要求机器人由初始位置经过 A 点运动到螺钉处,再经过 B 点、C 点后到达 D 点。描述该运动轨迹的程序如下:

```
MOVE  barm  TO  bolt  grasp  VIA  A  WITH  APPROACH = -Z  WRT  feeder;
MOVE  barm  TO  B  VIA  A  WITH  DEPARTURE = Z  WRT  feeder;
MOVE  barm  TO  B  VIA  C  WITH  APPROACH = -Z  WRT  beam-bore;
```

2）手爪控制语句。手爪控制语句的一般形式为：

```
OPEN  <hand>  TO  (sval);
CLOSE  <hand>  TO  (sval);
```

这两条语句是使手爪张开或闭合后相距(sval)。(sval)表示开度的距离值。

（3）程序设计举例

用 AL 语言编制图 11-6 所示的机器人把螺钉插入其中一个孔里的作业。这个作业需要把机器人移至料斗上方 A 点，抓取螺钉，经过 B 点、C 点，再把它移至立柱孔上方 D 点，并把螺钉插入其中一个孔里。

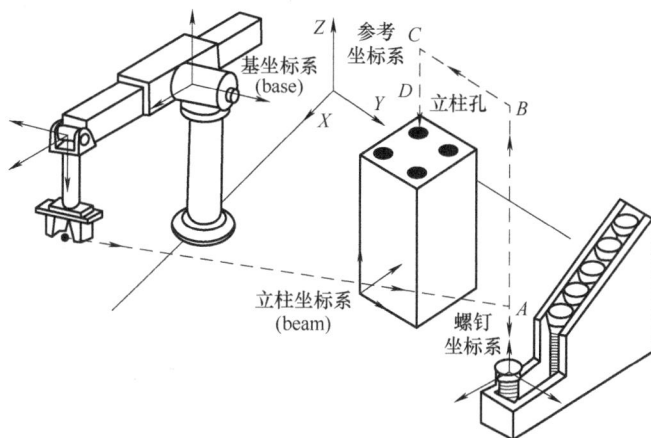

图 11-6 机器人插螺钉作业的路径

编制这个程序的步骤是：

1）定义机座、立柱、料槽、立柱孔、螺钉等的位置和姿态。

2）把装配作业划分为一系列动作，如移动机器人、抓取物体和完成插入等。

3）加入传感器以发现异常情况和监视装配作业的过程。

4）重复步骤 1）~3），调试并改进程序。

按照上面的步骤，编制的程序如下：

```
BEGIN  insertion;                         设置变量
bolt-diameter<-0.5 * inches;
bolt-height<-1 * inches;
tries<-0;
grasped<false;
beam<-FRAME(ROT(z,90 * deg),VECTOR(20,15,0) * inches);
                                          定义立柱坐标系
feeder<-FRAME(nilrot,VECTOR(20,20,0) * inches);
                                          定义料槽坐标系
bolt-grasp<-feeder * TRANS(nilrot,nilvect);定义螺钉坐标系
bolt-tip<-bolt-grasp,TRANS(nilrot,VECTOR(0,0,0.5) * inches);
```

```
beam-bore<-beam * TRANS(nilrot,VECTOR(0,0,1) * inches);
A<-feeder * TRANS(nilrot,VECTOR(0,0,5) * inches);
                                        定义经过的点坐标
B<-feeder * TRANS(nilrot,VECTOR(0,0,8) * inches);
C<-beam-bore * TRANS(nilrot,VECTOR(0,0,5) * inches);
D<-beam-bore * TRANS(nilrot,boltheight * Z);
OPEN  bhand  TO  boltdiameter+1 * inches;  张开手爪
MOVE  barm  TO  boltgrasp VIA  A  WITH  APPROACH=-Z  WRT  feeder;
                                        使手爪准确定位于螺钉上方试着
                                        抓取螺钉

DO;
CLOSE  bhand  TO  0.9 * boltdiameter;
IF  bhand<boltdiameter  THEN  BEGIN;
OPEN  bhand  TO  boltdiameter+1 * inches;  抓取螺钉失败,再试一次
MOVE  barm  TO  @-1 * Z * inches;
END  ELSE  grasped<-TRUE;
tries<-tries+1;
UNTIL  grasped  OP  (tries>3);        如果尝试三次未能抓取螺钉,则
                                        取消这一动作

IF  NOT  grasped  THEN ABORT;        抓取螺钉失败
MOVE  barm  TO  B  VIA  A  WITH  DEPARTURE=Z WRT feeder;
                                        将手臂运动到B点位置
MOVE  barm  TO  VIA  C;               将手臂运动到D点位置
WITH  APPROACH  =-Z  WRT  beambore;
MOVE  barm  TO  @ -0.1 * Z * inches  ON  FORCE(Z)>10 * ounce 检验是否有孔
DO  ABORT;                            无孔
MOVE  barm  TO  beambore  DIRECTLY;   进行柔顺性插入
WITH  FORCE(Z) =-10 * ounce;
WITH  FORCE(X) =0 * ounce;
WITH  FORCE(Y) =0 * ounce;
WITH  DURATION=5 * seconds;
END  insertion;
```

2. VAL-II 语言

VAL-II 是在 1979 年推出的,用于 Unimation 和 PUMA 机器人。它是基于解释方式执行的语言,并且具有程序分支、传感信息输入/输出通信、直线运动及许多其他特征。例如,用户可以在沿末端操作器 a 轴的方向指定一个距离 height,将它与语句命令 APPRO(用于接近操作)或 DEPART(用于离开操作)结合,便可实现无碰撞的接近物体或离开物体。MOVE命令用于使机器人从它的当前位置运动到下一个指定位置,而 MOVES 命令则是沿直线执行上述动作。为了说明 VAL-II 的一些功能,通过下面的程序清单来描述其命令语句:

```
1   PROGRAM   TEST;              程序名
2   SPEED   30   ALWAYS;          设定机器人的速度
3   height=50;                    设定沿末端执行器a轴方向抬起或落下的距离
4   MOVES   p1;                   沿直线运动机器人到第一个点
5   MOVE   p2;                    用关节插补方式运动机器人到第二个点
6   REACT   1001;                 如果端口1的输入信号为高电平(关),则立即
                                  停止机器人
7   BREAK;                        当上述动作完成后停止执行
8   DELAY   2;                    延迟2s执行
9   IF SIG(1001)   GOTO   100;    检测输入端口1,如果为高电平(关),则转入继续
                                  执行第100行命令,否则继续执行下一行命令
10 OPEN;                          打开手爪
```

3. AML 语言

AML 语言是 IBM 公司为 3P3R 机器人编写的程序。这种机器人带有三个线性关节和三个旋转关节,还有一个手爪。各关节由数字<1,2,3,4,5,6,7>表示,1、2、3 表示滑动关节,4、5、6 表示旋转关节,7 表示手爪。描述沿 x、y、z 轴运动时,关节也可分别用字母 JX、JY、JZ 表示,相应地 JR、JP、JY 分别表示绕翻转(roll)、俯仰(pitch)和偏转(yaw)轴(用于定向)旋转,而 JG 表示手爪。

在 AML 语言中允许两种运动形式:MOVE 命令是绝对值,也就是说,机器人沿指定的关节运动到给定的值;DMOVE 命令是相对值,也就是说,关节从它当前所在的位置起运动给定的值。这样,MOVE(1,10)就意味着机器人将沿 x 轴从坐标原点起运动 10in,而 DMOVE(1,10)则表示机器人沿 x 轴从它当前位置起运动 10in。AML 语言中有许多命令,它允许用户编制复杂的程序。

以下程序用于引导机器人从一个地方抓起一件物体,并将它放到另一个地方,并以此例来说明如何编制一个机器人程序:

```
10    SUBR(PICK-PLACE);                子程序名
20    PT1:NEW<4,-24,2,0,0,-13>;        位置说明
30    PT2:NEW<-2,13,2,135,-90,-33>;
40    PT3:NEW<-2,13,2,150,-90,-33,1>;
50    SPEED(0.2);                      指定机器人的速度(最大速度的20%)
60    MOVE(ARM,0,0);                   将机器人(手臂)复位到参考坐标系原点
70    MOVE(<1,2,3,4,5,6>,PT1);         将手臂运动到物体上方的点1
80    MOVE(7,3);                       将抓持器打开到3in
90    DMOVE(3,-1);                     将手臂沿z轴下移1in
100   DMOVE(7,-1.5);                   将抓持器闭合1.5in
110   DMOVE(3,1);                      沿x轴将物体抬起1英寸
120   MOVE(<JX,JY,JZ,JR,JR,JY>,PT2);
                                       将手臂运动到点2
```

```
130 DMOVE(JZ,-3);          沿 z 轴将手臂下移 3in 放置物体
140 MOVE(JG,3);            将抓持器打开到 3in
150 DMOVE(JZ,11);          将手臂沿 z 轴上移 11in
160 MOVE(ARM,PT3);         将手臂运动到点 3
170 END;
```

4. AUTOPASS 语言

AUTOPASS 语言是一种对象级语言。对象级语言是靠对象物状态的变化给出大概的描述，把机器人的工作程序化的一种语言。AUTOPASS、LUMA、RAFT 等都属于对象级语言。

AUTOPASS 是 IBM 公司下属的一个研究所提出来的机器人语言，它像给人的组装说明书一样，是针对机器人操作的一种语言。程序把工作的全部规划分解成放置部件、插入部件等宏功能状态变化指令来描述。AUTOPASS 的编译是用称为环境模型的数据库，边模拟工作执行时环境的变化边决定详细动作，做出对机器人的工作指令和数据。AUTOPASS 的指令分成如下四组：

（1）状态变更语句　PLACE，INSERT，EXTRACT，LIFT，LOWER，SLIDE，PUSH，ORIENT，TURN，GRASP，RELEASE，MOVE。

（2）工具语句　OPERATE，CLUMP，LOAP，UNLOAD，FETCH，REPLACE，SWITCH，LOCK，UNLOCK。

（3）紧固语句　ATTACH，DRIVE IN，RIVET，FASTEN，UNFASTEN。

（4）其他语句　VERIFY，OPEN STATE OF，CLOSED STATE OF，NAME，END。

例如，对于 PLACE 的描述语法为：

PLACE<object><preposition phrase><object><grasping phrase><final condition phrase><constraint phrase><then hold>。

其中，<object> 是对象名；<preposition phrase> 表示 ON 或 IN 那样的对象物间的关系；<grasping phrase> 是提供对象物的位置和姿态、抓取方式等；<constraint phrase> 是末端操作器的位置、方向、力、时间、速度、加速度等约束条件的描述选择；<then hold> 是指令机器人保持现有位置。

下面是 AUTOPASS 程序示例，从中可以看出，这种程序的描述很容易理解，但是该语言在技术上仍有很多问题没有解决：

```
1) OPERATE  nuffeeder  WITH  car ret tab nut  AT  fixture.nest
2) PLACE  bracket  IN  fixture  SUCH  THAT  bracket.bottom
3) PLACE  interlock  ON  bracket  RUCH  THAT  interlock.hole  IS
ALIGNED  WITH  bracket.top
4) DRIVE  IN  ear-ret-intlk-stud  INTO  car-ret-tab-nut  Atinterlock.
hole SUCH  THAT  TORQUE  is  EQ  12.0  IN LBS  USING air driver ATTACHING
 bracket  AND  interlock
5) NAME  bracket  interlock  car ret intlk stud  car ret tab nut
ASSEMBLY  suppot-bracket
```

习　题

11.1　工业机器人的主要编程方式有哪几种？各有什么特点？

11.2　从描述操作命令的角度来看，机器人编程语言的水平可分为哪几级？

参 考 文 献

［1］ 刘极峰. 机器人技术基础［M］. 北京：高等教育出版社，2006.

［2］ 孙迪生，王炎. 机器人控制技术［M］. 北京：机械工业出版社，1997.

［3］ 蔡自兴. 机器人学基础［M］. 北京：机械工业出版社，2000.

［4］ KELLY A. Mobile robotics：mathematics，models and methods［M］. New York：Cambridge University Press，2013.

［5］ IVIKU S B. 机器人学导论：分析、控制及应用［M］. 孙富春，朱纪洪，刘国栋，等译. 2 版. 北京：中国工信出版集团，电子工业出版社，2018.

［6］ 放飞人夜. 物体识别技术一览［DB/OL］.（2018-05-10）. https：//zhuanlan. zhihu. com/p/36668416.

［7］ 于小勇. 目标检测的传统方法概述［DB/OL］.（2020-11-01）. https：//cloud. tencent. com/developer/article/1486379.

［8］ 1lang. 特征提取（Feature Detection）之——HOG（Histogram of Oriented Gradient）特征［DB/OL］.（2017-07-07）. https：//blog. csdn. net/u011776903/article/details/74643314.

［9］ 菜鸟知识搬运工. DPM 目标检测算法［DB/OL］.（2019-05-18）. https：//blog. csdn. net/qq_30815237/article/details/90313886.

［10］ 周晓彦，王珂，李凌燕. 基于深度学习的目标检测算法综述［J］. 电子测量技术，2017，40（11）：89-93.

［11］ 大奥特曼打小怪兽. 目标检测算法之 R-CNN 算法详解［DB/OL］.（2018-07-01）. https：//www. cn-blogs. com/zyly/p/9246221.

［12］ v1_vivian.SPP-Net 论文详解［DB/OL］.（2017-06-18）. https：//blog. csdn. net/v1_vivian/article/details/73275259.

［13］ 大奥特曼打小怪兽. 目标检测算法之 Fast R-CNN 算法详解［DB］.（2018-07-01）. https：//www. cn-blogs. com/zyly/p/9246418. html.

［14］ 大奥特曼打小怪兽. 目标检测算法之 Faster R-CNN 算法详解［DB/OL］.（2018-07-01）. https：//www. cnblogs. com/zyly/p/9247863. html.

［15］ 技术挖掘者. Mask R-CNN 详解［DB/OL］.（2018-03-06）. https：//blog. csdn. net/WZZ18191171661/article/details/79453780.

［16］ 春枫琰玉. Mask R-CNN［DB/OL］.（2018-10-30）. https：//blog. csdn. net/chunfengyanyulove/article/details/83545784.

［17］ 我是小将. 目标检测算法之 SDD［DB/OL］.（2018-04-06）. https：//blog. csdn. net/xiaohu2022/article/details/79833786.

［18］ 我是小将. YOLO 算法的原理与实现［DB/OL］.（2018-01-30）. https：//blog. csdn. net/xiaohu2022/article/details/79211732.

［19］ 尹皓，王利利. 室内未知环境下动态障碍物定位研究［J］. 现代商贸工业，2020（8）：211-212.

［20］ 杨长辉，王卓，熊龙烨，等. 基于 Mask R-CNN 的复杂背景下柑橘树枝干识别与重建［J］. 农业机械学报，2019，50（8）：22-69.

［21］ 赵德安，吴任迪，刘晓洋，等. 基于 YOLO 深度卷积神经网络的复杂背景下机器人采摘苹果的定位［J］. 农业工程学报，2019，35（3）：164-173.

［22］ STAUFFER C，GRIMSON W E L. Adaptive background mixture models for real-time tracking［C］//Proceedings：1999 IEEE Computer Society Conference on Computer Vision and Pattern Recognition（Cat. No PR00149）. New York：IEEE，1999.

［23］ 苏丽颖，宋华磊. 基于自由空间中线法提取构建拓扑地图［J］. 计算机工程与科学，2013，35（4）：

70-74.

［24］ 熊蓉. 自主移动机器人. 中国大学 MOOC［DB/OL］. https：//www. icourse163. org/course/ZJU-1206447854.

［25］ 高翔，张涛，刘毅，等. 视觉 SLAM 十四讲：从理论到实践［M］. 2 版. 北京：电子工业出版社，2019.

［26］ ROSTEN E，DRUMMOND T. Machine learning for high-speed corner detection［C］//European conference on computer vision. Berlin：Springer，2006.

［27］ JOHN J. CRAIG. 机器人学导论［M］. 英文版·第 4 版. 北京：机械工业出版社，2018.